AF396935

ARCHITECTURE

FRANÇOISE,

OU

RECUEIL

DES PLANS, ÉLÉVATIONS,

COUPES ET PROFILS

Des Eglifes, Maifons royales, Palais, Hôtels & Edifices les plus confidérables
de Paris, ainfi que des Châteaux & Maifons de plaifance fitués aux environs
de cette Ville, ou en d'autres endroits de la France, bâtis par les plus célèbres
Architectes, & mefurés exactement fur les lieux.

*Avec la defcription de ces Edifices, & des Differtations utiles & intéreffantes
fur chaque efpèce de Bâtiment.*

Par *Jacques-François BLONDEL, Profeffeur d'Architecture.*

TOME TROISIEME, *1782*

Contenant la defcription des principaux Edifices des Quartiers Saint Denis, Montmartre,
du Palais Royal & Saint Honoré.

Enrichi de cent quarante Planches en taille-douce.

A PARIS,

Chez **Charles-Antoine** JOMBERT, Imprimeur-Libraire du Roi pour l'Artillerie
& le Génie, rue Dauphine, à l'Image Notre Dame.

M. DCC. LIV.

AVEC APPROBATION ET PRIVILEGE DU ROI.

TABLE
DES CHAPITRES
CONTENUS DANS LE TROISIÉME VOLUME
DE L'ARCHITECTURE FRANÇOISE.

AVIS AU RELIEUR

Pour placer les cent quarante Planches de ce troifième Volume.

LIVRE CINQUIE'ME.

TOTAL 140 Planches.

ARCHITECTURE
FRANÇOISE.

LIVRE CINQUIEME.
DES PRINCIPAUX EDIFICES
DU QUARTIER S. HONORE'.

CHAPITRE PREMIER.

Description de deux Maisons particulieres, l'une, sise rue des Mauvaises Paroles, appartenant à M. Guillot, Intendant des Turcies & Levées; l'autre, rue du Cloître S. Mederie, appartenant à M. Doutremont, Avocat en Parlement.

MAISON DE M. GUILLOT.

LA Maison dont nous allons parler fut bâtie en 1723 & 24 par M. Cartaud(1) Architecte du Roi. Peut-être trouvera-t'on à redire que dans un Recueil où l'on semble ne s'être proposé de parler que des plus beaux Edifices de cette Capitale & de ses Environs, on ait inséré cette Maison Bourgeoise, mais comme un de nos plus habiles Architectes en a donné les dessins, qu'elle est peu de chose, & que la distribution y est traitée avec...

A

Plan du Rez-de-Chauffée & du premier Etage. Planche I.

Maifon de M. Guillot. La Figure premiere offre le plan du rez-de-chauffée ; quoiqu'il foit diftribué dans un terrain affez irrégulier, & qu'il ne contienne qu'environ 95 toifes quarrées de fuperficie, il ne laiffe pas que de renfermer un affez grand nombre de pieces : fçavoir , un bureau pour le change (*b*) , un cabinet , une cuifine , une écurie pour trois chevaux , un grand efcalier & deux petits, une cour , &c. ; tant il eft vrai qu'un bon Architecte dóit toujours être confulté , puifque ce ne peut être que par fes lumieres & fes avis qu'un Propriétaire fçait tirer avantage de fon terrain , foit pour la diftribution , qui a pour objet la commodité ; foit pour la connoiffance de la conftruction, qui a pour objet la folidité ; foit enfin par rapport à l'agrément, qui a pour objet l'ordonnance de la décoration tant intérieure qu'extérieure ; connoiffances qui fuppofent les principes de la bonne Architecture , & qui demandent, dans quelque occafion que ce puiffe être , de la fagacité , du goût & de l'expérience.

Pour preuve de ce que j'avance , il fuffit de confidérer les deux Planches de cette Maifon , & l'on verra que les diftributions font fufceptibles de toutes les commodités requifes dans un Bâtiment de l'efpece dont il s'agit , & que la décoration extérieure , fans fe reffentir de la prodigalité des ornemens qui accompagnent ordinairement les édifices confidérables , ne laiffe pas cependant que de porter le caractere du bon goût & de la proportion ; caractere qui fait un des mérites effentiels des façades extérieures, par la raifon que, dans chaque efpece de bâtiment , la convenance exige une richeffe ou une fimplicité analogue à fon ufage , qui feule peut lui attirer le fuffrage des Connoiffeurs.

Le nom de chaque piéce exprimé dans ce plan nous difpenfera d'un long examen. Nous obferverons feulement que la cour eft un peu petite pour la hauteur des bâtimens , qui ont trois étages & une manfarde ; mais il eft aifé de fentir qu'on a été obligé d'en ufer ainfi : car comme nous l'avons déja remarqué , le terrain ne contenant qu'environ 95 toifes de fuperficie, pour trouver dans auffi peu d'efpace les commodités qu'on remarque dans cette maifon , il a fallu donner à la cour la moindre grandeur poffible,& multiplier les étages, afin que les différentes perfonnes attachées aux Maîtres fe trouvaffent par ce moyen logées commodément & rélativement à leur fervice ; confidération qui doit entrer dans le local d'un plan , & qui dans une maifon particuliere eft préférable à tout ce que la diftribution peut préfenter de plus ingénieux.

La Figure deuxieme offre le plan du premier étage compofé de trois appartemens de maître , d'une falle de compagnie , d'une falle à manger , &c. toutes pieces régulieres , d'une belle proportion , & munies de dégagemens & de deux petits efcaliers qui montent de fond en comble & qui conduifent aux entrefols. Le grand efcalier n'arrive qu'au premier & au fecond étage ; ce dernier eft diftribué d'après les mêmes murs de refends que ceux dont nous venons de parler , & contient plufieurs appartemens de commodité qui concourent à donner à cette maifon un logement affez confidérable.

Elévation d'une des aîles du côté de la cour , & coupe du principal corps de logis , donnant fur la rue des mauvaifes paroles. Planche II.

Cette Planche , prife dans le plan fur la ligne AB , montre la hauteur des differens étages dont nous avons parlé. Ces étages regnent tout au pourtour de l'intérieur de la

---

(*b*) Depuis que M. Guillot eft Intendant des Turcies & Levées , & qu'il a quitté le négoce, on a fait de la Piece marquée C , une fort belle falle à manger : nous avons laiffé dans ce plan cette ancienne difpofition pour faire connoître les pieces rélatives à l'ufage d'un Négociant , rien n'étant indifferent lorfqu'il s'agit de la diftribution des Bâtimens en général.

cour, à l'exception de la partie de la remife, au-deffus de laquelle font un entrefol & une piece de plain pied au premier étage.

La coupe, en faifant voir le plus petit diamétre de la cour, indique en même tems la trop grande élévation du bâtiment ; mais les raifons que nous avons rapportées plus haut prouvent la néceffité dans laquelle on s'eft trouvé d'en ufer ainfi.

Le rez-de-chauffée de cette cour eft décoré d'arcades bombées, tant feintes que réelles & chargées de refends. Au-deffus de ce rez-de-chauffée, font des croifées avec des bandeaux, qui defcendent jufques au plancher du premier étage, à cela près d'une banquette de pierre de 14 pouces de hauteur, qui reçoit un demi balcon de fer, que l'Architecte a préferé ici à un appui tout de maçonnerie, parceque ce demi balcon procure plus de lumiere dans l'intérieur des appartemens, & que par ce moyen les croifées ont acquis une proportion plus convenable ; attention qui n'eft jamais indifférente dans l'ordonnance extérieure d'un bâtiment.

Les croifées du deuxieme étage font dans le même genre. Ces étages font féparés par des plinthes, & tout le bâtiment eft couronné par une corniche dont les profils fe reffentent de la capacité & de l'expérience de l'Architecte qui en a donné les deffeins.

La décoration intérieure, quoiqu'en général affez fimple, eft traitée avec beaucoup de goût. Les ornemens y font menagés à propos, & difpofés de maniere qu'il y a des intervalles qui font valoir les parties qui doivent naturellement dominer. Nous obferverons même que quoique le goût des ornemens ait changé confidérablement depuis que la maifon dont nous parlons a été bâtie, il n'en eft pas moins vrai que les Connoiffeurs applaudiffent à la retenue dont M. Cartaud a ufé dans les décorations de cette maifon : modération infiniment préferable à cette multiplicité d'ornemens dont on fait ufage aujourd'hui, quoiqu'ils foient affez ingénieux pour la plûpart.

Nous ne donnons point ici la façade du côté de la rue, à caufe de fa grande fimplicité. On remarquera feulement que l'heureufe proportion qui regne dans fon ordonnance, l'excellence de fes profils & la beauté de fon appareil, portent le caractere du vrai fçavoir ; caractere que l'on remarque non-feulement dans toutes les grandes entreprifes qui ont été confiées à M. Cartaud, mais qui fe rencontrent dans toutes les maifons particulieres élevées fous fes ordres, dans le nombre defquelles nous regardons comme un chef-d'œuvre, celle de M. *Hurel*, Confeiller au Châtelet, fituée rue Saint Martin, dont la façade du côté de la rue eft généralement eftimée. Nous n'avons pas inferé cette maifon dans ce Recueil dans la crainte d'effuyer le reproche de nous être trop arrêté à des Bâtimens de peu de confequence. Nous en recommandons cependant l'imitation à ceux qui veulent fe diftinguer dans la profeffion d'Architecte ; les plus habiles étant forcés d'avouer qu'il n'eft rien de fi difficile que de produire de l'excellent dans une maifon de peu d'importance, & que c'eft ordinairement dans ces occafions qu'il faut un vrai mérite pour plaire aux perfonnes intelligentes dans l'art de bâtir.

MAISON DE M. DOUTREMONT.

La maifon dont nous parlons peut auffi être confidérée comme particuliere, & quoiqu'elle ait été bâtie long-tems avant celle dont nous venons de donner la defcription, & par un Architecte beaucoup moins connu (c), il eft cependant certain que

(c) *Jean Richer*, Architecte, paroît avoir été Eleve de le Veau, mort en 1670, fa maniere de décorer étant à peu près la même que celle qu'on remarque dans quelques ouvrages de ce célébre Architecte ; voyez la maifon de M. Henfelin, que nous avons donnée page 131 du fecond Volume. On peut encore fe convaincre de cette reffemblance dans les Œuvres de Marot, où l'on verra une autre maifon, fituée rue Bourglabbé, appartenant à M. Pafquier, du deffein de J. Richer, & que nous n'avons pas inferée dans ce Recueil, parceque les Planches different affez confidérablement de l'exécution ; mais en général fes diftributions & fes décorations méritent quelque eftime, ainfi qu'une maifon particuliere dans le même genre de celle que nous donnons ici, & qui fera l'objet du Chap. V. de ce Volume.

relativement à la nécessité de mettre sous les yeux du Lecteur des bâtimens de toute espece, celui-ci n'est pas tout-à-fait du genre de ceux que l'on doit rejetter; d'ailleurs le parallele qu'on en peut faire avec le précédent, fera connoître sensiblement la différence qu'il y a entre la maniere de distribuer du dernier siecle, & les progrès que nos Architectes François ont fait depuis dans cette partie de l'Architecture.

La *Planche troisieme* montre dans un terrain assez peu spacieux deux corps de logis appartenant à deux differens Proprietaires, celui marqué C à M. Doutremont, & celui D à Melle. Rivet. Ces maisons sont assujetties à une façade de bâtiment uniforme, ce qui s'est pû faire d'autant plus facilement qu'elles sont situées à l'encoignûre de deux rues qui en rendent les entrées plus particulieres & plus commodes.

Tout le rez-de-chaussée est occupé par une cour commune & par deux corps de logis. Le plus grand a une écurie pour quatre chevaux, deux remises, un grand escalier, une cuisine, une salle à manger, un garde manger, &c. Le petit est composé seulement d'un porche, d'un escalier, d'une cuisine, d'une salle à manger & d'un office.

La *Planche quatrieme* représente dans chaque maison un appartement de Maître. Ces appartemens sont multipliés dans les étages superieurs au nombre de trois & d'un Attique, en comptant le rez-de-chaussée (*a*); mais, comme nous venons de le remarquer, ils sont sans commodité: avantage que notre distribution actuelle a sur celle du siecle précédent.

La *Planche cinquieme* offre la décoration de la principale façade du côté de la rue, qui differe autant de notre maniere de décorer aujourd'hui, que la distribution ancienne differe de la moderne. Cependant, si l'on en excepte le couronnement des Attiques, l'Ordre des pilastres, qui fait un trop petit avant-corps dans le milieu de cette élévation, & l'air de pesanteur qui regne dans toute cette ordonnance, en faveur de la simetrie, d'un certain caractere viril, & de la proportion de quelques parties plus heureusement conçûes, que celles dont nous venons de parler, cette composition mérite quelque considération.

La *Planche sixieme* présente la coupe prise dans les plans précédens sur la ligne AB, & le développement de l'escalier du corps de logis marqué C. On voit aussi dans cette planche la coupe des remises, un logement pratiqué au-dessus, & l'élévation de l'aîle de ce bâtiment en retour sur la cour, .& dont l'ordonnance est la même que les pavillons de la façade du côté de la rue, dont on vient de faire mention.

(*d*) Nous remarquerons que dans ces Planches il y a   qui ne nous ont pas paru assez importans pour en faire quelques legers changemens dans les distributions, mais   mention ici.

CHAPITRE

Plan du premier étage.

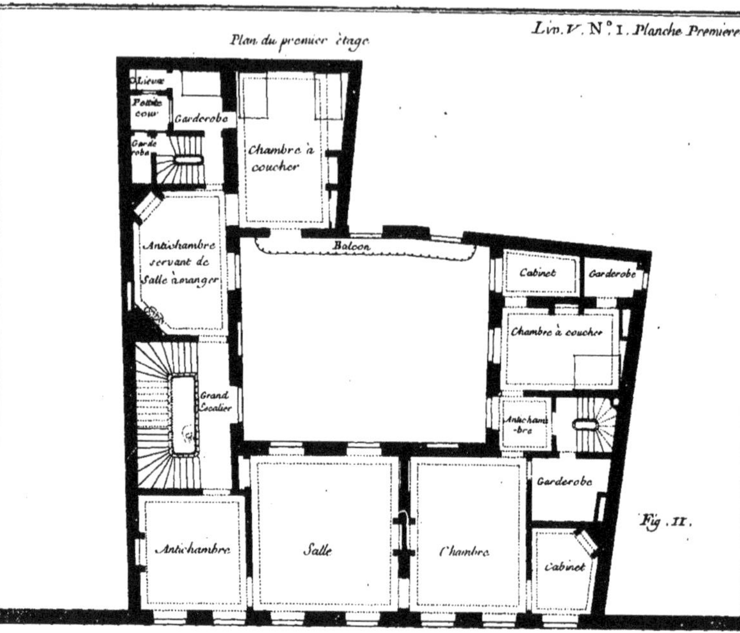

Plan au rez de chaussée d'une maison appartenant à M. Guillot négociant, scize rué des Mauvaises paroles à Paris, bâtie sur les desseins de M. Cartault Architecte du Roy

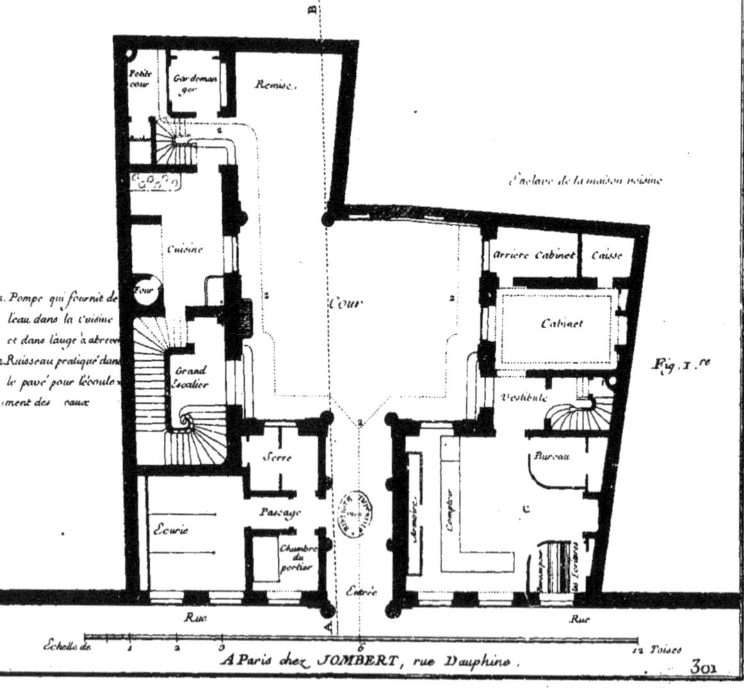

A Paris chez JOMBERT, rue Dauphine.

301

Plan d'une Maison située deuant les Consuls, à Paris, bastie par I. Richer.

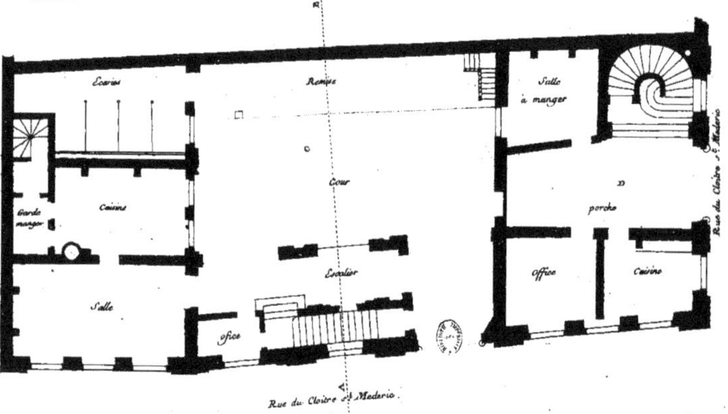

I. Marot fecit.
303

Plan du premier Etage d'une Maison scituée devant les Consuls bastie par I. Richer

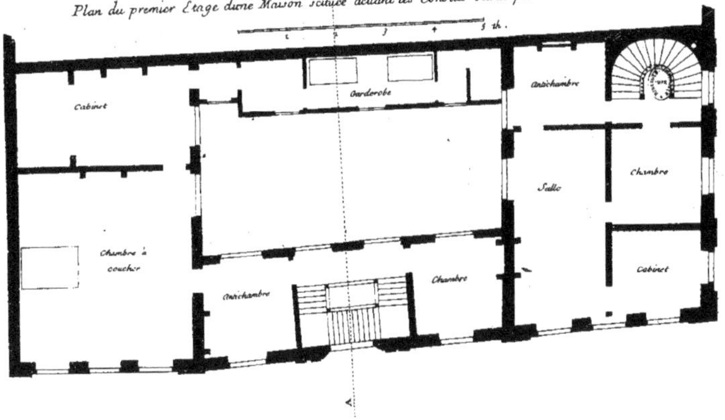

I. Marot fecit.
304

CHAPITRE II.

Description du frontispice du Bureau des Marchands Drapiers de Paris, rue des Déchargeurs.

LA singularité de l'ordonnance de ce frontispice, prise en général, la contrainte dans laquelle s'est jetté l'Architecte par l'accouplement des Colonnes Doriques, & la beauté de sa sculpture, nous ont déterminé à faire quelques observations sur les parties qui composent cet édifice ; mais avant que d'y passer, nous avertirons que la Planche que nous donnons ici differe en quelque chose de l'exécution. Premierement il n'y a aucune canelure dans les Ordres des colonnes & pilastres : la table marquée A est supprimée, on a mis à sa place deux triglifes & un métope d'un plus grand intervalle que les autres, lequel est orné de deux cornes d'abondance. Cette table saillante sans doute avoit été faite dans le projet pour masquer l'irrégularité de ce métope, & en même tems pour recevoir une inscription ; mais comme elle s'est trouvée trop petite pour ce dernier usage, on a preferé d'en placer une de marbre noir dans le dez du piedestal marqué B. Cette inscription est conçûe en ces termes.

MAISON ET BUREAU DES MARCHANDS DRAPIERS DE CETTE VILLE DE PARIS.

Secondement il n'y a point de têtes de Lion dans la cimaise de l'Ordre Dorique ; les consoles C sont beaucoup moins pésantes, & à la place de la tête de Mercure, sur la porte du milieu (attribut qui désigne le commerce), est aussi une console. Les dez des piedestaux de l'Ordre Ionique sont lisses, & les retours des crossettes D sont supprimés. Les pilastres Attiques ne sont point ravallés, & leurs chapiteaux sont composés de feuilles d'eau avec un tailloir quadrangulaire ; les croisées de ce même Attique descendent jusques sur l'entablement Ionique, les guillochis de dessus ces croisées sont moins ornés, & les cassettes de dessous la corniche horifontale du fronton sont supprimées. L'écusson des Armes du Roi est accompagné de branches de laurier & de chêne, au lieu de guilandes : enfin les vases de dessus les pilastres Attiques ne s'y voyent point, aussi-bien que le comble qui n'étant point apperçû d'en bas, est exécuté sans aucune décoration ni simétrie.

Ces légeres differences, qui ne changent rien à la masse, sont néanmoins autant d'omissions qui ont été faites lors de l'exécution ; ce qui donne lieu de croire que cette Planche a été gravée sur les projets de *Liberal Bruant*, (a) qui donna les desseins de cet édifice, & qui se chargea de sa conduite vers le milieu du dernier siecle.

Nous avons trouvé de la singularité dans l'ordonnance de la façade dont nous parlons ; sans doute on doit regarder comme telle la trop grande ouverture des croisées du premier étage comparée avec le diamétre des pilastres, le massif affecté au milieu de ce même étage pour contenir seulement les armes de la Ville, la suppression des deux colonnes, à la place desquelles on a preferé des cariatides, le fronton circulaire brisé, pratiqué ainsi pour y placer une figure assise d'une proportion gigantesque, d'un mauvais choix & d'une exécution médiocre, enfin le fronton triangulaire, non-seu-

(a) Liberal Bruant a passé pour un des meilleurs Architectes du siecle dernier. Quoiqu'il ait été fort occupé dans les Bâtimens du Roi, nous avons néanmoins peu d'édifices entiérement bâtis de lui : le seul morceau important que nous puissions citer, est l'Hôtel Royal des Invaides & l'Eglise des Soldats de ce même Hôtel ; ainsi que nous en avons fait mention dans le premier Volume, Page 192. Cet Architecte a eu un Fils, qui s'est acquis beaucoup de réputation dans l'Architecture. Voyez ce que nous avons dit de ce dernier dans le I. Vol. P. 286. Note (a).

 lement placé sur un Attique, mais dont la réitération trop prochaine de celui de def-fous, est contre tout principe de convenance.

A l'égard de la contrainte dont l'Architecte a usé dans la décoration de ce frontif-pice, nous remarquerons l'accouplement de l'Ordre Dorique, & nous dirons que l'exemple de cet édifice nous montre un des moyens dont nos Architectes modernes fe font fervi pour rendre poffible l'accouplement de cet Ordre, & quoique Bruant ait été le feul qui ait mis ce moyen en pratique, il n'en eft pas moins de quelque auto-rité. Pour y parvenir, il a diminué les pilaftres comme les colonnes, deforte qu'il n'y a que les bafes qui fe pénétrent ; autrement les chapiteaux auroient eu le même dé-faut, ainfi qu'on le voit au portail des Minimes, par *François Manfard*, comme nous l'avons remarqué dans le Volume précédent. Nous avons fait voir auffi dans le même Volume, en parlant du Luxembourg & du portail de S. Gervais, par *Desbroffes*, que pour éviter l'une & l'autre licence dont nous parlons ici, on eft tombé dans un autre excès, fçavoir, de rendre la diftribution des métopes diffemblable ; & qu'au porti-que de Vincennes, bati par *Le Veau*, pour éviter tous ces inconvéniens, cet Architecte avoit préferé de donner 17 modules au lieu de 16 à la hauteur de fa colonne, ce qui fait fortir cet Ordre de fon caractere. Il eft vrai que la diminution des pilaftres, dont nous parlons, n'eft pas un fyftême affez univerfellement reçû dans l'Architecture pour le mettre en pratique fans quelque confidération particuliere ; mais en général on peut dire que lorfque ces pilaftres ne font pas angulaires comme ceux du por-tail de l'Eglife du College Mazarin, cette diminution eft affez tolérable, quoiqu'el-le foit confidérée par les plus célébres Architectes comme une licence plus ou moins abufive, felon que l'édifice femble exiger plus ou moins de retenue.

Quand nous avons parlé de la beauté de la fculpture de ce frontifpice, nous avons entendu applaudir à la perfection des cariatides, dont on ne fçauroit affez louer l'excel-lence & la beauté du travail, auffi-bien que celui des enfans & des Dauphins qui font au milieu & au pied de ces figures ; car on doit fe rappeller que nous avons blâmé ailleurs l'ufage des cariatides en général, dont la fervitude ici eft auffi contraire à la vraifemblance, que l'allégorie eft peu propre au genre d'édifice dont nous parlons.

Ces différentes obfervations nous conduifent à conclure qu'il ne fuffit pas que l'or-donnance d'un édifice foit finguliere pour plaire, que les contraintes auxquelles un Architecte s'affujettit ne font pas regardées de meilleur œil, quand ces fujettions qui n'ont pour objet que des parties de détail, produifent un tout hors de proportion, & qu'enfin la fculpture la mieux exécutée, lorfqu'elle péche contre la convenance, & qu'elle n'annonce pas des fimboles rélatifs à l'édifice, n'a droit de plaire que fépa-rément.

Malgré ces obfervations, qui nous paroiffent fondées, l'édifice dont nous venons de faire la defcription eft néanmoins un de ces anciens monumens qui s'eft attiré le fuf-frage de la multitude, fans autre mérite réel que quelques beautés de détail qui ont fait fans doute oublier les maffes & les rapports de proportion & de convenance, fans lefquels cependant il n'eft point de bonne Architecture. C'eft ce qui nous détermine à continuer de relever fcrupuleufement dans cet Ouvrage toutes les licences qui fe rencontreront dans les bâtimens dont nous allons parler, fans pour cela négliger de faire l'éloge des beautés dont très-fouvent ces mêmes licences font accompagnées.

CHAPITRE III.

Description du Bâtiment de la Fontaine des Innocens, situé au coin des Rues S. Denis & aux Fers.

L'Edifice que nous décrivons fut bâti en 1550 dans l'état où on le voit aujour-d'hui ; mais la construction primitive de cette Fontaine est fort ancienne, puis-que, selon le sentiment de plusieurs Auteurs, il en est fait mention dans les Lettres Pa-tentes de *Philippe le Hardi*, données l'an 1273, à propos d'un accord fait entre ce Roi & le Chapitre de S. Médéric. Ce fut *Pierre Lescot* (a), *Abbé de Clagny*, qui don-na les desseins de l'Architecture de ce monument, & *Jean Goujon* (b) fut chargé de la sculpture, ouvrage regardé des Connoisseurs comme un des chefs-d'œuvres de cet Art.

Elévation d'une des faces de la Fontaine des Innocens, du côté de la rue aux Fers.
Planche Premiere.

Cette fontaine, située à l'encoignûre de deux rues, est composée de deux façades en retour d'équerre, l'une contenant deux arcades & l'autre une seulement : ces arca-des sont comprises dans la hauteur d'un Ordre de Pilastres Composites, élévé sur un Pie-destal & celui-ci sur un soubassement. Au-dessus de cet Ordre s'éleve un Attique couronné de frontons, ainsi qu'on le remarque dans cette Planche. Nous ne donnons pas ici l'autre façade en retour, étant composée d'une Architecture semblable & enric-des mêmes ornemens & figures, qui ne différent de celles de la façade dont nous par-lons que dans les attitudes.

Cette Planche, anciennement gravée, l'est avec assez de fidelité, principalement pour ce qui regarde les bas reliefs, qui sans contredit font un des principaux mérites de ce bâtiment ; car on peut dire que l'Architecture, exécutée d'ailleurs avec pureté & pro-filée d'assez bon goût, péche contre la convenance. Nous remarquerons à cette occa-sion qu'en général, quoique ce monument se soit acquis jusqu'à present une grande réputation, les deux parties essentielles qui doivent caractériser un bâtiment aquati-que sont omises dans celui-ci ; sçavoir, d'une part l'application d'un Ordre viril, & de l'autre l'abondance des eaux, qui extérieurement devroient se répandre avec plus de profusion, du moins dans certaines occasions. En effet dans cet édifice, ainsi que dans presque tous ceux de ce genre qui sont bâtis à Paris, l'eau ne s'échappe que par de petits mascarons, qui bien loin de nous annoncer qu'une Riviere considérable passe au milieu de cette Capitale, semblent au contraire nous persuader que le terrein que nous habitons est un lieu sec & stérile. C'est ce qu'il est facile de remarquer dans le monument dont nous parlons, où l'on ne voit que deux robinets qui distribuent à peine l'eau aux habitans, & qui sont placés du côté de la rue S. Denis, ceux qui se voyent dans cette Planche ayant été supprimés.

A l'égard de l'Architecture, on peut dire que sa délicatesse n'est pas du ressort d'une Fontaine publique : ajoûtons à cela son peu de relief, ses ressauts trop réite-rés, la prodigalité de ses ornemens, remarquons même la finesse & la grace de sa sculpture, qui dans toute autre occasion seroient un genre de beauté, mais qui ne peuvent ici être estimées que séparement, toutes ces richesses n'ayant rien de com-mun avec l'objet essentiel ; car on peut dire en général que cette élégance & cette exactitude dans la main d'œuvre, ne font propres que dans de certains ouvrages qui peuvent être vûs de près, où le talent de l'Artiste peut être apperçû, & où tout

(a) Nous parlerons de cet Architecte en décrivant le Château du Louvre. Chap. premier du quatrieme Volume.
(b) Nous avons déja parlé de quelques ouvrages de ce célébre Sculpteur dans le second Vol. pag. 11. notte (a) pag. 149, 150, Note (a) &c. sans sçavoir rien de par-ticulier jusqu'à present sur la vie de cet homme illustre.

l'édifice doit être préservé des injures de l'air. Au contraire ici l'Architecte a exhauffé ce travail recherché fur un foubaffement, pour le préferver fans doute de l'approche du vulgaire ; mais il n'a pas prévû que non-feulement ce foubaffement, d'ailleurs trop litlé, par fa grande élévation, fert contre toute idée de vraifemblance à éloigner de l'œil du Spéctateur cette merveille de l'art, qui dans ce genre ne peut compter de rivale que la fontaine de la rue de Grenelle, dont nous avons parlé dans le premier Vol. pag. 226. Chap. VIII.

Les arcades qui fe remarquent ici, font non-feulement trop grandes pour le diametre de l'Ordre qui préfide à ce monument, mais femblent contraires à l'ufage d'un bâtiment hydraulique, dont l'enceinte doit être fermée, pour exprimer plus de folidité. Il n'en faut point douter, il eft un caractere propre à chaque genre d'édifice, établi par les loix de la convenance & les principes de la bonne Architecture. C'eft cette marque diftinctive qui feule a le droit de s'attirer l'eftime des connoiffeurs par l'idée qu'on doit fe former naturellement d'un bâtiment facré, public, ou particulier, ces differens édifices devant généralement annoncer par leur compofition extérieure l'ufage auquel ils font deftinés.

On ne peut difconvenir néanmoins qu'il n'y ait des beautés de détail dans le monument dont nous parlons, mais on doit obferver qu'il eft femblable à cet égard à la plûpart des édifices antiques, dont la perfection de l'exécution a attiré le fuffrage du plus grand nombre. Prevenu par la richeffe & l'abondance des ornemens qu'on a remarqué dans ces édifices, on s'eft déterminé à les admirer, fans entrer dans l'examen des rapports du tout aux parties & des parties au tout. De-là il arrive tous les jours que les admirateurs de l'Antiquité, prennent fouvent l'ouvrage entier pour autorité, & qu'ils fe laiffent ordinairement furprendre par une forte d'enchantement qui les conduit à allier dans leurs productions des parties qui n'étant pas faites pour aller enfemble, préfentent une ordonnance peu fatisfaifante. Ces inadvertances n'arrivent que trop fouvent, quoique ces admirateurs cherchent, difent-ils, à puifer leurs principes dans des exemples capables, à bien des égards, de former le goût; mais encore une fois ils fe laiffent féduire par la totalité, fans entrer dans l'efprit des régles de la convenance. C'eft cependant cette derniere qui feule enfeigne le choix du caractere expreffif qu'il eft indifpenfable de donner à chaque bâtiment & fans lequel on s'éloigne toujours de la vrai-femblance & de la bienféance : confidérations effentielles à obferver néanmoins pour parvenir à l'excellence de fon art.

La façade que nous donnons ici contient différentes infcriptions, celles qui font placées dans les trois petites tables au deffus des impoftes, auffi bien que dans deux pareilles tables du côté de la rue S. Denis, font toutes les mêmes & conçûes en ces termes.

FONTIUM NYMPHIS.

Dans une des tables du foubaffement marquée C, on lit cette infcription :

*Quos duro cernis fimulatos marmore fluilus
Hujus Nympha loci credidit effe fuos.*

Dans une pareille table, du côté de la rue S. Denis, eft la même infcription, & audeffous eft écrit :

1708.

DU REGNE DE LOUIS XIV.

Ce regard, un des plus beaux monumens de l'antique, a été préparé pour contenir une plus grande quantité d'eau, avec un récipient plus élevé pour en donner aux quartiers les plus éloignés de la Ville.

De la quatrieme Prevôté de Meffire Charles Boucher, Chevalier, Seigneur d'Orfay, &c.

Cet

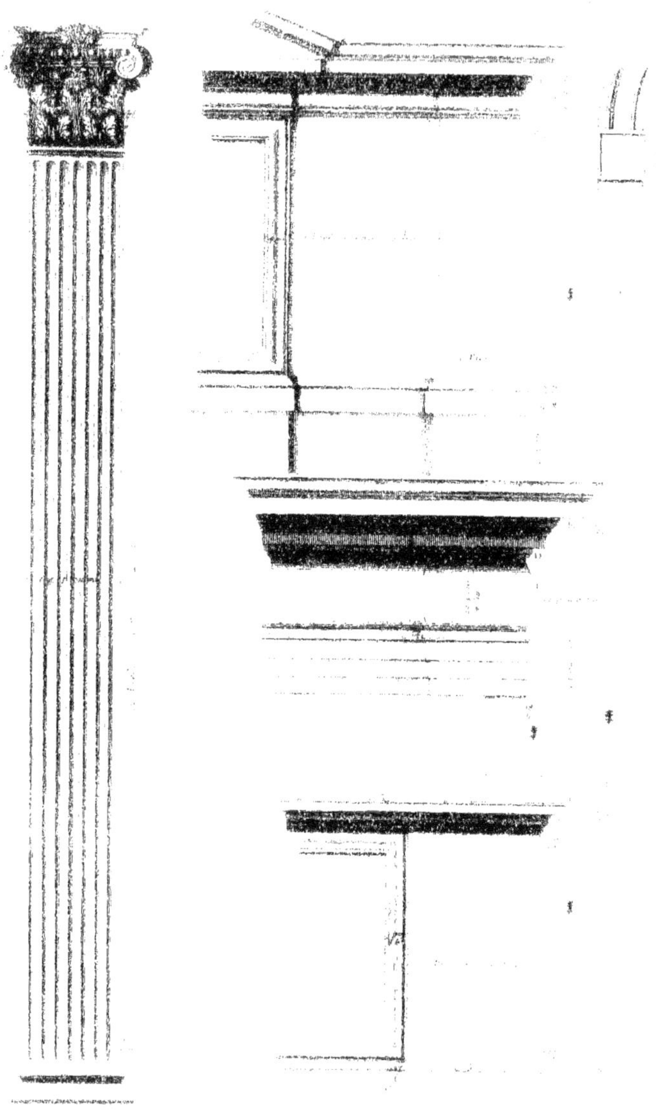

Cet édifice, dont l'entretien avoit été fort négligé, fut reparé en 1708. Vers 1741, on se proposa de le restaurer une seconde fois ; mais comme cette restauration auroit alteré la beauté de la sculpture en la regratant, on fit jetter bas les échafauds qui avoient été dressés à ce sujet, & il fut décidé que l'on conserveroit à la postérité ce magnifique ouvrage sans aucune altération. Il en fut ordonné de même quelques années après à l'égard de la Porte S. Antoine, en faveur de la sculpture (*a*) que l'on y voit, qui est de la main de Jean Goujon, & qui paroissoit avoir besoin de quelque réparation, mais à laquelle par refléxion on n'osa toucher, se rappellant que François Blondel, en 1660, lorsqu'il fut chargé des additions qu'on fit à cette porte, préfera de conserver à la postérité cet ouvrage admirable plutôt que de donner à ce monument une ordonnance d'un dessein plus élégant en général.

On entre dans l'intérieur de la fontaine dont nous parlons, par une petite porte placée vers A, qui conduit à un escalier qui monte au reservoir élevé à l'endroit marqué B, lequel distribue l'eau dans les differens quartiers de la ville, & que nous n'avons point exprimé dans cette Planche étant anciennement gravée, ainsi que nous l'avons remarqué plus haut.

Profil en grand des principaux membres d'Architecture du bâtiment de la Fontaine des Innocens.
Planche II.

Cette Planche présente les principaux profils de l'élévation précédente ; mais comme en les examinant sur le lieu, nous avons trouvé quelque différence, nous les allons remarquer ici, après avoir observé en général que tous ces profils sont, dans l'exécution, traités avec plus de légéreté, ce qui donne à cet édifice ce caractere délicat plus propre à l'Ordre qui en compose l'ordonnance, qu'à l'espece du bâtiment dont il s'agit.

Ces différences consistent dans le profil de la corniche du piedestal A, dont la cimaise inférieure est comme le profil B. L'entablement Composite ne differe que dans le talon D, qui est plus élévé aux dépens du listeau de dessus. La frise C, qui est bombée, est ornée de Dauphins alternativement placés avec des coquilles, accompagnées de feuilles de refend ; cette frise auroit été plus analogue au sujet, si l'on y eut préféré des feuilles d'eau : le quart de rond E est enfin taillé d'ornemens connus sous le nom d'oves.

La corniche de l'Attique F est beaucoup trop pésante dans ce dessein, voyez le profil G, d'ailleurs le gorgerin est à plomb & non circulaire. En général nous observerons qu'à l'exception de ces inadvertances, qui sans doute viennent de la faute du graveur, les cottes marquées sur cette Planche sont assez exactes, ce qui nous a porté à l'inférer dans ce Recueil, ces mesures étant d'une nécessité indispensable pour les personnes qui désirent s'instruire de la route que les Architectes du XVI° siecle ont suivie dans leurs productions.

(*a*) Cette sculpture consiste en deux figures placées sur la porte du milieu, l'une représente la Seine & l'autre la Marne : ouvrage inimitable, & pour lequel les amateurs craignent toujours, lorsque dans les réjouissances publiques, on confie à des hommes imprudens le soin d'illuminer cette porte triomphale qui, en faveur des chefs-d'œuvres dont nous parlons, devroit être exempte de cette marque d'allegresse.

CHAPITRE IV.

Defcription de la Porte S. Denis & de la Porte S. Martin.

PORTE S. DENIS.

Porte S.
Denis. L'une des infcriptions de cette Porte nous apprend que cet édifice fut confacré à la gloire de Louis XIV par la ville de Paris, l'an 1672. On fçait auffi que ce fut *François Blondel* (a), célébre Architecte, qui en donna les deffeins, & non *Bullet*, comme quelques-uns l'ont prétendu, ce dernier n'en ayant été que l'appareilleur, ainfi qu'on le lit dans le Cours d'Architecture de François Blondel, pag. 605.

Elévation de la Porte S. Denis du côté de la Ville. Planche Premiere.

Cet édifice a été gravé dans plufieurs Livres d'Architecture, mais comme les deffeins que nous en avons eu jufqu'à prefent font trop infideles pour en donner une jufte idée, non-feulement nous l'avons levé exactement fur les lieux, mais nous avons vérifié les dimenfions que François Blondel nous en donne à la quatrieme Partie de fon Cours d'Architecture, Chapitre IV. page 622, qui different affez confidérablement de l'exécution ; différence dont nous ne fçaurions pénétrer le motif, François Blondel ayant fait imprimer fon livre quelques années après l'édification de ce monument, & cette erreur étant trop confidérable pour pouvoir provenir de l'appareil, de la pofe ou du ragrément, ainfi que nous allons le remarquer.

Tout cet édifice a 73 pieds 9 pouces de largeur fur 72 pieds 9 pouces de hauteur, non compris un focle continu qui couronne tout l'ouvrage : ce focle a 4 pieds 8 pouces de haut, & fert d'appui à la platte-forme pratiquée fur ce monument, ainfi qu'on le peut voir Planche II. Figure Premiere. La largeur de la Porte eft de 24 pieds 2 pouces fur 46 pieds deux pouces de hauteur : la largeur de la niche quarrée eft de 31 pieds 1 pouce fur 49 pieds 6 pouces : proportion, ainfi que celle de la Porte, plus baffe que le double de fa largeur, quoiqu'il paroiffe que François Blondel ait voulu la lui donner deux fois, (voyez ce qu'il en dit dans fon livre, page 623.) Sans doute, lors de l'exécution, il a mieux aimé donner moins d'élévation à la Porte pour procurer une plus grande hauteur à la table qui contient le bas relief qui fe voit fur cette Planche.

La hauteur de l'entablement, qui felon cet Architecte doit être du fixieme de tout l'édifice, n'a cependant que 9 pieds 10 pouces au lieu de 12. Il en eft de même

(a) Nous avons déja parlé de cet homme illuftre dans les Volumes précédens, particulierement dans le Tome II. pag. 150, où nous avons promis de nous étendre davantage fur les talens fuperieurs de cet Architecte, qui de fon vivant fut membre de l'Académie Royale des Sciences, Maréchal des camps & armées du Roi, Profeffeur en Mathématiques & en Architecture, & Directeur de l'Académie Royale, Maître de Mathématiques de Monfeigneur le Dauphin. Sans compter plufieurs livres de Mathématiques qu'il nous a donné, fon Cours d'Architecture, dont la plus grande partie a été dictée de fon tems à l'Académie, eft un ouvrage auffi utile que profond, & renferme une doctrine capable d'illuftrer dans les fiecles à venir l'homme fçavant dont nous parlons, & de former les plus célébres Artiftes. Ce livre, dont nos Architectes ne fçau-

roient faire trop de cas, contient non-feulement la defcription de plufieurs édifices que cet Architecte a fait bâtir à Paris & ailleurs, mais encore de fçavantes differtations fur toutes les parties les plus intéreffantes de l'Architecture, avec un parallele excellent des plus célébres Commentateurs de Vitruve, tels que Palladio, Vignole & Scamozzi, accompagné de remarques très-inftructives fur les principaux édifices de la Grece & de l'Italie.

François Blondel nâquit à Paris en 1624, & y eft mort le 22 Janvier 1689 : indépendamment des ouvrages dont nous venons de parler, & qui immortalifent l'habile homme dont nous faifons l'éloge, on lui donne le titre de Confeiller d'Etat dans le fecond Volume de l'Hiftoire de l'Académie des Sciences, où il avoit été reçu en 1664 en qualité de Géometre.

des piedeftaux, qui felon lui doivent avoir le quart, qui fait 18 pieds, & qui n'ont cependant que 16 pieds 11 pouces : & ainfi de bien d'autres mefures qu'il a décrit dans
fon livre par les rapports Géométriques & Arithmétiques, & qui different fenfiblement de l'exécution ; ce qui nous a déterminé à donner en particulier les cottes principales de ce monument.

Cet édifice a deux façades, l'une du côté de la ville, dont nous donnons ici le
deffein, l'autre du côté du Fauxbourg, femblable pour l'ordonnance à celle dont
nous parlons, & ne differant que dans les ornemens, ainfi que nous le remarquerons dans fon lieu. Nous obferverons feulement ici que la fculpture dans ce monument eft repartie avec beaucoup de difcrétion, & qu'elle peut être regardée comme un chef-d'œuvre de cet art ; elle fut commencée par *Girardon*, & continuée par
Michel Anguierre.

Le Bas relief de deffus la Porte repréfente le paffage du *Rhin à Tolhuis*, à propos
duquel François Blondel fe plaint, p. 619, de ce que le Sculpteur n'a pas fuivi fon fentiment pour la maniere de drapper les figures, fuivant ce qu'il en a enfeigné dans la feconde Partie de fon huitieme Livre, chap. 10, p. 168. Du côté du Fauxbourg, dans
une table de même forme, eft un autre bas relief repréfentant la prife de *Maftrick*, en
1673.

Dans la frife de l'entablement qui eft au-deffus de ces deux bas reliefs, eft une
même infcription en gros caractere doré conçue en ces termes :

LUDOVICO MAGNO.

Voyez la proportion de cet entablement & l'affemblage de fes profils, Planche II.
Figure A.

Au-deffous des tables en bas relief dont nous venons de parler, eft une niche
quarrée qui reçoit la porte, qui a pour Claveau la dépouille d'un lion, dont la tête
& les pattes pendent fur le fommet de l'archivolte, & dans les angles des niches
quarrées font placées deux renommées en bas relief, qui femblent publier les victoires du Prince à la gloire duquel cet arc triomphal a été élevé.

Au bas des deux piedroits de cet édifice font deux Piedeftaux dans chacun defquels on a percé une porte (*b*) de 5 pieds d'ouverture fur le double de hauteur. Au-
deffus eft placée une table de marbre blanc qui porte des infcriptions en caracteres
noirs, celle à droite eft conçue en ces termes :

QUOD DIEBUS VIX
SEXAGINTA
RHENUM, VAHALIM, MOSAM,
ISALAM SUPERAVIT.
SUBEGIT PROVINCIAS TRES,
CEPIT URBES MUNITAS
QUADRAGINTA.

(*b*) Ces Portes avoient été faites dans l'origine de ce bâtiment pour le paffage des gens de pied. François Blondel
fe plaint de la néceffité de mettre ces percés dans ces
piedeftaux & au-deffous des piramides, qui femblent
avoir befoin d'un foubaffement d'une grande folidité : cette remarque eft judicieufe de la part de l'Auteur.

Aujourd'hui que l'on a reconnu que la grande ouverture de la porte du milieu eft fuffifante, on ne fait plus
ufage de ces deux portes : elles fervent à préfent de boutiques louées à des artifans au profit des Officiers de Ville
de Paris : ces paffages font voutés en ceintre bombé, &
ont chacun un efcalier qui monte à des entrefols pris au-
deffus les uns des autres dans l'épaiffeur des piles : un de
ces efcaliers feulement, contenant 140 marches, monte de
fond pour arriver fur la plate-forme exprimée dans la coupe, Planche II.

Celle à gauche est ainsi exprimée,

> EMENDATA MALE MEMORI
> BATAVORUM GENTE.
> PRÆF. ET ÆDIL. PONI
> C. C.
> ANN. R. S. M. DC. LXXII.

Les inscriptions placées sur de pareils piedestaux du côté du **Fauxbourg** sont différentes de celles que nous venons de rapporter, les voici. Dans le piedestal à la droite,

> PRÆF. ET ÆDIL. PONI
> C. C.
> ANN. R. S. H. M. DC. LXXIII.

Dans le piedestal à gauche,

> QUOD TRAJECTUM AD MOSAM
> XIII. DIEBUS CEPIT.

A côté de ces inscriptions & sur le retour supérieur des piedroits des portes sont des trophées d'armes en bas relief dans le goût de ceux du piedestal de la *Colonne Trajane.*

Sur chacun de ces piedestaux s'éleve une piramide adaptée au mur : elles sont posées sur un socle & surmontées d'un globe porté sur un petit amortissement : la largeur inférieure de ces piramides est à leur partie supérieure comme 3 est à 1 ; sur l'un de leurs socles d'un côté est une figure Colossale réprésentant le **Rhin** sous la figure d'un fleuve étonné, & de l'autre la **Hollande** sous la figure d'une femme affligée, assise sur un lion demi mort, qui d'une de ses pattes tient une épée rompue & de l'autre un trousseau de fleches brisées & en partie renversées. François **Blondel** rapporte dans son livre pag. 619 qu'il a imaginé ces figures au bas de ces pyramides à l'exemple, dit-il » *des medailles que nous avons d'Auguste & de Titus, où l'on voit des* » *figures de femmes assises au pied des trophées & des palmiers, qui marquoient ou la conquête* » *de l'Egypte par Auguste, ou celle de la Judée par Titus* ».

Au-dessus de ces figures s'éleve dans la hauteur des pyramides des trophées antiques pendus à des cordons & entremêlés de boucliers chargés des armes des Provinces, ou des Villes principales que le Roi venoit de se soumettre en Hollande, lorsque la ville de Paris fit ériger ce monument à la gloire de ce Prince.

Notre Auteur rapporte encore qu'avant les conquêtes dont nous venons de parler, lorsqu'il fut chargé de faire construire cet édifice, il avoit projetté d'accompagner ces pyramides de trois rangs de rostres, parceque, dit-il, premierement ces ornemens ont beaucoup de rapport avec les armes de la ville de Paris, secondement parceque personne avant lui ne s'étoit avisé de désigner les conquêtes que **Louis XIV** avoit faites sur mer, & que ces ornemens aidés des inscriptions qu'il avoit composées (c) à cet effet, auroient annoncé d'une maniere sensible les victoires ma-

(c) François **Blondel** nous apprend, page **610.** que non-seulement les inscriptions de cette Porte sont de lui, mais qu'il donna aussi toutes celles des autres édifices élevés de son tems & sous sa direction, où il a observé, principalement aux Portes de Paris, une espece de suite historique par année des principaux événemens du regne de **Louis XIV.** Circonstance qui ajoûte un mérite essentiel à la haute capacité de cet Artiste, & qui prouve qu'il étoit aussi excellent homme de lettres que grand **Architecte.**

ritimes

ritimes de ce Monarque : il affure que ce projet avoit été fort goûté, mais qu'il ne put avoir lieu, parceque la Ville, dans l'édifice dont nous parlons, préféra d'annoncer par des fymboles fignificatifs les victoires qui venoient recemment d'être remportées par Louis le Grand.

Du côté du Fauxbourg font auffi deux pyramides chargées de trophées, qui different feulement de celles dont nous venons de parler, en ce qu'il n'y a point de figures fur les focles, mais feulement des lions qui femblent les foûtenir, ainfi qu'on le peut voir (*) dans la coupe & dans le profil, Planche II.

Quelques Architectes ont prétendu que ces pyramides étoient peu propres à la décoration d'un arc de triomphe, & que ce genre d'ornement ne convenoit qu'à celle d'un catafalque, l'origine de ces ornemens ayant eu pour objet d'honorer la mémoire des morts, & qu'il auroit été plus convenable de pratiquer une table faillante dans la hauteur de chaque piedroit de cet édifice, fur laquelle on auroit inferé ces trophées : ces tables alors en forme de pilaftres auroient pu être foûtenues fur les mêmes piedeftaux, & auroient formé l'affemblage de plufieurs lignes paralleles, que l'obliquité des pyramides ne préfente pas ici. Quoiqu'il en foit, il eft certain que ce monument eft d'une grande beauté, & que la fermeté de fon Architecture & la fierté de fes profils mérite les plus grands éloges : on peut même avancer qu'il n'eft peut être point d'édifice en France qui porte un caractere plus viril & plus capable de mériter l'attention des hommes qui fe deftinent aux arts, & d'attirer l'admiration des Connoiffeurs.

Coupe & face latérale de la Porte S. Denis. Planche II.

Cette Planche repréfente la coupe de cette même Porte, Figure Premiere, par laquelle on voit les compartimens diftribués dans l'intrados de l'arc de la Porte, la faillie des pyramides & la largeur de la platte-forme pratiquée fur le fommet de cet édifice.

La Figure deuxieme offre la face latérale de cette Porte, & indique l'épaiffeur de ce monument, auffi-bien que les barbacannes qui éclairent l'efcalier qui monte de fond, dont on voit le plan dans la pile exprimée au-deffous de cette figure.

La Figure A donne le profil de l'entablement qui a de hauteur 9 pieds 10 pouces fur 4 pieds de faillie ; la hauteur de fa corniche, qui eft de 3 pieds 10 pouces, fe divife en vingt parties, quatre font pour la hauteur de la cimaife fupérieure, quatre pour celle du larmier, fept pour la hauteur du double modillon, & cinq pour celle de la cimaife inférieure. La frife a de hauteur 2 pieds 10 pouces : l'architrave, qui eft de 3 pieds 2 pouces, fe divife en 15 parties, cinq font pour la cimaife, cinq pour la premiere platte-bande, & cinq pour la platte-bande inférieure, y compris fon quart de rond & fon filet.

La Figure B donne le profil de l'impofte, dont la hauteur eft de 3 pieds 4 pouces fur 13 pouces de faillie ; cette hauteur fe divife en 13 parties : trois de ces parties font pour la platte-bande inférieure, quatre pour la feconde, une pour le cavet, deux pour la doucine & fes deux filets, deux pour le larmier & la derniere pour le filet & le lifteau fupérieur.

La Figure C donne le profil de la corniche des piedeftaux, elle a de hauteur un pied 11 pouces fur un pied 9 pouces de faillie ; cette hauteur fe divife en dix parties : deux font pour la cimaife fupérieure, trois pour le larmier, une pour une portion du quart de rond de deffous avec fon filet, trois pour la doucine & fon grain d'orge, & la derniere pour l'aftragale.

(*) L'élévation perfpective de cette porte, du côté du Fauxbourg, fe trouve dans *les Délices de Paris, par Pe-relle*, Planche 95. On peut voir auffi *dans le même Re-cueil*, Planche 96, une élévation perfpective de la Porte S. Martin dont nous allons parler.

PORTE S. MARTIN.

Porte S. Martin. Cet édifice fut élevé & confacré par la ville de Paris à la gloire de Louis XIV, l'an 1674, fur les deffeins de *Pierre Bullet* (a), fucceffivement après la Porte S. Denis, ce qui a fait croire à plufieurs que ce monument avoit été bâti fur les deffeins de *François Blondel* ; mais il y a une fi grande différence dans le goût d'Architecture de ces deux Portes triomphales, qu'il eft aifé de diftinguer l'ouvrage du maître d'avec celui de l'éleve : car quoique Bullet ait voulu, dans la Porte dont nous parlons, fuivre en quelque forte les dimenfions obfervées dans la Porte S. Denis, on ne remarque néanmoins dans l'ordonnance de celle de S. Martin, qu'un caractere de pefanteur au lieu de l'expreffion virile qui compofe celle de la Porte précédente, de forte qu'il n'y a point à fe tromper fur l'eftime qu'on doit faire de ces deux édifices comparés enfemble.

Elévation de la Porte Saint Martin du côté de la Ville.
Planche III.

Cet édifice (b) a de largeur 53 pieds 7 pouces fur 53 pieds 1 pouce d'élévation, y compris l'Attique continu qui regne fur la partie fupérieure de l'entablement & qui a de hauteur 11 pieds. Ce monument eft percé de trois Portes en plein ceintre, dont celle du milieu a 16 pieds 2 pouces fur 30 pieds 1 pouce. Les Portes collatérales ont chacune 8 pieds 1 pouce & demi fur 15 pieds 8 pouces & demi : les arcs de ces portes font foûtenus par des piédroits de 5 pieds 6 pouces & demi chacun, & font chargés de boffages continus vermiculés, lefquels tournent en maniere d'archivolte à l'arc en plein ceintre de la grande Porte : genre d'ornement ruftique plus propre en général à la décoration d'une Porte de ville de guerre, qu'à l'ordonnance d'une Porte triomphale élévée dans une capitale ; d'ailleurs ces ornemens donnent un caractere de péfanteur à cet édifice, & ne doivent être employés que dans ceux qui par leur ufage demandent une folidité réelle & apparente.

Au-deffus de l'impofte & aux deux extrêmités de ce monument s'élévent deux corps en boffages, de la largeur des piédroits de deffous : ces boffages qui faillent de quelques pouces, laiffent un renfoncement qui occupe l'efpace compris entre le deffus de cette impofte & le deffous de l'entablement, enfemble la largeur qui regne depuis les corps de boffages dont nous venons de parler jufqu'à l'extrados de l'arc de la grande Porte. Ces efpaces, d'une forme forme affez ingrate, font ornés de ce côté, comme de celui du Fauxbourg, par des bas reliefs de l'exécution de *Desjardins* (c), *Marfy* (d), le *Hongre* (e), & le *Gros* (f), & repréfentent les principaux évé-

---

(a) Bullet fut deffinateur & appareilleur de François Blondel, ainfi que nous l'avons remarqué au commencement de ce Chapitre. Dans la fuite cet homme acquit une très-grande expérience, & fit d'heureux progrès dans l'Architecture. Voyez ce que nous en avons dit Tome II. page 93. Note (a).

(b) Le 7 Septembre 1745, au retour de Louis XV de l'armée de Flandres, la ville de Paris fit eriger un arc de triomphe, peint fur toile & monté fur un bâtis de Charpente des deux côtés de cette Porte : cette décoration feinte avoit de largeur 72 pieds fur 87 de haut, y compris un amortiffement pofé fur un Attique & foutenu du côté du Fauxbourg fur un Ordre de colonnes Ioniques de marbre coloré & les ornemens rehauffés d'or. Le côté de la Ville étoit décoré d'une maniere plus ruftique, & furmonté de même par un grand amortiffement, fupportant des allégories & des attributs rélatifs au fujet : ces

décorations, dont j'ai donné les deffeins, furent exécutées avec fuccès par les fieurs *Tremblin* & *Labbé*, Peintres de la Ville.

(c) Voyez ce que nous avons dit de ce Sculpteur, Tome II. pag. 5. Note (g), & pag. 152. Note (a).

(d) Baltazar Marfy étoit né à Cambray, & eft mort en 1705. Il avoit un frere nommé Gafpard, qui avoit moins de réputation, ce dernier eft mort en 1679.

(e) Etienne le Hongre a beaucoup travaillé à Verfailles, il eft mort à Paris en 1690.

(f) Pierre le Gros a beaucoup travaillé pour le Roi ; il étoit né à Chartres, & eft mort à Verfailles le 10 Mai 1714. Il eut pour fils le fameux le Gros qui mourut à Rome fort jeune, & qui y laiffa plufieurs morceaux de Sculpture qui vont de pair avec tout ce que les Italiens ont produit de meilleur en ce genre.

nemens arrivés dans le tems de la conftruction de cette Porte, tels que la conquête Porte S. Martin.
de la *Franche Comté*, la prife de *Limbourg*, &c. &c.

Au-deffus de ces bas reliefs, dans tout le pourtour de cet édifice, regne un entablement lequel a fix pieds de hauteur, & dont le profil eft exprimé plus en grand fur la Planche quatrieme, Figure A. Cet entablement, qui a le fixieme de hauteur depuis le deffous de fon architrave jufques fur le fol du pavé, eft compofé de trop de petites parties & eft trop chargé d'ornemens rélativement à la fimplicité mâle de cette Porte.

Sur cet entablement s'éléve un Attique orné à fes extremités de deux pilaflres angulaires faillans, entre lefquels eft une grande table, dont la bordure eft enrichie de moulures & taillée d'ornemens, laquelle contient l'infcription fuivante, de la compofition de François Blondel.

LUDOVICO MAGNO,
VESONTIONE SEQUANIS QUE
BIS CAPTIS,
ET FRACTIS GERMANORUM,
HISPANORUM, ET BATAVORUM
EXERCITIBUS,
FRÆF. ET ÆDIL. PONI
C. C.
ANNO R. S. H. M. DC. LXXIV.

Du côté du Fauxbourg, dans une pareille table pratiquée dans le revers de cet Attique, on lit cette infcription.

LUDOVICO MAGNO,
QUOD LIMBURGO CAPTO
IMPOTENTES HOSTIUM MINAS
UBIQUE REPRESSIT,
PRÆF. ET ÆDIL. PONI
C. C.
ANNO R. S. H. M. DC. LXXV.

Aux deux côtés de cet édifice font pratiqués de petits bâtimens, qui dans leur origine fervoient pour des corps-de-gardes, & qui aujourd'hui font loués à des artifans; c'eft dans l'un de ces corps-de-gardes, à gauche, que l'on a conftruit un efcalier qui vient gagner celui à vis & à noyau évuidé, pratiqué dans l'une des piles angulaires de ce monument, ainfi qu'on l'a exprimé par des lignes ponctuées dans le plan qui eft au bas du deffein dont nous parlons. Cet efcalier a 7 pieds 7 pouces de diamétre, & avoit été fait pour monter fur une platte-forme qui étoit anciennement à l'extrêmité fupérieure de cet édifice, ainfi que fe voit celle de la Porte S. Denis, Planche II. Figure Premiere; mais comme l'on a reconnu que la charge confidérable de cette platte-forme nuifoit à la folidité, (l'extrêmité inférieure de ce monument étant prefque toute percée à jour,) on prit le parti il y a environ douze ans d'enlever 12 pieds de hauteur de ce maffif vers l'ancienne platte-forme, à la place de laquelle on a placé un petit comble à deux égoûts, tel que l'exprime la Figure premiere de la Planche quatrieme, où l'on voit le dévelopement de la coupe pris dans le milieu de ce bâtiment, auffi-bien que les compartimens qui font diftribués dans le pourtour de l'intrados de la grande Porte, laquelle a d'épaisseur 13 pieds 4 pouces.

La Figure deuxieme de cette quatrieme Planche préfente la face latérale de cet édifice avec la coupe d'un des anciens corps-de-gardes dans lequel eft pratiqué l'eſcalier dont nous venons de parler.

La Figure A donne le profil en grand de l'entablement; ſa hauteur eſt premierement divifée en quinze parties, trois ſont pour la hauteur de l'architrave, cinq pour celle de la friſe, & ſept pour la corniche : cette derniere ſe divife en ſix, une pour le filet & la doucine de la cimaiſe ſupérieure, deux pour la hauteur du larmier & pour la partie inférieure de la cimaiſe, deux pour la hauteur du modillon, y compris le talon qui le couronne & le filet qui le ſoûtient, & une pour le cavet. Le ſophite du larmier eſt orné de caſſettes & de roſaſſes entre chaque modillon ; la friſe eſt ornée de conſoles, ainſi que nous l'avons déja remarqué, dont la volute ſupérieure prend naiſſance dans le cavet qui ſert de cimaiſe inférieure à la corniche. Ces conſoles ſont ornées dans leurs faces de deux canaux qu'il ſemble que Bullet ait imité, auſſi-bien que tout l'entablement dont nous parlons, d'après un entablement Compoſé par Vignole, que l'on trouve dans ſon livre, & que d'Aviler, ſon commentateur, nous rapporte dans ſon *Cours d'Architecture* pag. 129.

CHAPITRE V.

*Description de la Maison de Madame la Comtesse d'Estrades,
rue de Clery.*

CETTE Maison fut bâtie vers la fin du siecle dernier sur les desseins de *Jean* Maison
rue de
Clery.
Richer (a) Architecte : elle est occupée aujourd'hui par M. *de Coullanges.*
Quoique ce bâtiment ne soit pas distribué dans le goût moderne & que l'ordonnance des façades soit en quelque sorte opposée à notre maniere de décorer,
je ne me lasserai point de répéter qu'il me paroît important de mettre sous les
yeux des personnes qui se destinent à l'Architecture differens moyens d'arriver à la
perfection. Si l'on regardoit la plûpart des bâtimens élévés dans le siecle passé comme inutiles dans ce Recueil, le public se feroit trouvé privé des monumens qui
font le plus d'honneur à nos Architectes François. Le Château de Maisons, le
Péristile du Louvre, le Val-de-Grace & beaucoup d'autres édifices de réputation
seroient dans ce cas ; cependant peut-on disconvenir que ce sont autant de chefs-
d'œuvres dignes de la curiosité des Etrangers & de l'étude de nos Architectes ?

Il est vrai que la maison dont nous parlons est bien inférieure en beauté à ces
monumens ; mais on ne peut lui refuser un certain caractere de simplicité &
de noblesse dans sa décoration, de choix dans ses profils, & une fermeté d'expression dans la distribution des membres qui la composent, qui se rencontrent rarement dans les maisons que nous élévons de nos jours. Sa distribution, à la vérité, n'est
pas susceptible des commodités qui sont en usage aujourd'hui ; mais outre qu'il est
difficile qu'un édifice contienne toutes les perfections qu'exige l'Architecture, combien d'autres, tant anciens que modernes, à commencer par le Palais Royal, auroient dû ne pas trouver ici leur place. D'ailleurs il faut se ressouvenir que l'objet
principal de ce Livre est de présenter la plus grande partie des édifices de cette Capitale & de ses environs ; qu'en conséquence on doit s'attendre à ne pas trouver les
bâtimens qui le composent toûjours également intéressans, quoique cependant on
ait observé de n'y en pas inserer un qui ne mérite quelque attention, & que cette
idée seule nous ait paru suffire, parce que lorsqu'il s'agit de s'instruire, rien n'est véritablement indifférent. Or pour que cela arrive, il faut certainement comparer,
puisque ce n'est que par l'esprit de comparaison, qu'on peut estimer le rapport des
masses avec les parties d'un bâtiment, afin de prendre ce qu'il y a de meilleur dans
chacun, & d'en déduire comme autant de principes capables de nous conduire
de plus en plus à la perfection de notre Art. Perfection qui au contraire semble
décliner, parce que nos jeunes Architectes négligent d'examiner avec soin nos différens édifices, & ce qu'ils ont de louable chacun en particulier, quoique dans le
tout il ne soient pas généralement estimés.

Qu'on ne s'y trompe pas, une croisée d'une belle proportion, un avant-corps bien
en rapport avec la dimension de la façade, un pavillon bien amorti, un beau profil,
un escalier heureusement disposé, une cour d'une belle forme, enfin des ornemens
d'un beau choix suffisent pour déterminer un homme déjà avancé à la recherche &
à l'examen de ces différentes beautés de détail, persuadé que c'est le moyen le plus
sûr de parvenir à l'excellence de l'Architecture.

Je sens bien que ceux qui se disent curieux & qui n'ont d'autre objet que d'amasser
des livres ou des estampes, pour la plûpart assez mal gravées, seront peu touchés de

____

(*a*) Voyez ce que nous avons dit de cet Architecte dans le Chapitre premier de ce Volume Pag. 3. Not. (*c*).

Tome III.   E

ce que j'avance ; mais ce n'eſt pas pour eux que j'écris. C'eſt pour les perſonnes de l'Art & pour ceux qui ſans s'embarraſſer de quelques changemens faits dans un plan, ou de parcilles minuties qui n'importent qu'au Proprietaire, veulent s'inſtruire, & cherchent à ſe rendre compte des différens motifs, qui ont fait agir les Architectes du dernier ſiecle & ceux de nos jours, afin de prendre une route moyenne, qui leur faſſe éviter la péſanteur des uns, la trop grande légéreté des autres, & enfin cette déſunion & cette diſcordance qu'on remarque dans la plûpart des bâtimens élévés par nos demi-Sçavans, qui n'ayant ni aſſez de goût, ni aſſez de juſteſſe pour puiſer le vrai beau où il ſe rencontre, n'admirent que leurs compoſitions, ou plûtôt méſeſtiment tout ce qu'ils n'ont pas fait. Or comme il y en a quelques-uns parmi ces derniers qui ont (par je ne ſçai quelle fatalité,) une certaine réputation, leurs productions monſtrueuſes, enfans du caprice & de l'ignorance, ſervent en quelque ſorte d'autorité à nos éléves, ou, ce qui eſt encore plus funeſte, de modele à la plûpart des perſonnes qui font bâtir, d'où naît le mauvais goût qui entraîne inſenſiblement la multitude.

Pour éviter ce déreglement je perſiſte donc à ſoûtenir que le meilleur moyen pour devenir habile & pour éviter toutes les inepties dans leſquelles on tombe tous les jours, eſt de tout voir, de ſe rendre compte de tout, de tout analiſer, & enfin de ne negliger aucune circonſtance & de prendre une connoiſſance exacte des différens genres de beautés répandues dans les édifices qui ſe font élévés depuis la fin du quinzieme ſiecle juſqu'à preſent. Car ſans cette connoiſſance il eſt à craindre que vers la fin de celuici, nous ne ſçachions plus faire que des garderobes, des belveders, de très-petites maiſons, & enfin des ornemens frivoles dont nos édifices ſacrés & nos maiſons Royales ne font pas quelquefois exemptes.

Plan du Rez-de-chauſſée. Planche Premiere.

Notre deſſein n'eſt pas de faire l'éloge de cette diſtribution, il n'y a point de doute que ce Recueil ne contienne des maiſons particulieres plus commodes, d'une proportion plus agréable & diſpoſées avec plus d'intelligence. La maiſon de M. d'Argenſon, celles de M. Guillot & de M. de Janvri, bâties ſur les deſſeins de MM. Cartaud & Boffrand font ſans doute préférables ; mais en conſidérant qu'anciennement on étoit dans l'uſage de bâtir les principaux corps de logis ſur la rue, que d'ailleurs le terrain ſur lequel eſt élévé cette maiſon eſt aſſez irrégulier, l'on trouvera que la ſimétrie qui regne dans ce bâtiment n'eſt pas ſans mérite, de ſorte qu'à l'exception de la forme de la cour, ce plan eſt aſſez bien conçû. Il eſt vrai qu'il eût été facile de rendre cette cour moins irréguliere en abaiſſant un mur perpendiculaire du point A, ou C, de la même inclinaiſon que celui B. Ce mur auroit diviſé la largeur de la cour & en auroit procuré une particuliere à la petite maiſon C, qui dans un terrain aſſez borné, eſt diſtribuée aſſez ingénieuſement.

Dans cet eſpace où nous deſirons une cour particuliere, on a pratiqué aujourd'hui une écurie pour quatre chevaux à la place de celle qui ſe remarque dans la Planche cinquieme, & dont on a fait une boutique ; de ſorte que la deſcente en rampe, qui eſt exprimée dans le plan dont nous parlons, eſt ſupprimée. Il eſt vrai que cette nouvelle écurie avilit par ſa compoſition triviale la forme de la cour, mais ce genre d'inadvertance n'arrive que trop ordinairement aux anciens bâtimens auxquels on eſt obligé de faire des augmentations ou des changemens qui déshonorent notre ſiecle, ſoit par l'ignorance de la plûpart de ceux qui font chargés de ces ſortes de travaux, ſoit par la négligence, ou l'économie mal entendue des Proprietaires qui ordonnent les réparations. Nous remarquerons néanmoins que l'Architecte a ſçu tirer parti de l'inégalité du terrain de la cour pour donner un air de grandeur à ſon édifice, & pour se procurer une façade d'une certaine étendue. (voyez la Planche quatrieme.)

Plan du premier étage. Planche II.

Ce plan, divisé en deux parties comme le précédent, compose deux maisons particulieres, qui ont chacune leur escalier. La plus petite contient un appartement, l'autre en contient deux, qui ont un antichambre commune. Ces appartemens manquent des commodités qui sont si fort en usage à present, & dans lesquelles nos Architectes ont depuis environ trente ans montré beaucoup d'habileté.

On peut dire cependant en faveur des anciens appartemens que, quoique moins susceptibles de dégagemens que ceux de nos jours, la maniere dont ils sont ornés, soit dans leurs plafonds, soit par la décoration de leurs lambris de revêtissement, les fait rechercher encore aujourd'hui pour la demeure des personnes de goût. Les Hôtels Lambert, de Tallard, de Carnavalet, &c. sont autant de preuves de ce que j'avance. C'est souvent pour cette raison que nous annonçons quelquefois un bâtiment, quoique d'une distribution peu intéressante, pour avoir occasion d'indiquer les beautés que ces appartemens renferment en sculpture & en peinture, sans compter que les parties extérieures de ces édifices méritent quelquefois une attention particuliere de la part des Connoisseurs & une étude refléchie pour les personnes qui veulent faire leur capital des beaux Arts. Quelques observations que nous allons faire sur la façade du bâtiment dont nous parlons, justifieront ce que nous disons ici.

Elévation du côté de la rue. Planche III.

Comme ce bâtiment est divisé intérieurement en deux parties, cette façade contient deux ouvertures de porte au rez-de-chaussée : chacune de ces portes est ornée de deux colonnes d'Ordre Ionique engagées & surmontées d'un entablement régulier, lequel est profilé avec fermeté, & qui se sent bien d'avoir été tracé par une main habile. Les portes sont à platte-bande, ornées de chambranle & accompagnées, après les colonnes, de corps de refend ; de sorte que ces corps laissant un intervalle entre le fût des colonnes pour la saillie de leur base & de leur chapiteau, produisent un renfoncement qui fait un assez bon effet. *Mansard* & *Le Mercier* ont imité cette ordonnance dans leur frontispice de l'Hôtel de Toulouse & du Palais Royal.

Les croisées du premier étage placées au-dessus de ces portes sont d'une beauté de proportion & d'une élégance qui égalent celles du Château de Maisons & celles du Palais du Luxembourg. Les accompagnemens & les croisées supérieures, au second étage, ne sont pas sans doute de la même beauté, étant divisées par de trop petites parties ; mais il doit paroître singulier que ce que nous avons lieu de blâmer ici soit précisément ce que la plûpart de nos Architectes imitent dans leurs compositions modernes, comme on peut le remarquer dans une partie des bâtimens qu'on éléve à la Ville & à la campagne, & dont un grand nombre n'a pû trouver place dans ce Recueil à cause des irrégularités qui se trouvent dans leurs décorations extérieures, quoique d'ailleurs les dedans ne soient pas sans commodité & sans agrément.

Les arrieres corps de cette façade sont ornés de croisées d'une proportion assez convenable, mais sans bandeau. Cette simplicité donne du repos aux façades selon le système des Anciens ; cependant cette affectation désunit les parties, & cette désunion nuit aux masses. Un motif assez puissant a porté sans doute l'Architecte a en user ainsi ; c'est que quoique les chambranles ou bandeaux d'une croisée fassent

partie de la largeur du trumeau, néanmoins cette richeſſe le diviſe, & paroît en al-
térer la ſolidité, de ſorte qu'il n'en faut faire uſage dans l'Architecture, que lorſque les pleins peuvent être égaux aux vuides : proportion qu'on n'obſerve guéres
aujourd'hui par l'abus que l'on fait de trop éclairer l'intérieur des appartemens, deſorte que la décoration extérieure en ſouffre au point qu'on peut à peine remarquer
dans les façades de nos édifices quelques traces des proportions & des régles de la
bonne Architecture.

Elévation du côté de la cour. Planche IV.

Le rez-de-chauſſée, le premier étage & les pavillons de cette façade ſont d'une
proportion très-agréable & exécutés d'une maniere pure & correcte. Il ſeroit à déſirer que l'étage Attique fut ſupprimé ; mais dans une maiſon particuliere dont le
terrain eſt ordinairement reſſerré, la néceſſité de multiplier les étages ſert d'excuſe à
cet exhauſſement, quoiqu'il nuiſe à la dimenſion de la façade, qui doit, autant qu'il
eſt poſſible, conſerver un rapport de hauteur rélatif à l'étendue du bâtiment. On auroit dû au moins ſupprimer les frontons des pavillons, car ils ne peuvent être autoriſés
qu'à l'extrêmité ſupérieure d'un édifice.

La lettre A exprime le mur de face qui donne ſur la rue du Gros Chenet, vû en
racourci. Une partie de ce mur eſt interrompue dans les deux étages ſupérieurs
pour éclairer, par une terraſſe, une anti-chambre dans l'intérieur du bâtiment. (Voyez
la Planche II).

Coupe ſur la profondeur du bâtiment. Planche V.

Cette Planche fait voir l'intérieur des étages du principal corps de logis donnant
ſur la rue de Clery, le mur de la cour donnant ſur la rue du Gros Chenet ; elle préſente auſſi la coupe des remiſes pratiquées dans le fond de la cour.

Nous avons dit qu'on avoit conſtruit de nouvelles écuries dans cette cour, elles
ſont adoſſées au mur A, n'étant plus en B : à la place de ces dernieres, on a par économie fait une boutique. Nous n'avons point exprimé ici l'élévation de ces écuries, ni
leur plan (dans la Planche premiere), étant, ainſi que nous l'avons déja obſervé, d'une
ordonnance trop négligée.

Plan du Rez de Chaussée d'ine Maison scituée rue de Clery bastie par I. Richer à Paris

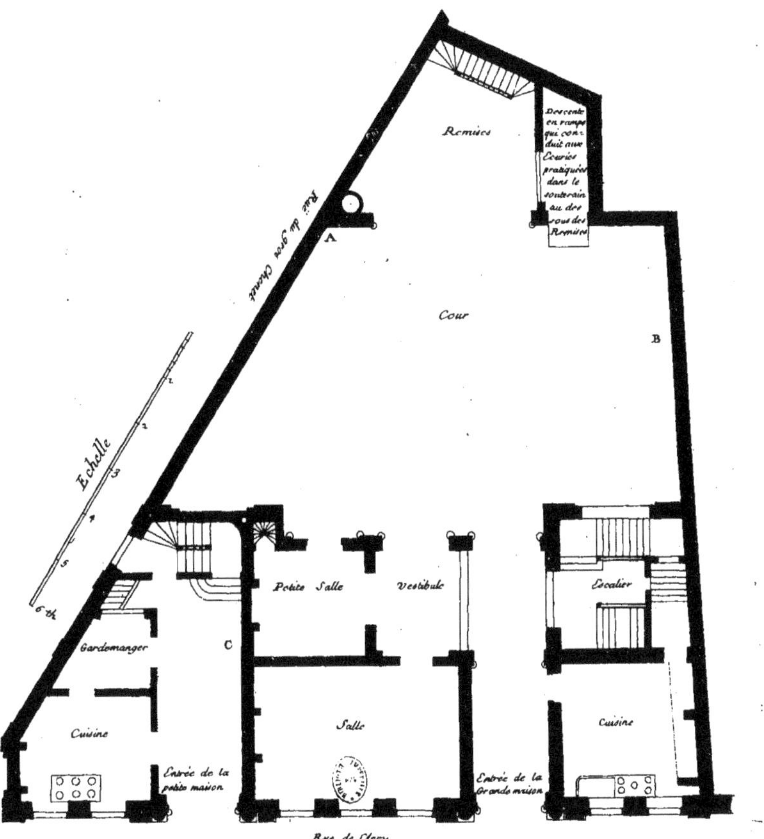

A Paris chez JOMBERT, rue Dauphine.

I. Marot fecit.
314.

Plan du premier Estage d'une Maison Scituée rue de Clery par I. Richer

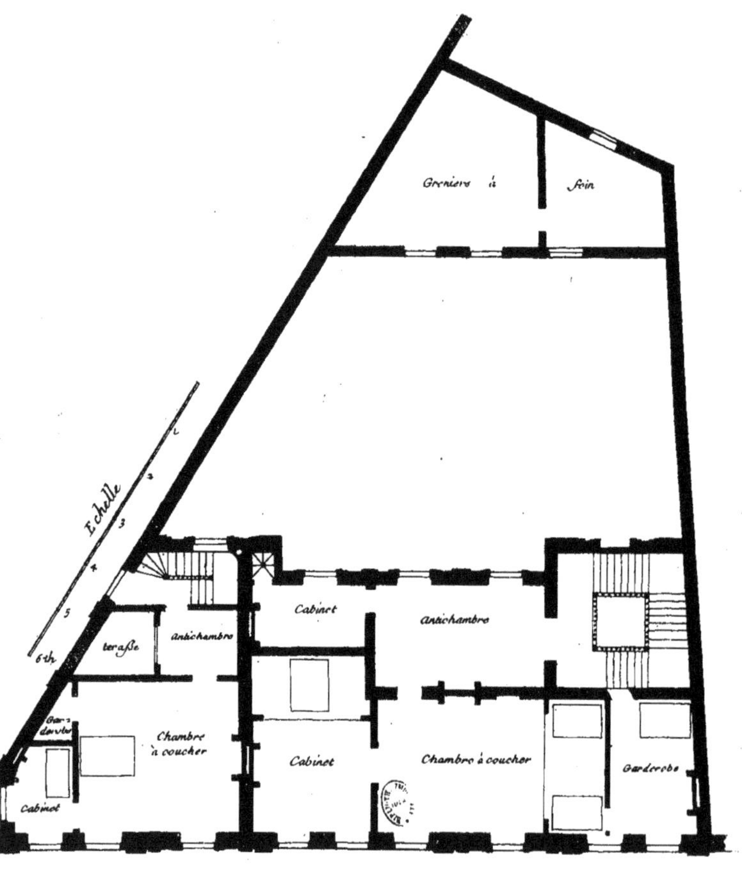

I. Marot fecit.
315.

CHAPITRE VI.

Defcription de l'Eglife des Auguftins Defchauffés, connus fous le nom des Petits Peres, près la Place des Victoires.

CETTE Eglife en général n'eft pas d'une étendue confidérable, ni d'une dif- tribution fort ingénieufe ; mais une des raifons qui nous ont porté à en don- ner les deffeins, c'eft afin qu'on puiffe trouver autant de variété dans le genre des édifices facrés dont nous parlons dans ce Recueil, que nous en avons déja répandu dans les autres efpeces de bâtimens. Elle fut commencée, l'an 1629, fur les deffeins de *Galopin*, Ingénieur; Louis XIII. en pofa la premiere pierre le 9 Décembre de la même année, cette Eglife étoit fituée où l'on voit aujourd'hui la facriftie. Ce fut peu de chofe dans fes commencemens : en 1656 on bâtit celle dons nous donnons ici le plan. Les fondations en furent commencées fur les deffeins de *Pierre Le Muet* (a), & élévées jufqu'à la hauteur de fept pieds hors de terre par *Libéral Bruant* (b), enfin elles furent continuées par *Gabriel Le Duc* (c). Cet ouvrage néanmoins refta long-tems im- parfait, & ce ne fut que vers l'an 1739 qu'il fût achevé dans l'état où on le voit au- jourd'hui, & qu'on conftruifit à cette Eglife un portail fur les deffeins de M. Car- taud, Architecte du Roi, dont nous avons parlé, Tome I. pag. 222. Cette Eglife en- tiérement finie fut confacrée par l'Evêque de Joppé, le 13 Novembre 1740.

Plan de l'Eglife des Petits Peres. Planche Premiere.

La diftribution de cette Eglife confifte dans une nef de trente-quatre pieds de largeur dans œuvre, fur vingt-deux toifes cinq pieds de longueur, y compris le fanctuaire, & de quarante-neuf pieds de hauteur fous clef. Cette nef eft flanquée dans toute fa longueur de deux rangs de chapelles de quinze pieds de profondeur chacune, dont les murs de refend font percés & fermés de portes & de grilles de fer. Ces portes enfilent celles collatérales du portail, & fes Chapelles tiennent lieu de bas côtés à cette Eglife, deforte que par les deux porches intérieurs E, F, qui font de même grandeur que les chapelles, le peuple entre & fort indépendamment de la principale porte du milieu, dont l'ufage eft d'être toujours fermée d'un tambour ou porche de menuiferie, pour procurer plus de recueillement dans l'intérieur.

Nous avons recommandé dans le fecond Volume, pag. 38, de pratiquer autant qu'il étoit poffible un périftile ou porche extérieur à l'entrée des Eglifes, tel qu'à la Sorbonne du côté du College, à S. Sulpice, au Val de Grace, &c. mais com- me il n'eft pas toûjours facile de les mettre en pratique, principalement dans celles qui ne font que d'une médiocre étendue, à leur défaut on fe détermine à faire ufage des tambours dont nous parlons ici. Ce tambour fert de foubaffement au buf- fet d'orgues (d), dont on voit la coupe, Planche troifieme : (voyez auffi la décora- tion de ce porche dans le feptieme Volume.)

A feize toifes du portail, dans l'intérieur de ce monument, eft une croifée dont la

---

(a) Voyez ce que nous avons dit de cet Architecte ; Tome I. Page 255. Note (1).

(b) Voyez ce que nous avons dit de cet Architecte, T. I. p. 286. Not. (1).

(c) Au fujet de Le Duc voyez T. I. p. 255, 284. T. II. p. 62. 71. 126. Not. (c) 153. Not. (b). &c.

(d) Cet orgue nouvellement conftruit eft compofé de trente-deux jeux : il eft enfermé dans une menuiferie or- née de fculpture d'un fort bon goût, du deffein & de l'é- xécution du fieur *Regnier*, Maître Menuifier. Le jeu d'or- gue, un des plus harmonieux de Paris felon les Connoif- feurs, eft de *Sclop*, homme fort habile dans ce genre d'inf- trumens.

longueur contient toute la largeur de l'Eglife. A chacune des extrêmités de cette croifée font pratiquées deux chapelles, l'une de S. Auguftin, l'autre de Notre-Dame de Savone. Cette derniere eft toute de marbre & d'une aflez bonne compofition : on prétend qu'elle eft exécutée fur les defleins de *Claude Perrault* dont nous avons parlé, Tom. II. pag. 57. Note (*a*)

Au milieu & dans la partie fupérieure de cette croifée eft une voute fphérique, qui s'éleve de 59 pieds au-deflus du fol du pavé de l'Eglife. A la place de cette voute devoit être un dôme fuivant le projet de Libéral Bruant ; mais par des confidérations particulieres il fut fupprimé lors de l'entiere perfeſtion de cet édifice.

Le chœur où font les ftalles eft placé derriere le Maître-Autel, & n'eft féparé de la nef que par une grille bafle. Le fond eft à pans coupés, forme contraire à l'ufage ordinaire, les plans circulaires femblant être plus convenables, ainfi qu'on le remarque dans toutes nos Eglifes Paroifliales ; mais il faut obferver ici que ce chœur n'avoit d'abord été conftruit qu'en charpente en attendant que l'Eglife fut finie, & que depuis, pour rendre ce vaifleau plus fpacieux, on l'a laiflé fubfifter tel qu'il étoit.

A la gauche du chœur on a joint dans ce plan une partie des bâtimens dépendans du Couvent, tels qu'un veftibule, un grand efcalier (*e*), une facriftie (*f*). Tous ces bâtimens font conftruits avec folidité, appareillés avec foin & d'une décoration aflez bien entendue, quoique fimple.

Coupe fur la largeur de l'Eglife des Petits Peres, prife dans le plan fur la ligne AB.
Planche II.

Cette coupe préfente toute la largeur de l'Eglife vûe dans le milieu de la croifée, deforte que dans les deux côtés, entre les quatre gros piliers qui portent la voute, on voit quatre tribunes qui égalent la profondeur des chapelles diftribuées fur la longueur de la nef. Ces quatre tribunes, dans lefquelles on monte par de petits efcaliers à vis exprimés dans la Planche Premiere, décorent avec fimétrie les extrêmités de la croifée, & font d'un deflein de très-bon goût. Ces tribunes étoient compofées anciennement par Gabriel Le Duc, & ont été reftaurées & mifes en l'état où on les voit préfentement par M. Cartaud. V~~~ 1~ ~~~loppement d'une de ces tribunes ~~~~~~~ ~~~~ ~~~~~ ~~~ la Planche V. Figure II.

Un Ordre de pilaftres Ioniques de vingt-fix pieds de hauteur décore tout l'intérieur de cette Eglife. Cet Ordre eft élévé fur un focle d'un pied & couronné d'un entablement dont la haureur eft entre le quart & le cinquieme de l'Ordre. La corniche de cet entablement eft ornée de modillons, ornemens que Palladio a préferé aux denticules, mais qui ne conviennent cependant à l'Ordre Ionique que lorfqu'il eft élévé feul dans un bâtiment, tel qu'il fe remarque ici : aufli M. Cartaud a-t-il préferé l'entablement denticulaire de Vignole dans l'Ordre Ionique du portail de cette Eglife, (Planche V.) parcequ'il eft furmonté d'un Ordre Corinthien, auquel les modillons femblent être confacrés.

Les chapiteaux des pilaftres Ioniques dont nous parlons, font modernes, & à bien

(*e*) Cet efcalier vient d'être bâti à neuf fur les defleins de M. Cartaud ; il conduit dans les dortoirs au premier érage & à la Bibliotheque qui eft placée au-deflus de ces dortoirs. Cette Bibliotheque eft fort confidérable, elle contient environ 25000 Volumes arrangés avec beaucoup d'ordre dans trois galleries de 297 pieds de longueur. La décoration eft d'après les defleins des fieurs *Gobert* & *Le Duc*, tous deux Architeſtes du Roi. Elle eft aflez bien entendue ; dans l'un des plafonds de cette Bibliotheque eft un tableau peint par *Paul Matthei* repréfentant la Religion & la vérité. Il y a aufli plufieurs portraits des perfonnes de la premiere confidération, peints par *Rigaud*,

& qui font tous excellens. Attenant ces galleries eft un cabinet de medailles antiques de cinq fuites, placées féparement, chacune dans fon armoire. Ce cabinet eft aufli orné de figures de bronze, de buftes, de vafes de marbre & d'albâtre, le tout antique. On y voit enfin une aflez belle colleſtion de coquilles, d'Eftampes rares aflez bien confervées, & que le Bibliothecaire fe fait un plaifir de laifler voir aux Curieux & aux Connolfleurs.

(*f*) La facriftie renferme une grande quantité d'ornemens & d'orfévrie fort eftimée. Les dortoirs de ce Couvent font aufli ornés d'une grande quantité de tableaux peints par *d'Olivet*, & qui méritent quelque attention.

Eglise des Petits Pe-
res.

des égards il font préférables aux antiques. Les bafes au contraire font Attiques &
non Ioniques. Nous détaillerons les raifons qui ont engagé à cette double préférence, en décrivant la façade des Thuilleries du côté du jardin, Tome IV.

Ces bafes, comme nous venons de le remarquer, font élévées fur un focle d'un
pied ; cette hauteur eft trop peu confidérable, furtout dans un édifice où la multitude
abonde, parceque la grandeur humaine étant ordinairement de 5 à 6 pieds, mafque
une partie de la hauteur réelle de l'Ordre, & empêche de juger de fa proportion :
on auroit donc dû élever ce focle de quatre pieds au moins, s'il n'étoit pas poffible
de lui en donner cinq ou cinq & demi.

Entre les gros piliers où font placées les tribunes, on voit le chœur de l'Eglife, qui
fera décoré de grands tableaux, dont quatre peints par M. *Carle Vanloo* (g) font déja
pofés. Ces tableaux font encaftrés dans de la menuiferie foûtenue par un revêtement
auffi de menuiferie, qui fert de couronnement aux ftalles, le tout d'un deffein ancien exécuté par *Bardou*, fameux menuifier du dernier fiecle.

Le Maître-Autel fépare le chœur de la nef : il eft exécuté à la Romaine, conftruit
de marbre, enrichi de bronzes, &c. & enfermé d'une grille de hauteur d'appui.
Au-deffus du grand arc qui précéde le Maître-Autel, s'éléve la voute fphérique
en cul de four dont nous venons de parler. Cette voute eft portée par quatre pen-
dentifs, qui prennent naiffance à plomb des pilaftres à pans, qui font placés au
rez-de-chauffée dans les angles des quatre gros piliers. Cette voute eft d'un galbe
très-méplat, elle eft ornée d'un gros cordon & enrichie dans les angles d'une
agraffe d'un goût affez mefquin, auffi-bien que les tables & les ornemens des panaches & du cul de four, qui font de l'exécution de *Rebillé*, Sculpteur.

Au-deffus de cette voute eft exprimée la hauteur des combles de cette Eglife
avec leur développement intérieur. La charpente de ces combles eft détachée de la
maçonnerie pour empêcher que fon poids n'affaiffe la voute en pierre ; deforte que
les principales pieces de bois portent fur les murs de face & de refend, conftruits d'une épaiffeur fuffifante & rélative à la pouffée de ces combles & à leur
équilibre.

Coupe fur la longueur de l'Eglife des Petits Peres, prife dans le plan fur la ligne CD.
Planche III.

Cette coupe montre le développement de toute la longueur d'un des côtés de
l'Eglife ; A eft la coupe du portail, B la longueur de la nef percée de chaque côté
de quatre arcades, dont trois contiennent des chapelles fermées de grilles, & l'autre fert de paffage pour entrer dans cette Eglife par les portes collatérales du portail. C indique la largeur de la croifée de l'Eglife, aux deux extrêmités de laquelle
font les chapelles de S. Auguftin & de Notre-Dame de Savone, dont nous avons
déja parlé ; cette derniere, femblable à celle qui lui eft oppofée, eft exprimée ici. On
voit en D les pilaftres à pans pratiqués pour, au-deffus de leur entablement, porter les
panaches de la voute fphérique qui termine le milieu de la croifée. E eft le fanctuaire, F le profil du Maître-Autel, G le chœur dans lequel eft exprimée l'élévation
des ftalles, le lambris de revêtiffement & la difpofition des tableaux qui doivent
décorer ce lieu.

Au-deffus de l'Ordre Ionique s'éleve la voute fphérique en plein ceintre de la nef
& du fanctuaire. On y a pratiqué des croifées formant lunettes & féparées par des
arcs doubleaux, qui tombent à plomb de chaque pilaftre. Ces arcs doubleaux font
ornés de tables & de caffettes : on auroit dû les faire unis, ou les fubdivifer

(g) Nous parlerons de ce peintre célébre dans le pre-   ment des habiles Artiftes à qui le Roi donne le logement
mier Chapitre du Volume fuivant, en faifant le dénombre-   au Louvre.

 moins, le fuft des pilaftres n'étant pas cannelé. Le chantournement de ces tables imite la menuiferie, ce qu'il faut éviter; la voute qui eft au-deffus du chœur eft de charpente couverte de plâtre, pour les raifons que nous avons rapportées page 22.

Au-deffus des voutes de maçonnerie fe voit le dévelopement intérieur de la charpente qui eft de même hauteur & de même affemblage que celle de la Planche précédente.

Elévation du Portail de l'Eglife des Petits Peres. Planche IV.

Ce portail a 63 pieds de hauteur, non compris le fronton, & 75 & demi de largeur; il eft compofé de deux Ordres de pilaftres, l'un Ionique, l'autre Corinthien. Le diametre du premier eft de deux pieds dix pouces, celui du fecond de deux pieds fix pouces, la hauteur de ce dernier étant égale à celle du premier, quoique plus communement on lui donne un module ou demi diametre de moins.

Quoique la magnificence dans un monument facré femble être refervée pour les Cathédrales & les grandes Eglifes Paroiffiales, & que l'économie doive au contraire préfider dans un édifice de l'efpece de celui dont nous parlons, cependant tous les Connoiffeurs fe réuniffent à défirer que dans le rez-de-chauffée de ce portail on eût préferé les colonnes aux pilaftres, le peu de faillie de ceux-ci paroiffant en général trop bas relief. Ce défaut fe pouvoit d'autant mieux éviter qu'il y a au-devant de ce frontifpice une place affez confidérable en comparaifon de celles des Eglifes de S. Gervais, de S. Sulpice, de l'Oratoire, &c. qui à la vérité ne peuvent fervir d'autorité dans le cas dont il s'agit. D'ailleurs il faut obferver que l'entrée d'un monument dont la grandeur & la hauteur des voutes font toûjours fort au-deffus d'un bâtiment particulier, doit s'annoncer par les déhors, foit en n'employant qu'un feul Ordre, foit en donnant du mouvement à fa décoration, foit enfin en évitant trop d'uniformité dans fa compofition; car malgré la retenue dont on doit ufer en pareille occafion, il faut cependant fortir, dans l'ordonnance d'un portail, du genre d'Architecture qu'on employe ordinairement dans les bâtimens deftinés à l'habitation.

Un avant-corps qui monte de fond & qui eft de 38 pieds & demi de largeur, marque le milieu de ce frontifpice; il eft percé au rez-de-chauffée d'un porte à platebande enfermée dans une arcade feinte, toutes deux font d'une proportion trop courte & contraire à celle de l'Ordre Ionique, qui auroit dû leur donner le ton. (Voyez la proportion des différentes portes, dans notre Introduction, premier Volume page 109.) D'ailleurs il falloit préferer une porte toute de menuiferie, qui eût rempli l'arcade en plein ceintre, & fupprimer l'Attique & l'infcriptionque nous rapportons ici, cette derniere auroit trouvé fa place au-deffus des petites portes collatérales:

D. O. M.
Virg. Dei - paræ.
Sacrum
Sub titulo de Victoriis.

Pour donner à la porte réelle & à l'arcade feinte du milieu une plus heureufe proportion, on auroit dû enfermer l'arcade dans une niche quarrée, qui ayant retreci leur largeur, leur auroit procuré une hauteur plus analogue à l'ordonnance Ionique, ainfi qu'on l'a pratiqué à l'Ordre fupérieur. Au-deffus de l'Archivolte eft fculpté un groupe de Chérubins portés fur des nuages; ce groupe eft affez bien exécuté, ainfi que tous les ornemens de ce portail, qui font de *Charles Rebillé* & de *Fournier*, Sculpteurs de réputation dans ce genre.

Les deux portes collatérales placées dans les arrieres-corps font bien fupérieures à
celle

celles du milieu, leur proportion, la répartition des membres d'Architecture qui les accompagnent, leurs ornemens, la correction de leurs profils étant de toute beauté, ce qui nous a determiné à en donner les desseins plus en grand dans la Planche cinquieme, Figure premiere.

Les pilastres des extrêmités de l'avant-corps font écartés chacun de cinq modules; ils auroient pû être accouplés, & disposés d'une maniere plus ingénieuse, l'accouplement n'étant difficile à mettre en pratique que dans l'Ordre Dorique, qui néanmoins a été préferé par le même Architecte dans le portail des Barnabites. (Voyez le dessein de ce portail, Tom. II. pag. 100.

L'entablement profile sur les retours de ces pilastres, ce qui ôte à ce portail un caractere ferme, toujours désirable dans un édifice du genre de celui dont nous parlons : cette considération fait préferer souvent l'Ordre Dorique à l'Ionique, ce dernier étant trop peu viril pour la décoration extérieure d'un Temple, à moins qu'il ne soit question d'un monument consacré à la Virginité, où l'Ordre Ionique, consideré par les Anciens comme un Ordre Féminin, peut être appliqué avec convenance. Il est aisé de remarquer à S. Roch, à S. Gervais, aux Minimes, aux Invalides, à l'Oratoire, &c. que l'Ordre Dorique, que nous desirons ici par des raisons de bienséance, y a été préferé, quoique le plus souvent il ait été éxécuté avec assez de négligence, mais du moins son expression simple & virile remplit-elle l'idée qu'on doit se former de la décoration extérieure d'un édifice sacré.

A chaque extrêmité de ce portail, on voit un seul pilastre qui ne nourrit pas assez les parties anguleuses de cet édifice, & quoiqu'il soit réellement solide par les corps d'Architecture qui l'accompagnent, il a néanmoins besoin d'en avoir l'apparence par la distribution des Ordres ; d'ailleurs les retours de l'entablement sur chacun de ces pilastres, & la pyramide qui s'éléve au-dessus, servent encore à rendre cette ordonnance plus légére, ce qui ne peut être approuvé ici : c'est pourquoi il auroit été à désirer que ces pilastres fussent accouplés. Sans doute que l'axe des portes collatérales ayant été donné, il a été difficile d'éviter ce reproche, mais comme cette Eglise est sans bas côtés, il faut convenir qu'il étoit possible de tirer un meilleur parti de cette décoration extérieure.

L'Ordre Corinthien & ses accompagnemens sont assez heureusement distribués ; & font un assez bel ensemble avec l'Ordre Ionique de dessous ; on peut cependant observer que la hauteur de l'Ordre supérieur, qui est égal à celui d'en bas, fait paroître celui-ci trop court. Cet inconvénient ne seroit pas arrivé, si on eut donné un module de moins à l'Ordre Corinthien ; par-là le socle de dessus l'entablement Ionique auroit été plus élévé, & sa hauteur réelle n'eût pas été masquée en partie par la saillie de la corniche Ionique.

L'entablement Corinthien retourne aussi sur les pilastres, ce qui produit un défaut de simétrie dans la distribution des modillons de sa corniche ; ces retours même montent jusques dans le timpan du fronton, ce qui découpe l'ordonnance de ce portail & lui donne en général un air mesquin, qui n'approche pas à beaucoup près de l'entente & du caractere expressif qu'on remarque dans les autres ouvrages élévés par le célèbre Architecte qui a bâti ce frontispice.

Ces observations, toutes équitables qu'elles paroissent, me font appercevoir les écueils dont est semée la carriere que je parcours ; je ne sens que trop que je me mets dans le cas de déplaire à presque tous nos Architectes : en effet soit que je les loue, soit que je les censure, puis-je me flatter de mériter leur approbation ? Non sans doute : car telle est la singularité de l'amour propre, l'éloge le plus marqué paroît toûjours fort inférieur au mérite des hommes, au contraire ils regardent comme une satyre la critique la plus légére ; mais comme je me voue au bien public, je serai toûjours trop heureux si mon zele peut y contribuer, & si en particulier quelques perfonnes, que je révére, veulent bien rendre juftice à la droiture de mes intentions. J'ai d'autant plus lieu de l'efperer, qu'on a déja dû s'appercevoir que ce n'eft pas une vaine démangeaifon de critiquer qui me conduit aux remarques que je me trouve obligé de faire, puifque je faifis avec plaifir toutes les occafions d'applaudir, étant perfuadé d'ailleurs que rien ne fait plus d'honneur à un Obfervateur que le refpect qu'il témoigne pour les Artiftes d'un mérite véritablement reconnu, puifqu'il femble que nous ne fçaurions être bien convaincus de ce qu'ils valent, que nous ne foyons nous-mêmes de quelque valeur, & que l'eftime que nous faifons de leurs ouvrages, quand elle eft bien fondée, nous met en quelque forte à leur niveau.

Explication des Figures repréfentées fur la Planche V.

La Figure premiere donne en grand une des portes collatérales du portail : il fera aifé d'en connoître les dimenfions par l'échelle ; à l'égard des profils de ces portes, on les trouvera plus détaillés dans le huitieme Volume.

La Figure deuxieme donne auffi plus en grand le deffein d'une des quatre tribunes placées dans la croifée de l'intérieur de l'Eglife. L'échelle de la Figure premiere eft commune à celle-ci, la gravûre n'a pû rendre, à beaucoup près, la beauté de l'exécution de ces deux deffeins, mais j'ofe avancer que ce font autant de chef-d'œuvres que l'on ne fçauroit trop examiner, pour fe former un goût jufte & précis des régles de la bonne Architecture, principalement la partie inférieure de la Figure premiere & la partie fupérieure de la Figure deuxieme.

PLAN du Rez de Chaussée de l'Eglise des Petits Peres, près la Place des Victoires,
Avec une partie des Batimens qui l'environnent, commencée à batir par Gabriel le Duc et finie par M. Cartaud, Architecte du Roi.

CHAPITRE VII.

Defcription de l'Hôtel de Touloufe, fitué rue de la Vrilliere, près la Place des Victoires.

CET Hôtel n'étoit auparavant qu'une maifon particuliere, qui fut bâtie en 1620 fur les deffeins de *François Manfard* (a) pour *Raimond Phelipeaux, Sieur d'Herbaut, de la Vrilliere & du Verger*, Secrétaire d'Etat. Elle fut vendue en 1705 à M. Roullier, Maître des Requêtes de l'Hôtel, &c. En 1713, S. A. S. Monfeigneur le Comte de Touloufe l'acheta & y •fit faire des augmentations confidérables, qui ne furent achevées qu'en 1719. M. de Cotte (b), premier Architecte du Roi, en fut chargé. Cet Hôtel appartient aujourd'hui à M. le Duc de Penthievre, Grand Amiral de France, fils de M. le Comte de Touloufe.

Plan général au rez-de-chauffée des bâtimens, cour & jardin de l'Hôtel de Touloufe. Planche Premiere.

　Le principal corps de logis de cet Hôtel, ainfi que ceux deftinés pour les Domeftiques, étoient dans leur origine enfermés dans un terrain affez borné ; mais les acquifitions que M. le Comte de Touloufe fit dans la fuite, fournirent les moyens d'élever de nouveaux bâtimens, & d'y procurer toutes les commodités néceffaires : néanmoins l'obliquité des rues qui forment d'un côté l'enceinte des dépendances de cet Hôtel, a rendu les diftributions des baffes cours affez irregulieres, & a limité leur efpace ; ce qui a été caufe que l'on a été forcé de pratiquer fous terre la plus grande partie des écuries, dans lefquelles on defcend par les rampes A, A, & de partager les cuifines & les offices en différens endroits. Il eût été mieux fans doute de raffembler féparemênt les bâtimens de la bouche, des remifes & des écuries, auffi-bien que le logement des différens Officiers attachés à la maifon ; par-là on eut procuré plus d'ordre pour le fervice, donné plus d'agrément au bâtiment, & produit plus de fimétrie dans la diftribution du plan ; mais on n'eft pas toûjours le maître d'acquérir un terrain régulier & fpacieux. C'eft pourquoi nous avons crû devoir donner le plan général de cet Hôtel, qui n'avoit pas encore été gravé, afin de préfenter une idée de l'immenfité des dépendances qui font du reffort d'un édifice de cette importance, quoiqu'irrégulier, afin que dans d'autres occafions, on cherche à appliquer avec plus d'avantage ces différens départemens, principalement lorfqu'on bâtit à neuf ; car autrement on ne doit pas s'attendre à une régularité fcrupuleufe, ainfi que nous l'avons remarqué en parlant de l'Hôtel de Soubife Tome II, Liv. IV. Chapitre XVIII.) qui s'eft trouvé dans le même cas lui dont nous parlons, pour ce qui regarde les baffes cours, &c.

　Si la fujettion du terrain autorife en quelque forte l'irrégularité des baffes cours de cet Hôtel, où les enfilades en général & l'uniformité de la décoration paroiffent peu néceffaires, du moins cette irrégularité n'eft-elle pas excufable dans la •diftribution générale du principal corps-de-logis & dans l'ordonnance des façades. Cet Hôtel, en faveur de la richeffe des dedans, fembloit exiger qu'on reconnût par l'afpect des dehors la magnificence intérieure, & que l'Architecture extérieure annonçât les loix fondamentales de l'Art, que François Manfard a affez généralement obfervées dans toutes fes productions, mais qui à bien des égards ont été négligées ici, ainfi que nous le remarquerons en fon lieu.

Hôtel de Touloufe.

(a) Voyez ce que nous avons dit de cet Architecte, T. II. p. 62. Not. (a).　(b) Voyez ce que nous avons dit de cet Architecte, T. I. p. 230. Not. (a).

 Rien ne feroit fans doute plus agréable pour nous que de n'être pas obligés de
relever fi frequemment les erreurs qu'on remarque dans nos bâtimens, mais je croi-
rois manquer à mes engagemens, fi par quelque confidération particuliere, je crai-
gnois de faire appercevoir celles qu'il convient même d'éviter dans nos maifons à
loyer. Au refte nous croyons avoir déja averti, que dans les obfervations que nous faifons fur les différens édifices, l'Auteur n'avoit abfolument rien de commun avec l'ouvrage ; c'eft pourquoi fans vouloir diminuer la réputation des Architectes, qui dans
bien des occafions ont montré une très-grande fupériorité, & en fuivant le but que je
me fuis propofé dans ce recueil, je me vois forcé de relever leurs inadvertances ;
d'ailleurs la plûpart de ces Architectes, en mettant leurs productions au grand jour,
ne l'ont ils pas permis tacitement, & ne fe font-ils pas en quelque forte foumis volontairement à l'examen que je fais ici ? Je ne puis donc me perfuader, qu'en in-
diquant fans aigreur les licences dans lefquelles font tombés la plûpart des nôtres,
on m'impute quelques perfonalités. Ainfi dans l'intention de faire éviter les défauts
effentiels, & non de cenfurer, je remarque qu'il étoit indifpenfable de mettre une ouverture à la place de la niche B, afin que par l'enfilade CD, on eut découvert non-
feulement l'intérieur de la cour, mais que les perfonnes qui occuperoient les appartemens du rez-de-chauffée, profitaffent d'un percé de plus de 150 toifes qui offre l'afpect de la place, & celui de la ftatue de Louis XIV : monument qui devoit engager
l'Architecte à mettre tout en ufage pour en procurer le coup d'œil dans tout l'intérieur de cet Hôtel. En effet il n'eft pas concevable qu'on ait pû manquer ce point
de vûe ; il eft vrai que cette enfilade n'eut pas aligné le milieu du jardin, mais en
affujettiffant la forme des charmilles à cet alignement CD, & à l'axe du jardin EF,
elle n'eut pas moins produit un bon effet. Au refte cet axe, comme on peut le
remarquer, donne auffi dans un trumeau vers F, plutôt que dans un percé ; irrégularité vicieufe, & qui ne doit jamais être imitée, quoique ce même défaut fe trouve
dans un de nos plus grands édifices, à Paris, ainfi que nous l'avons remarqué au
Tome premier de cet ouvrage, page 267.

La diftribution des appartemens eft d'ailleurs affez bien percée ; les principales piéces font grandes & fpacieufes, l'efcalier magnifique, précédé d'un veftibule & d'un
périftile, le tout décoré & orné rélativement à la richeffe répandue dans l'intérieur
de cet Hôtel.

L'aîle de bâtiment en retour fur le jardin étoit ci-devant une orangerie au rez-
de-chauffée, on y a pratiqué depuis quelques années un appartement privé pour Madame la Ducheffe de Penthievre : cet appartement contient toutes les commodités
relatives à fon ufage, & eft décoré avec beaucoup de nobleffe & de goût. Cette aîle
de bâtiment, dans laquelle, au premier étage, fe trouve une magnifique gallerie, dont
nous parlerons dans fon lieu, devoit fimétrifer à une autre aîle, dont on voit ici le
commencement dans le piédroit G, qui fait parpin avec le mur de face, & qui eft
auffi exprimé dans l'élévation du côté du jardin, Planche V. Cette aile devoit former une gallerie qui auroit fervi de bibliotheque, & fa décoration extérieure auroit
procuré une uniformité très-agréable au jardin, qui aujourd'hui eft terminé d'une part
par une façade de bâtiment, & de l'autre par une allée d'arbres.

Le nom des pieces défignées fur cette Planche annonce vifiblement leur ufage.
Nous remarquerons feulement qu'on a fait des changemens dans quelques-unes de
ces pieces, comme on le peut obferver en comparant ce plan avec celui de la
Planche deuxieme, qui ayant été gravée anciennement, nous donne la diftribution
du corps de logis dans l'état où il fe trouvoit après que M. de Cotte l'eut réparé en
1719, & dont nous allons parler.

Plan

Plan au rez-de-chauffée du principal corps-de-logis de l'Hôtel de Touloufe.
Planche II.

Nous remarquerons que la cour principale de cet Hôtel eft trop petite pour l'étendue des bâtimens, & que lorfque quelque confidération détermine à cette économie, au moins faut-il proportionner la hauteur des bâtimens au diamétre des cours ; autrement l'afpect de l'édifice paroît trifte, & l'intérieur des appartemens fombre : ce qui loin d'annoncer aux étrangers la demeure d'un grand Seigneur, ne leur préfente dans les déhors qu'une maifon habitée par un particulier. Nous obferverons encore que les périftiles, qui font toûjours un bon effet dans une maifon confidérable, ne doivent néanmoins entrer pour quelque chofe dans la diftribution d'un plan que lorfqu'ils procurent des communications pour arriver à couvert dans l'intérieur des principales pieces : que fans cela cette dépenfe faftueufe eft plûtôt un abus qu'une beauté réelle, ainfi que nous l'avons obfervé en parlant de l'Hôtel de Soubife & du Luxembourg. Au refte il eut été facile d'éviter ici cet inconvénient, en faifant dégager ces périftiles dans les baffes cours; par ce moyen les Maîtres feroient defcendus à couvert, & les équipages auroient communiqué dans ces mêmes baffes cours, fans être obligés de fortir dans la rue pour y arriver. Ces percés d'ailleurs auroient femblé procurer plus d'efpace à la cour principale, & auroient donné à connoître l'étendue des dépendances de cet Hôtel.

Le grand efcalier eft très-fpacieux & décoré avec magnificence. (Voyez les coupes de cet efcalier dans le feptieme Volume.) Nous remarquerons néanmoins que fa fituation eft trop ignorée de l'entrée du bâtiment; d'ailleurs, contre tout precepte de convenance, il eft placé à gauche. (Voyez ce que nous avons dit concernant les efcaliers dans l'Introduction, premier Volume, page 39.)

Les pieces fituées du côté du jardin, & qui pour la plûpart font comprifes entre deux murs de face, différent du plan précédent en ce que dans la grande anti-chambre, vers l'efcalier, on a pratiqué une Chapelle, & dans la piéce nommée Sallon, une chambre de parade, qui communique au nouvel appartement pratiqué fous la grande gallerie.

De la falle d'audience on a fait la falle des Amiraux, ainfi nommée parce que dans les lambris qui décorent le pourtour de cette piece, font encaftrés les portraits de tous les Amiraux & des Sur-Intendans de la navigation, au nombre de 61, depuis *Florent de Varenne*, jufquà S. A. S. M. *le Duc de Penthievre*.

Enfin de la chambre de parade, on a fait la falle des Rois de France, dans laquelle d'après les médailles, les ftatues & les portraits originaux, on a peint nos Rois depuis la premiere Race jufqu'à préfent. Ces tableaux font auffi encaftrés dans les lambris du pourtour de cette piece.

Plan du premier étage du principal corps - de - logis de l'Hôtel de Touloufe.
Planche III.

Ce plan a fouffert auffi quelques changemens dans fa diftribution, mais comme ce n'eft que dans de petites pieces, nous ne jugeons pas qu'il foit néceffaire d'en faire ici mention.

La beauté des appartemens de cet étage confifte dans la grandeur & dans la magnificence des pieces qui donnent du côté du jardin. On y trouve ce que les beaux arts ont fait éclorre dans le fiecle dernier de plus excellent dans tous les genres, foit en belles tapifferies & en meubles de très-grand prix, foit en bronzes, marbres, peinture, fculpture, &c. & quoiqu'ils foient d'un goût déja un peu an-

Tome III.   H

cien, felon quelques-uns, ils font dignes néanmoins de l'étude des jeunes Artiftes, de l'attention des Connoiffeurs & de l'admiration des Etrangers. La grande gallerie, en-tr'autres, dont nous donnerons une defcription détaillée & les décorations dans le feptieme Volume, & dont on voit un arrachement dans ce plan, demande une attention toute particuliere.

L'aîle qui eft à la droite de la cour a fouffert peu de changemens; celle qui eft à gauche a été entiérement reftaurée & embellie d'une nouvelle décoration. Il y a dans cette derniere aîle un petit appartement privé pour M. le Duc de Penthievre, dans lequel font compris une Chapelle, une tribune, un oratoire, des cabinets, des garderobes, &c. le tout très-ingenieufement diftribué, & décoré avec une re-tenue qui ne fe reffent point du torrent du fiecle.

Elévation de la façade de l'Hôtel de Touloufe du côté de la cour.
Planche IV.

Cette Planche offre l'élévation du principal corps-de-logis du côté de la cour, avec la coupe des deux aîles où font placés les périftiles au rez-de-chauffée, & une partie des baffes cours, qui fe trouvent comprifes fur la ligne AB, Planche II.

L'élévation de la cour nous fait voir le trumeau qu'on a affecté dans le milieu de cette façade, tant au rez-de-chauffée, qu'au premier étage, au lieu des percés que nous avons défiré ci-devant. Il eft vrai que dans cette Planche il paroît une croifée réelle au premier étage, mais dans la deuxieme & fixieme Planche, on reconnoît qu'elle n'eft que feinte, contre toute idée de vraifemblance. Au refte ce n'eft pas ici la feule inadvertance que nous ayons à reprocher dans l'ordonnance de cette dé-coration. Nous remarquerons que le rez-de-chauffée de ce bâtiment tenant ici lieu de foubaffement, il étoit inutile non-feulement d'employer un entablement Dorique d'une diftribution irréguliere, mais qu'il convenoit auffi de fupprimer les deux pilaftres de cet Ordre, non-feulement parce qu'ils paroiffent chetifs, leur diamétre étant trop peu confidérable, mais encore parce qu'ils font feuls dans tout le pourtour de cette cour qui eft revêtue d'une Architecture contraire à la fimplicité de cet Ordre & à fon cara-tere viril. Doit-il paroître arbitraire d'affembler différens genres d'Architecture fous un même entablement, & de mettre des percés, tantôt d'une proportion élégante, tantôt moyenne, ou tantôt maffive? Non fans doute. Que les formes de ces percés foient diffemblables, quand il y aura des avant-corps qui autoriferont cette variété, & lorfque l'on croira par là défigner utilement les parties principales d'un édifice, à la bonne heure! Mais du moins eft-il certain, que fans cette circonftance, il eft effentiel que chacune de ces ouvertures ait une largeur & une proportion unifor-mes, fans quoi le défordre tient la place de la fimétrie & de la convenance, & cer-tainement ce déréglement eft diamétralement oppofé aux principes du bon goût, & aux regles fondamentales de la bonne Architecture.

Ces remarques paroîtront peut-être un peu févéres, l'édifice dont nous parlons ayant été élevé par un homme du premier mérite, mais encore une fois, comment inftruire & fe taire? Au refte une critique fondée fur les principes de l'art ne doit point paroître injufte, il n'y a que celle qui porte à faux qui puiffe bleffer, & je me garderai toûjours de mettre de la partialité dans mes obfervations, qui font, au-tant que je le puis précédées ou fuivies d'éloges qui les rendent moins dures, & d'autant mieux fondées que dans toutes les efpeces de bâtiment que je décris, il fe rencontre desbeautés conformes aux préceptes, & fouvent des licences qui ne font mifes en œuvre que par néceffité.

Le premier étage de cette façade est généralement plus régulier, principalement ^{Hôtel de Toulouse.} dans les arrieres corps ; car nous remarquerons que les petites chaînes de refends, les grandes tables, la moyenne croisée ; enfin un certain caractere de pésanteur qui regne dans tout l'avant-corps, font autant de licences qu'il faut éviter, la contradiction dans une même ordonnance de bâtiment n'étant jamais tolérable.

Les lettres A indiquent les aîles en retour sur la cour, où font exprimés les péristiles dont nous avons parlé ; leur décoration intérieure est traitée dans un goût assez convenable à leur usage. On auroit pû cependant y supprimer les consoles, ou encorbellemens qui soûtiennent la portée des poutres, foit en faifant les murs plus épais, foit en affectant de former une calotte très-plate en plâtre, qui auroit terminé ces plafonds en maniere de voute, & qui en même tems auroit exprimé une conftruction & une décoration plus rélatives à ces fortes de pieces ; fans compter l'avantage d'éviter les petites parties, qui dans les ouvrages conftruits en pierre, font toûjours un effet défagréable & contraire au caractere de folidité qui convient à cette matiere.

La façade B montre la décoration d'une des baffes cours des cuifines, & la coupe C indique l'intérieur d'une des aîles, dans laquelle font diftribués les logemens d'une partie des Officiers de cet Hôtel.

La coupe D préfente une partie des gardcrobes, qui appartiennent à l'appartement de parade placé au rez-de-chauffée. (Voyez la Planche premiere.)

Elévation de l'Hôtel de Touloufe du côté du jardin. Planche V.

Quoique cette élévation foit affujettie à une même hauteur d'entablement que la précédente, elle en differe cependant en ce qu'on a fupprimé les trigliphes dans celui qui couronne l'étage au rez-de-chauffée, ce qui donne plus de fimplicité à ce foubaffement, & conferve d'autant mieux fon caractere, que l'Ordre Dorique y eft fupprimé. Cependant on peut remarquer en général que le trumeau affecté dans le milieu de l'avant-corps, la diftribution de fes membres d'Architecture & les écoinçens de fes encoignures, forment un contrafte condamnable, furtout quand on compare ces derniers avec la fragilité des trumeaux des arrieres-corps, & lorfqu'on leur oppofe la largeur immenfe de ceux de l'aîle en retour du côté du jardin, (Voyez la Planche VI.) parce que cette diverfité d'ordonnances forme autant d'Architectures différentes, qui ne doivent jamais appartenir à une même façade.

La pénétration que le linteau fupérieur des chambranles forme avec l'Architrave, eft encore une licence condamnable, ainfi que l'affectation des arrieres-corps qui accompagnent le piédroit de ces chambranles. En effet ce double corps tend à divifer la largeur des trumeaux, qui étant trop étroits acquierent une légéreté contraire à l'apparence de la folidité ; car on doit faire attention qu'il ne fuffit pas que la folidité foit réelle dans un bâtiment, mais qu'il faut encore qu'elle fe manifefte dans la répartition des membres d'Architecture qui compofent fa décoration. Il eft même à remarquer que ces arrieres-corps fervent à rendre trop fvelte l'accompagnement de chaque croifée, par l'affectation des congés qu'on a placés fur chaque corniche au premier étage, fans oublier que ces corniches étant comprifes dans l'architrave, procurent une aproximation vicieufe qui ne laiffe aucun repos à l'entablement, quoique dans tous les cas il doive être confervé libre fans aucune interruption. Pour rémedier à la forme déliée des trumeaux de l'étage fupérieur, il auroit fallu fur l'entablement du foubaffement exprimer une retraite de 18 pouces de hauteur, qui auroit marqué le fruit extérieur des murs de face, & qui en ayant racourci les croifées, auroit contribué à fortifier les intervalles qui doivent fe remarquer entre les vuides fupérieurs des croifées du rez-de-chauffée &

 les appuis du premier étage ; d'ailleurs ces ouvertures au premier étage ayant été racourcies , pour leur conferver une proportion convenable , il en feroit réfulté une plus grande largeur au trumeau , ce qui auroit évité tous les défauts dont nous venons de parler.

En général les combles font trop élévés fur ce bâtiment , ils paroiffent écrafer l'édifice , qui étant fimple , c'eft-à-dire compris entre deux murs de face , exige d'autant moins de hauteur que dans une maifon d'importance les greniers font inutiles , & même contraires à la convenance ; d'ailleurs l'exhauffement de ces combles ne fert qu'à obfcurcir la cour, qui occupant peu d'efpace, demandoit qu'on couvrit le corps-de-logis à l'Italienne, ou du moins par des combles très-peu élévés , ainfi qu'on l'a pratiqué fur les aîles de la cour. (Voyez la Planche VI.)

A l'extrêmité de cette élévation , on voit en A la coupe de l'aîle du côté du jardin, dans le rez-de-chauffée de laquelle on a pratiqué les appartemens dont nous avons déja parlé. Au-deffus eft l'intérieur de la gallerie , telle qu'elle étoit autrefois avant la nouvelle décoration qu'on y a faite en 1719 , & que nous donnerons dans le feptieme Volume.

Coupe du principal corps-de-logis de l'Hôtel de Touloufe , & élévation des aîles de bâtiment du côté de la cour & du jardin. Planche VI.

La coupe marquée A eft prife dans le plan (Planche deuxieme,) fur la ligne CD , elle préfente la profondeur du principal corps-de-logis. L'on voit au rez-de-chauffée la piece fur les lambris de laquelle font diftribués les portraits des Rois de France , & dont nous avons déja parlé : on n'en a point indiqué ici la décoration , parce que toutes les Planches de cet Hôtel , (à l'exception de la premiere) ont été gravées anciennement. Au refte comme cette coupe eft petite , & l'ordonnance de cette piece d'un deffein fort indifférent , ces changemens nous ont paru peu importans. La décoration intérieure de la piece du premier étage eft telle qu'elle fe voit ici. Au-deffus eft exprimé le développement du comble dont nous venons de remarquer l'exceffive hauteur.

Le pavillon F fait partie du principal corps-de-logis , & fimétrife avec fon oppofé à gauche de la cour ; c'eft ce dernier qui donne entrée à tout l'intérieur de ce bâtiment, ce qui a fait fans doute préfęrer les arcades au rez-de-chauffée, & qui auroit dû porter à les feindre dans les arrieres corps de la principale façade du côté de la cour. (Voyez la Planche IV.) Car, ainfi que nous l'avons déja obfervé, ce différent genre d'ordonnance, fous un même entablement & dans un édifice de peu d'étendue , produit de petites parties, dont la fimilitude répond imparfaitement à l'idée qu'on doit fe former de la demeure d'un grand Seigneur. En effet, en entrant par la porte D , le rayon vifuel du Spectateur embraffant tout à la fois les aîles E , les pavillons F , & les arrieres corps G , (Voyez la Planche II.) la diverfité de leur ordonnance, divifant les parties qui compofent la décoration de ces façades, apporte de la confufion, & ôte à ce bâtiment un certain air de grandeur qu'un bon Architecte doit toûjours affecter, même dans les plus petites occafions qu'il a d'exercer fes talens.

Les arcades du rez-de-chauffée de ces pavillons font trop peu élévées pour leur largeur ; fi d'un côté le caractere de foubaffement qu'on a donné à cet étage , les autorife, de l'autre, l'expreffion Dorique, qui en détermine l'ordonnance, exigeoit une proportion moins ruftique ; car comment allier cette proportion racourcie avec la richeffes des trigliphes, la légéreté des corps de refend & la prodigalité des membres d'Architecture qui compofent les impoftes , les archivoltes , les chambranles , &c. ? Comment pouvoir enfin concilier la richeffe des ornemens

des

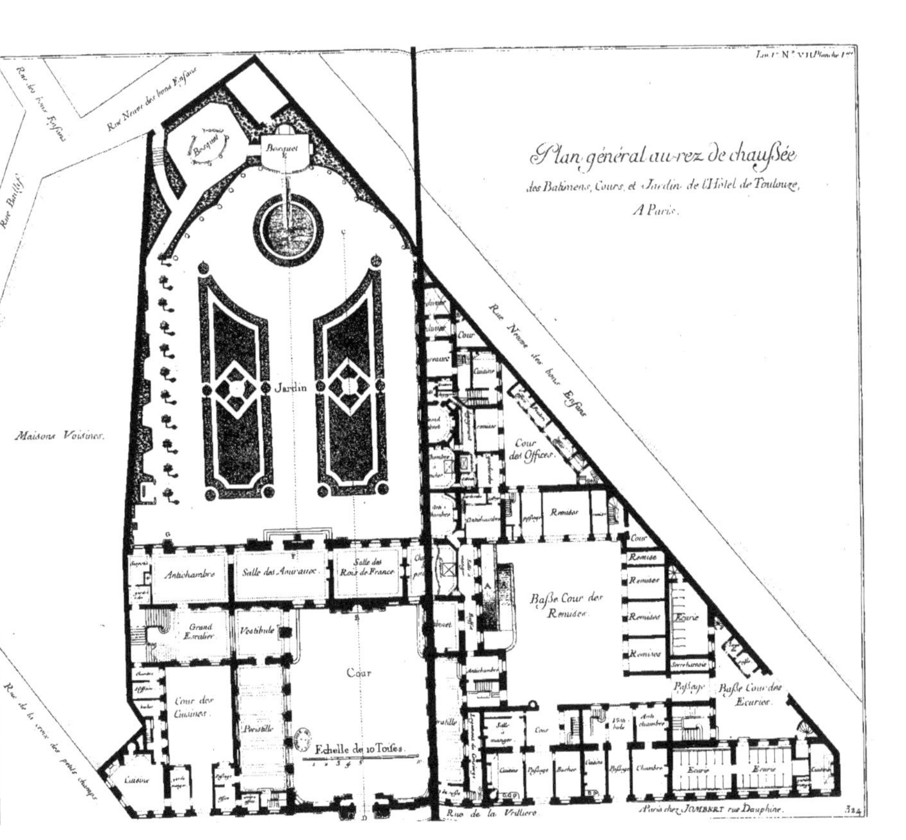

Liu I.er N.º VII Planche 1.re
Plan général au rez de chaussée
des Batimens, Cours, et Jardin de l'Hôtel de Toulouze,
A Paris.
Rue des bons Enfans
Rue Neuve des bons Enfans
Rue Bailly
Bosquet
Bosquet
Jardin
Maisons Voisines.
Rue Neuve des bons Enfans
Cour
Cour
des Offices.
Remise
Remises
Remise
Remises
Remises
Basse Cour des
Remises.
Remises
Ecurie
Serre harnois
Antichambre
Salle des Animaux
Salle des
Rois de France
Basse Cour des
Ecuries.
Passage
Grand
Escalier
Vestibule
Cour
Cour des
Cuisines.
Peristille
Echelle de 10 Toises.
Cour
Salle
à manger
Salle
à boire
Anti
chambre
Ecurie
Ecurie
Cuisine
Cuisine
Passage
Barbier
Passage
Chambre
Rue de la Vrilliere.
Rue de la cour des petits champs
Paris chez JOMBERT rue Dauphine.
324

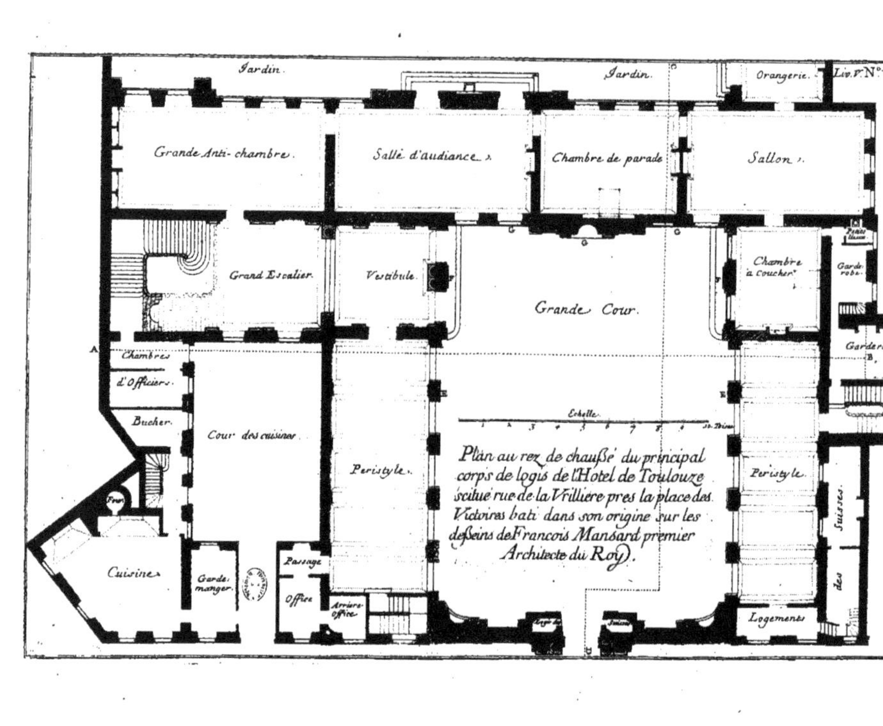

Jardin.
Jardin.
Orangerie.
Liv. V.º N.º VI
Grande Anti-chambre.
Salle d'audiance.
Chambre de parade.
Sallon.
Grand Escalier.
Vestibule.
Chambre a coucher.
Garde robe.
Grande Cour.
Garderobe
A
Chambres d'Officiers.
Bucher.
Cour des cuisines.
Peristyle.
Peristyle.
B
Fron
Cuisine.
Garde manger.
Passage
Office
Arriere Office
des Suisses.
Logements
Echelle.
1 2 3 4 5 6 7 8 9 10 Toises
Plan au rez de chaussé du principal
corps de logis de l'Hotel de Toulouze
scitué rue de la Vrilliere pres la place des
Victoires bati dans son origine sur les
desseins de Francois Mansard premier
Architecte du Roy).

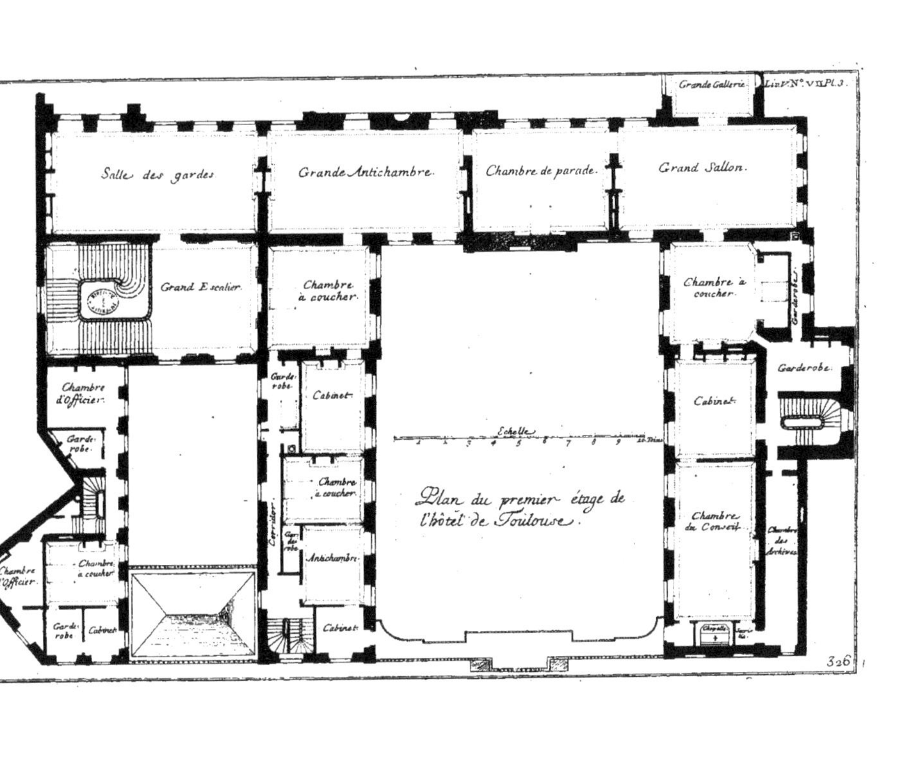

Grande Gallerie. Liv.V.N°.VII.Pl.3.
Salle des gardes.
Grande Antichambre.
Chambre de parade.
Grand Sallon.
Grand Escalier.
Chambre à coucher.
Chambre à coucher.
Garderobe.
Garde-robe.
Cabinet.
Chambre d'Officier.
Garde-robe.
Chambre d'Officier.
Chambre à coucher.
Garde-robe.
Cabinet.
Corridor.
Garde des robe.
Chambre à coucher.
Antichambre.
Cabinet.
Echelle
1 2 3 4 5 6 7 8 9 10 Toises
Plan du premier étage de l'hôtel de Toulouse.
Cabinet.
Chambre du Conseil.
Chambre des Archives.
Chapelle.
326

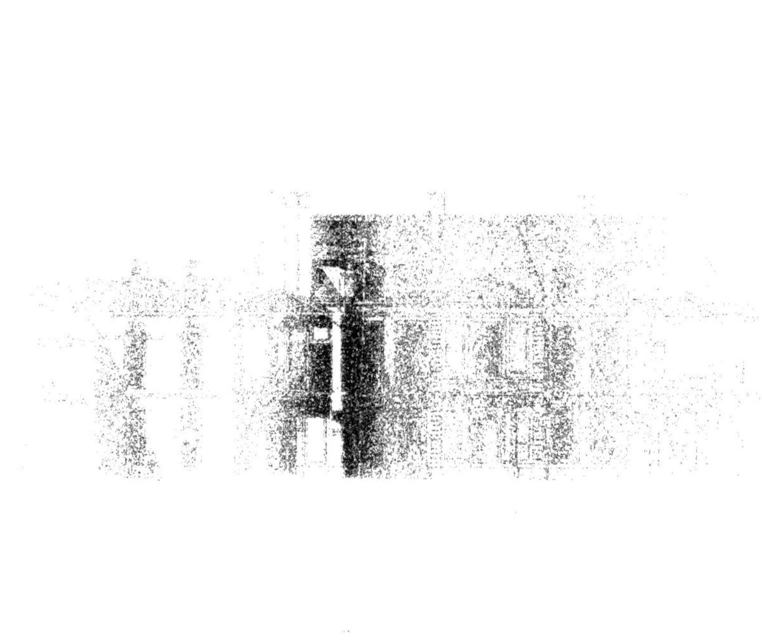

des claveaux & des trophées qui se remarque ici avec la péfanteur des trumeaux de ces pavillons, qui forme un contraste qu'il faut toujours éviter ! Le rez-de-chauffée des aîles marquées E est traité avec plus de retenüe, cependant nous obferve-rons que les archivoltes n'auroient pas dû retourner fur les impoftes, que les tables des piédroits de ces arcades imitent trop la menuiferie, & que les niches & les buftes qui font placés entre chaque archivolte, expriment des cavités, & une ri-cheffe contraire à la fimplicité d'un foubaffement & à la virilité Dorique.

La lettre D indique la coupe de la porte de cet Hôtel, dont l'ordonnance du côté de la rue, eft regardée des Connoiffeurs comme un chef-d'œuvre de François Manfard. (Voyez la décoration de cette porte dans le Chapitre fuivant, Planche deuxieme, & dans les *Délices de Paris*, Planches 113 & 114.)

L'aîle B du côté du jardin annonce une partie de la façade, qui comprend dans fon intérieur, au rez-de-chauffée, le nouvel appartement de Madame la Ducheffe de Penthievre, (Voyez la Planche premiere) & au premier étage, la grande gallerie de cet Hôtel, dont nous avons déja parlé. Cette façade eft traitée extérieurement d'une maniere rélative à fon ufage primitif. Le rez-de-chauffée eft décoré d'arca-des, de grands trumeaux, de niches, &c. qui expriment la folidité apparente & néceffaire à une piece qui, dans fon origine, étoit deftinée à former une orangerie, & qui d'ailleurs a toûjours dû fervir de foubaffement au premier étage, dont l'in-térieur, renfermant une piece décorée de grands tableaux, avoit auffi befoin de trumeaux fpacieux pour les y diftribuer en dedans d'une maniere convenable. Nous remarquerons cependant, en général, que l'ordonnance de cette façade, dont les maffifs font confidérables, eft compofée de trop petites parties, qu'il falloit au moins continuer les piédeftaux des niches du premier étage, pour fervir d'appui aux croi-fées, qui defcendant jufques fur la corniche, forment une difcontinuité des parties horizontales, qui nuit à l'uniffon. D'un autre côté les impoftes continues des arca-des du rez-de-chauffée divifent avec trop d'égalité la hauteur du foubaffement, en-fin les tables affectées dans les piédroits & autour des archivoltes, font un abus qu'on devroit éviter dans une Architecture grave & réguliere.

CHAPITRE VIII.

Defcription de la Place des Victoires, Quartier Montmartre.

Place des
Victoires. CETTE Place fut confacrée à la mémoire de Louis XIV, par le *Maréchal Duc de la Feuillade*. Ce Seigneur ayant acheté, en 1685, *l'Hôtel de Senneterre*, engagea le Corps de Ville de Paris à acquerir *l'Hôtel d'Emery* & plufieurs autres maifons, afin d'ériger de concert ce monument public à la gloire du plus grand des Monarques que la France ait jamais eû. Jules Hardouin Manfard, dont nous avons parlé Tome II. p. 141. Not. *a*, en donna les deffeins. Le fieur *Prédot* fut chargé par le Corps de Ville de l'exécution des bâtimens qui entourent cette Place, & le Maréchal Duc de la Feuillade confia à *Desjardins*, Sculpteur célébre, celle de la Statue pédeftre qui eft au milieu,& dont nous parlerons dans fon lieu.

Cette Place, une des mieux percées de Paris, eft néanmoins d'un diamétre très-peu confidérable, en comparaifon de celle de Louis le Grand & de la Place Royale ; mais en faveur de fes iffues & du quartier vivant où elle eft fituée, elle l'emporte de beaucoup fur celles que nous venons de nommer.

Plan de la Place des Victoires. Planche Premiere.

Cette Place, de forme circulaire pour la plus grande partie, a de diamétre quarante toifes ; elle eft ouverte par fix rues qui viennent y aboutir, dont celle des Foffés Montmartre, celle de la Feuillade & celle des petits-Champs, ont une longueur très-confidérable : ces rues qui répondent à différens Quartiers de la Ville, annoncent de fort loin au peuple le magnifique monument qui décore cette Capitale.

L'Hôtel de Touloufe, fitué en face de la petite rue de la Vrilliere, qui aligne celle des Foffés Montmartre, contribue auffi beaucoup à l'embelliffement de cette Place, auffi-bien que plufieurs autres beaux Hôtels, dont les entrées font pratiquées fur le mur droit qui conduit de la rue du petit repofoir à la rue vuide-gouffet, du nombre defquels eft célui de M. de S. Albin, Archevêque de Cambrai (*a*), & dont la porte principale eft marquée D dans ce plan.

Au milieu de cette place fut élévé le 18 Mars 1686, la Statue pédeftre dont nous venons de parler. Elle porte 13 pieds de haut, & eft foûtenue fur un piédeftal de 12 pieds d'élévation. Ce piédeftal eft de marbre blanc veiné, & de forme quadrangulaire, enfermé dans une efpace de trente pieds de diamétre, pavé de marbre de couleur à compartiment, & bordé d'une grille de fer d'environ cinq pieds de hauteur.

Cette Statue eft couronnée par la Renommée, pofée fur un globe. Louis XIV eft revêtu de l'habit que portent nos Rois à la cérémonie de leur Sacre, & femble fouler aux pieds le chien Cerbere, dont les trois têtes défignent la triple alliance formée par les ennemis de la France. Tout ce groupe eft de métal doré à l'huile : il a été, ainfi que les ornemens du piédeftal, compofé & exécuté par *Desjardins*, Sculpteur de l'Académie Royale, dont nous avons déja fait mention dans le II. Volume, page 152. Note *a*. La Figure pédeftre, la Renommée & fes attributs ont été coulés d'un feul jet, & l'on prétend qu'il y eft entré environ 30 milliers de matiere. Sur le plinthe qui foûtient ce groupe, eft cette infcription :

(*a*) Cet Hôtel a apartenu autrefois à *François de l'Hopital du Halier*, Maréchal de France : il fut enfuite acquis par *Simon Arnaud*, Marquis de Pomponne, &cc ; après fa mort il paffa à fon fils, qui, en 1714, le vendit à *Michel Bonnier*, Tréforier Général des Etats de Languedoc. Il paffa enfuite à Madame *Chaumont* ; & enfin il a été acheté par M. de S. *Albin*, qui a fort embelli cet Hôtel fur les deffeins de Gilles Oppenort, un des plus grands Deffinateurs que nous ayons eu, & dont nous avons parlé Tome II. page 39. & fuiv.

VIRO IMMORTALI.

Le piédeftal dans fes quatre faces eft orné de bas reliefs ; fa corniche eft foûtenue Place des Victoires.
par huit confoles, entre lefquelles font les armes du Roi. Au-deffous de ce piédeftal
eft un foubaffement dans les deux principales faces duquel font auffi deux grands
bas réliefs, accompagnés d'infcriptions latines & Françoifes ; nous ne rapporterons
que celle qui fert de Dédicace, & qui explique le fujet de tout l'ouvrage.

LUDOVICO MAGNO;
PATRI EXERCITUUM,
ET DUCTORI
SEMPER FELICI.

DOMITIS HOSTIBUS. PROTECTIS SOCIIS. ADJECTIS
IMPERIO FORTISSIMIS POPULIS. EXTRUCTIS AD
TUTELAM FINIUM FIRMISSIMIS ARCIBUS.
OCEANO ET MEDITERRANEO INTER SE JUNCTIS.
PRÆDARI VETITIS TOTO MARI PIRATIS.
EMENDATIS LEGIBUS. DELETA CALVINIANA
IMPIETATE. COMPULSIS AD REVERENTIAM
NOMINIS GENTIBUS REMOTISSIMIS. CUNCTIS
QUE SUMMA PROVIDENTIA ET VIRTUTE
DOMI FORISQUE COMPOSITIS.

FRANCISCUS VICECOMES D'AUBUSSON, DUX DE
LA FEUILLADE, EX FRANCIÆ PARIBUS, ET TRIBUNIS
EQUITUM UNUS, IN ALLOBROGIBUS PROREX, ET
PRÆTORIANORUM PEDITUM PRÆFECTUS.

AD MEMORIAM POSTERITATIS SEMPITERNAM
P. D. C. 1686.

Aux angles du foubaffement, fur quatre corps avancés, font autant d'efclaves de
bronze antique, de 12 pieds de proportion. Ces efclaves paroiffent enchaînés au piédeftal, leurs vêtemens & leurs attributs font connoître les différentes Nations dont la
France triompha fous le regne de Louis le Grand.

Tout ce monument eft d'une belle exécution & d'une compofition très-ingénieufe.
Ne pourroit-on pas trouver cependant qu'en genéral les allégories, les attributs
& les infcriptions y font un peu forcées ? Il femble, & je crois l'avoir dit ailleurs, que les actions d'un Héros défignées par des bas-réliefs fignificatifs,
devroient paroître fuffifans pour exprimer les fimboles d'un monument élevé dans
une Capitale, le centre de la politeffe Françoife : & que des infcriptions, lorfqu'elles font peu mefurées, fervent plutôt à montrer l'oftentation ridicule des
Citoyens, que les vertus fociales que nous enfeigne l'urbanité. Quoiqu'il en foit,
ces infcriptions, qui ont été rendues publiques par plufieurs Auteurs, furent compofées par *François Seraphin Regnier Defmarets*, Secrétaire perpétuel de l'Académie
Françoife, & préferées (par un zéle indifcret de la part de M. le *Maréchal Duc de
la Féuillade*) à celles qu'avoit fait fur le même fujet, le célébre *Santeuil*.

Ce Maréchal s'étoit auffi chargé de faire élever aux quatre coins de cette Place autant de (*b*) groupes de colonnes, portant des fanaux de bronze doré, qui ont subsisté jusqu'en 1718, mais qui dès 1699, ne s'allumoient plus, la famille *du Duc de la Feuillade*, qui par une fondation expresse avoit été chargée par le Maréchal de l'entretien de ces fanaux & du groupe qui est au milieu de la Place, ayant obtenue un Arrêt du Conseil d'Etat du Roi qui la dispensa à l'avenir de cet entretien. Dans la suite, elle obtint un autre Arrêt qui lui permit de faire démolir ces quatre fanaux, ce qui fut exécuté. Le Duc de la Feuillade, fils du Maréchal, donna les colonnes qui les soûtenoient, & qui étoient de marbre de rance, aux R R. P P. Théatins de Paris, pour la décoration du chœur de leur Eglise ; mais comme elles se sont trouvées trop grandes, ils en ont disposé autrement. Sur les piédestaux de ces colonnes étoient aussi des inscriptions, & dans des médaillons suspendus dans les entrecolonemens, on voyoit des bas-réliefs, qui répondoient aux inscriptions. Nous ne les rapporterons pas ici, on les trouvera toutes dans Piganiol, Tome II. page 480 : d'ailleurs elles sont étrangeres à notre objet principal.

Elévation de la Place des Victoires, vûe du côté de l'Hôtel de Toulouse.
Planche II.

L'élévation que nous donnons ici est prise dans le plan sur la ligne EF ; elle est élévée géométralement sur son plan circulaire, desorte qu'on voit en racourci une partie de l'ordonnance de son Architecture ; mais comme à l'égard des murs de face, cette ordonnance est la même dans tout le pourtour de cette Place, quelques entre-pilastres vûs directement, donnent à connoître les proportions des différentes parties qui composent sa totalité.

Par le moyen de ce racourci, l'on voit le retour des deux rues des Petits-Champs & de de Feuillade, dont la décoration n'a rien de commun avec celle de la Place, mais dont l'aspect fait sentir l'impossibilité qu'il y a eu d'observer une certaine régularité dans ses côtés opposés, puisqu'il ne se trouve à gauche de la petite rue de la Vrilliere, que quatre arcades & autant de croisées, pendant qu'à droite il y en a six, & qu'après ces deux rues, dans la grande portion de cercle, on compte quinze ouvertures d'un côté, & de l'autre treize, (Voyez la Planche I.) sans néamoins que dans l'exécution cette irrégularité paroisse choquer, le lieu étant assez vaste & le nombre des portes & des croisées, en général, assez considérable. Dans le milieu de cette façade, on voit la porte de l'Hôtel de Toulouse, que nous n'avons pas donnée dans le Chap. précédent, ayant averti page 33, qu'on la trouveroit ici.

L'Architecture de cette Place est d'une belle ordonnance, un grand Ordre de pilastres Ioniques, qui embrasse deux rangs de croisées, s'éléve sur un soubassement, & est terminé par un comble à la Mansarde, percé de lucarnes, qui vont se réposer sur l'entablement. Cet Ordre a de hauteur 30 pieds, y compris le socle qui le soûtient & son entablement. Ce dernier a le quart de la hauteur du pilastre, le soubassement a les deux tiers de toute la hauteur de l'Ordre dans les endroits les plus élévés de cette Place, dont le sol n'a pû être de niveau, à cause de l'écoulement des eaux des rues adjacentes. De grandes arcades, tant seintes que réelles, décorent le soubassement. Les piédroits sont ornés de réfends, & les claveaux de têtes d'une assez belle exécution. Entre chaque pilastre, au premier étage, est distribuée une grande croisée à plate-bande, surmontée de corniches, soûtenues par des consoles & couronnées d'un congé qui semble porter la croisée de dessus. Le bandeau supérieur de ces derniers vient se terminer sous l'architrave, dont la saillie est rachetée par de petites consoles. En général ces consoles

---

(*b*) Voyez ces groupes de colonnes marqués C dans la Planche I, & leur élévation, Planche II. de ce Chapitre. Voyez aussi l'élévation perspective de cette Place dans *les Délices de Paris*, Planche 112.

ainsi

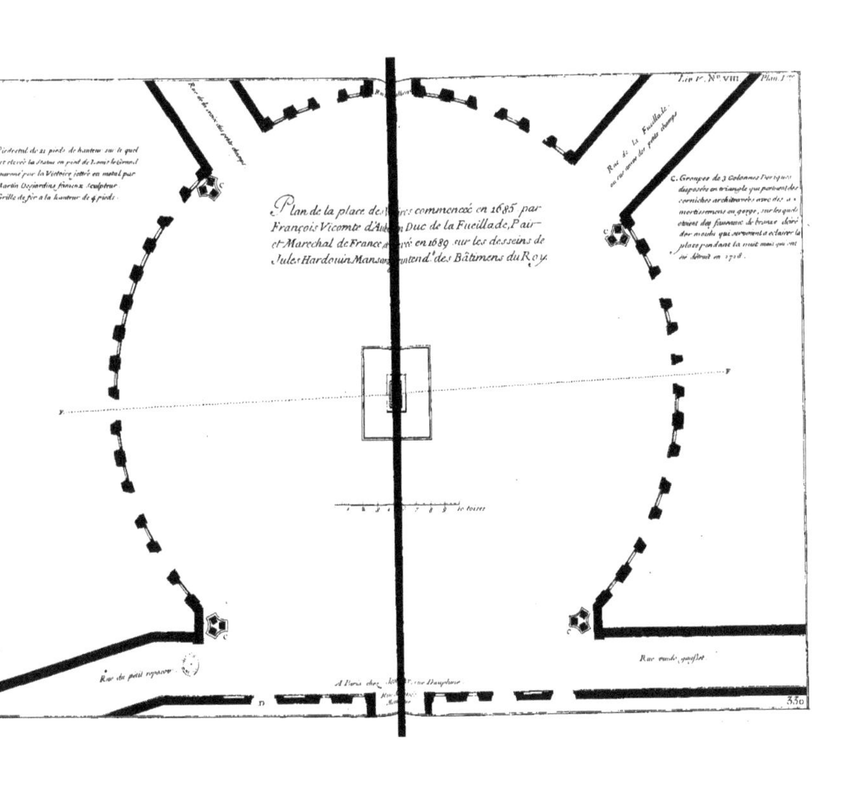

Liv. I.r. N.o VIII. Plan I.er
A. Piedestal de 22 pieds de hauteur sur le quel est elevée la statue en pied de Louis le Grand couronné par la Victoire jettée en metal par Martin Desjardins fameux Sculpteur.
B. Grille de fer a la hauteur de 4 pieds.
Plan de la place des Victoires commencée en 1685 par François Vicomte d'Aubusson Duc de la Fuillade, Pair et Marechal de France achevée en 1689 sur les desseins de Jules Hardouin Mansard intend.t des Bâtimens du Roy.
C. Groupes de 3 Colonnes Doriques disposées en triangle qui portent des corniches architravées avec des amortissemens en gorge, sur lesquels etoient des fanaux de bronze dorée des moulds qui servoient a eclairer la place pendant la nuit mais qui ont été détruit en 1718.
Rue de la croix des petits champs
Rue de la Fuillade ou rue neuve des petits champs
Rue du petit reposoir
Rue neuve gaillon
A Paris chez ... rue Dauphine
330

ainſi que celles de deſſous, font ici de trop petites parties, & ne répondent pas à Place des Victoires. la grandeur de l'Architecture, dont la ſimplicité louable eſt très-bien du reſſort d'une Place publique ; mais nous rappellerons que pour éviter que le deſſus du chambranle ne touche au-deſſous de l'architrave, il auroit fallu faire les croiſées ſupérieures plus petites, elles en auroient mieux pyramidé, & elles auroient laiſſé autour d'elles un champ, qu'il convient toujours d'obſerver entre deux corps d'Architecture différens. On auroit dû auſſi élever le ſocle qui reçoit les baſes, afin de procurer aux croiſées, qui poſent ſur le ſoubaſſement, des baluſtrades au lieu de balcons ; genre d'appui qui ne convient point abſolument à la décoration d'un édifice d'importance, malgré l'exemple du Palais du Luxembourg, où les croiſées, que l'on a deſcendu juſques deſſus l'entablement Dorique pour y mettre des balcons, font un bien moins bon effet, que celles auxquelles on a conſervé les baluſtrades ou les appuis continus.

Je ſçais bien qu'on n'eſt pas toujours le maître d'employer des baluſtrades au lieu de balcons, & que le rapport des hauteurs des croiſées avec leur largeur gêne très-ſouvent, mais comme les parties doivent engendrer un beau tout, il eſt indiſpenſable à un Architecte, avant que de terminer ſon ordonnance générale, de preſſentir ſi les maſſes compoſeront des détails heureux & rélatifs à la convenance de l'édifice. Or ici les croiſées d'en haut font un peu trop grandes, & on a mis à celles de de deſſous des balcons au lieu de baluſtrades, mais ces deux eſpeces de licences peuvent en quelque ſorte être autoriſées à la faveur des diſtributions intérieures des bâtimens de cette Place. En effet comme ils font occupés par différens Propriétaires, il n'eſt pas naturel d'exiger, comme dans toute autre occaſion, une analogie abſolument rélative entre l'intérieur & l'extérieur, parce que chaque Locataire a beſoin ſéparement d'une lumiere ſuffiſante, qui reponde à l'uſage de l'appartement qu'il occupe.

C'eſt ſans doute pour procurer plus de commodité dans les dedans de ces maiſons particulieres, qu'on a introduit au-deſſus du grand Ordre des manſardes, au lieu de baluſtrades, qui auroient beaucoup mieux réuſſi. Il ſemble qu'en pareil cas, pour aſſujettir les diſtributions intérieures à la décoration de la Place, il faudroit tacher de loger les domeſtiques dans des corps-de-logis, ou dans des aîles particulieres, afin que la partie ſupérieure d'une Place publique répondit à l'ordonnance générale, & s'il eſt permis de faire uſage des combles dans un monument de l'eſpece de celui dont nous parlons, ce ne doit être que dans une Place où, par quelque conſidération particuliere, on devra faire choix de bâtimens à boutiques, pour un marché, des halles, ou autres maiſons deſtinées au commerce ; encore convient-il de ne pas percer ces combles en manſardes par des lucarnes conſtruites en pierre, mais de les faire en charpente, principalement lorſqu'on fait regner un cheneau de plomb, au lieu de ſocle de maçonnerie, parce qu'alors le cheneau ne pouvant porter les lucarnes en pierre, il en réſulte toujours un défaut de vraiſemblance, quoiqu'on ſente bien qu'elles font poſées ſur un plan plus réculé.

On a exprimé ſur cette Planche les anciens groupes de colonnes dont nous avons parlé au commencement de ce Chapitre, & qu'il eut été à propos de ne jamais ſupprimer.

CHAPITRE IX.

Contenant la defcription du Palais Royal, du Château d'eau, & de la Maifon de M. d'Argenfon.

DESCRIPTION DU PALAIS ROYAL.

Palais Royal.

CET édifice fut commencé en 1629 pour *Armand Jean du Pleffis*, Cardinal de Richelieu, qui le fit élever fur les deffeins de *Jacques le Mercier* (a), habile Architecte de fon tems. Les bâtimens de ce Palais furent d'abord peu confidérables ; mais dans la fuite ce Cardinal étant devenu premier Miniftre, on en augmenta l'étendue, ce qui fe fit à différentes reprifes, fource fans doute de l'irrégularité de fes diftributions. Dans fon origine, ce Palais fut nommé *Hôtel de Richelieu*, quelque tems après *Palais Cardinal*, & enfin *Palais Royal*, nom qu'on lui donna lorfqu'Anne d'Autriche, Régente du Royaume, Louis XIV, & le Duc d'Anjou, fes fils, en prirent poffeffion, en faveur de la donation que le Cardinal de Richelieu en fit à S. M. en 1639, & qu'il ratifia à Narbonne en 1642. Dans la fuite, & par confidération pour la Ducheffe d'Aiguillon, la Reine confentit que l'infcription de *Palais Cardinal*, qu'on avoit ôtée de deffus la porte, y fut replacée, telle qu'on la voit encore aujourd'hui. On donne toujours cependant à ce Palais, le nom de *Palais Royal*.

Louis XIV, ayant pris les rênes de l'Empire, céda ce Palais à Philippe de France, fon frere unique, pour en jouir fa vie durant ; mais en 1692, Sa Majefté le donna en propriété à Philippe d'Orléans, Duc de Chartres fon neveu ; de forte qu'il a toûjours appartenu depuis à la Maifon d'Orléans, qui l'habite aujourd'hui, & qui y fait faire actuellement des changemens très-importans, ainfi que nous l'obferverons en fon lieu.

Plan général des Jardins du Palais Royal. Planche Premiere.

Ce jardin n'a que 166 toifes de longueur fur 75 de largeur, cependant, malgré une fi petite étendue, il ne laiffe pas que de paroître fpacieux, & d'être très-fréquenté, étant libre prefque partout, & les perfonnes qui viennent s'y promener, y trouvant un couvert fort agréable ; d'ailleurs la propreté avec laquelle il eft entretenu contribue à y attirer nombreufe compagnie, qui procure aux appartemens un coup d'œil fatisfaifant.

En 1730, ce jardin fut diftribué, tel que nous le voyons aujourd'hui, fur les deffeins de M. *Defgots* (b), Architecte du Roi, & neveu du fameux le Nautre. Auparavant c'étoit fort peu de chofe, & il fe reffentoit de l'ignorance où l'on étoit fur cette partie de l'Architecture. Au commencement de ce fiecle, deux baffins, dont l'un étoit de quarante toifes de diamétre, en occupoient la plus grande partie, auffi-bien qu'un mail, un manege, &c. A préfent il ne refte rien de cet ancien jardin, que la grande allée de maroniers marquée A, qui produit un couvert impénétrable aux rayons du Soleil, & qui ne contribue pas peu l'été à rendre cette promenade une des plus riantes de Paris.

Ce jardin eft entouré de maifons particulieres, qui ont toutes la liberté d'avoir des jours deffus, & des communications pour la promenade. Ces maifons & les

(a) Voyez ce que nous avons dit de cet Architecte dans le T. II. en parlant de la Sorbonne, page 76. N. (b).   (b) Voyez ce que nous avons dit de cet Architecte, T. I. pag. 45. & 238.

escaliers qui les dégagent, sont précédées d'un treillage de douze pieds de hauteur marqué F, & isolé des bâtimens d'environ six pieds. Ces treillages, élévés en partie jusqu'à la hauteur des premieres branches, servent à masquer l'irrégularité des bâtimens qui entourent ce jardin, & qui étant assez differens entre eux, nuisent à la simétrie ; néanmoins comme ces bâtimens sont fort élévés, ils jouissent par dessus la tête des arbres de l'aspect du jardin, & du bon air qu'on y respire ; ce qui fait que ces maisons sont fort recherchées. Quelques Statues & quelques Termes en gaine, de pierre, sculptés par *Henri Lerambert* & par *Coisevox* son éléve, font tous les frais de la décoration de ce jardin. Environ vers le milieu est un bassin de 16 toises de diamétre avec jet d'eau, ce bassin est entouré d'un treillage à hauteur d'appui, aussi-bien que les tapis (*c*) verds, autour desquels sont plantés des ormes en boule, qui dégagent toute l'entrée de cette promenade du côté du Palais. Au pied du treillage marqué B, sont des tilleuls taillés en palissade, afin de procurer plus d'air ; ce qu'on a pratiqué dans toutes les maîtresses allées de ce jardin, à l'exception de la grande allée marquée A, qui forme un berceau naturel.

En face de l'allée du milieu est un portique de treillage d'une heureuse proportion, orné d'une grande niche circulaire, & de deux autres quarrées plus petites, exécuté sur les desseins de M. Desgots. Les deux côtés de cette allée sont occupés par des quinconces. Au milieu sont des salles découvertes, dans lesquelles sont distribués des bancs ; on a eu soin d'en placer aussi dans différens endroits de ce jardin pour la commodité du public (*d*).

Dans l'un des angles de ce jardin en est un plus petit, entouré de grilles de fer, & destiné à la promenade particuliere du Duc de Chartres. Ce jardin consiste dans un parterre de broderie, à la tête duquel est un bassin ; dans un bosquet particulier, dans différentes plate bandes de fleurs, & dans des allées ; ornées dans la belle saison de vases & de caisses d'orangers placées alternativement (*e*).

On a exprimé sur cette Planche le massif des bâtimens, la forme des cours, les rues adjacentes & les masses des maisons particulieres qui environnent ce Palais. Il nous reste à faire observer, qu'indépendamment de la principale entrée du côté de la rue S. Honoré, il y en a trois autres ; l'une marquée C, qui donne dans la rue des Bons Enfans, l'autre D, par la rue de Richelieu, la derniere E, dans la rue neuve des Petits Champs, pour faciliter l'entrée & la sortie du jardin.

(*c*) Ces tapis verds sont entretenus avec un soin tout particulier. En été on a la précaution de les arroser, ce qui se fait d'une maniere fort ingénieuse. Je ne crois pas hors de propos d'en parler ici en faveur de ceux qui l'ignorent.

Dans le gros tuyau de plomb qui descend du reservoir du Château d'eau, dont nous parlerons dans ce Chapitre, & qui passe sous l'allée du milieu de ce jardin, en sont branchés deux autres, terminés par des robinets. Près de ces robinets est soudée une vis de cuivre, dans laquelle en est introduite une autre attachée fortement à un boyau de cuir de 30 toises de longueur, plus ou moins, & de deux pouces de diamétre, qui s'assemble de 24 en 24 pieds avec de pareilles vis. Au bout de ce boyau s'attache une pomme d'arrosoir de cuivre & vissée, de sorte qu'en ouvrant le robinet dont nous avons parlé, l'eau du tuyau de plomb, qui vient du réservoir placé à 30 pieds d'élévation, est chassée dans ce boyau, qui par sa flexibilité, se répose sur le gason, & obéit au mouvement que lui donne le Jardinier. Celui-ci avec ses deux mains, & aidé d'un homme éloigné de lui d'environ 9 pieds, incline l'arrosoir, & abreuve le gazon à discrétion, & selon le besoin. Cette dépense, qui n'est pas considérable, ne pourroit-elle pas s'employer utilement pour les biens de la terre, singulierement pour les légumes, les potagers, les vergers, &c ?

(*d*) Depuis quelques années on a permis de louer des chaises dans la grande allée de ce jardin, ce qui attire des différens quartiers de cette Capitale, une foule de personnes des deux sexes, & procure aux Etrangers un coup d'œil qui ne se rencontre point ailleurs, & qui est aussi singulier que riant. Dans les grandes chaleurs, on arrose la grande allée, ce qui rend cette promenade plus accessible.

(*e*) Voyez le dessein de ce jardin plus en grand dans le plan du rez-de-chaussée, Pl. II. Nous observerons que comme ce jardin ne laisse pas que de contenir un certain nombre d'orangers, & que la serre du Palais Royal est très-peu considérable, on transporte ces arbres vers le milieu de l'Automne dans un jardin particulier, rue Ste. Anne, où est élévée une serre assez spacieuse pour les contenir.

Plan général des bâtimens au rez-de-chauffée du Palais Royal.
Planche II.

Les bâtimens de ce Palais font très-confidérables, ils font compofés de plufieurs corps-de-logis féparés par des cours , dont les deux principales font fituées à peu près dans le milieu du terrain qu'occupe ce Palais, mais la dimenfion irréguliere des unes & des autres , prouve affez que la diftribution dans
le fiecle dernier n'étoit pas auffi-bien entendue qu'aujourd'hui, & que quelque
attention qu'on apporte dans les augmentations d'un édifice commencé pour un
Hôtel , il eft difficile dans la fuite d'en faire un Palais exempt de licence capitales. Celui des Thuilleries, le Louvre, Verfailles, Fontainebleau, font autant de
preuves de ce que j'avance. En effet, pour réuffir il faut dans le commencement
d'un projet concevoir l'idée générale d'un édifice, tout ce qu'on y ajoûte après
coup rarement fe lie bien avec le refte ; d'ailleurs les Architectes chargés de
continuer ces édifices, fe prêtent difficilement à la difpofition des ouvrages commencés , & bâtiffent felon leur goût & leur génie : on peut faire ce reproche à
tous nos Architectes , même du fiecle dernier , à l'exception de *François Blondel* ,
& de *François Manfard* , dont l'un, dans la reftauration de la Porte S. Antoine ,
l'autre , dans les augmentations de l'Hôtel de Carnavalet , ont fçu, en hommes habiles & qui connoiffoient le beau, conferver toutes les parties eftimables , au préjudice d'une compofition qu'ils auroient fans doute rendue plus convenable ,
s'ils avoient été les maîtres de traiter à neuf ces deux monumens.

Le Palais dont nous parlons fut commencé par *Jacques le Mercier* , ainfi que
nous l'avons déja dit ; *Hardouin Manfard* a fait enfuite les grands appartemens de
parade & la grande gallerie : *Gilles Oppenor* les a décoré , M^{rs}. *Legrand* & *Cartaud* y ont fucceffivement fait des changemens , M. *Contant* en fait aujourd'hui
de confidérables, & cependant, malgré la capacité de ces Architectes, il eft à
craindre que cet édifice ne forme jamais un bel enfemble. Il y regne un air de pefanteur dans les façades, & un défaut de fimétrie dans les diftributions, qui révoltera toûjours les Connoiffeurs. Les dedans , à la vérité, font capables de dédommager les amateurs de l'irrégularité & du mauvais goût de l'extérieur, & c'eft
en leur faveur , que nous avons cru ne pouvoir nous difpenfer de donner dans
ce recueil les deffeins de cet édifice, dont nous ne pouvons raifonnablement faire
l'éloge , pour ce qui regarde la difpofition en général , & la décoration exterieu-
re en particulier, auffi n'en ferons-nous pas une defcription très-détaillée. Nous
nous contenterons feulement, & pour faire éviter à l'avenir quelques défauts qui
fe trouvent dans ce plan, de remarquer que la premiere cour eft trop peu confidérable pour l'étendue des bâtimens qui compofent ce Palais ; que la feconde
eft d'une proportion trop quarrée, quoique plus fpacieufe, & plus fupportable par
le moyen des percés pratiqués dans le mur qui fépare cette cour d'avec les jardins. Je dis plus fupportable , parce que nous avons reconnu ailleurs qu'il eft
néceffaire pour donner une belle forme aux cours, qu'elles aient de longueur la
diagonale du quarré fait fur leur largeur ; confidération qui auroit dû faire préferer
une grille de fer à cette muraille, qui mafque d'une part le jardin, & de l'autre
les bâtimens.

A l'égard des autres cours qu'on remarque dans ce plan, comme elles ne font
pas auffi intéreffantes , leur proportion & leur forme font plus indifférentes ;
quoiqu'on puiffe dire en général, qu'il eft bon d'obferver, autant qu'il eft poffible , que rien ne foit négligé dans un édifice d'importance ; mais, comme nous
venons de le remarquer, les cours, le corps-de-logis, les aîles, les pavillons

& les

& les avant-corps de ce Palais ayant été faits pour la plûpart en différens tems Palais Royal. & fous divers Architectes, nous devons nous attendre à des irrégularités frappantes que nous pafferons fous filence, notre objet n'étant pas de faire ici la critique de ce vafte édifice. D'ailleurs il faut convenir que *Le Mercier*, qui a commencé ce bâtiment, entendoit peu la diftribution des Palais & même la décoration de leur façade. A en juger par la Sorbonne, il réuffiffoit mieux dans l'ordonnance des monumens facrés ; refléxion qui nous prouve en quelque forte, que l'Architecture peut s'envifager fous différens points de vûe ; que tel Architecte, qui montre de la fagacité, de l'intelligence & du génie pour la compofition d'une Eglife, d'un arc de triomphe, d'une Place publique, &c. réuffit imparfaitement dans la difpofition d'un édifice du genre de celui dont nous parlons. Cette confidération devroit faire fentir aux grands Seigneurs, combien il leur eft important de faire choix, entre plufieurs habiles Maîtres, de celui qui eft le plus capable de remplir leur objet, fans avoir égard, ni à la recommendation, ni à la reputation fouvent hafardée, qu'un Artifte a fçû fe faire à propos d'un joli jardin, d'un belveder, d'une maifon de plaifance, &c. Qu'on y faffe attention, tous les talens ont leurs bornes & leur divifion. La peinture, la fculpture, la poëfie, la mufique dans tous les tems ont formé de grands hommes dans des claffes différentes. A plus forte raifon, l'Architecture, qui eft la Reine des beaux Arts, eft-elle fufceptible de divifions. Il n'eft donc point étonnant qu'un Architecte ne foit pas univerfel ; le grand point eft de connoître le dégré de fa capacité, & un Propriétaire inftruit ne doit pas s'y tromper ; mais, dira-t-on, ceux qui font bâtir, peuvent-ils s'y connoître ? Oui fans doute : je crois l'avoir dit ailleurs, la connoiffance des Arts doit entrer pour beaucoup dans l'éducation des hommes bien nés. Ce font les grands Seigneurs, qui font fleurir un état, ce font eux ordinairement qui font une dépenfe digne de leur naiffance. Nous ne leur demandons pas à la vérité d'être Artiftes, mais de les bien connoître, d'en fçavoir faire choix, de les occuper & de les récompenfer. Si ce que nous femblons exiger ici étoit plus ordinaire, on verroit les Arts fe foûtenir, profperer, & moins de bâtimens élévés à l'ignorance & à la cupidité, dans un fiecle où le germe des talens femble s'accroître journellement, malgré le peu de cas que la plûpart des Grands femblent faire des Arts & des Artiftes.

Pour revenir à notre objet, nous dirons que depuis *Le Mercier*, la diftribution des appartemens du Palais dont nous parlons a prefque toute été changée, que les Architectes dont nous avons fait mention plus haut, ont fouvent été occupés à retourner ces appartemens felon leur différente deftination, & felon la dignité des perfonnes qui ont habité ce Palais, depuis qu'il eft élévé ; qu'enfin on en démolit encore aujourd'hui la plus grande partie, ce qui joint à la difficulté qu'on a d'entrer commodement dans toutes les pieces de cet édifice, nous empêche d'en donner peut-être le plan avec une forte d'exactitude. C'eft pour cette raifon que nous n'entreprendrons de décrire ici que ce qui nous eft connu jufqu'à un certain point. A propos de quoi nous remarquerons, que dans l'aîle droite en entrant dans la cour, eft pratiquée une falle de fpectacle, dans laquelle on repréfente nos *Opera*, & que le Cardinal de Richelieu, qui avoit un goût décidé pour la Poefie dramatique, avoit fait élever. La place qu'occupe cette falle dans ce plan eft marquée A, & defigne une grande partie du deffous du théatre, où font diftribuées les machines deftinées aux décorations des *Divinités infernales*. Le plan détaillé de cette falle de Spectacle eft exprimé dans celui du premier étage, Planche II. (Voyez ce que nous avons dit touchant l'origine de ce Spectacle, Tome. II. pag. 14. Note (*c*).)

Le grand efcalier de ce Palais eft du deffein de *Defargues*. Il eft placé dans un lieu aſſez ignoré dans ce plan, & prouve combien, depuis le tems auquel il a été conſtruit, nos Architectes François ont ſçu rendre cette partie de la diſtribution élégante & commode. Au reſte il eſt aſſez vaſte & ſolidement bâti, ſa décoration eſt même aſſez bien entendue. Il eſt à préſumer que celui qu'on va reconſtruire à neuf, ſera mieux diſtribué, mais il eſt à craindre que ſa décoration ne vaille pas celle qui ſubſiſte aujourd'hui, quoique ſimple & ſans ornement.

Après cet eſcalier, ce qui eſt le plus à remarquer dans le plan dont nous parlons, c'eſt le grand appartement, qui donne ſur le jardin de propreté, & qui a été long-tems occupé par feue S. A. R. Madame la Ducheſſe d'Orléans, grande Mere du Prince qui vit aujourd'hui. Cet appartement eſt vaſte, & muni de tous les dégagemens qui doivent accompagner des pieces deſtinées à la réſidence des perſonnes de la premiere conſidération. Il eſt occupé à preſent par M. le Duc de Chartres, & par les perſonnes qui ſont chargées de l'éducation de ce Prince. On voit auſſi une Chapelle au rez-de-chauſſée, au-deſſus de laquelle en eſt une autre, qui a été peinte par *Vouet*, & dont nons parlerons dans ſon lieu. Les bâtimens B, C pratiqués dans l'une des baſſes cours, viennent d'être érigés à neuf, ils étoient auparavant non-ſeulement fort irréguliers, mais encore trop peu étendus pour le nombre des Officiers attachés à la maiſon d'Orléans. Ceux B ont été conſtruits en 1751 ſur les deſſeins & ſous la conduite de M. *Cartaud*, & ceux C s'élevent actuellement (*f*) ſur les deſſeins & ſous la conduite de M. *Contant*. On ne voit point dans ce plan, ni d'écuries, ni de remiſes, il les falloit conſidérables, & le lieu ſerré de ce quartier n'a pas permis de les élever dans le terrain du Palais Royal. Ces écuries ſont ſituées dans l'ancien Hôtel *de Colbert*, rue neuve des petits Champs, bâti par *Le Veau*, & dont la Porte d'entrée eſt conſidérée comme un beau morceau d'Architecture. (Voyez en le deſſein dans les *Délices de Paris*, planche 116.) Les bâtimens de ces écuries contiennent une grande quantité de remiſes & environ 96 chevaux, des logemens pour les Pages, pour leur Gouverneur, & pour le premier Ecuyer de M. le Duc d'Orléans.

Les écuries de Madame la Ducheſſe ſont ſituées rue de Richelieu, où étoient autrefois celles de ſon Alteſſe Royale; ces bâtimens contiennent environ 40 chevaux, des remiſes, & le logement de l'Ecuyer.

Plan du premier étage. Planche III.

La diſtribution de ce premier étage, auquel le rez-de-chauſſée a été aſſujetti, compoſe ce qu'on appelle communément le Palais Royal. C'eſt dans ces appartemens que ſe voit cette riche collection de tableaux des plus excellens maîtres, ſi connue de toute la France, & qu'on peut dire être la plus complette & la plus curieuſe, qu'il y ait en Europe. Nous la devons à M. le *Duc d'Orléans*, *Régent* qui avoit une très-grande connoiſſance de la peinture, qui s'occupoit quelque fois lui-même à peindre, & qui fit acheter chez l'étranger ce qu'il y avoit de plus précieux en ce genre. Nous n'entrerons point dans le détail de toutes ces merveilles, elles demandent une deſcription particuliere, dont nous laiſſons le ſoin aux Maitres de l'Art. Nous remarquerons ſeulement en paſſant, que M. le Duc d'Orléans d'aujourd'hui connoiſſant l'importance de cette ſuperbe collec-

______

(*f*) Nous donnons dans ce plan les diſtributions de ces nouveaux bâtimens, telles qu'elles nous paroiſſent s'exécuter, ſans répondre de leur exactitude. Nous avouerons même ingénuement que nous ſouhaiterions nous être trompés dans les formes, dans leurs diviſions & dans leurs diſpoſitions; mais ce qu'on voit de fait préſentement, nous fait craindre que nous n'ayons été exacts au-delà de notre eſperance. Dans ce cas nous oſons avancer, que ces augmentations, tant au rez-de-chauſſée qu'au premier étage, ne ſeront jamais un modele d'imitation.

tion, a fait choix de M. *Pierre* (*g*), Peintre du Roi, pour son premier Pein- _{Palais Royal.}
tre, persuadé qu'il ne pouvoit confier un dépôt si précieux à un plus habile
homme.

La plûpart des appartemens qui contiennent ces chefs-d'œuvre, furent élévés
par les ordres de Louis XIV, en 1692. Ce fut aussi ce Prince qui, quelque tems après, sur les desseins de Jules Hardouin Mansard, fit construire sur un
emplacement qu'occupoit le *Palais Brion* (*h*) une grande gallerie en retour sur
la rue de Richelieu. Dans la suite, le Duc d'Orléans, Régent, fit bâtir par *Gilles Op-*
penor, son Architecte, le sallon qui la précéde, & il le chargea d'embellir
l'intérieur de ces appartemens. Les décorations en sont traitées avec un goût admirable, d'ailleurs le choix des ornemens & l'élégance des formes, composent
un tout capable d'inspirer une forte impression aux Artistes qui veulent se faire estimer dans leur profession. Un Ordre de pilastres Corinthiens élévé sur un piédestal, & couronné d'une Corniche composée, forme la principale décoration de
la gallerie. Une grande cheminée placée au milieu de l'enfilade, d'un dessein
fier & hardi, fait un très-bel effet. Onze croisées en plein ceintre éclairent ce
lieu ; elles sont un peu basses pour la hauteur de la gallerie, mais les voussures
qu'on a affecté dans leur sommet, procurent à la voute un jour, quoique glis-
sant, qui dédommage de plus grandes ouvertures. Cette gallerie a été peinte
par *Antoine Coypel*, premier Peintre du Roi. L'Histoire d'Enée y est représentée en
quatorze tableaux ; c'est un ouvrage capable d'illustrer l'Ecole Françoise, aussi est-il fort estimé des Connoisseurs. Le grand sallon qui précéde cette gallerie,
est éclairé par en haut ; cette lumiere est très-favorable pour les tableaux, &
c'est ce qui nous a fait dire plus d'une fois, qu'il seroit à désirer que les curieux qui forment des cabinets de cette espece, se déterminassent à en user de
même.

Les appartemens des deux aîles de la grande cour ont une communication à
découvert par la terrasse A, qui est soûtenue par les arcades percées à jour, dont
nous avons parlé en expliquant la Planche précédente. Cette terrasse communique aussi extérieurement dans les appartemens de cet étage du côté du jardin par
un balcon continu, marqué B ; communication nécessaire dans un édifice de cette
importance. Nous observerons seulement, que pour répondre à la dignité du batiment, ce balcon devroit être soûtenu par des colonnes, & non par des consoles de fer ou de pierre, qui, outre qu'elles ont toujours un air postiche & fait
après coup, présentent une décoration qui se souffriroit à peine dans une maison
particuliere.

L'aîle droite de ce bâtiment doit contenir les appartemens de Madame la Du-
chesse d'Orléans, on y travaille actuellement ; à la gauche feront ceux du Prince, son époux. Nous les donnons tels qu'ils sont aujourd'hui, mais on se propose
d'y faire des embellissemens, de sorte qu'il n'y aura que le grand appartement de
parade qui subsistera tel que nous le donnons. Nous observerons aussi que du
tems du *Cardinal de Richelieu*, on avoit pratiqué au premier étage de l'aîle à
gauche, où se voit la chambre de parade, une fort belle gallerie, dont la voute

---

(*g*) M. Pierre, Ecuyer, un des premiers Peintres
d'Histoire de notre école moderne, Professeur dans l'A-
cadémie Royale de Peinture & de Sculpture, travaille
actuellement au plafond de la Chapelle de la Vierge dans
l'Eglise Paroissiale de S. Roch. Tous ceux qui ont vû
l'esquisse de ce grand ouvrage, conviennent que c'est
un des plus beaux morceaux qu'on puisse imaginer en
genre, & qu'il répondra dignement à la haute réputation dont jouit déja cet excellent Artiste. Voyez ce que

nous dirons de cet ouvrage dans le Chapitre XXV. de ce
Volume en parlant de l'Eglise de S. Roch. Note (*f*).

(*h*) Ce Palais avoit servi de retraite à Louis XIV,
dans le tems qu'il demeuroit au Palais Royal. Dans
la suite on y établit les Académies de Peinture, de Sculpture & d'Architecture ; mais lorsqu'on se servit de son
emplacement pour élever la gallerie dont nous parlons,
on transporta ces Académies au Louvre.

avoit été peinte par *Philippe Champagne* , mais on la détruifit lorfque la Reine
Régente vint faire fon féjour dans ce Palais , & on en fit l'appartement dont nous
venons de parler.

La gallerie des hommes illuftres de la France , qui étoit auffi placée au premier étage , a eu le même fort. Comme elle avoit été fort négligée , on fut obligé en **1727** de la détruire , & on fit à fa place des appartemens. Les portraits
de ces hommes illuftres au nombre de 25 , & dont on voit encore la plus grande partie dans une petite gallerie du même étage , étoient peints par *Philippe Cham-*
pagne , *Simon Voüet* , *Jufte d'Egmont* , & *Perfon*. On voit même encore dans cette
petite gallerie quelques buftes de marbre blanc , qui ornoient l'ancienne & qui
méritent l'attention des Connoiffeurs.

L'on voit dans ce plan la falle de l'Opera dont nous avons parlé , elle eft détaillée autant que la grandeur de l'échelle l'a pû permettre , & a été levée très-
exactement , deforte qu'on y remarque la diftribution du théatre , du parterre , de
l'amphithéatre , des loges & la communication que cette falle a avec l'intérieur
des appartemens du premier étage. Nous obferverons qu'on a pris foin de mettre
des lettres de renvoy dans cette Planche , capables de donner quelques éclair-
ciffemens , & de mettre par écrit les noms & l'ufage des pieces les plus intéreffantes , ce qui nous difpenfe d'une defcription plus circonftanciée ; d'ailleurs
comme il arrive très-fouvent que la deftination de ces pieces varie , on a crû qu'il
étoit fuperflu d'entrer dans un plus grand détail , qui dans peu d'années n'auroit
plus rien de commun avec l'édifice.

Elévation du Palais Royal du côté de la rue Saint Honoré. Planche IV.
Figure Premiere.

L'ordonnance de cette façade eft d'Ordre Tofcan , genre d'Architecture peu
propre à la décoration d'un Palais , malgré l'exemple de celui du Luxembourg :
la rufticité de cet Ordre devroit être réfervée pour les ouvrages militaires , les
fontaines , les grottes & les orangeries , où il convient généralement de donner
une expreffion de virilité. Au-deffus de cet Ordre eft un Attique , ordonnance
encore plus ruftique , qui jointe à la fimplicité des croifées & aux refends continus qui regnent dans toute cette façade , lui donnent un air de péfanteur , qui
ne convient point à un édifice deftiné à la réfidence d'un grand Seigneur. Je
fçais que quelques Architectes prennent cette expreffion pour une fermeté défirable , néanmoins nous dirons que partout où la convenance ne préfide pas , il eft
rare qu'un édifice s'attire le fuffrage des Connoiffeurs , car certainement elle doit
être regardée comme le premier objet de l'Architecture ; les Maîtres de l'Art devroient prononcer abfolument & définitivement à cet égard , afin qu'à l'avenir la
décoration de nos bâtimens ne fut point confiderée comme purement arbitraire.
Peut-être l'ai-je dit ailleurs. Mais qu'on me paffe des répétitions dans un ouvrage dans lequel on revient fouvent fur les mêmes défauts , & qui d'ailleurs ne pouvant être lû de fuite , femblent être autorifées ici.

Si l'ordonnance de cette façade eft contraire aux régles de la convenance , en
général fes dimenfions ont des beautés qui méritent quelque eftime ; par exemple
la proportion des pavillons eft affez belle , ainfi que celle de la porte cochere ; &
quoique cette derniere foit d'une décoration trop péfante pour l'entrée d'un Palais ,
elle ne laiffe pas néanmoins que d'avoir un caractere expreffif que l'on fent bien par-
tir d'une main habile , & qui feroit bon à imiter dans toute autre occafion.

A la droite de cette façade , on a marqué en A la fortie principale de l'Opera.
Au-deffus eft un balcon dont on a imité la décoration en B , depuis que la Ville

qui

qui en a la direction , a acquis un terrain pour faciliter le dégagement de ce _{Royal.} Palais
fpectacle. (Voyez ce dégagement dans le plan , Planche II.) Au refte, quoique
cette addition procure à cette falle une iffue moins ferrée qu'auparavant, il paroît toujours indifpenfable pour cette Capitale qu'on erige un nouveau théatre
dans un lieu plus vafte, qui annonce par fon afpect la magnificence avec laquelle
le Corps de Ville a manifefté dans tous les tems fon goût pour les édifices
publics qu'il a fait éléver.

Elévation, coupe & profils du Palais Royal, pris dans les plans fur les lignes DE,
Planche IV. Figure II.

Cette Planche donne à connoître la plus grande partie des bâtimens qui compofent ce Palais. La lettre A montre la coupe de la porte d'entrée du côté de la rue
S. Honoré, au-deffus de laquelle fe voit la petite gallerie qui conduit des appartemens
aux loges de l'Opera, de plein pied au premier étage. (Voy. la Pl. II.) La lettre B fait
voir l'intérieur de la premiere cour dont l'ordonnance confifte dans un rez-de-chauffée, au-deffus duquel font des mezzanines, & au premier étage un Ordre compofé
d'après le Tofcan, le Dorique & l'Attique, enfant du caprice & de la fingularité. On
remarque neanmoins dans cet étage des croifées dont la proportion & la forme ont
quelque chofe de viril & d'affez bien entendu. La lettre C indique un pavillon très-peu
faillant à la vérité, mais qui accompagne affez heureufement la façade du principal
corps-de-logis, fitué en face de la principale entrée. Cependant nous remarquerons
qu'une Architecture uniforme dans les façades d'une cour peu fpacieufe eft préferable à une Architecture trop variée, & dont la diverfité occafionne dans l'efprit du fpectateur une confufion d'autant plus condamnable, que cette inégalité
engendre de petites parties, qui nuifent à la maffe générale. La lettre D indique la coupe du principal corps-de-logis, dont le rez-de-chauffée vouté en pierre,
fert de porche ou paffage pour les équipages. Ce porche eft décoré de pilaftre Tofcans, couronnés d'un entablement qui profile fur le retour des pilaftres
accouplés, & qui porte des lunettes pour décharger la voute en plein ceintre de
ce porche. Cette décoration en général eft d'affez bon goût.
    Au-deffus de ce porche on voit la partie intérieure des appartemens doubles fi-
tués dans le milieu de la premiere cour, & non dans celui de la feconde, ce qui
eft une faute effentielle contre la fimétrie qu'on doit obferver dans la diftribution
générale d'un édifice d'importance. Cette faute eft d'autant moins excufable ici,
que l'axe de la principale allée du jardin n'aligne pas non plus celui de la premiere cour ; deforte qu'aucune des parties effentielles de ce bâtiment ne paroît avoir
été faite l'une pour l'autre ; car de la porte d'entrée, par la rue S. Honoré, en paf-
fant par le porche, & continuant cet alignement au travers d'une des arcades qui
féparent la feconde cour d'avec le jardin, on rencontre une file d'arbres au lieu
d'une maîtreffe allée, ou au moins d'une contre allée, ce qui nuit au coup d'œil
général, & fait fentir combien il eft important de compofer les parties pour le tout
& le tout pour les parties. Il ne paroît pas cependant qu'on veuille remédier à cette inadvertance en reftaurant ce bâtiment ; il eft vrai que cela feroit difficile,
à moins que de jetter bas une partie des murs de face, que l'on s'eft propofé de
conferver par une économie affez mal entendue, car il eft certain que fi l'on continue les augmentations que l'on a commencées, elles coûteront autant que fi l'on
reconftruifoit à neuf certaines parties effentielles, qui auroient procuré l'avantage de redreffer ce bâtiment, & l'auroient rendu digne du Prince qui l'habite, &
qui paroît ne rien négliger pour donner des preuves de fon goût pour les beaux Arts,
& laiffer à la pofterité des marques de fa grandeur & de fa magnificence.

Tome III.   M

Au-deſſus des appartemens dont nous venons de parler, ſont, dans la hauteur des combles, des chambres pour les principaux Officiers de la Maiſon. La lettre E fait voir l'élévation d'une des aîles de la ſeconde cour. Cette aîle doit ſimétriſer avec celle qui lui eſt oppoſée. La décoration de cette façade eſt compoſée d'une eſpece de ſoubaſſement au rez-de-chauſſée, percé d'arcades, de mezzanines & de petites croiſées, formant en général une ordonnance plus ſinguliere que belle, quoiqu'applaudie par quelques Artiſtes. Néanmoins les coquilles ſituées ſous l'intrados des arcades doivent être regardées comme un ornement déplacé, auſſi-bien que les prouës de vaiſſeaux & les ancres qui ſont élévées dans les tables chantournées; car quoiqu'allégoriques à la Charge de Chef & Surintendant général de la Navigation de France, que poſſédoit le *Cardinal de Richelieu*, lorſqu'il fit éléver ce bâtiment, ils ſont trop réïterés, & d'ailleurs d'une exécution lourde & péſante.

L'Ordre Dorique du premier étage eſt aſſez régulier, mais comme il eſt élévé ſur un ſoubaſſement d'une aſſez grande hauteur, il paroît meſquin. Dans les entre-pilaſtres étoient des niches dont on a percé quelques-unes depuis pour procurer plus de lumiere dans les appartemens, deſorte que l'inégalité de ces ouvertures & la variété de leur forme n'eſt point un exemple à imiter. Au-deſſus de cet Ordre étoit un comble à deux égoûts, à la place duquel on vient de ſubſtituer un comble briſé, pour pratiquer dans cet étage ſupérieur des logemens plus commodes. Ce nouveau comble (*i*) eſt élévé au-deſſus d'une baluſtrade, & eſt percé alternativement de lucarnes & d'œils de bœuf revêtus de plomb & d'ornemens de même matiere. Sur les baluſtrades ſont placés des vaſes en pierre, qui tombent à plomb de chaque pilaſtre. Nous obſerverons en général que ces ces combles briſés ſont ici univerſellement critiqués : en effet leur forme paroît trop péſante, ils ſont trop chargés d'ornemens & percés ridiculement par des ouvertures alternativement en plein ceintre & elliptiques, qui annoncent viſiblement dès les déhors un défaut inévitable de ſimétrie pour l'intérieur des pieces. D'ailleurs il y a de l'indécence à placer ces piéces au-deſſus d'un appartement de parade, & il eſt certain que lorſque la néceſſité oblige de pratiquer des manſardes au-deſſus d'un logement deſtiné à la réſidence d'une perſonne de conſidération, il ne faut pas affeéter tant d'ouvertures dans les combles, les toits ne devant paroître extérieurement que pour ſervir d'exhauſſement aux grandes pieces de l'intérieur, & non pour y ménager des chambres ſubalternes. Enfin les combles à la manſarde ne ſont pas faits pour ſervir d'amortiſſement à la décoration des Palais des Princes. Ils ne préſentent que des greniers dont on ne doit faire parade que dans des monumens publics d'un certain genre, ou dans des maiſons à loyer. C'eſt manquer aux loix de la convenance que d'en uſer autrement, & quelque conſidération particuliere qu'on puiſſe avoir, un Architeéte habile doit s'éloigner de tout ce qui eſt contraire à la bienſéance, ſans quoi il s'expoſe à la critique des Connoiſſeurs & au blâme de la multitude (*k*).

La lettre F indique l'épaiſſeur du mur qui ſépare la ſeconde cour d'avec le jardin, & qui eſt percé d'arcades, au-deſſus deſquelles regne une gallerie découverte, bordée d'un balcon de fer continu. Cette terraſſe ſert, comme nous l'avons déja remarqué, de communication à l'aîle du bâtiment E, & à celle qui lui eſt

---

(*i*) Dans l'élévation que nous donnons, ce nouveau comble n'eſt point encore exécuté. il ne l'eſt que dans l'élévation qui lui eſt oppoſée, mais comme cette manſarde doit regner partout, & que nous avons préféré cette façade à l'autre, à cauſe qu'elle nous fait voir une partie de la grande gallerie, nous avons introduit ici les combles briſés à la place de ceux qui y ſont, pour donner à connoître l'effet qu'ils feront, tout le reſte de la façade n'étant ſuſceptible d'aucun changement.

(*k*) Voyez ce que nous avons dit ailleurs ſur la néceſſité de ſupprimer les combles en général dans les grands édifices, & ſur celle d'annoncer par un air de grandeur & de majeſté le premier étage d'un bâtiment conſidérable, lorſque cet étage eſt deſtiné pour y fixer le ſéjour d'un grand Seigneur.

PLAN GÉNÉRAL DES JARDINS ET DEPENDANCES DU PALAIS ROYAL.

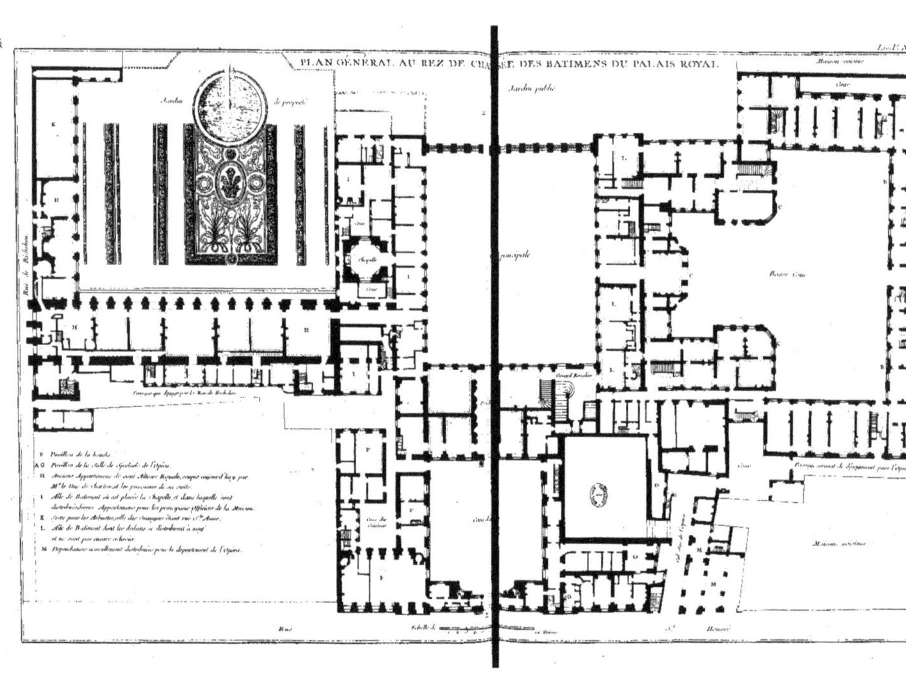
PLAN GÉNÉRAL AU REZ DE CHAUSSÉE DES BATIMENS DU PALAIS ROYAL

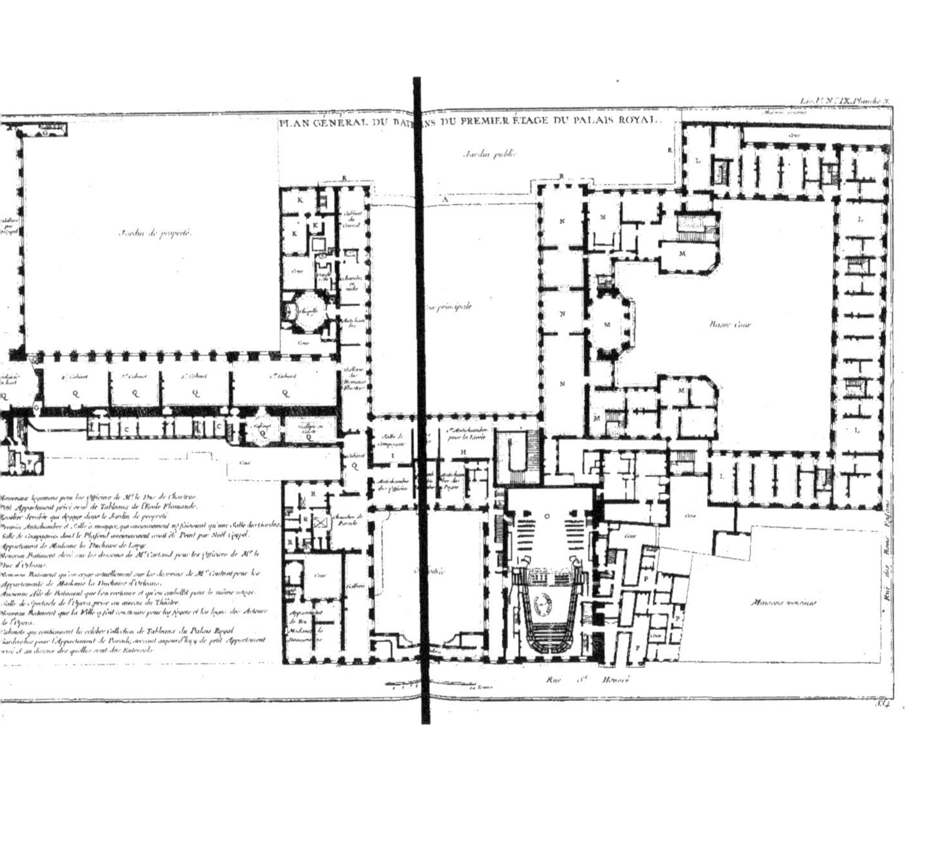
84

oppofée. On a propofé, dit-on, de fupprimer cette terraffe, & par conféquent les murs qui la foûtiennent, pour y mettre une grille de fer ; fans doute la cour principale en acquereroit plus d'efpace, mais lorfque ces murs feroient fupprimés, il feroit à craindre qu'on n'apperçût trop vifiblement l'irrégularité de l'enfilade générale.

Liv. V. N.° IX. Planche 8.
PLAN GENERAL DU BATIMENS DU PREMIER ÉTAGE DU PALAIS ROYAL.
Jardin public
Jardin de prospect
Cour principale
Basse Cour
Rue St. Honoré
Rue des Bons Enfans
Maisons nouvelles
Nouveaux logemens pour les Officiers de M.r le Duc de Chartres.
Petit Appartement privé orné de Tableaux de l'Ecole Flamande.
Escalier dérobée qui dégage dans le Jardin de prospect.
Premier Antichambre et Salle à manger, qui anciennement ne faisoient qu'une Salle des Gardes.
Salle de Compagnie dont le Plafond anciennement avoit été Peint par Noël Coypel.
Appartement de Madame la Duchesse de Large.
Nouveau Batiment élevé sur les desseins de M.r Contant pour les Officiers de M.r le Duc d'Orleans.
Nouveau Batiment qu'on erige actuellement sur les desseins de M.r Contant pour les Appartements de Madame la Duchesse d'Orleans.
Ancienne Aile de Batiment que l'on rechausse et qu'on embellit pour le même usage.
Salle de Spectacle de l'Opera prise au niveau du Theatre.
Nouveau Batiment que la Ville y fait construire pour les foyers et les loges des Acteurs de l'Opera.
Cabinets qui contiennent la celebre Collection de Tableaux du Palais Royal.
Garderobes pour l'Appartement de Parade, servant aujourd'huy de petit Appartement privé et au dessus des quelles sont des Entresols.

L'élévation G eft une partie de celle qui contient au premier étage la grande gallerie. Son ordonnance differe abfolument des précédentes ; elle eft compofée au rèz-de-chauffée & au premier étage d'arcades en plein ceintre, & elle eft enrichie d'ornemens & de membres d'Architecture qui ont affez bien réuffi à *Hardouin Manfard*, auffi les a-t-il employé affez volontiers dans les bâtimens qui lui ont été confiés. La faillie des aîles de la feconde cour empêche qu'on ne voye ici la longueur de cette façade ; mais comme dans toute fon étendue elle eft la même, nous nous fommes crû difpenfés de la donner féparement. A l'égard de celle qui lui fait retour, & qui eft en face du jardin, fa décoration eft fi médiocre, que nous n'avons pas héfité de n'en point parler ici. Peut-être en aurions-nous ufé de même à l'égard de la plus grande partie des diftributions en général & des élévations de ce Palais, fi d'un côté fon immenfité, de l'autre le nombre prodigieux de merveilles qu'il renferme dans fon intérieur, n'euffent pas été pour nous un motif affez puiffant pour le faire connoître aux étrangers. Au refte ne peut-on pas dire que les inadvertances que nous nous fommes trouvés obligés de relever dans l'examen de ce vafte bâtiment, feront l'effet de l'ombre qui fert dans un tableau à faire valoir la lumiere, rien n'étant plus important pour la recherche du vrai beau, que de s'affurer par une comparaifon refléchie de la fource & du motif des licences dans lefquelles les autres font tombés ?

D E S C R I P T I O N

DU CHATEAU D'EAU

Elevé en face du Palais Royal, rue Saint Honoré.

I L n'y eût point d'abord de place vis-à-vis le Palais Royal. La Reine Régente, *Anne d'Autriche*, étant venu faire fon féjour dans ce Palais, fit abattre l'Hôtel de *Silleri*, & en fit conftruire une ; mais comme elle étoit bornée & fort irréguliere, *Philippe*, *Duc d'Orléans*, Régent du Royaume, la fit aggrandir en 1719, lorfqu'il prit poffeffion de ce Palais, ainfi que nous l'avons dit au commencement de ce Chapitre. Il y fit conftruire, fur les deffeins de *Robert de Cotte* (*l*), premier Architecte du Roi, un corps de bâtiment nommé le *Château d'eau*, qui contient deux réfervoirs, l'un d'eau de la Seine, amenée par la machine de la Samaritaine (*m*), l'autre d'eau d'Arcueil, amenée par l'aqueduc de ce nom (*n*). Ces réfervoirs fourniffent de l'eau au Palais Royal, aux Thuileries, au Louvre, &c.

(*l*) Voyez ce que nous avons dit de cet Architecte ; Tome I. Page 230. Note (*a*).

(*m*) Voyez ce que nous avons dit de la Samaritaine, T. II. p. 13. Not. (*e*).

(*n*) Cet aqueduc, tel qu'il eft aujourd'hui, (car il y en avoit anciennement un, dont il refte encore quelques veftiges,) fut conftruit par ordre de la Reine Marie de Medicis, fur les deffeins de *Jacques De Broffe* ; il fut achevé en 1624. Cet ouvrage égale en magnificence ceque les Romains ont fait éléver dans ce genre. Il a 200 toifes de longueur, douze de hauteur, & eft orné de vingt arcades de vingt-quatre pieds d'ouverture, dont neuf font percées à jour : fous l'une de ces arcades paffe la petite riviere de *Bievre*. Cet aqueduc tire fes eaux de *Rungis* par des rigoles qui ont 6600 toifes de longueur. La conduite de ces eaux pour Paris eft au-deffus de la corniche de ce monument ; elles paffent dans un canal aux deux côtés duquel font des banquettes. Ce canal eft voutté & percé d'ouvertures pour donner de l'air & du jour dans l'aqueduc.

A propos de cet aqueduc, nous citerons la maifon de plaifance de feu M. le Prince de *Guife* qui eft attenant, & dont les jardins & les bâtimens, quoiqu'à demi ruinés, produifent encore un effet admirable, ils ont même fervi plus d'une fois de modele à nos plus habiles Peintres François & à nos meilleurs Déffinateurs.

Plan au rez-de-chauffée du Château d'eau. Planche V.

Château d'eau.

Ce bâtiment dans fon plus grand efpace a 20 toifes 4 pouces de profondeur, hors d'œuvre, & 5 toifes dans le moins profond. Cette inégalité provient de la fituation des maifons voifines qui, appartenant à differens Propriétaires, n'ont point d'alignement direct.

Le rez-de-chauffée de ce batiment eft divifé dans fa plus grande profondeur par deux murs de refend qui fervent à foûtenir le poids des réfervoirs. Ces murs font percés d'arcades pour procurer plus d'efpace dans le fol, qui fert de magafin pour les démolitions des bâtimens du Roi, & pour ferrer les pompes publiques & différentes uftenciles à l'ufage de ces réfervoirs.

Dans la plus petite partie de ce plan eft pratiqué un efcalier qui monte au réfervoir. La principale entrée de ce bâtiment eft du côté de la rue fromenteau ; il y en a une autre dans la rue S. Thomas du Louvre, qui fert pour entrer & fortir du magafin. La garde & l'entretien de ce bâtiment eft confiée au *Sieur Lucas*, Plombier & Fontainier du Roi, lequel a fon logement tant dans le rez-de-chauffée, que dans les entrefols & au premier étage du côté de la rue Fromenteau.

Cet édifice, en général, eft peu confidérable, mais il eft d'une grande utilité pour ce quartier, un des plus peuplés de Paris, non-feulement parce qu'il fournit de l'eau aux Palais que nous venons de citer, mais auffi parce que l'abondance de fes réfervoirs pourroit remedier promptement aux incendies que l'on a toûjours lieu de craindre dans une ville auffi fréquentée. Cette confidération, qui eft effentielle, devroit engager à ne pas s'en tenir à celui dont nous parlons, qui eft prefque le feul qui exifte dans Paris, ne devant compter au nombre des dépenfes véritablement louables, que celles qui en érigeant des monumens capables de décorer une grande Ville, fourniffent auffi aux habitans des commodités qui leur procurent la fûreté de leur demeure, la falubrité de l'air qu'ils refpirent, & une eau abondante, fi utile à leurs befoins en général. Il eft vrai que dans toutes les fontaines de Paris il y a des réfervoirs & des cuvettes de diftribution ; mais à l'exception de la pompe du Pont Notre-Dame & de celle de la Samaritaine, elles produifent un fi petit volume d'eau, qu'elles feroient peu propres à préferver les habitans de cette Ville, (malgré la Seine qui paffe au milieu d'elle,) d'un accident qui a réduit plus d'une fois des Capitales en cendres.

On a marqué dans ce plan les tuyaux de diftribution dont on fera mention dans les coupes. Les trois marqués G fervent à amener de la Croix du Trahoir l'eau d'Arcueil, de décharge au réfervoir, & de conduite pour mener cette eau à la Monnoye des Médailles. Le tuyau H eft celui qui fournit de l'eau de riviere audehors pour le Public, il fert auffi de décharge au réfervoir. Le tuyau K mene l'eau aux Thuilleries. Celui L amene l'eau de la riviere par la machine de la Samaritaine, environ la quantité de 20, ou 25 pouces, quoique la *jauge* placée à l'extrêmîté de ce réfervoir contienne 60 *ajutages*, qu'on dit avoir tous fournis, lorfque la Samaritaine fut nouvellement conftruite, & qu'elle étoit entretenue par des perfonnes intelligentes.

Plan du premier étage. Planche VI.

C'eft dans cet étage fupérieur que font placés les réfervoirs, l'un qui contient 4500 muids d'eau de riviere, l'autre 1800 muids d'eau d'Arcueil. Ces réfervoirs font conftruits de charpente doublée de plomb en table, & entretenue par des

liernes

liernes de fer clavetées & boulonnées d'une maniere auſſi ingénieuſe que ſolide. Château
d'Eau. On arrive à ces réſervoirs par differens eſcaliers de charpente , qui atteignent juſqu'à leur ſuperficie ; celui du rez-de-chauſſée ne monte que ſur le plancher qui ſoûtient les réſervoirs.

Elévation de ce Château du côté de la Place du Palais Royal.
Planche VII.

La décoration de cette façade eſt compoſée d'un avant-corps & de deux arriere-corps. Aux extrémités de l'avant-corps ſont deux pavillons. Cet avant-corps eſt décoré de quatre colonnes d'Ordre Dorique engagées & chargées de boſſages , couronnées d'un entablement & d'un fronton , dans le timpan duquel ſont les armes de France. Au-deſſus ſont deux figures ſculptées par *Couſtou* le jeune (o) ; l'une repréſente la Seine , l'autre une Nymphe qui déſigne la fontaine d'Arcueil. Au rez-de-chauſſée eſt une niche ornée de congellations , d'une coquille , & , dans ſa partie inférieure , d'un dragon de bronze qui jette de l'eau pour le Public. Au-deſſus de cette niche eſt une table de marbre noir , ſur laquelle on lit cette inſcription.

QUANTOS EFFUNDIT IN USUS.

La proportion de cet avant-corps paroît trop ſvelte pour être appliquée à un édifice de l'eſpece de celui dont nous parlons , & pour être compoſée d'Ordre Dorique , quoiqu'on ait chargé ce dernier de boſſages pour lui donner un air de virilité. Ce qui contribue à faire paroître cet avant-corps ſvelte , c'eſt d'une part la hauteur du ſocle ſur lequel l'Ordre Dorique eſt élevé , de l'autre l'interruption de ſon entablement qui donne un air giganteſque au grand entrecolonnement. Quoique cette licence ſoit contraire aux préceptes de la bonne Architecture , on n'y tombe cependant que trop ſouvent aujourd'hui , quelque prévenu qu'on doive être que lorſqu'il s'agit d'élever un monument public , il ne faut faire uſage que des formes les plus approuvées , l'eſprit de convenance devant regner eſſentiellement dans toutes les productions d'un Architecte. Autrement , lorſque le caprice tient lieu de génie & de régles , eſt-il étonnant de voir une multitude de bâtimens d'une ordonnance ſans choix , ſans goût & ſans vraiſemblance , qui déſhonorent le ſiecle où nous vivons , les Artiſtes qui les produiſent , & peut être la Nation entiere ?

Ne peut-on pas avancer que les productions dont nous parlons , miſes ſous les yeux de nos jeunes Architectes , loin de leur inſpirer une noble émulation , leur donnent l'idée de ce goût meſquin & frivole , qui ne forme que des ſujets médiocres & dont on ne peut ſe rélever qu'en viſitant avec exactitude les monumens élévés dans le ſiecle dernier ; la plûpart de ces édifices ſont autant de chefs-d'œuvre qui pourroient tracer une route bien différente de celle qu'ont ſuivie quelques-uns de nos contemporains , qui bien loin de chercher à porter leur Art au plus haut point de perfection , ſe contentent d'en faire le plus ſouvent un état mercenaire qui les avilit.

Les arrieres-corps & les pavillons de cette façade ne ſont pas traités avec plus de ſuccès. Un grand ſoubaſſement d'une proportion outrée , ſurmonté d'un Attique fort peu élevé , tous deux le fruit d'une imagination déreglée , en forment la décoration , & comme ces arrieres-corps n'ont aucune analogie avec l'avant-

____

(o) Voyez ce que nous avons dit de cet illuſtre Artiſte à l'occaſion du Chœur de l'Egliſe Cathédrale de Paris , Tome II. page 110. Note (f).

Tome III.   N

 corps, ils compofent en général des parties qui n'étant pas faites pour être alliées enfemble, préfentent une ordonnance aufli vicieufe que méfeftimable.

Ce n'eft pas que les foubaffemens ne puiffent trouver leur place dans l'Architecture, mais il faut fçavoir les introduire avec convenance, comme l'ont fait Manfard & Perrault, dans le Château de Verfailles & dans le périftile du Louvre. Les Attiques ont aufli leur application; mais comme ils ne font faits, ainfi que les foubaffemens, que pour faire valoir avec plus de majefté les Ordres réguliers, c'eft une ineptie que de compofer une façade de bâtiment de ces deux parties, qui ne font autre chofe qu'une imitation imparfaite de ce que l'Architecture a de plus grave & de plus régulier; deforte que cette ordonnance n'eft excufable ici, qu'en fuppofant que l'Architecte, (qui felon les apparences n'a pas conduit cet édifice,) a voulu dans fon projet, par le foubaffement exprimer un étage plus mâle, & par l'Attique, un plus racourci, afin que par l'afpect de ces deux étages, on reconnut dès le déhors, l'ufage intérieur de ce monument.

Cependant l'élégance des avant-corps, les petites confoles des croifées Attiques, la richeffe des claveaux qui font aux arcades du foubaffement, la largeur outrée des travées des baluftrades, font une contradiction qui s'accorde très-mal avec l'expreffion de ces deux genres d'étages, d'où il eft aifé de conclurre que ceux qui furent chargés de l'exécution de cet édifice, faifirent (p) mal l'intention de l'Architecte, & qu'ils ont produit une décoration mal entendue d'après une idée affez bien conçue dans fon origine. Car, par exemple, nous remarquerons d'une part, que les arcades en plein ceintre du foubaffement, ornées de refends, & de l'autre les corps d'Architecture chargés de boffages qui montent de fond, annoncent d'une maniere affez intelligible l'expreffion virile & réfiftante, qu'il étoit néceffaire de mettre en œuvre dans la façade d'un bâtiment tel que celui-ci. En effet, comme il étoit deftiné à recevoir dans fon intérieur un poids confidérable, par le volume d'eau que les refervoirs contiennent, auffi bien que par la conftruction folide de la charpente qui les foûtient, la convenance fembloit exiger que fon extérieur fe manifeftât par un genre d'ordonnance tout particulier; mais ayant été alterée dans les principales parties, elle ne préfente plus qu'une décoration contraire aux loix de la bonne Architecture.

Un dragon de bronze, placé au-deffus d'un parapet continu de trois pieds de hauteur, & qui fert de foubaffement à toute cette façade, diftribue au Public une petite partie de l'eau de ce réfervoir. Nous dirons à propos de ce filet d'eau, qu'un édifice de cette importance devroit s'annoncer au-dehors d'une maniére plus frappante, foit par une nappe, une décharge, ou un torrent. Par-là on auroit donné à connoître la magnificence du Prince qui a fait éléver ce monument, on auroit décoré la Ville, & donné une idée de l'abondance du Fleuve & de la fource qui y fourniffent des eaux. Qu'on jette un coup d'œil fur la Samaritaine, du côté du Pont-Neuf : quoique l'eau qu'elle répand foit peu confidérable, elle produit néanmoins un bon effet, elle fait fpectable, amufe le peuple, & fatisfait les étrangers; motifs qui doivent toûjours entrer pour quelque chofe dans la conftruction d'un édifice de la conféquence de celui dont il s'agit.

(p) Le portail de S. Roch & celui de la Charité, élévés fur les deffeins de *Robert de Cotte*, font fans doute dans le même cas. Erigés depuis la mort de cet Architecte, on en a alteré les proportions, négligé l'ordonnance, & l'on y a placé des ornemens qui n'ayant pas été conçûs par l'Auteur, produifent un effet contraire à fa premiere intention. Ce défordre vient ordinairement de ce que ceux qui font chargés de la conftruction d'un ouvrage de quelque importance, au lieu de fuivre le deffein de leur predeceffeur, préferent d'y mettre du leur. Il vaudroit mieux cependant qu'alors ils ne fuiviffent point du tout la premiere penfée plutôt que de la défigurer; parce qu'il en réfulte prefque toujours une défunion entre les parties & le tout, qui engendre un enfemble mal concerté.

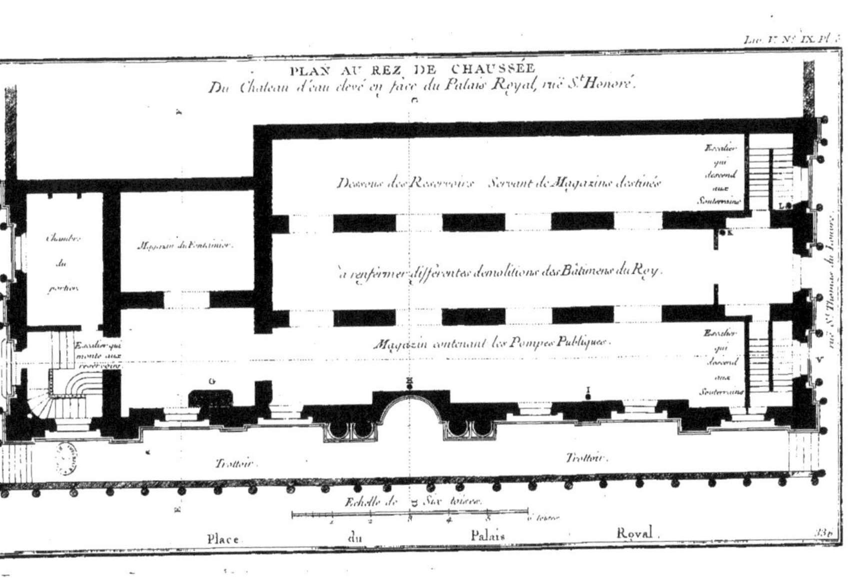

PLAN AU REZ DE CHAUSSÉE
Du Chateau d'eau elevé en face du Palais Royal, rue St. Honoré.
Chambre du portier.
Magazin du Fontainier.
Escalier qui monte aux entresoles.
Dessous des Reservoirs Servant de Magazins destinés
à renfermer différentes demolitions des Bâtimens du Roy.
Magazin contenant les Pompes Publiques.
Escalier qui descend aux Souterrains.
Escalier qui descend aux Souterrains.
rue St. Thomas du Louvre.
K
L
I
H
G
E
V
Trottoir.
Trottoir.
Echelle de Six toises.
1 2 3 4 5 6 toises.
Place du Palais Royal.

Coupe prise dans le plan sur la ligne A B. Planche VIII.

Cette Planche fait voir l'intérieur de ce bâtiment , la coupe des réservoirs, leur développement & la coupe des combles , qui mettent à l'abri les passages qui conduisent aux réservoirs. Ces combles qui ne forment que des appentis , ne sont point apperçûs des dehors, ce qu'il étoit nécessaire d'éviter, la balustrade qui regne sur la partie supérieure des façades, faisant un bien meilleur effet que des combles, qui n'auroient pas donné l'idée d'un lieu destiné naturellement à être découvert, pour conserver à l'eau sa bonne qualité & sa salubrité. Château
d'Eau.

On voit en A trois tuyaux de six pouces, dont nous avons déja parlé , l'un qui monte au réservoir , & qui y apporte l'eau de la fontaine de la Croix du Trahoir , l'autre pour la décharge de fond du réservoir , & enfin le troisieme pour conduire cette eau à la monnoye des Médailles.

L'eau du tuyau de décharge dégorge dans l'intérieur du bâtiment dans une cuvette de plomb placée au-dessous , pour de-là être conduite dans la place ; mais comme cette cuvette est trop peu considérable pour le volume d'eau , qui s'échappe quelquefois abondamment , cette même eau dégrade les voutes qui sont sous ce bâtiment , & produit une humidité nuisible à la solidité de cet édifice. Cette considération, comme nous venons de le remarquer plus haut , auroit dû porter à procurer à cette eau un écoulement plus considérable par les dehors ; ce qui en contribuant à la magnificence publique , auroit conservé l'intérieur de ce bâtiment , pendant qu'au contraire il n'y a que le tuyau B d'un pouce & demi de diamétre qui fournit de l'eau à l'extérieur de ce monument.

Le tuyau de six pouces C sert de décharge de fond pour le réservoir d'eau de la Seine ; dans celui-ci est branché un autre tuyau pour la superficie du même réservoir.

L'escalier D , dont on voit ici la coupe, descend au souterrain pratiqué en trois berceaux , & dont les murs soûtiennent ceux qui sont exprimés dans le plan du rez-de-chaussée , dans lequel se voit aussi le plan de l'escalier dont nous parlons. (Voyez la Planche cinquieme).

De la coupe prise dans les plans sur la ligne CD , *& de celle prise sur la ligne* EF.
Planche IX.

La Figure premiere exprime la coupe prise dans le milieu de l'avant-corps. Au rez-de-chaussée on voit les murs de refend, qui soûtiennent le grand réservoir dans lequel est contenue l'eau de la Seine , la coupe sur la largeur de ce même réservoir , & la forme des combles, Dans cette coupe on voit aussi les tuyaux marqués H , I , K , L , dans la Planche V.

La Figure deuxieme indique la coupe prise sur la longueur du réservoir contenant l'eau d'Arcueil. Ce réservoir est soûtenu par un mur de refend , qui monte de fond. Nous observerons que ce réservoir, lorsqu'il est trop plein, se décharge dans le grand réservoir qui contient l'eau de la riviere, ainsi qu'on peut l'observer en E , Planche huitieme.

DESCRIPTION

DE LA MAISON DE M. LE COMTE D'ARGENSON,

Miniſtre de la Guerre.

Maiſon de M. d'Argenſon.

La maiſon dont nous parlons, trouve d'autant plus naturellement ſa place dans ce Chapitre, qu'elle donne ſur le jardin du Palais Royal, & qu'elle eſt occupée par M. d'Argenſon, Miniſtre de la guerre, & précédemment Chancelier de feu M. le Duc d'Orléans, à qui ce Prince l'a donnée à vie. Elle fut bâtie par ordre de M. le Régent pour Mad^e. d'*Argenton*, au nom de M. l'Abbé *Dubois*, depuis Cardinal, ſur les deſſeins de M. *Boffrand* : auſſi la trouve-t'on dans les œuvres de ce célébre Architecte, dont nous avons déja parlé, Tome I. page 242. Note *a*.

Plan du rez-de-chauſſée. Planche X.

Le principal corps-de-logis de cette maiſon eſt bâti entre cour & jardin, ſur une terraſſe donnant ſur la promenade publique du Palais Royal. Elle n'a de largeur que 9 toiſes & demi dans œuvre, & eſt double dans ſa profondeur, non compris deux petits pavillons du côté de la cour, qui communiquent à deux aîles continues ſur la longueur de cette cour, & qui viennent ſe réunir à un corps-de-logis ſur la rue des bons enfans, dans lequel ſe trouve la principale porte d'entrée. Lorſque M. d'Argenſon fut nommé Miniſtre de la guerre, en 1743, ce bâtiment ayant trop peu de dépendances, il ſe détermina à louer l'Hôtel de la *Rocheguion*, depuis nommé les écuries de Monſeigneur, qui eſt mitoyen à la maiſon dont nous parlons, deſorte qu'à préſent cet Hôtel contient de très-grands appartemens & toutes les commodités qui conviennent à la réſidence d'un homme du premier ordre. On a pratiqué dans ce plan deux ouvertures, l'une F qui conduit aux appartemens qu'occupe M. d'Argenſon ; l'autre G, qui dégage dans les baſſes cours de la maiſon voiſine. Comme cette derniere n'a rien de bien intéreſſant, nous nous diſpenſerons d'en donner ici les diſtributions. Le plan du rez-de-chauſſée de cet Hôtel conſiſte principalement dans un corps-de-logis qui contient un appartement aſſez complet & décoré avec beaucoup de goût. Le plafond du ſallon eſt un des bons ouvrages d'*Antoine Coypel*, qui y a repréſenté les Dieux déſarmés par l'Amour. (Voyez la décoration des lambris de ce ſallon dans les œuvres de M. Boffrand, Planche XXXIV.)

Cet appartement eſt occupé aujourd'hui par Madame d'Argenſon. Sa chambre à coucher eſt à la place du grand cabinet, ſon cabinet de toilette à la place du cabinet en bibliotheque & de l'arriere cabinet. Au-deſſus, en entreſol, ſont des logemens pour les femmes de chambre. De la ſalle d'audience on a fait une deuxieme antichambre, qui par la porte F communique à la bibliotheque & à l'appartement de M. d'Argenſon, ſitué dans la maiſon voiſine.

La cour eſt petite, mais d'une bonne proportion, & la diſtribution des bâtimens qui l'environnent, quoique renfermés dans un terrain aſſez borné, contient néanmoins aſſez de commodité. Comme l'étage ſupérieur du bâtiment principal n'eſt qu'un Attique, & que ſur les autres il n'y a qu'une manſarde, l'eſcalier eſt fort petit ; il eſt placé à gauche de l'entrée de la cour, dans l'une des aîles, & il n'occupe aucun eſpace dans le principal corps de logis ; ce qui a donné la liberté de pratiquer au rez-de-chauſſée des pieces aſſez ſpacieuſes, qui donnant ſur le Palais Royal, compoſent un appartement très-agréable.

Plan

Plan du premier étage. Planche XI.

La grandeur du fallon dont nous venons de parler ayant exigé une hauteur Maifon de M. d'Argenfon. de plancher plus confidérable que les autres, l'on n'a pratiqué au-deffus qu'une piece baffe, prife en partie dans la hauteur des combles, & qui fert de logement fubalterne. Les autres pieces de ce premier étage compofent l'appartement de Mad.me & de M. le Marquis *de Voyer*, fils de M. d'Argenfon, & Maréchal des camps & armées du Roi, Directeur général de tous les haras du Royaume, &c. &c. C'eft dans ces appartemens que l'on voit un cabinet de tableaux appartenant à M. de Voyer, qui font d'un choix exquis, & diftribués avec un goût & une magnificence qui accompagnent toujours les actions de ce protecteur des beaux Arts. Ce cabinet ouvert à la curiofité des Connoiffeurs, n'eft pas un des moindres de ceux qui fe voyent dans cette Capitale, dont nous avons déja parlé, & qui par la nombreufe collection qu'ils renferment, juftifient le goût des François, & nous attirent l'eftime des étrangers, qui viennent puifer chez nous ce que l'afpect de tant de merveilles dans tous les genres peut leur indiquer de connoiffances dans les Arts.

Dans les aîles de la cour font diftribués plufieurs bureaux, des chambres de Domeftiques, un garde-meuble, &c.

Elévation du côté de la cour. Planche XII.

Cinq grandes portes croifées de forme bombée occupent la plus grande partie du rez-de-chauffée de cette façade. Ces ouvertures, peut-être un peu trop grandes, laiffent néanmoins la liberté d'entrer à fon choix dans toutes les pieces du côté de la cour par un perron continu. Sans doute qu'on auroit pû entrer dans ce bâtiment par les pavillons, mais comme ils font fort petits, l'iffue des grands appartemens fembloit exiger un abord proportionné à leur deftination. Cette confidération porte fouvent à négliger en apparence quelque partie de la décoration en faveur de la diftribution des dedans, principalement lorfqu'on fe trouve dans le cas d'ériger la demeure d'un grand Seigneur, dans un lieu trop refferré rélativement à fon emploi ou à fon miniftere. Je conviens qu'il n'appartient qu'à un grand maître de rifquer de pareilles licences, parce qu'il fçait toûjours donner à ce qu'il fait l'empreinte d'un génie fupérieur ; mais je ne me crois pas difpenfé de les faire remarquer, dans la crainte qu'une perfonne moins habile ne prenne pour autorité générale ce qui ne peut s'appliquer que dans des occafions particulieres.

Au-deffus de ces portes croifées regne une corniche accompagnée d'un gorgerin & d'un aftragale. Cette corniche fépare cet étage d'avec l'Attique, dont les linteaux fupérieurs des croifées font encore bombés & ornés de claveaux. Ces croifées font auffi d'une ouverture un peu confidérable ; mais comme elles éclairent des pieces d'une certaine profondeur & d'un affez grand diamètre, il femble qu'il étoit néceffaire de la leur donner. Ce furcroit de confidération fait voir qu'on ne doit pas s'engager légérement à faire la critique d'un bâtiment par fon feul afpect, quoiqu'on puiffe avancer que le premier foin d'un Architecte doit être de concilier l'élégance & la proportion des façades, felon les loix de la décoration, mais toujours rélativement à la diftribution des dedans.

Cet Attique eft couronné d'une corniche fimple, au-deffus de laquelle eft un focle fervant de cheneau, & qui recoit les eaux des combles, dont la hauteur eft affez bien proportionnée à celle du bâtiment. Aux deux extrêmités de cette façade fe voyent les coupes des deux aîles du côté de la cour, prifes dans le plan (Planche X.) fur la ligne AB.

Tome III.   O

Elévation du côté du jardin du Palais Royal. Planche XIII.

Cette élévation eft compofée d'un avant-corps & de deux arrieres-corps : le rez-de-chauffée eft percé d'arcades en plein ceintre, ornées d'archivoltes & d'im-poftes. Les claveaux font décorés de têtes en bas relief. Cet étage eft couronné de corniches avec gorgerin & aftragale, comme du côté de la cour. Au-deffus s'éléve un Attique décoré de pilaftres dans l'avant-corps qui eft furmonté d'une corniche & d'un focle. Ce focle eft orné de poftes & de mufles de lion : il eft auffi couronné de vafes à plomb de chaque pilaftre.

Toutes les ouvertures de cet Attique font de la même grandeur que celles de la façade précédente. Les arcades de deffous font même un peu plus larges ; mais comme elles font en plein ceintre, & que la hauteur eft divifée par des impof-tes, les piédroits en paroiffent moins fveltes, & compofent un genre d'Architecture plus analogue à la deftination du bâtiment.

Au pied de cette élévation eft une terraffe bordée d'un balcon avec des rampes & grilles de fer qui défendent l'entrée de ce bâtiment du côté du jardin du Palais Royal.

Elévation d'une des aîles, & coupe du principal corps de logis. Planche XIV.

Cette coupe eft prife dans le plan du rez-de-chauffée fur la ligne CD. La lettre A indique le porche du côté de la rue, par lequel on communique au lo-gement du Suiffe par l'efcalier marqué E, (plan du rez-de-chauffée) ; ce logement eft placé en entrefol au-deffus de la cuifine.

L'aîle B eft décorée d'arcades en plein ceintre répétées dans tout le pourtour de la cour, c'eft-à-dire, depuis un des pavillons du principal corps-de-logis juf-qu'à l'autre, la façade du côté de la cour étant décorée de portes bombées. Ces portes auroient dû auffi être en plein ceintre, alors les arcades auroient procuré une uniformité plus agréable dans tout le pourtour de ce bâtiment, dont l'en-ceinte étant peu fpacieufe, avoit plus befoin qu'aucune autre d'une ordonnance d'Architecture qui ne fut pas diffemblable.

La lettre C exprime le retour d'un des pavillons qui unis avec la façade du côté de la cour, caractérifent le principal corps de logis de cet Hôtel. La coupe D, prife dans le milieu du rez-de-chauffée & du premier étage, montre l'intérieur de l'appartement. Dans le fol on voit la décoration d'un des côtés de la falle à manger & celle du fallon, & dans le premier étage la décoration de l'étage Atti-que, où eft exprimée l'inégalité de la hauteur des planchers de cet étage. Le fol de la terraffe marquée E differe de fix pieds & demi de celui du jardin du Palais Royal marqué F, où l'on defcend par un efcalier à deux rampes dont on voit le plan dans la Planche X.

Nous finirons cette defcription en faifant remarquer la fimplicité qui regne dans la décoration des façades de cet Hôtel, toujours préférable dans un édifice par-ticulier à la richeffe des Ordres & à l'étalage des ornemens, qui femblent devoir être réfervés pour les édifices publics, les monumens facrés & les maifons Roya-les, malgré l'opinion de ceux qui prétendent que la fimplicité ne fert en géné-ral qu'à montrer la fterilité du genie de l'Architecte. Bien loin d'approuver ce fyftême, j'ofe au contraire avancer que l'Art confifte à faire eftimer un bâtiment par les proportions de fon Architecture, & non par la profufion de la Sculpture dont la prodigalité eft inutile, & qui pour la plûpart n'eft employée que par de médiocres Artiftes. Comme ils ne fe fentent, ni affez de génie, ni affez de connoiffan-ce des véritables régles de l'Art pour s'attirer le fuffrage des habiles gens, ils cher-chent à éblouir le vulgaire par des compofitions captieufes & bizarres, au mépris de la nobleffe des formes & des loix de la convenance.

Plan au rez de chaussée de la Maison de Mr. d'Argenson Secretaire d'État, et ministre de la guerre, scise rue des Bons enfans, bâtie sur les desseins de Mr. de Boffrand

Chambre à coucher
Exaussement du Sallon
Chambre
alcove
Corridor
seconde Antichambre
Chambre
Cabinet
Corridor
Chaise percée
Anti chambre
Bureau
Cabinet
Cour
Bureau
Antichambre
Chambre
Passage
Chambre des domestiques
Chambre
Gardemeuble
Chambre
Echelle de   5   6   7   8   9   10 toises

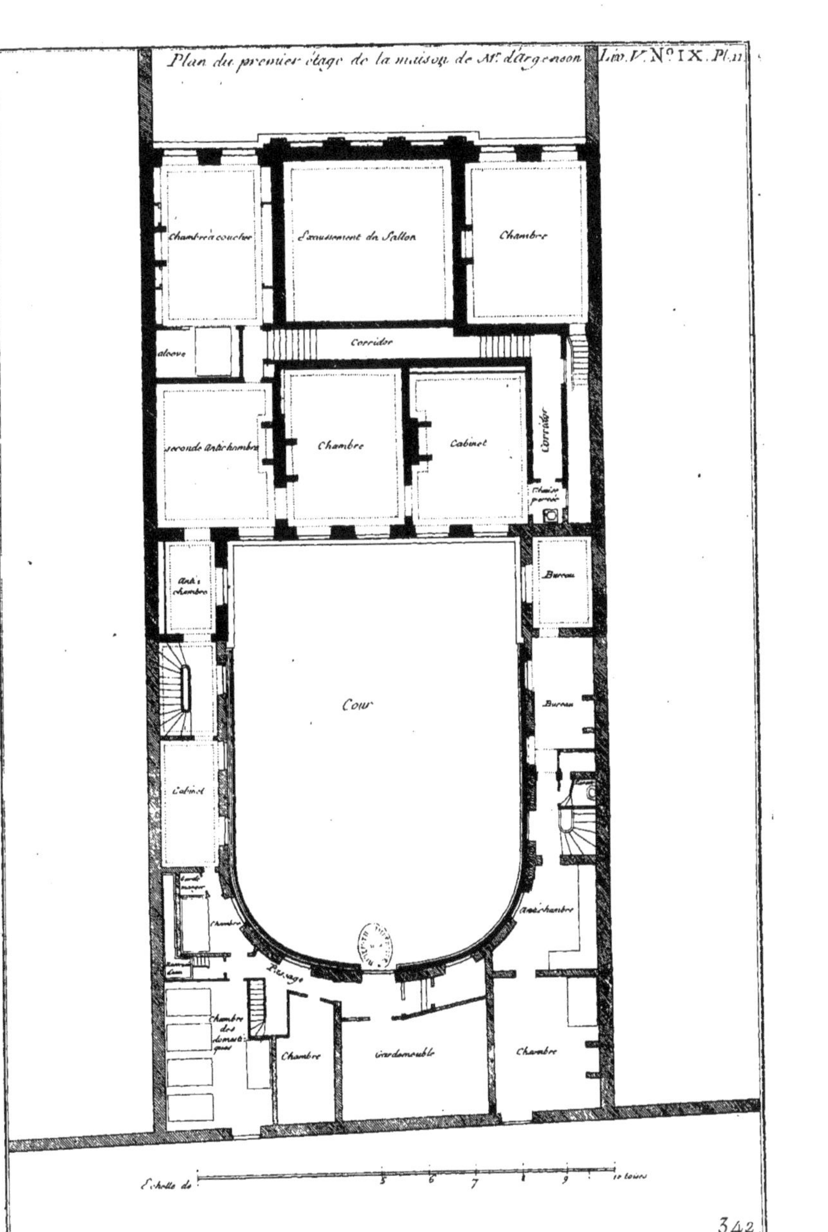

342

CHAPITRE X.

Description de l'Eglise des Prêtres de l'Oratoire, rue S. Honoré.

CETTE Eglife fut commencée (*a*) en 1616, fur les deffeins de *Clement Me-*   Eglife des Peres de l'Oratoire. *teseau* (*b*), que le Cardinal *de Berrulle*, Inftituteur de la Congrégation de l'Oratoire, chargea de fa conftruction. Les fautes qu'il fit engagerent bientôt à lui fubftituer *Jacques le Mercier* (*c*), pour les corriger & pour continuer l'ouvrage, qui demeura long-tems imparfait ; car ce ne fut qu'en 1745 qu'on éléva le portail, la tribune qui lui eft adoffée, & le Maître-Autel, & qu'on y fit quelques embelliffemens dont nous parlerons dans leur lieu, le tout fur les deffeins du Sieur *Caqué*, Architecte & Entrepreneur, homme de beaucoup d'expérience & de capacité.

Plan de l'Eglife. Planche Premiere.

Les changemens faits à cette Eglife depuis plufieurs années, le peu d'étendue & de fidelité du plan que nous en avons dans le recueil de Marot, nous ont engagé à en graver un nouveau que nous donnons ici. Nous aurions bien voulu de même graver une nouvelle coupe fur la longueur, l'ancienne étant fort ufée & capable par fon peu de correction de donner une toute autre idée de ce monument, qui à bien des égards mérite des éloges, mais la grande quantité de planches que contient ce Volume, & les engagemens du Libraire avec le Public, n'ont pu nous le permettre.

L'Eglife dont nous parlons, eft compofée d'une grande nef de 32 pieds & demi de largeur, fur 21 toifes 2 pieds de longueur. Le fond de cette nef eft terminé en rond-point & contient le rétable d'Autel en baldaquin érigé nouvellement. Ce fanctuaire eft fermé par une grille baffe qui le fépare d'avec le refte de la nef ; derriere & au fond du rond-point eft une coupole elliptique, où font placées les ftalles des Prêtres. Aux deux côtés de la nef & dans toute fa longueur font diftribuées des chapelles d'environ 12 pieds de profondeur, & qui font toutes dégagées par un corridor ou couloir extérieur, de maniere que les Proprietaires de ces chapelles, & les Prêtres qui y difent la Meffe, font difpenfés de paffer par la nef ; ce qui produit plus de recueillement dans l'Eglife en général, & ne détourne point l'attention des Fideles, par l'entrée & la fortie de ces chapelles, ainfi que cela arrive dans toutes nos Eglifes Paroiffiales. Cette confidération doit faire regarder ces efpeces de corridors comme fort utiles, & devroit nous engager à en faire ufage dans la compofition de nos temples, la bienféance dans un édifice facré étant un des points effentiels qu'on doit y obferver.

A l'entrée de la nef eft pratiqué un porche intérieur qui foutient une tribune, où dans certaines folemnités on place la mufique. On monte à cette tribune par

---

(*a*) Nous ne parlons ici que de l'Eglife, & nous ne donnons point les deffeins de la maifon. Les bâtimens en font peu fpacieux & d'un goût qui tient d'un genre d'Architecture peu refléchi. Une cour de moyenne grandeur, quelques grandes falles, des logemens pour environ quarante Prêtres, des parloirs & les dépendances néceffaires à une maifon de cette efpece, en font toute la diftribution. Cette maifon, nommée l'Hôtel du *Bouchage*, fut achetée, en 1616, par le Cardinal de Berrulle de *Catherine-Henriette de Lorraine*. Elle avoit été acquife auparavant par le Cardinal *François de Joyeufe*, & elle fe nommoit alors l'Hôtel de *Montpenfier* ; en 1594, on la nommoit l'Hôtel d'*Eftrées*, enfin on affure que ce fut dans une des falles de cette maifon qu'*Henri IV* fut bleffé par *Jean Chatel* : c'eft du moins ce qu'on lit dans un regiftre des Archives de l'Hôtel de Ville, quoique plufieurs Hiftoriens prétendent que ce fut au Louvre. Voyez les élévations perfpectives de cette maifon dans *les Delices de Paris*, Plan. 102 & 163.

(*b*) Cet Architecte a bâti plufieurs édifices d'un genre femi-Gothique, mais affez correct. Nous aurons occafion de parler de lui dans ce recueil en faifant la defcription de quelques bâtimens qui ont été confiés à fes foins.

(*c*) Voyez ce que nous avons dit de cet Architecte, en parlant de l'Eglife de la Sorbonne, du Palais Royal, &c.

 par les efcaliers A, qui communiquent, aufſi-bien que ceux B, à d'autres tribunes qui regnent au pourtour de la nef, & qui font de plain pied à celle des Muficiens. Ces tribunes placées au-deſſus des chapelles, font compriſes dans la hauteur d'un Ordre de pilaſtres Corinthiens de trois pieds de diamétre, & foûtenues par un plus petit Ordre couronné d'une baluſtrade. Nous obferverons que ces tribunes regnent dans la croiſée de la nef, de maniere que cette croiſée ne s'apperçoit du bas de l'Eglife qu'au-deſſus de ces tribunes. (Voyez la coupe de ce monument dans le petit Œuvre de Marot, *in-quarto*, Planche 84.)

La corniche de l'entablement du grand Ordre eſt fans cimaife fupérieure, & eſt enrichie de modillons dont les galbes & les ornemens font d'un bon goût de deſſein, quoique d'une forme un peu fimple pour la richeſſe des chapiteaux Corinthiens, qui font compofés de feuilles de perſil d'une aſſez médiocre exécution. Entre chaque modillon font des caſſettes ornées de rofes dans le goût des modillons. Les baluſtrades du petit Ordre font bien profilées & analogues à la richeſſe de l'Ordre qui les foûtient; les moulures de la corniche & de l'architrave du petit Ordre ont peu de faillie, étant aſſujetties au relief des pilaſtres du grand Ordre : deforte que pour leur donner un caractere plus expreſſif, on en a incliné en devant les plattebandes, les larmiers, &c. à l'imitation de la plûpart des profils des Anciens. On ne devroit néanmoins ufer de cet expédient que dans le cas d'une néceſſité indifpenfable & abfolue, telle que dans des rotondes, dont les corniches font continues & fans reſſaut, autrement les angles aigus que produifent ces inclinaifons, forment toujours un effet défagréable. Au refte on peut regarder les profils de l'intérieur de cette Eglife comme deſſinés de main de maître. Au-deſſus de ce grand entablement s'élève une voute en plein ceintre, exhauſſée fur une efpece de piédeſtal, peut-être un peu trop élévé ; mais comme l'Eglife eſt étroite, la faillie de l'entablement mafque une aſſez grande partie de ce piédeſtal. Cette voute eſt chargée d'arcs doubleaux, entre lefquels les croiſées forment des lunettes qui font un aſſez bon effet ; d'ailleurs l'appareil de ce monument eſt bien entendu, la conſtruction folide, & les ornemens diſtribués avec choix & avec difcretion. Enfin cet édifice peut être cité parmi ceux qu'on doit fe propofer pour modeles, & fera dans tous les tems honneur à l'Architecture Françoife. On a marqué dans ce plan par des lignes ponctuées la direction des arcs doubleaux, la forme des lunettes & la voute d'arrefte du milieu de la croiſée, autour de laquelle continue l'entablement au-deſſus des tribunes, & que l'on s'eſt contenté d'exprimer ici par indication.

Les corridors ou couloirs dont nous avons parlé dégagent des Sacriſties dans les déhors par les portes C, deforte que fans entrer dans l'Eglife, on peut communiquer dans l'intérieur de la maifon. Il feroit à fouhaiter néanmoins que ces couloirs fuſſent un peu plus larges & mieux éclairés.

La rotonde, appellée le chœur des Prêtres, eſt d'une dimenfion heureufe, d'une ordonnance réguliere & décorée de pilaſtres accouplés, du même Ordre & du même diamétre que ceux qui portent les tribunes. Depuis qu'on a élévé un Maître-Autel dans le rond-point, on y a placé les ſtalles & revêtu les arcades de menuiferie. Il s'en faut bien que la fculpture, la forme des ſtalles, & les nouveaux lambris répondent à la perfection de l'Architecture de cette coupole ; tant il eſt vrai que qui fçait bien l'art de conſtruire, ne doit pas rifquer de donner des deſſeins de décoration. Cette partie de l'Art demande un génie & un goût au-deſſus de l'ordinaire. Le nouveau Maître-Autel en baldaquin eſt à la vérité d'une compofition moins médiocre, quoique d'une forme fort ordinaire ; il eſt orné de quatre colonnes de marbre de rance, les bafes & les chapiteaux en font dorés, ainſi que tout l'amortiſſement. Deux Anges en adoration & un Chriſt, aſſez mal liés

avec

avec l'Architecture qui les reçoit, décorent ce monument. Ces figures font de car-
ton peint en marbre blanc, & font de l'exécution d'un nommé *Pollet*, Sculpteur
peu connu. Il femble qu'il feroit de la prudence des perfonnes qui ont occafion
de contribuer à la décoration des édifices publics de choifir parmi les Artiftes ceux
qui fe diftinguent le plus dans leur profeffion. Des jeunes gens peu experimen-
tés, ou des hommes qui n'ont qu'unecapacité bornée, ne doivent être employés
pour leur coup d'effai que pour la décoration des maifons à loyer, & non pour
celle des monumens qui laiffent à la pofterité des traces de l'ignorance du fiecle :
ce qui eft d'autant plus condamnable, que l'on peut convenir que nous fommes dans
un tems où le nombre des hommes de mérite en tout genre, & principalement
dans la fculpture, femble être plus abondant que fous aucun autre regne.

Elévation du Portail. Planche II.

Le portail (*d*) que nous donnons ici, a été conftruit en 1745 par le fieur *Caqué*
qui en donna les deffeins. Il eft compofé de deux Ordres d'Architecture, l'un Dorique, & l'autre Corinthien. Son ordonnance en général eft affez élégante &
d'une belle exécution, l'Ordre Dorique eft même affez régulier, à l'exception
des angles rentrans que font les arrieres-corps avec l'avant-corps, où la diftribution des mutules du plafond de la corniche fait un effet defagréable à l'œil, ce
qui n'a pû s'éviter à caufe des pilaftres pliés qu'on a placés dans ces angles; auffi
ne devroit-on jamais les introduire dans une décoration extérieure, lorfqu'elle n'eft
pas Dorique denticulaire. Cependant comme une des beautés effentielles de l'entablement Dorique confifte dans ces mutules, c'eft une raifon pour ne jamais employer
les pilaftres pliés, parce que toutes les fois qu'on ne pourra foûmettre les parties
de détail à l'enfemble des maffes, on annoncera plutôt un défordre dans l'Architecture qu'une application judicieufe & refléchie des régles que nous ont laiffé les
Anciens. Nous avouerons pourtant qu'à l'exception de ces pilaftres pliés, l'Ordre Dorique qui fe voit ici eft peut-être le plus régulier qu'on ait à Paris. En
effet les pilaftres accouplés des extrêmités de ce portail font efpacés de maniere
que les altérations de fa corniche font imperceptibles, ce qui certainement marque une étude & une combinaifon qui fait honneur à l'Architecte. Nous obferverons encore que pour éviter, autant qu'il lui a été poffible, ces légéres altérations dans
toute fon ordonnance, au lieu d'accoupler les colonnes de fon avant-corps, il a
placé un triglife entre deux, dans le goût des Anciens, deforte que cette compofition montre de l'expérience, & mérite de l'applaudiffement. Au contraire la hauteur de la porte en plein ceintre, qui a près de deux fois & demi fa largeur, &
dont la proportion n'a aucune analogie avec l'Ordre Dorique, n'eft pas à imiter.
Les pilaftres à côté des piédroits de cette porte font auffi un mauvais effet, il en
falloit fupprimer les bafes & les chapiteaux pour les convertir en niches quarrées.
On auroit eu par-là occafion de rabaiffer l'intrados de la porte, (ce qui lui auroit
donné une hauteur convenable,) & d'éviter ces demi pilaftres qui fe pénétrant
dans ceux qui reçoivent les colonnes, forment un affemblage de parties qui s'éloignent des principes de l'Art. Nous obferverons encore que les portes collatérales
de ce portail font trop petites, non-feulement eu égard à l'ouverture de celle du
milieu, mais auffi par rapport à la hauteur des entre-pilaftres, où elles font placées.
Si l'on eut fupprimé les demi pilaftres des angles rentrans, cela auroit donné le moyen
d'agrandir ces deux portes, & on auroit en même tems fauvé l'irrégularité du plafond du fofite de la corniche dont nous avons parlé. Enfin on auroit pu évi-

(*d*) Voyez dans le petit œuvre de Marot *in-quarto*, cuter, & qui y eft gravé en petit ; ce portail n'eft pas
le deffein de ce portail que le Mercier devoit faire exé- fans mérite, & eft digne de quelque attention.

çois Manſard, aux Minimes, & Hardouin ſon neveu, au Château de Clagny, ont employés l'Ordre Compoſite ſur le Dorique, qui a la même dimenſion de dix ſur huit ; mais il faut obſerver que l'Ordre Compoſite, dans ſon ordonnance, a quelque choſe de moins fragile que le Corinthien. Son chapiteau eſt plus mâle, & ſi cet Ordre peut être rangé au nombre des bons ouvrages des Romains, on doit préferer de le placer ſur le Dorique, lorſque quelque conſidération particuliere ne permet pas de faire uſage de l'Ordre Ionique.

Nous avons remarqué ailleurs qu'il n'étoit que trop ordinaire de voir prendre pour modeles des ouvrages élévés de nos jours, quoique ſouvent ils ſoient peu refléchis, & qu'au mépris des monumens érigés dans un ſiecle plus heureux pour l'accroiſſement des Arts, la plûpart de nos Architectes formoient leur étude ſur nos édifices modernes. Sans doute le portail dont nous parlons a été imité d'après celui de S. Roch, dans l'Ordre Corinthien & Dorique, & ce n'eſt pas cependant ce qu'il y a le plus à approuver dans ce frontiſpice, ainſi que nous le remarquerons en ſon lieu.

Les deux demi-pilaſtres Corinthiens du grand entrecolonnement ſont dans le cas de ceux de deſſous, & par la même raiſon ils auroient dû être convertis en niches quarrées ; par-là les piédroits de l'arcade auroient pû être moins péſans, au lieu que comparés avec ceux de la porte Dorique, ils préſentent un effet contraire à la delicateſſe de l'Ordre qui les reçoit ; attention qu'un Architecte habile ne doit jamais négliger dans ſes productions.

Le fronton triangulaire eſt placé ici ſelon les régles de la convenance, & n'eſt point ſujet à des reſſauts trop ordinaires ailleurs. Les deux demi-pilaſtres qui ſont arriere-corps dans le retour, auroient pû former la naiſſance des arc-boutans, & ces demi-pilaſtres être ſupprimés ; par-là toute la partie ſupérieure de ce frontiſpice auroit été plus pyramidale, & auroit procuré plus de galbe à ces mêmes arc-boutans, qui d'ailleurs ſont préférables dans leur ſimplicité aux conſoles renverſées qu'on remarque dans preſque tous nos portails, & qui ſont auſſi mal imaginées, que peu naturelles.

Toute la ſculpture de ce portail eſt d'une belle exécution ; elle eſt de Mrs. *Adam le Cadet & Francin*, Sculpteurs du Roi. Cependant il faut obſerver en général que cette ſculpture eſt d'un travail trop recherché, & qu'elle eſt compoſée avec trop de mouvement, rélativement à la ſimplicité & au caractere grave de l'Architecture, auſſi-bien qu'à la convenance des ſujets. Les plus habiles Sculpteurs demandent à être conduits par celui qui doit avoir l'eſprit du tout, je veux dire, par l'Architecte. Sans cela leur ouvrage ſéparement eſt fort eſtimable, mais faute de talens & de connoiſſances de la part du chef du bâtiment, ces beautés de détail n'ont aucune analogie avec l'ouvrage entier ; on n'y remarque plus d'uniſſon, & alors il vaudroit mieux que les boſſages, ou pierres d'attente, tinſſent lieu de ſculpture, ou que les Sculpteurs donnaſſent les deſſeins de la totalité, ce qui n'eſt pas ſans exemple.

CHAPITRE XI.

Defcription de la Maifon de M. Rouillé, Miniftre & Secrétaire d'Etat de la Marine, rue des Poulies, quartier S. Honoré.

NOUS ignorons en quel tems cette maifon fut bâtie dans fon origine; ce qui eft certain, c'eft qu'elle fut reftaurée & augmentée confidérablement, vers 1732, fur les deffeins de M. *Blondel* (a), Architecte du Roi. Comme le niveau du terrain fur lequel elle eft bâtie, eft inégal, le premier étage fe trouve, à cinq pieds près, de plain pied avec le rez-de-chauffée du jardin, ainfi que nous le remarquerons dans fon lieu.

Plan au rez-de-chauffée. Planche Premiere.

Les augmentations faites en 1732 font ce qu'il y a de plus intéreffant dans ce plan; elles confiftent en un grand efcalier, fon veftibule, une falle à manger, des écuries, des remifes, une baffe cour, & dans quelques reftaurations tendant à procurer des commodités pour le fervice des domeftiques. L'efcalier eft doux, commode, fpacieux, bien éclairé, décoré avec goût, & la rampe de fer d'un deffein très-élégant; enfin cet efcalier répond à la magnificence des appartemens du premier étage.

Plan du premier étage. Planche II.

Les appartemens du côté du jardin font diftribués avec beaucoup de fimétrie & de commodité; toutes les principales enfilades y font obfervées avec foin, ce qui contribue à leur donner un air de grandeur & de régularité qui eft toujours défirable dans la diftribution d'un plan. Nous obferverons auffi que la hauteur des planchers eft bien en rapport avec le diamétre des pieces, & que toute la décoration intérieure de cet appartement eft traitée avec beaucoup d'intelligence. On trouvera dans le feptieme Volume la plus grande partie de ces décorations intérieures.

Les appartemens diftribués fur les aîles du côté de la cour & fur le principal corps de logis du côté de la rue, font auffi décorés avec goût. La bibliotheque entr'autres, eft une piece intéreffante par fon plafond, la menuiferie, & la fculpture dont elle eft décorée. Les ornemens qui la compofent ne fe reffentent point de la frivolité d'à prefent, qui n'a guere pris faveur que depuis que ce bâtiment eft élévé, & qui devroit être bannie pour toûjours, principalement lorfqu'il s'agit de la décoration des appartemens deftinés aux perfonnes qui, par leur emploi & leur dignité, femblent exiger une ordonnance grave & réguliere.

Le jardin, peu confidérable par fon étendue, peut paffer néanmoins pour un des plus agréables qu'on voye à Paris dans nos maifons particulieres. Un treillage circulaire orné de pilaftres, accompagné de vafes & de tilleuls de Hollande, forme une décoration très-ingénieufe dans la plus grande partie de ce jardin. Au fond eft une piece d'eau (b), fur la tablette de laquelle eft une ftatue d'Apollon exécutée par M. *Le Moine*, Sculpteur très-célébre. Plufieurs bofquets artiftement diftribués, un grand parterre (c) de broderie mêlée de gazon, un autre parterre de fleurs

---

(a) Voyez ce que nous avons dit de cet Architecte, T. II. pag. 114. Not. *a*.

(b) Le réfervoir de cette piece d'eau eft marquée A près de la baffecour des écuries. Planche II.

(c) Ce parterre n'eft plus tel qu'il fe voit dans cette Planche; mais comme cette piece eft acceffoire, on n'a pas jugé à propos de le donner comme il eft aujourd'hui, étant compofé de gazons, de tatiflée, de mignardife & autres fleurs qui font fort en ufage à préfent & préférables à la broderie dont on deffinoit anciennement les parterres.

procurent

procurent dans peu d'efpace une très-agréable diverfité. Enfin l'irrégularité du terrain y eft corrigée d'une maniere fort ingénieufe par quelques maffifs de bois qui donnent de l'ombre & du couvert à la promenade. Dans l'un des côtés de ce jardin, on a confervé un ancien petit bâtiment détaché du principal corps-de-logis, & qui contient un appartement particulier (*d*).

Elévation du côté du jardin. Planche III.

Cette élévation n'a qu'un feul étage ; elle a été conftruite à neuf dans le tems qu'on fit à ce bâtiment les augmentations dont nous avons parlé. Elle eft compofée d'un avant-corps percé de cinq portes croifées bombées, qui donnent fur une terraffe élévée de 5 pieds au-deffus du fol du jardin, dans lequel on defcend par des perrons placés aux deux extrêmités de cette terraffe, qui eft bordée de rampes de fer & foûtenue par des confoles de pierre accouplées formant encorbellement. Trois croifées, ou abajours, placés entre ces confoles, éclairent une partie des fouterrains qui font pratiqués de niveau au rez-de-chauffée de la cour.

Nous remarquerons que les portes croifées de l'avant-corps font trop élévées pour leur largeur : mais comme elles préfident feules dans cette élévation, cette licence peut être plus permife que lorfque, dans un bâtiment à plufieurs étages, on n'obferve pas un rapport direct entre la proportion des croifées fupérieures & celle des inférieures ; car il eft bon de faire attention que plus il y a d'ouvertures dans un bâtiment, plus on doit avoir de retenue fur leur proportion & de févérité fur le choix de leur forme. Au refte on peut dire à l'avantage des croifées de cet avant-corps, que ce bâtiment étant couronné d'un entablement Corinthien, leur proportion fvelte femble être autorifée ici d'autant plus volontiers que la faillie de la terraffe mafque une partie de leur hauteur réelle. Cette confidération auroit peut-être dû faire préferer de border cette terraffe d'une baluftrade, au lieu d'un balcon de fer ; il eft vrai qu'alors il auroit fallu fupprimer les confoles en encorbellement, & pratiquer un mur d'échiffre vertical, ce qui auroit rendu cette ordonnance plus grave. Sans doute qu'on n'a pas cherché à donner ce caractere à l'élévation dont nous parlons, parce qu'appartenant à une maifon particuliere, & donnant du côté du jardin, elle a paru exiger quelque élégance, plutôt qu'une Architecture plus impofante. Cependant nous ne pouvons nous difpenfer de dire en général qu'il faut éviter, autant qu'il eft poffible, de faire ufage des membres d'Architecture qui annoncent quelque fragilité ; que les formes fimples & naturelles font du reffort de tous les genres d'édifices, qu'à tous égards elles doivent être préferées, & qu'il fuffit en pareille occafion de ne pas faire choix d'un caractere péfant pour donner l'idée du fimple, ni d'une expreffion maffive dans l'intention de compofer une ordonnance mâle.

Je ne crains pas de l'avouer : les Anciens ont rencontré plus heureufement que nous cette noble fimplicité dans leur Architecture. Leur compofition & leurs ornemens n'avoient pour la plûpart rien de frivole & de hafardé ; imitons-les dans nos productions, préferons les formes naïves, fouvenons-nous que la pierre veut être traitée avec fierté, que les déhors furtout doivent repréfenter un caractere de virilité, qui eft la premiere condition dans l'art de bâtir. Par-là nous ramenerons infenfiblement le vulgaire, & nous établirons des loix conftantes & invariables, qui prouveront aux fiecles à venir que nous avons fçû nous préferver des écarts dans lequels donne trop inconfidérement la multitude, qui ignorant, ordinairement les préceptes, & manquant le plus fouvent de jugement & de goût,

---

(*d*) Ce petit bâtiment eft adoffé à une autre maifon dont la principale entrée donne dans le cul de fac de l'Oratoire ; cette maifon à été cédée par M. Rouillé, à qui elle appartenoit, à M. le Marquis de *Beuvron*, fon gendre, qui depuis quelques années la loue au Receveur Général des finances de Bordeaux.

 fe laiffe entraîner au torrent, fans pouvoir rendre compte de fon opinion particuliere, ni des motifs qui la portent à blâmer dans un tems ce qu'elle avoit applaudi
dans un autre.

Les croifées des arrieres-corps font fans chambranles, ni bandeau ; il femble
qu'étant couronnées par le même entablement, elles auroient dû fe reffentir de la
richeffe de celles de l'avant-corps. Ce prétendu repos nuit ici à l'unité, & auroit peut-être dû déterminer à convertir en plinthe la partie fupérieure de
la corniche qui continue fur ces arrieres-corps. Par la même raifon la baluftrade
auroit pû auffi ne regner que fur l'avant-corps, ce qui auroit donné à cette façade
un air pyramidal, un focle ayant fuffi fur le plinthe propofé. Cependant cette ré-
fléxion, qui n'eft pas fans fondement, nous conduit à une autre obfervation ; c'eft
qu'alors l'étendue de ce bâtiment, qui eft peu confidérable, auroit été trop fubdi-
vifée, & comme nous avons recommandé ailleurs d'éviter les petites parties dans
tous les genres d'édifices, on en peut conclurre que pour avoir confervé une uniformité d'ordonnance néceffaire à cette façade, il auroit fallu que les croifées des
arriere-corps euffent la même richeffe, ce qui fe pouvoit faire fans obftacle en
fupprimant les corps des extrêmités de ce bâtiment : on auroit procuré par-là un
efpacement convenable pour la place des chambranles, & cette fuppreffion n'auroit
alteré ni la conftruction des parties anguleufes de l'édifice, ni la fimétrie intérieure
des appartemens. Voyez la Planche II.

Au refte les profils des corniches, ceux des chambranles, les baluftrades, les
ornemens, tout annonce dans ce bâtiment, d'une maniere fatisfaifante, la capacité de
l'Architecte & la route qu'on doit tenir dans ce genre de productions ; car nous
obferverons que l'art de profiler en général, quoique très-effentiel dans l'Architecture, eft fort négligé par la plûpart des nôtres. Cependant il doit être regardé comme
une partie d'autant plus intéreffante dans le bâtiment, qu'elle eft prefque la feule
dans laquelle les Architectes puiffent fe fignaler aujourd'hui où l'on eft rarement
dans le cas d'élever de grands édifices, qui par leur fomptuofité, ayent de quoi
dédommager en quelque forte de la fimilitude des membres qui les compofent.
D'ailleurs dans tous les cas la maniere de bien profiler eft trop importante pour la
négliger, les beautés de détail devant concourir à l'embelliffement des parties principales & celles-ci à celui des maffes ; car enfin c'eft par ce parfait accord que les monumens du dernier fiecle élévés par les *Manfards*, les *Le Veau*, les *Perrault*, &c. fe
font fi univerfellement attirés le fuffrage des Connoiffeurs & l'admiration de l'Etran-
ger.

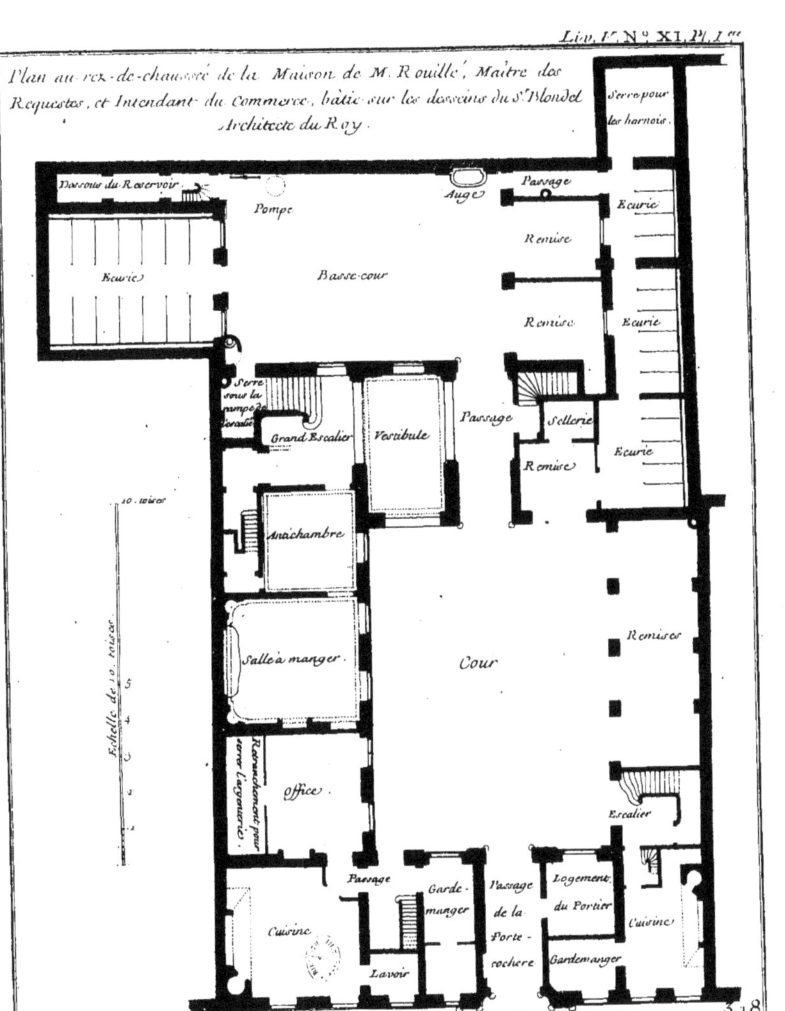
Plan au rez-de-chaussée de la Maison de M. Rouillé, Maître des
Requestes, et Intendant du Commerce, bâtie sur les desseins du S.t Blondel
Architecte du Roy.
Serre pour les harnois.
Dessous du Reservoir
Pompe
Auge
Passage
Ecurie
Ecurie
Basse-cour
Remise
Remise
Ecurie
Serre sous la pompe de l'escalier
Grand Escalier
Vestibule
Passage
Sellerie
Remise
Ecurie
10. toises
Antichambre
Echelle de 10 toises
5
4
3
2
1
Remises
Salle à manger
Cour
Retranchement pour serrer l'argenterie
Office
Escalier
Passage
Garde-manger
Passage de la Porte-cochere
Logement du Portier
Cuisine
Cuisine
Lavoir
Garde-manger
Rue des Poulies
348

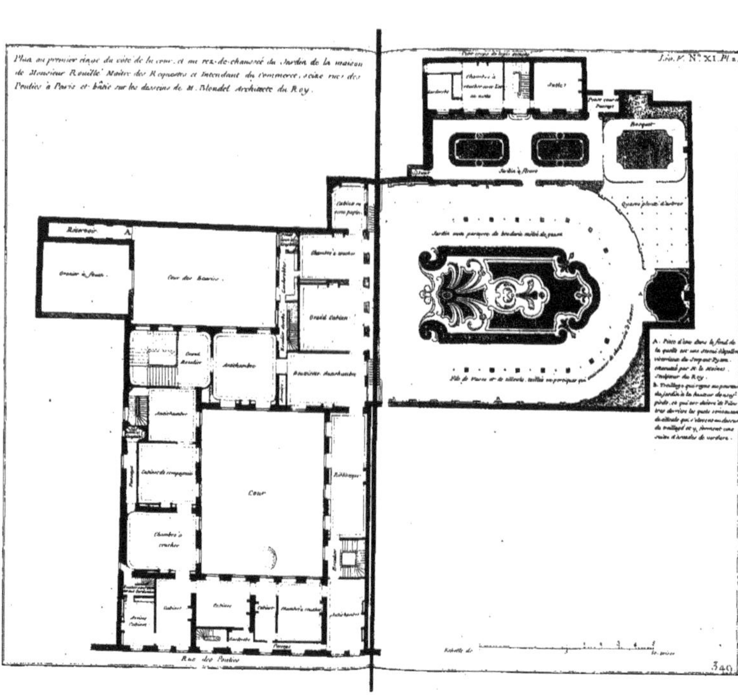

Plan au premier étage du côté de la cour, et au rez-de-chaussée du Jardin de la maison
de Monsieur Rouillé Maître des Requêtes et Intendant du commerce, scise rue des
Poulies à Paris et bâtie sur les desseins de M. Blondel Architecte du Roy.
Liv. V. N.° XI. Pl. 2.
Réservoir
Grenier à foüin
Cour des Ecuries
Grand Escalier
Antichambre
Antichambre
Antichambre
Chambre à coucher
Grand Cabinet
Arriere Antichambre
Cabinet de compagnie
Cour
Bibliotheque
Chambre à coucher
Cabinet
Cabinet
Cabinet
Cabinet
Chambre à coucher
Petit Appartem
Arriere Cabinet
Passage
Rue des Poulies
Pièce coupée de bois refendu
Garderobe
Chambre à coucher avec son alcove
Sallet
Sallet
Basset cour ou Passage
Bosquet
Jardin à fleurs
Quarré planté d'arbres
Cabinet ou tente jupin
Jardin avec parterre de broderie mêlé de gazon
Allée de Marronniers
Allée de Marroniers et de tillcols taillés en portique qui
A. Pièce d'eau dans le fond de
laquelle est une statue équestre
victorieuse du Jupiter Pym
 observé par M. le Maître
Sculpteur du Roy.
b. Treillage qui règne au pourtour
du jardin à la hauteur de vingt
pieds, et qui est derrière les palis
sades derrière les quels couvriront
des allettes qui s'élèvent au dessus
du treillage et y forment une
suite d'arcades de verdure.
Echelle de
Toises
340

CHAPITRE XII.

Description de l'Eglise de S. Louis du Louvre, située rue S. Thomas du Louvre, quartier du Palais Royal.

CETTE Eglise fut anciennement érigée sous l'invocation de S. Thomas, Archevêque de Cantorbery ; c'est de-là que la rue dans laquelle elle fut élévée, a pris son nom. Elle fut, ainsi que son Chapitre, fondée par *Robert, Comte de Dreux*, l'an 1188. Comme elle menaçoit ruine depuis long-tems, le Roi accorda cinquante mille écus pour la rebâtir ; mais en 1739, (avant qu'on eut commencé à faire usage de la gratification de S. M.) dans le tems que les Chanoines étoient à l'office, l'Eglise écroula, & en ensevelit sept sous ses ruines. Ce funeste accident engagea M. *de Vintimille*, alors Archevêque de Paris, à y réunir le Chapitre de S. *Nicolas* (a) *du Louvre.* M. le Cardinal de Fleury chargea M. *Germain*, (b) Orfevre du Roi, de faire les desseins d'une nouvelle Eglise, qui vers 1740, fut commencée par les sieurs *Bonneau & Convers*, Entrepreneurs des bâtimens de S. M. Malgré les bienfaits du Roi, le Chapitre s'étant beaucoup endetté, M. *de Vintimille* se détermina à lui réunir encore celui *de S. Maur des Fossés.* Cette Eglise, aujourd'hui entiérement finie, & bâtie sous l'invocation de S. Louis, se nomme S. Louis du Louvre, & compose un édifice qui, dans ce genre, n'est pas un des moins intéressans qui se voyent à Paris.

Eglise de
S. Louis du
Louvre.

Plan du rez-de-chaussée. Planche Premiere.

La composition de cette Eglise en général est fort ingénieuse ; on remarquera peut-être un peu trop de mouvement dans certaines parties, mais M. *Germain*, doué d'un génie fécond, & voulant sortir des formes ordinaires, a préferé une sorte d'élégance à cette retenue du ressort des édifices sacrés, dont il a cru pouvoir s'écarter d'autant plus volontiers que le monument dont nous parlons ne peut guéres être considéré que comme une Chapelle particuliere. En effet toute cette Eglise est composée d'une seule nef de 37 pieds & demi de largeur dans œuvre, sur 59 pieds de longueur, & d'un sanctuaire dans lequel est placé le chœur des Chanoi-

(a) Cette Eglise eut aussi pour fondateur *Robert, Comte de Dreux.* Ce ne fut d'abord qu'un College, mais, en 1541, l'Evêque de Paris l'érigea en Chapitre. Aujourd'hui cette Eglise n'existe plus, & son terrain est occupé par divers Particuliers.

(b) *Thomas Germain*, nâquit à Paris le 15 Août 1673. Il étoit fils de Pierre Germain, Orfevre ordinaire du Roi, un des plus habiles hommes de son siecle. Il n'avoit que onze ans, lorsqu'il perdit son pere. A l'âge de treize ans il gagna une médaille à l'Académie. Ses heureuses dispositions lui mériterent la protection de M. de Louvois qui l'envoya à Rome, où il resta plusieurs années. Après la mort de ce Ministre, il se mit chez un Orfévre de réputation, & il y devint si habile par l'étude des ouvrages des grands Maîtres qu'il copioit avec avidité, qu'il se vit en état de mettre au concours qui se fit pour la décoration de la Chapelle des Jésuites de Rome, & ses desseins furent agréés. En effet il exécuta les bas réliefs qui se voyent sur les piédestaux, & sur le rétable d'Autel de la même Eglise, & qui passent pour autant de chef-d'œuvres. Au bout de treize ans il quitta Rome, & voyagea pendant environ trois ans dans le reste de l'Italie. Enfin il revint à Paris, où il fut reçu avec distinction de Louis XIV qui l'employa, & lui accorda un logement au Louvre, avec une pension considérable.

Vers le commencement de ce siecle, il avoit bâti à Livourne une Eglise qu'on croit être celle des Arméniens. Il n'y a point de Cour dans l'Europe qui ne possede des ouvrages d'Orfévrerie de ce grand homme. Il portoit si loin la perfection de son Art, qu'il lui est arrivé plus d'une fois de recommencer un ouvrage, parce que les Ouvriers qu'il employoit, quoiqu'il choisit ce qu'il y avoit de plus habile, en avoient négligé quelque partie.

Aux talens qu'il avoit reçu de la nature pour sa profession, M. Germain joignoit une profonde connoissance du Dessein, de la Sculpture, & de l'Architecture. C'est c'est ce qui engagea M. le Cardinal de Fleury & le Chapitre de S. Thomas du Louvre à lui demander des desseins pour l'Eglise qu'on vouloit ériger sur les ruines de l'ancienne. Non-seulement il se prêta à leurs désirs avec son désinteressement ordinaire, & même il en fit les modeles, mais il veilla encore avec un soin infatigable à sa construction, & fit exécuter sous ses yeux, par les plus habiles Sculpteurs, les principales parties de sa décoration. Enfin il eut la consolation de voir cette Eglise finie avant sa mort, ce qu'il avoit désiré avec le plus d'ardeur. Il mourut le 14 Août 1748, & il fut enterré dans la même Eglise, dans laquelle, par reconnoissance, les Chanoines lui avoient accordé une Chapelle pour lui & pour sa famille.

 nes. Ce chœur a de largeur 30 pieds & demi fur 43 pieds & demi de profondeur. Au milieu eft placé le Maître-Autel, d'un deffein d'affez bon goût, compofé & exécuté par *Fremin*, premier Sculpteur du Roi d'Efpagne, qui l'avoit fait pour l'Eglife de *S. Maur des Foffés*, avant que fon Chapitre fut réuni à celui de l'Eglife de S. Louis dont nous faifons la defcription. Ce chœur eft fermé d'une grille baffe qui en laiffe découvrir la décoration ; aux deux côtés de la nef font diftribuées quatre Chapelles, dont deux font actuellement finies, fçavoir celle E, dédiée à S. Thomas, & enrichie d'un tableau de M. *Pierre*, & celle F dédiée à S. Nicolas, & ornée d'un tableau de M. *Galloche*. La troifieme fera dédiée à S. Maur, & dans la quatrieme feront les fonds baptifmaux. Entre ces Chapelles font pratiqués deux renfoncemens ; dans celui G M. *Le Moine* fait une Chapelle de la Vierge, que la famille de M. le Cardinal de Fleury fait décorer à grands frais, & pour laquelle le célébre Artifte dont nous parlons, fait une annonciation en bas-relief de marbre, accompagnée & enrichie d'ornemens de bronze. Dans celui H fera le tombeau du Cardinal de Fleury du cifeau du fçavant *Bouchardon* (c), dont les occupations on fufpendu jufqu'ici l'exécution de ce monument.

Plan pris au-deffus de l'entablement. Planche II.

Ce plan donne à connoître la forme variée du portail, comparé dans fa partie fupérieure avec fa partie inférieure. Il indique les reffauts de l'entablement & le plan des compartimens que forment les arcs doubleaux & les lunettes diftribuées dans la voute intérieure de cette Eglife, dont on verra la décoration dans les Planches fuivantes.

Elévation du portail, & coupe fur la largeur de cette Eglife. Planche III.

La Figure Premiere préfente le frontifpice de cette Eglife ; il eft compofé d'un avant-corps en tour ronde, enrichi d'un Ordre de pilaftres Ioniques dont l'entablement eft modillonaire & couronné d'un fronton circulaire. Le milieu de cet avant-corps eft percé d'une porte bombée, furmontée d'une corniche, au-deffus de laquelle eft un bas-relief enfermé dans une niche quarrée qui regne dans toute la hauteur de l'Ordre. De chaque côté de cet avant-corps eft une tour creufe, qui vient racheter aux deux extrêmités de ce portail un pilaftre auffi Ionique, mais dont l'entablement eft denticulaire ; fingularité fans doute imitée du portail de l'Eglife de *Sainte Elifabeth* (d), rue & proche le Temple, mais qui ne doit pas fervir d'autorité, parce que ces corniches diffemblables fur un Ordre commun, forment dans une même ordonnance une défunion de parties qui nuit aux maffes, principalement dans un édifice de fi peu d'étendue.

Dans les entre-pilaftres de ces tours creufes font des médaillons évuidés, fervant de croifées pour éclairer les efcaliers qui montent aux tribunes pratiquées dans les murs collatéraux de la nef. Ces médaillons, au nombre de trois de chaque côté, font liés enfemble par des branches de palmier en forme de trophées, qui font un fort bon effet, & qui ont été éxécutés par une main habile, auffi-bien que toute la fculpture de ce portail ; le bas-relief du deffus de la porte eft du célébre M. *Pigalle*, & les ornemens font du fieur *Robillon*, qui a exécuté auffi ceux du dedans de l'Eglife, fous la conduite de M. Germain ; ces ornemens peuvent être regardés comme autant de chefs d'œuvres dans leur genre.

Au-deffus de l'Ordre Ionique de ce portail s'éléve une efpece d'Attique, percé dans le milieu par un œil de bœuf, qui fait un effet affez médiocre dans ce deffein

---

(c) Voyez ce que nous avons dit de cet habile Sculpteur, Tome I. Chap. VIII.

(d) Voyez l'élévation perfpective de ce Portail, dans les *Délices de Paris*, Planche 89.

géométral

géométral ; mais comme le plan de cette partie supérieure est en retraite de deux pieds (Voyez la Planche IV.) & que la rue S. Thomas est fort étroite , le point de distance n'est pas assez éloigné pour que cet œil de bœuf puisse s'appercevoir d'en bas.

Dans ce frontispice font pratiqués deux frontons circulaires ; l'un contient un cartel , l'autre est feulement amorti d'une croix. Ces deux frontons dans le même portail ne font peut-être pas ce qu'il y a de mieux à imiter , nous en avons difcuté les raifons en parlant de S. Gervais , des Minimes , du Val-de-Grace , &c. D'ailleurs ces deux frontons circulaires fur un plan en tour ronde , forment un contrafte condamnable. M. *Germain* avoit voyagé long-tems en Italie , il y avoit puifé le goût de *Michel-Ange* , du *Cavalier Bernin* , du *Boromini* , tous hommes à la vérité d'un génie rare & excellent , mais qui par la fécondité de leur imagina-tion , font fouvent fortis des régles de l'Art pour produire des monumens d'une compofition aussi finguliere que bifarre , entr'autres le Cavalier *Boromini*. Notre Ar-tifte , plein de ces merveilles & d'après ces grands maîtres , s'étoit crû autorifé à les imiter dans fes productions , ce qui lui a quelquefois réussi dans fa profession , fans refléchir néanmoins que ce qu'il avoit retenu de ces hommes illuftres ne pou-voit pas toûjours s'employer dans l'Architecture & principalement dans nos bâti-mens françois , ou du moins que les formes pittorefques ne peuvent être hafar-dées que dans de certaines occafions & dans de très-grands édifices , où la gran-deur des masses fait fouvent décider de la quantité des parties , auffi-bien que du choix de leur forme & de leur fituation. Cette confidération nous autorife à croi-re qu'en général on ne doit pas imiter les Anciens indiftinctement , car on ne peut difconvenir qu'ils n'ayent fait ufage de plufieurs licences qu'il n'appartenoit qu'à eux de mettre en œuvre , & qu'un homme de goût doit abfolument éviter. En effet, quoiqu'il puisse arriver qu'un Architecte ait assez d'art pour rendre ces licences des fautes heureufes dans fes compofitions , elles n'en font pas moins un objet dangereux d'imitation pour ceux qui n'ont qu'une médiocre intelligence ; imitation qui tend à les faire écarter infenfiblement des régles de l'art & à appor-ter involontairement un déreglement dans l'Architecture.

La Figure deuxieme offre la coupe intérieure de cette Eglife , prife dans la Planche premiere fur la ligne AB. Cette coupe fait voir le côté du fanctuaire formant une tour creufe , le Maître-Autel , les arcs doubleaux & les deux renfon-cemens G , H , dont nous avons parlé.

La voute de cette Eglife est pour la plus grande partie en charpente couverte de maçonnerie , & le refte en pierre , (Voyez la Planche quatrieme.) mais ces deux parties font fi bien accordées l'une avec l'autre , que cet artifice , mis en œu-vre par économie , ne s'apperçoit pas d'en bas. Les compartimens qui décorent cette voute , quoiqu'un peu chargés d'ouvrage , peuvent être regardés comme un chef-d'œuvre. C'est ici que M. *Germain* a épuifé toutes les reffources de fon Art , tant pour la beauté des formes , que pour l'élégance des contours. Enfin la Sculpture fe trouve fi bien mariée avec l'Architecture , & le choix des ornemens est fi judicieux , que ce morceau feul feroit l'éloge de cet Artifte , fi chaque pro-duction qui est fortie de fes fçavantes mains , n'étoit déja reconnue pour autant de merveilles.

A l'occafion de cette voute dont l'afpect frappe les moins éclairés , & où l'on peut dire que la fculpture est employée avec fermeté , fans rudesse , & exécutée d'une maniere moelleufe & recherchée , fans fécheresse , nous examinerons ici la-quelle des deux , de la Peinture , ou de la Sculpture , doit être employée préfé-rablement avec l'Architecture dans les voutes & les plafonds des édifices , facrés , publics , ou particuliers.

Me fera-t'il permis d'avancer que la conftruction d'un édifice , formé d'une ma-tiere folide & dont des voutes en pierre , ou fuppofées telles , terminent la partie fupérieure , femble exiger qu'on employe de la fculpture dans la décoration de leur plafond préférablement à la magie de la Peinture , quelque bien entendue qu'elle foit. Je fens bien que les amateurs de cet Art citeront pour exemples la plûpart des édifices de réputation exécutés en France & en Italie , qui font tous décorés de peintures , & quelques autres dans lefquels on a employé alternative-ment la Peinture & la Sculpture ; mais indépendamment de beaucoup d'autres édi-fices que nous pouvons leur oppofer , où la Sculpture feule préfide , ne doit-on pas établir pour régle fondamentale que dans la conftruction des monumens confacrés à la pofterité , la convenance doit avoir le pas fur tout ce que l'art a de plus fé-duifant ? Or la Sculpture , ayant pour bafe l'Architecture , n'annonce-t-elle pas plus de réalité que la Peinture ? Donc il eft plus convenable d'employer l'art du Sculp-teur que celui du Peintre , principalement pour l'embelliffement des voutes , qui pré-fentant toujours une conftruction folide , femblent devoir , pour fe tenir en équilibre , n'être pas percées indiftinctement à jour par des fujets aëriens qu'un Peintre habi-le affecte de repréfenter par des attributs céleftes , lefquels , quoique eftimables féparément , femblent donner une fauffe idée du tout enfemble. Au refte cette refléxion propofée ici ne fait pas loi , & quoique dans des conférences publiques , dans lefquelles nous avons plus d'une fois agité cette queftion , elle ait été goûtée de quelques-uns , nous laiffons aux hommes éclairés & impartiaux à la décider , obfervant néanmoins que la néceffité de n'admettre dans nos productions rien que de vraifemblable , femble exiger qu'on y faffe quelque attention.

Coupe fur la longueur de l'Eglife , prife dans la Planche Premiere fur la ligne CD.
Planche IV.

Cette coupe donne à connoître la décoration intérieure d'un des côtés de l'E-glife vûe fur fa longueur. Un grand Ordre de pilaftres Corinthiens , couronné d'un entablement régulier , orne tout le pourtour de ce monument au rez-de-chauffée. Cet Ordre Corinthien eft d'une proportion très-réguliere , & fes chapi-teaux faits à l'imitation de ceux de l'intérieur du Val-de-Graces , que M. Germain a pris pour modeles , comme un des plus parfait dans ce genre. La nef eft dé-corée dans fon milieu d'une grande arcade , dans laquelle on érige la chapelle de la Vierge. Cette arcade fimétrife avec celle qui lui eft oppofée , qui contiendra le tombeau du Cardinal de Fleury. A côté de cette grande arcade , dans de plus petits entre-pilaftres , font d'autres arcades renfermant des chapelles particulieres dont nous avons parlé ci-devant , au-deffus defquelles font des tribunes qui ne laif-fent pas que de contribuer à contenir un plus grand nombre de perfonnes , cette Eglife étant peu fpacieufe. Le chœur eft auffi décoré de pilaftres Corinthiens , au bas defquels regne feulement un lambris , où font adaptées les ftalles. Vers le mi-lieu fe voit la coupe du Maître-Autel qui eft ifolé & décoré à la Romaine.

Cette Eglife eft fort éclairée , ainfi qu'on peut le remarquer par les vitraux pris dans la voute , & quoique d'une grandeur inégale , ils ne pêchent en rien con-tre la fimétrie , leurs oppofés étant femblables & paroiffant affujettis à l'ordonnance de deffous.

Nous finirons cette defcription en remarquant qu'à l'exception des formes tour-mentées du portail , le plan de ce monument , les décorations intérieures , la dif-tribution des ornemens , l'élégance des contours , les attributs , les allégories & enfin le goût exquis qui regne dans plufieurs de fes parties , font autant d'exem-ples à imiter , malgré ce que la jaloufie de quelques-uns en a publié jufqu'ici , dans l'opinion où ils font , qu'il fuffit de s'être décoré du titre d'Architecte pour être infaillible , & que tous ceux qui n'en exercent pas ouvertement la profeffion , ne peuvent mériter quelque eftime.

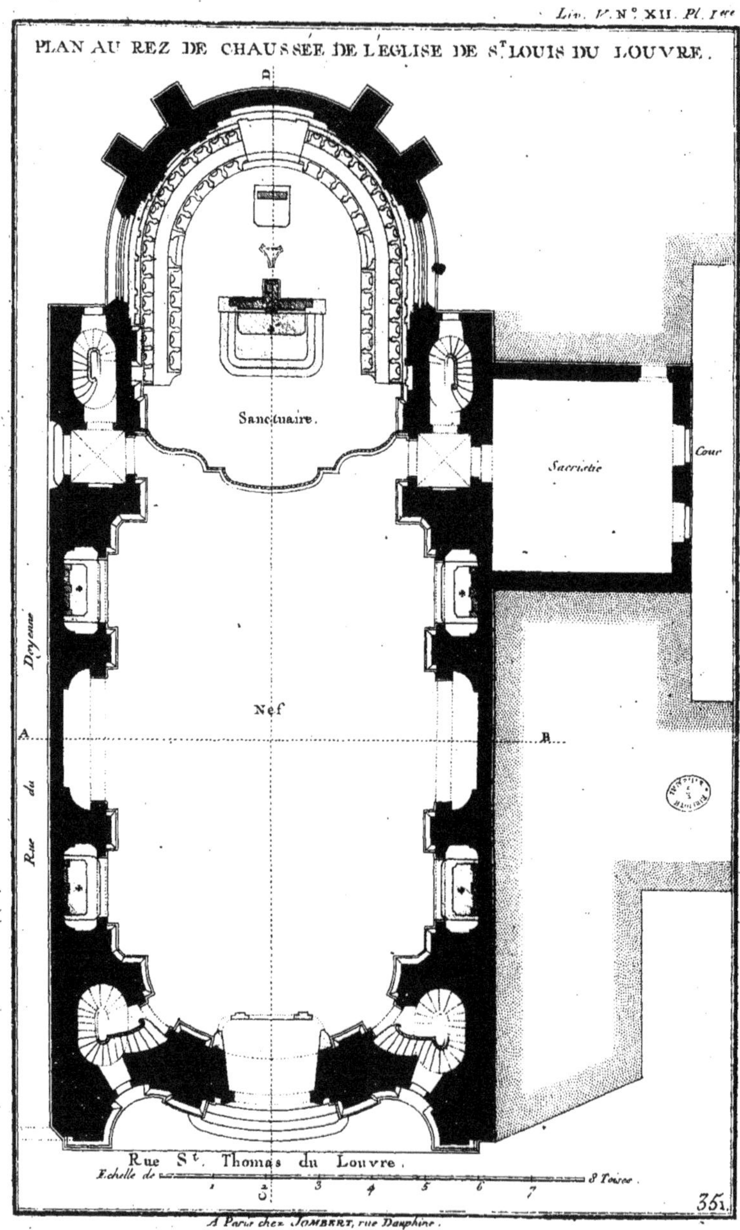

A Paris chez JOMBERT, rue Dauphine.

Plan pris au dessus de l'Entablement de l'Ordre du rez de Chaussée de l'Eglise de S.t
Louis du Louvre.

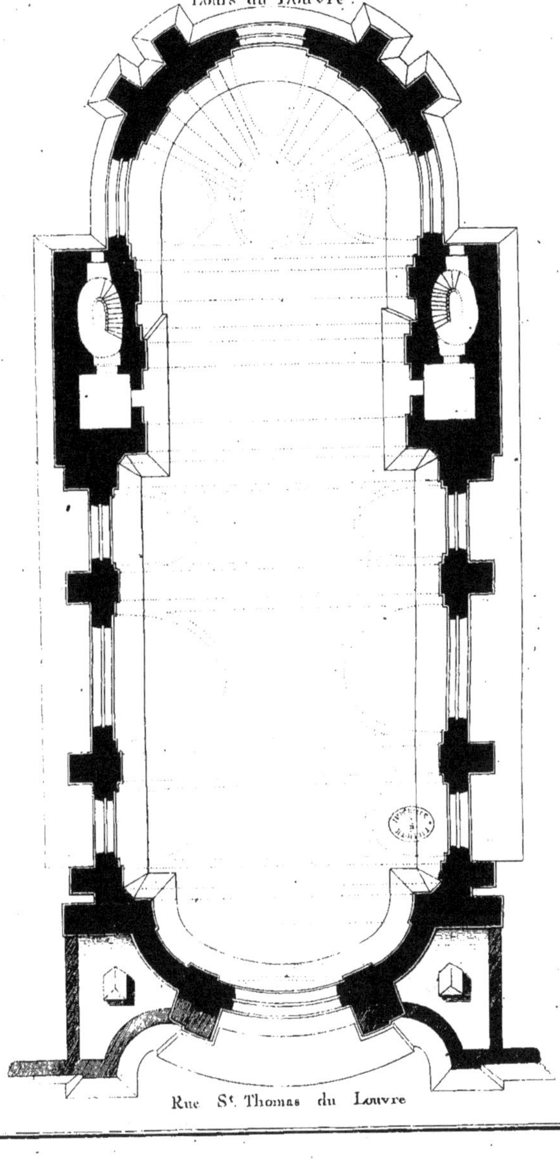

Rue S.t Thomas du Louvre

352

CHAPITRE XIII.

*Description des bâtimens de la Bibliotheque du Roi, rue de Richelieu ;
de la Bourse, rue Vivienne ; & de la Compagnie des Indes, rue
neuve des Petits-Champs.*

OBSERVATIONS GENERALES

SUR CES DIFFERENS BATIMENS.

ON trouvera fans doute plufieurs parties négligées dans la diftribution du plan de la Bibliotheque que nous donnons ici, & on fentira fans peine que la communication des différentes pieces qui font du reffort d'un pareil édifice, auroit pû être mieux entendue, & difpofée d'une maniere plus rélative à leurs befoins ; mais indépendamment qu'il ne fut pas primitivement érigé pour y placer la Bibliotheque du Roi, il eft bon d'obferver que les corps-de-logis qui le compofent, ont été élévés à différentes reprifes & pour divers ufages. De-là le peu de rélation qu'on y remarque, quoiqu'on en doive naturellement exiger beaucoup dans un bâtiment de l'efpece de celui dont nous parlons, principalement lorfque le projet eft compofé exprès, & qu'il eft confié à la capacité d'un homme intelligent. Cependant, malgré les irrégularités que nous fommes obligés d'avouer dans la difpofition générale de cet édifice, nous avons crû devoir l'inférer dans ce recueil dont l'objet eft de préfenter aux amateurs les différens genres de bâtimens civils élévés dans cette Capitale, avec d'autant plus de raifon d'ailleurs, que ce monument contient la plus belle collection de livres, de médailles, & d'eftampes qui foit en Europe. Bibliotheque du Roi.

Ces bâtimens compofoient anciennement une partie de l'Hôtel *Mazarin*, échu en partage au *Duc de Nevers* : ils en porterent le nom pendant long-tems. Dans la fuite le Roi en fit l'acquifition, & on y plaça la banque. En 1721, Sa Majefté ordonna, par un Arrêt de fon Confeil, qu'on tranfportât fa Bibliotheque (*a*) dans

---

(*a*) Notre objet n'eft pas de donner ici l'hiftoire détaillée de cette Bibliotheque, mais de parler d'une maniere fuccinte des divers accroiffemens qu'elle a reçu fous les differens regnes de nos Rois. Les perfonnes qui feront curieufes de Mémoires hiftoriques concernant cette immenfe collection, trouveront de quoi fe fatisfaire amplement dans la premiere Partie du Catalogue des Livres de la Bibliotheque du Roi, publiée en 1739, & imprimée à Paris à l'Imprimerie Royale. C'eft de ce Catalogue, qui aura environ 20 volumes *in-folio*, que j'ai tiré l'extrait que je vais donner, M. *Melot*, l'un des Gardes de cette Bibliotheque, ayant bien voulu m'en communiquer le premier Volume.

Plufieurs Auteurs attribuent l'origine de cette Bibliotheque à *Charlemagne*, mais on croit plus communement qu'elle eft dûe au Roi *Jean*, qui laiffa à *Charles V.* fon fils, un petit nombre de livres, que celui-ci augmenta jufqu'à 910 volumes. Ce qu'il y a de certain, c'eft que, vers 1373, cette Bibliotheque fut placée dans une des tours du Louvre, fous la garde de *Gilles Mallet*, Valet de Chambre de ce Prince.

Après la mort de ce Roi elle fut difperfée, & la plus grande partie des livres qui la compofoient fut emportée en Angleterre par le Duc de *Betfort*, alors Régent du Royaume pour les Anglois.

Louis XI, vers l'an 1475, forma une nouvelle Bibliotheque, qui à la faveur de l'Imprimerie inventée dans ce tems s'accrût beaucoup, fous la garde de *Laurent Palmier*.

Charles VIII, fon fils, y joignit les livres de la Bibliotheque de Naples qu'il avoit fait apporter en France après la conquête de ce Royaume.

Deux Princes de la Maifon d'Orléans, *Charles d'Orléans*, & *Jean*, Comte d'Angoulême, formerent deux Bibliotheques, l'une à Blois, l'autre à Angoulême.

Louis XII réunit ces deux Bibliotheques à Blois, & les augmenta confidérablement, deforte que cette collection devint l'admiration de la France & de l'Italie, fous la garde de *Jean de La Barre.*

François I, vers 1544, incorpora cette Bibliotheque à celle qu'il avoit commencé de former à Fontainebleau fous la garde de *Matthieu Labiffe*, & qui étoit compofée de manufcrits Grecs & Latins & de ceux des Princes de la Maifon de Bourbon. Il paroît qu'il négligea d'y inférer les livres imprimés de fon tems, car dans les Catalogues que nous avons de cette Bibliotheque, on ne trouve que 200 vol. imprimés, en y comprenant ceux de la Bibliotheque de Blois. *François I.* créa en faveur de *Guillaume Budé*, une charge de Bibliothécaire en chef, fous le titre de Maître de la Librairie, nom qui fe donne encore dans les provifions à ceux qui font pourvûs de cette place. Cette garde dans la fuite fut confiée à *Pierre Du Chatel.*

Henri II, fucceffeur de *François I*, ordonna, vers

 cet Hôtel, de sorte qu'aujourd'hui on le nomme Bibliotheque du Roi, ainsi qu'on le remarque par une inscription sur la porte d'entrée, rue de Richelieu, conçûe en ces termes :

BIBLIOTHEQUE DU ROI.

On a joint dans le plan du rez-de-chauffée de cette Bibliotheque celui des bâ-

1556, aux Libraires de fournir à la Bibliotheque du Roi un exemplaire de tous les livres qu'ils imprimeroient avec privilege, ce qu'on avoit négligé jusques-là. *Pierre Du Chatel* fut conſervé par *Henri II. Pierre de Montdoré* lui ſucceda.

Cette Bibliotheque reſta languiſſante ſous Henri III, & ne fut augmentée que des livres imprimés avec privilege. Après *de Montdoré*, ce fut *Jacques Amiot*, qui fut Maître de la Librairie. Il ſe fit un plaiſir de procurer aux Sçavans l'entrée de la Bibliotheque. Après ſa mort, arrivée en 1593, ce fut *Jacques-Auguſte de Thou* ſi célébre par l'Hiſtoire de ſon tems.

Henri IV, vers 1595, fit tranſporter à Paris la Bibliotheque de Fontainebleau, tant à cauſe des troubles qui diviſoient alors le Royaume, que parce que la plûpart des Sçavans n'étoient pas à portée d'en jouir commodement, & il la fit placer au College de Clermont. Vers le même tems on y joignit la Bibliotheque de *Catherine de Médicis* compoſée de 800 manuſcrits fort rares & la plûpart Grecs, ſous la garde du Préſident *de Thou*, qui avoit ſuccedé à *Auguſte de Thou*, ſon pere. En 1604 cette Bibliotheque fut tranſportée dans une grande ſalle du cloître des Cordeliers, ſous la garde d'*Iſaac Caſaubon*, qui en fut chargé juſqu'à la mort de *Henri IV*.

Sous *Louis XIII*, elle fut enrichie de manuſcrits Syriaques, Turcs, Arabes, Perſans, &c. ſans compter les livres imprimés avec privilege. Elle fut alors, du cloître des Cordeliers, tranſportée rue de la Harpe, au-deſſus de Saint Coſme, dans une grande maiſon, près de ces Religieux. On y diſtribua les livres dans le rez-de-chauſſée & dans le premier étage, ce qui la fit appeller la haute & la baſſe Librairie.

C'étoit alors *Nicolas Rigault*, qui, ſous la minorité de *François de Thou*; fils aîné du Préſident, exerçoit la charge de garde de la Librairie ; mais l'ayant quittée en 1635, il fut remplacé par Mrs. *Pierre & Jacques Dupuis*, parens de M. *de Thou*, qui fut Maître de la Librairie juſqu'en 1642, où il fut décapité.

Sous *Louis XIV*, en 1643, M. *Jerôme Bignon* ſucceda à M. *de Thou* ; il conſerva Mrs. *Dupuis* dans la place de gardes de la Bibliotheque, & il fit recevoir *Jerôme Bignon*, ſon fils, en ſurvivance de Maître de la Librairie. Aux Sieurs *Dupuis*, qui moururent l'un en 1651, & l'autre en 1656, ſucceda *Nicolas Colbert*, nommé en 1661 à l'Evêché de Luçon ; il céda ſa place à M. *Colbert* ſon frere, Sur-Intendant des bâtimens du Roi.

La Bibliotheque étoit toûjours dans la rue de la Harpe, & ne contenoit qu'à peu près 16746 volumes, tant manuſcrits qu'imprimés. On y ajoûta la ſuite & après la mort du *Cardinal Mazarin*, les manuſcrits de *Brienne*.

En 1666, M. *Colbert* fit tranſporter cette Bibliotheque de la rue de la Harpe dans la rue Vivienne, & la fit placer dans deux maiſons qui lui appartenoient, & qui étoient près de ſon Hôtel. En 1667, on y joignit le cabinet des médailles & les livres qui étoient au Louvre, le recueil d'eſtampes de l'Abbé *de Marolles* en 224 volumes, que le Roi venoit d'acheter, & qu'il gardoit dans ſoncabinet, le tombeau de *Childeric*, les manuſcrits du *Cardinal Mazarin*, & une infinité d'autres livres, tant de France que des Pays étrangers ; deſorte

que pendant l'eſpace de huit années cette Bibliotheque augmenta du double ; car ſelon une lettre de M. *de Thou*, Ambaſſadeur, Petits-fils du Préſident, écrite à M. *Pierre de Carcavi*, garde de la Bibliotheque du Roi, on voit qu'elle contenoit 30000 volumes. (Voyez cette lettre page 33 du Mémoire hiſtorique ſur la Bibliotheque du Roi, dans la premiere Partie du Catalogue imprimé en 1739, dont nous avons déja parlé.) Nous ne rapporterons point ici une infinité d'acquiſitions qui depuis ce tems ont contribué à l'augmentation de cette Bibliotheque. Nous remarquerons ſeulement que *Louis XIV*, en 1681, vint la voir accompagné des Seigneurs de ſa Cour, & qu'il honora de ſa préſence une des aſſemblées de l'Académie des Sciences, qui ſe tenoient alors dans cette Bibliotheque.

Après la mort de M. *Colbert*, arrivée en 1683, M. *de Louvois*, Sur-Intendant des bâtimens, exerça la même autorité que ſon prédéceſſeur, & l'Abbé *Gallois* ſuccéda à M. *Carcavi*. Après M. *Gallois*, ce fut *Nicolas Clement*, enſuite *Melchiſedec Thevenot*, qui fut commis à la garde de la Bibliotheque, & M. *Clement* travailla au Catalogue de cette immenſe collection. M. *de Louvois* ſongeoit alors à loger cette Bibliotheque à la Place de Vendôme, que l'on bâtiſſoit en 1687 (Voyez la Note (*a*) du Chap. XXI. de ce volume) mais la mort de ce Miniſtre arrivée en 1691, fit évanouir ce projet. Ce fut M. l'Abbé de *Louvois*, qui fut nommé à ſa place maître de la Librairie, & M. *Clement*, dont nous venons de parler, reprit ſa fonction de garde, que *Melchiſedec Thevenot* venoit de quitter. Après la mort de M. *Clement*, arrivée en 1712, cette place fut donnée à M. l'Abbé de *Targni*.

La magnificence de *Louis XIV*, la protection qu'il ſe fit gloire d'accorder aux beaux Arts & aux Sciences, contribuerent le plus à rendre cette Bibliotheque une des plus nombreuſes de l'Europe. A la mort de ce Prince, arrivée en 1715, elle renfermoit 70000 volumes.

Sous la minorité de *Louis XV*, M. le Duc d'*Orléans*, Régent du Royaume, n'épargna rien pour la rendre encore plus complette.

Tant de nouvelles acquiſitions firent bientôt connoître que les deux maiſons de la rue Vivienne ne ſuffiſoient plus pour contenir cette Bibliotheque. Du tems de M. l'Abbé *de Louvois*, on s'étoit propoſé de la tranſporter dans la grande gallerie du Louvre ; mais l'arrivée de l'Infante d'Eſpagne, qui devoit demeurer dans ce Palais, dérangea ce projet. Ce ne fut qu'en 1721 que M. l'Abbé *Bignon*, qui avoit ſuccédé à M. l'Abbé de *Louvois*, engagea M. le Duc d'*Orléans* à la placer à l'Hôtel de Nevers, rue de Richelieu, où avoit été la banque, & où elle paroît être fixée d'une maniere ſtable. Cette Bibliotheque contient actuellement plus de 150000 volumes, y compris 40000 manuſcrits, & comme nous l'avons déja obſervé, elle eſt compoſée d'une infinité de livres très-rares & d'un très-grand prix, dont néanmoins nous ne parlons point dans cet extrait, le Catalogue de cette fameuſe Bibliotheque, qu'on imprime actuellement, en faiſant mention, & ce détail ne nous ayant déja mené que trop loin.

C'eſt de cette Bibliotheque que nous donnons ici les plans, dans la deſcription deſquels nous aurons occaſion

timens

timens connûs fous le nom de la *Compagnie des Indes & de la Bourfe* (b), dont l'un a fa principale entrée dans la rue Neuve des Petits-Champs, l'autre dans la rue Vivienne, parce que ces trois édifices appartiennent au Roi, & font liés de maniere que nous avons crû faire plaifir de les rendre publics; d'ailleurs la *Compagnie des Indes* & la *Bourfe* ont formé long-tems l'autre partie du Palais Mazarin.

Ces deux derniers bâtimens, quant à leur diftribution, font dans le cas du précédent, c'eft-à dire, que n'ayant pas été originairement érigés pour les ufages auxquels ils font deftinés aujourd'hui, il leur manque beaucoup de commodités, & ils ne préfentent que très-imparfaitement l'idée qu'on doit fe former de pareils édifices, dont l'objet principal eft d'être fpacieux, d'avoir de grandes cours aërées, & dont les bâtimens foient peu élévés, des iffues aifées, des dégagemens, des magafins, des bureaux, des galleries pour les différentes communications & pour le fervice public, enfin une décoration extérieure qui annonce des monumens dignes de la Capitale qui les renferme. Nous remarquerons, à propos de ceux-ci, qu'il femble qu'en France on n'apporte pas affez d'attention à l'édification des bâtimens publics. Prefque tous ceux qui fe voyent à Paris méritent le même reproche; la Monnoie, le Grand Confeil, l'Arfenal, l'Hôtel de Ville, nos Jurifdictions, font autant d'édifices à ériger à neuf. Nous n'avons point de bains publics, fi utiles dans une grande ville, & fi faciles à pratiquer à la faveur de la riviere qui paffe au milieu. Nos théatres font petits, leurs iffues trop ferrées; point d'Hôpital pour les malades, qui foit fitué d'une maniere convenable; point de greniers publics pour la provifion d'une ville fi peuplée: point de carrefours; la plûpart des rues trop étroites, aucune févérité pour leur alignement, très-peu de belles fontaines, des marchés mal percés, des halles, des ports la plûpart fort négligés, un grenier à fel trop peu fpacieux, nos écoles, nos Académies mal diftribuées. Enfin, fi l'on excepte quelques Eglifes, deux ou trois Places publiques, quelques grands Palais, la promenade des Thuilleries, celle du Luxembourg, & un affez grand nombre d'Hôtels, cette Capitale, la rivale des plus grandes & des plus belles villes de l'Europe, ne fe manifefte guéres par la magnificence de fes monumens. D'ailleurs ceux qu'elle renferme n'étant pas annoncés par des avenues directes qui en prefentent le coup d'œil aux Etrangers, ils leur échappent en quelque forte, & font prefqu'autant d'édifices en pure perte pour qui n'eft pas citoyen; de maniere que toutes les Nations qui voyagent parmi nous, n'emportent le plus fouvent qu'une idée très-imparfaite de notre Architecture & de l'opulence de nos bâtimens.

Il eft vrai qu'on fe difpofe à décorer cette grande Ville de plufieurs beaux

de parler du cabinet des eftampes, de celui des médailles, des globes, &c. ainfi nous finirons cette légére defcription, en difant que c'eft aujourd'hui M. *Bignon*, Maître des Requêtes, de l'Académie Françoife, & Honoraire de celle des Infcriptions & Belles Lettres, Neveu de M. l'Abbé *Bignon*, qui en eft Bibliothécaire.

Il a fous lui plufieurs Sçavans chargés des différens départemens de cette Bibliotheque. Feu M. *de Boze*, l'un des Quarante de l'Académie Françoife, & de celle des Infcriptions & Belles Lettres, avoit la Garde du cabinet des médailles & des antiques; elle eft aujourd'hui confiée à M. l'Abbé *Barthelemi*, qui lui a fuccedé dans cette place. M. l'Abbé *Sallier*, Profeffeur Royal en Hebreu, de l'Académie des Infcriptions & Belles-Lettres, l'un des Quarante de l'Académie Françoife, & M. *Melot* de l'Académie des Infcriptions & Belles Lettres, ont la garde des manufcrits & des livres imprimés. M. l'Abbé *Joly*, celle du cabinet des eftampes, planches gravées, poinçons, matrices, caracteres, papiers, &c. Il y a de plus des perfonnes de Lettres attachées à cette Bibliotheque,

fçavoir, M. l'Abbé *Alary*, Mrs. *Crebillon* & *Duclos*; M. l'Abbé *de la Bleterie*, &c. Les Interpretes des Langues Orientales font Mrs *Armain*, *Fourmont*, *le Roux des Hauterayes*, *de Guignes*, & *Bernard*. Pour les Langues Allemande, Suedoife & Danoife, M. *Winflow*, & pour les Langues Italienne & Efpagnole, M. l'Abbé *Blanchet*.

(b) On a pris foin dans cette planche de graver par trois différentes tailles, les diverfes diftributions de ces bâtimens; tout ce qui eft rempli à deux tailles, compofe les bâtimens au rez-de-chauffée de la Bibliotheque. Tout ce qui eft gravé à une feule taille, comprend les bâtimens de la Compagnie des Indes, & tout ce qui n'eft rempli que par une taille très-légére, indique la diftribution du plan de la Bourfe, non compris ce que tous ces differens genres de bâtimens contiennent au premier étage, dont on n'a pas donné les diftributions fur la Planche II, à l'exception du plan de la Bibliotheque, qui fait l'objet le plus intéreffant de ce Chapitre.

édifices. On éléve actuellement une Ecole Militaire, l'Hôpital des Quinze-Vingt
se continue, on se propose d'ériger une nouvelle place publique, on va construire
un Hôtel de Ville, on projette une place devant S. Sulpice, une grande rue &
de vastes bâtimens sont commencés devant Notre-Dame ; tous ces monumens em-
belliront Paris considérablement, & feront sans doute dans la suite autant de raisons pour déterminer à faire éléver les édifices qui nous manquent. Mais je crois
devoir faire observer qu'avant que de les entreprendre, il faut absolument élargir
la plus grande partie des rues, procéder à leur alignement avec plus de circons-
pection, & ne pas regarder comme une chose indifférente de laisser à certains
Propriétaires la liberté d'élever des façades d'une décoration triviale, telles qu'il
s'en construit tous les jours dans les plus beaux quartiers de cette Ville, où à
côté d'un édifice considérable, on bâtit des maisons, dont la plûpart de nos Provinces ne souffriroient pas l'exécution hors des portes de leurs bourgades.

Plan du rez-de-chauffée. Planche Premiere.

Comme cette planche contient trois genres d'édifices réunis ensemble, ainsi
que nous venons de l'observer, nous allons en parler séparement pour ne pas con-
fondre leur différente destination.

Distribution au rez-de-chauffée des bâtimens de la Compagnie des Indes.

Tout ce qui regarde la Compagnie des Indes est exprimé ici par une seule taille
un peu forte, & ne contient que le rez-de-chauffée, composé d'une cour principale, de deux cours particulieres & d'un jardin peu spacieux. Le Directeur des
bureaux de la Compagnie a son logement dans les bâtimens de la cour marquée
O, tant au rez-de-chauffée, qu'au premier étage. Cette cour a son issue principale
par la rue Neuve des Petits-Champs, aussi-bien que la cour P, qui lui sert de
communication avec la cour principale, laquelle a aussi sa porte d'entrée par la
même rue. Cette porte est en tour creuse, décorée d'un Ordre Dorique avec des
colonnes engagées. Son ordonnance, d'assez bon goût & ornée d'une sculpture intéressante, est du dessein de M. *Molet*, Architecte, qui a bâti l'Hôtel d'Evreux, que
nous donnons, Chapitre XXXII.

L'intérieur de cette cour principale est entouré de bâtimens à plusieurs étages,
à l'exception du côté de la rue qui n'en a qu'un seul. La décoration extérieure
de ces bâtimens est d'une Architecture fort indifférente, quoique cet Hôtel fut
anciennement la demeure du Cardinal Mazarin ; les appartemens du rez-de-chauffée sont occupés par des bureaux d'escompte du comptant & du dividend, par le
trésor, par la caisse, quelques magazins, un vestibule, deux grands escaliers & un
corridor qui dégage de part & d'autre dans le bâtiment de la Bourse. Le premier
étage, que nous ne donnons point ici, s'étend & communique dans les appartemens qui environnent les cours O, P, & est composé de plusieurs bureaux, de
quelques grandes salles d'assemblée, de cabinets, de dépôts & de logemens pour
les chefs des differens départemens de cette Compagnie.

Comme ces distributions n'ont pas été faites à l'usage d'un bâtiment de l'espece
de celui dont nous parlons, on n'y trouvera pas ces commodités, cette élégance
& cet espace qu'il semble exiger. Cependant, ainsi que nous l'avons remarqué plus haut, il nous a paru qu'il n'étoit pas inutile de donner cet édifice tel
qu'il est à present, surtout ayant eu soin d'écrire sur cette planche le nom
des principales pieces, pour en indiquer l'usage & la destination ; desorte qu'avec
le local qu'on trouve ici, on peut, en se soumettant aux régles de l'Art & à la

partie de la diftribution qúi fait aujourd'hui un des mérites effentiels de notre ma-
niere de bâtir, compofer un édifice dans le même genre, mais plus convenable
à fes befoins & plus conforme aux principes de la bonne Architecture.

Diftribution au rez-de-chauffée des bâtimens de la Bourfe.

Ces bâtimens confiftent principalement en un grand préau ou jardin, pratiqué
dans une cour affez fpacieufe. Ce préau eft planté d'arbres, fablé & garni de bancs
de pierre. Dans une partie des bâtimens qui environnent ce préau, eft diftribué
un périftile à un feul étage, couvert en terraffe & percé d'arcades toutes ouvertes au rez-de-chauffée; afin de s'y mettre à couvert en cas de pluye. Ces galleries font interrompues dans un des angles de cette cour, la Compagnie des Indes,
qui eft logée fort à l'étroit, ayant eu befoin de cette partie de gallerie à laquelle
elle communique, auffi-bien que dans le préau, par la porte marquée Q, pour y
faire un magafin ou dépôt pour le caftor.

Ces galleries qui femblent avoir été érigées depuis peu d'années, font d'une décoration affez bien entendue; mais je remarquerai que pour avoir voulu éviter la
dépenfe des colonnes, & procurer cependant beaucoup d'air à ces périftiles, on
a pratiqué des arcades en plein ceintre de huit pieds de largeur; feparées & foûtenues par des piédroits de 25 pouces de largeur fur 18 d'épaiffeur qui paroiffent
trop fragiles, malgré leur folidité réelle; tant il eft vrai que la vraifemblance
eft d'une néceffité indifpenfable dans la conftruction des édifices. Cependant,
malgré cette confidération, j'ai crû devoir faire obferver cet exemple, non comme une autorité à fuivre indiftinctement, mais comme une conftruction la plus lé-
gere qu'il foit poffible de mettre en œuvre dans ce genre, eu égard au poids des
baluftrades, des planchers & des combles en terraffe que ces portiques foutien-
nent, & qui tendant à pouffer au vuide, ne fe démentent point depuis qu'ils
font élévés; deforte que fi d'un côté l'ordonnance paroît contraire aux principes
de la décoration, de l'autre cette hardieffe rélative à la néceffité & à l'œconomie,
fait honneur à l'induftrie de l'Entrepreneur.

A l'une des extrêmités de ce périftile eft un perron marqué R, par lequel on
entre à découvert dans une premiere piece fervant de bureau, & dans la gallerie
de la Bourfe, qui anciennement étoit une des galleries du Cardinal Mazarin. Cette
gallerie a été interrompue fur fa longueur pour procurer quelques bureaux à la
Compagnie des Indes, qui par ce moyen a une iffue libre dans cette Bourfe par
une antichambre commune à ces bureaux & à la gallerie. La décoration de cette
derniere confifte en une ordonnance d'Architecture & de Sculpture de rélief,
accompagnée de peintures à frefque faites par *Grimaldi Bolognefe.* On remarque
de la pureté dans les profils de l'Architecture de cette gallerie, du choix dans
les compartimens, & une affez grande quantité de figures de marbre, dont quelques-unes font antiques, mais la plûpart fi mutilées qu'elles n'intéreffent que foi-
blement. On voit dans le bureau qui occupe une des extrêmités de cette grande
piece, auffi-bien que dans l'antichambre, la même décoration dont nous venons
de parler, d'où il eft aifé de concevoir la dégradation de ce monument, qui à bien
des égards, meritoit d'être confervé.

L'entrée principale de la Bourfe donne du côté de la rue Vivienne; elle s'ouvre
le matin certains jours de la femaine, aux Marchands & aux Banquiers, pour le commerce de l'argent & des billets. Cette efpece de bâtiment s'appelle affez communément *Place,* à Lion *Logé* ou *Change,* à Londres, à Anvers, à Amfterdam, *Bourfe,*
mais par ces différens noms on entend toûjours des édifices deftinés aux mêmes ufages. Ces bâtimens, comme nous l'avons déja remarqué, doivent être fitués avan-

tageufement, avoir des iffues libres & commodes pour le dégagement des équipages, des cours d'une certaine grandeur, des veftibules ou des périftiles couverts, des
galleries, des bureaux, enfin une promenade particuliere, s'il eft poffible, en obfervant que fi l'on bâtit dans un lieu vafte, ces bâtimens foient, autant que faire
fe peut, tous pratiqués au rez-de-chauffée, pour procurer un accès plus facile aux
différentes perfonnes que le commerce met en liaifon les unes avec les autres.

Diftribution au rez-de-chauffée des bâtimens de la Bibliotheque du Roi.

La cour de cet édifice eft affez confidérable, mais fa proportion vicieufe & le
peu de fimétrie de fes bâtimens ne peuvent être autorifés. Les piédroits marqués
A annoncent cependant qu'on avoit voulu continuer un mur de féparation pour
divifer fa grande longueur, & faire un jardin de la plus grande partie, & une
cour principale de la plus petite ; mais la décoration diffemblable de fes murs de
face eft un défaut qui ne peut fe tolerer dans un édifice d'importance, à moins
que, comme nous l'avons déja obfervé, la néceffité de faire de cette maifon un
bâtiment public, en attendant une occafion plus favorable, ne puiffe ici fervir d'ex-
cufe. Auffi fans avoir égard aux défauts que nous ferions obligé de remarquer dans
ce bâtiment, par rapport à l'ordonnance, la fimétrie, la proportion & la diftribution, nous nous attacherons feulement à donner une idée des differens départemens qui font néceffaires à une Bibliotheque, & dont la plus grande partie fe trouve
dans ce bâtiment avec beaucoup de grandeur & de magnificence.

Tout ce rez-de-chauffée eft deftiné à différentes piéces fervant à des bureaux,
magafins, atteliers, & à d'autres ufages du reffort d'un bâtiment de cette efpece.
Deux grands efcaliers marqués B, C, précédés de veftibules, montent au premier
étage & font fitués de maniere que chacun communique à l'extrêmité des galleries, dans lefquelles font placés les livres, au premier étage. Les pieces D renfer-
moient ci-devant les cabinets des eftampes, mais ils viennent d'être diftribués en
entrefols (c) au-deffus des pieces marquées E, & l'on y monte par l'efcalier F.
Ces pieces D contiennent aujourd'hui les preffes, les papiers d'impreffion, les
doubles des épreuves, &c.

(c) Voyez la diftribution de ces cabinets donnée fépa-
rément Figure II. fur la planche dont nous parlons., &
leur développement intérieur dans la planche IV, coupe F,
où ces pieces font marquées A. Ces cabinets, comme nous
l'avons déja obfervé, font fous la garde de M. l'Abbé
Joly, homme de beaucoup de mérite & d'une affabilité
dont il feroit à fouhaiter que toutes les perfonnes chargées
de dépôts femblables fuffent pourvûes. Ils contiennent
4000 volumes divifés en 12 claffes, dans lefquelles font
compris les eftampes du cabinet de M. *de Marolles*,
acquifes par le Roi en 1667, celles du cabinet de M.
leMarquis *de Beringhen*, acquifes par le Roi en 1730,
celles du cabinet de M. *de Guigneres*, léguées au Roi
en 17.. Ces claffes font défignées par autant de lettres
de l'Alphabet.

La premiere claffe, ou lettre A, comprend les œuvres
des Peintres, Sculpteurs, Architectes, Ingénieurs, Gra-
veurs, & des recueils d'eftampes en livres, ou en porte-
feuilles rélatifs aux œuvres.

La feconde claffe, ou lettre B, contient des livres
d'eftampes de piété, de morale, emblêmes & devifes facrées.

La troifieme claffe, ou lettre C, contient des livres qui
traitent de la fable & des antiquités Grecques & Romaines, &c.

La quatrieme claffe, ou lettre D, renferme des livres
qui traitent de la généalogie, chronologie, blafon &
armoiries, médailles & mohnoyes.

La cinquieme claffe, ou lettre E, comprend des fêtes publiques, entrées de villes, cavalcades, tournois
& caroufels qui fe font donnés en divers pays.

La fixieme claffe, ou lettre F, contient des pieces qui
traitent de la Géométrie, des machines, des Mathématiques, des exercices militaires de terre & de mer, & d'autres
pieces touchant les arts & métiers.

La feptieme claffe, ou lette G, contient quelques ro-
mans & porte-feuilles de facéties, plaifanteries & bouf-
foneries.

La huitieme claffe, ou lettre H, contient des livres d'A-
natomie & autres parties de l'Hiftoire naturelle. *On a fait
un Catalogue à part, fuivant le fyftême de Tournefort, des
volumes de plantes peintes en mignature, attendu qu'ils
augmentent d'année en année.*

La neuvieme claffe, ou lettre I, eft formée par une
fuite de porte-feuilles de Géographie.

La dixieme claffe, ou lettre K, contient une fuite de
porte-feuilles remplis de pieces Topographiques gravées
ou deffinées à la main.

La onzieme claffe, ou lettre L, comprend une collection de portraits, divifée par pays.

La douzieme & derniere claffe, ou lettre M, contient
un recueil de modes, ou d'habillemens de la Monarchie
Françoife depuis Clovis.

Les

Les pieces marquées G , H , font les atteliers occupés ci-devant par Mrs. *Nat-*
toire & *Boucher*, & aujourd'hui par Mrs. *Pierre* & *Reftout* , Peintres de S. M. &
de l'Académie Royale de Peinture & de Sculpture. Les pieces I fervent de bureaux, c'eft où l'on compofe les Catalogues, où fe tiennent les Commis , Scri-
bes , &c.

Dans l'une de ces pieces on a vû pendant long-tems les modeles des differens bâtimens faifant l'objet de l'Architecture Navale(*d*),exécutés fous la conduite de M.*Duha-*
mel, & qui actuellement font tranfportés au Louvre, attenant l'Académie des Sciences.

La piece K eft une Chapelle où l'on dit la Meffe feulement les Dimanches & les
Fêtes. Sa décoration eft fort fimple , elle eft , ainfi que toute cette aîle de bâtiment,
voutée en ceintre furbaiffé avec des arcs doubleaux, foûtenus à leur naiffance par
de fort groffes corniches d'un profil très péfant, mais correct. (Voyez la coupe
d'une de ces pieces marquée B dans la Planche III.) La piece qui précéde cette
Chapelle eft une antichambre qui a fa principale iffue par le paffage L, qui donne entrée à tout cet édifice , & dont la porte , qui eft d'une affez belle ordonnance , eft placée rue de Richelieu.

La piece marquée M fut conftruite en 1731, pour y placer deux globes compofés & exécutés par le Pere *Coronelli* , qu'on a vûs long-tems à Marly , & qui furent confacrés à *Louis le Grand* par le *Cardinal d'Eftrées*. Ces globes , qui ont 11
pieds 11 pouces & demi de diamétre , feront placés de maniere que les pieds &
un des hemifpheres doivent être vûs dans la hauteur de la piece dont nous parlons, & l'autre hemifphere dans la piece de deffus , les planchers étant percés cir-
culairement & horizontalement (*e*) , afin que ceux qui voudront examiner ces globes , puiffent les voir commodement ; mais depuis qu'on les a apportés de Marly ,
ils font reftés encaiffés , & ne font point encore expofés à la vûe des Connoiffeurs ,
quoique *Butterfield* ait conftruit de grands cercles de bronze de 13 pieds de diamétre,
qui en font les horizons & les méridiens, lefquels font dépofés féparement dans la
piece marquée S, attenant la Chapelle. Sans doute on ne privera pas encore longtems
le public d'une curiofité fi peu commune , & qui ayant coûté tant de dépenfe , mérite bien qu'on en rende l'accès facile. Cette piece eft éclairée aux deux extrêmités par des croifées qui donnent fur des cours particulieres, dont les murs peu élévés procureront une lumiere favorable à l'étude qu'exige cet examen important.

Les bâtimens dont nous venons de parler, font terminés à gauche par la rue
Colbert, qui traverfe de la rue de Richelieu dans la rue Vivienne. De l'autre
côté de cette rue , eft un bâtiment particulier appartenant à S. M. dans le premier étage duquel eft placé le cabinet des médailles, auquel on monte par l'efcalier N. Nous parlerons de ce cabinet en expliquant la planche fuivante ; nous
dirons feulement ici que pour rendre ce cabinet de plain-pied avec la Bibliotheque,
au premier étage , on a vouté un grand arc en plein ceintre dans la rue *Col-*
bert. Cet arc procure une communication de niveau à ces deux bâtimens. Dans la
même rue , & à côté de ce petit bâtiment en eft un autre fervant de logement pour
M. l'Abbé *Joly*, garde du cabinet des eftampes, pour M. l'Abbé *Barthelemi* , garde
du cabinet des médailles, & pour M. *de la Cour* , Tréforier de la Bibliotheque
du Roi.

Le logement de M. *Bignon*, Maître des Requêtes & Bibliotequaire de S. M.
eft compris dans les bâtimens qui environnent la cour T. Cette cour a fa principale entrée par la rue Neuve des Petits-Champs, & une communication avec la
cour V, qui dégage par l'efcalier F , fervant à monter au cabinet des eftampes, & qui
donne dans le veftibule du grand efcalier B , qui conduit à la Bibliotheque.

(*d*) Nous parlerons de ces modeles dans le Chapitre I.　(*e*) Voyez l'intérieur de ces pieces marqué A dans la
du Quatrieme Volume, en décrivant le Louvre.　coupe , Planche III.

 Ces bâtimens contiennent aussi des appartemens pour M. l'Abbé *Sallier* & M. *Melot*, gardes de la Bibliotheque du Roi, pour M. *Le Febvre*, qui en est le Sécrétaire, &c.

Plan du premier étage de la Bibliotheque du Roi. Planche II.

On arrive au premier étage par le grand escalier A (marqué B dans le plan
du rez-de-chauffée). Cet escalier est spacieux, commode & bien éclairé. Le plafond a été peint, a ce qu'on m'a assuré, par M. *Dullin*, Peintre, frere de l'Architecte, dont nous avons parlé, Tome I. pag. 215, note *b*. Ce qu'il y a de certain,
c'est que cet ouvrage de peinture est d'une grande maniere ; mais on en a si peu
de soin, qu'à peine y voit-on les beautés de détail qu'il contient. Au reste la décoration des murs de cet escalier est assez bien entendue, quoique simple, elle est
entiérement de maçonnerie. Cette considération, comme nous l'avons déja remarqué plus d'une fois, auroit dû faire supprimer les sujets coloriés dans son plafond
pour y substituer des grisailles, ou de la Sculpture, parce qu'ordinairement les
sujets peints & coloriés font tache & se découpent trop sur des murs d'une matiere blanche ; il faudroit alors les peindre en marbre de couleur, ou les construire réellement de cette matiere, ce qui coûteroit considérablement & rendroit
ces sortes de pieces d'une magnificence qui exigeroit dans les appartemens une
richesse prodigieuse, qui ne convient que dans les Palais des Rois & rarement dans
les édifices publics.

De cet escalier on entre dans une premiere grande gallerie de neuf croisées de
face, de-là dans un sallon de quatre croisées, & enfin dans une autre gallerie
formant deux retours d'équerre, & qui est éclairée par trente-trois croisées. Toutes ces ouvertures donnent sur la cour, & sur les murs opposés sont distribués des
corps d'armoires dans toute la hauteur du plancher. Cette hauteur est divisée par
un balcon en saillie, qui continue horizontalement dans toute la longueur de cette Bibliotheque ; desorte que par de petits escaliers marqués *, on est à portée de
tous les livres qui y sont arrangés avec beaucoup d'ordre, & qui sont communi-
qués au Public avec une politesse & une complaisance qui fait honneur à la Nation
Françoise (*f*).

A l'égard de l'ordre des matieres, les livres de Théologie occupent la premiere
piece marquée B ; ceux de Jurisprudence, les deux pieces C, D ; ceux d'Histoire,
le retour E : ceux des sciences & arts, la moitié de la gallerie F : dans l'autre partie sont distribués les livres concernant les belles lettres.

La porte G donne entrée au cabinet des médailles ; mais, comme le soin
de ce riche dépôt regarde M. l'Abbé *Barthelemi*, on y entre communément
par l'escalier N, qui donne dans le bâtiment particulier dont nous avons parlé en
expliquant la Planche précédente. Ce cabinet, qui en 1684 avoit été transporté à
Versailles, & qui en 1748 fut rapporté ici, fait aujourd'hui une des principales
curiosités de la Bibliotheque du Roi (*g*). Cette piece est très-bien décorée par

---

(*f*) Nous avons déja dit que c'étoit M. l'Abbé *Sallier*
qui avoit la garde des livres imprimés & des manuscrits.
Nous remarquerons ici que c'est lui qui a l'attention de
se trouver les Mardis & les Vendredis à la Bibliotheque,
& qui secondé par Mrs. *Capronier*, *Boudot*, *Mallin*,
&c. y fait distribuer au public, par des personnes qui lui
sont subordonnées, tous les livres qu'on demande, soit
pour les lire, soit pour en prendre des notes par écrit ;
desorte que par le bon ordre & la décence qui regnent
dans cette Bibliotheque, (qui à plus d'un titre peut être
appellée le Temple des Sciences, des Arts & du goût,) on

a la liberté d'y étudier avec recueillement ces deux jours
de la semaine, depuis neuf heures du matin jusqu'à midi.
(*g*) Pour donner une légére idée de ce cabinet, nous
rapporterons ici ce que M. l'Abbé *Barthelemi*, garde du
cabinet des médailles, a bien voulu nous communiquer sur
son origine, son accroissement, &c.
*Gaston, Duc d'Orleans, avoit donné au feu Roi une
suite de médailles Impériales en or, & comme M. Colbert s'apperçût que S. M. se plaisoit à consulter ces restes
de l'antiquité sçavante, il n'oublia rien pour satisfaire
un goût si honorable aux lettres. Par ses ordres & sous ses*

un lambris enrichi de Sculpture, dont les principaux ornemens font dorés. Cette menuiferie renferme des tableaux peints par Mrs. *Vanloo*, *Natoire* & *Boucher*. Dans les trumeaux de cette piece font diftribuées des tables de marbre d'un plan chantourné qui foûtiennent des médailliers de menuiferie dorée, dans lefquels font arrangées & diftribuées dans des tiroirs les différentes fuites des médailles d'or, d'argent, & de bronze, qui compofent cette riche collection.

Les portes H doivent donner entrée au cabinet des globes, lorfqu'ils feront en état d'être rendus publics. Celle I donne fur un fecond grand efcalier marqué O, dont nous avons parlé, pour le dégagement de la Bibliotheque, mais dont la communication n'eft libre, fans doute, que lorfque quelque perfonne de la premiere confidération vient vifiter ce vafte édifice, & qu'on ne veut pas lui donner la peine de retourner par l'efcalier A. Cet efcalier O eft affez bien éclairé, doux, commode & terminé avantageufement dans fa partie fupérieure par une belle corniche ornée de Sculpture, & par une calotte en voute furbaiffée.

La gallerie marquée K, de 23 toifes deux pieds fur trois toifes quatre pieds, eft deftinée aux manufcrits; on l'appelle communément *Gallerie Mazarine*, parce qu'elle faifoit anciennement partie de l'Hôtel Mazarin, étant placée au-deffus de celle dont nous avons parlé, en décrivant le plan du rez-de-chauffée de la Bourfe. Cette gallerie eft éclairée par huit croifées en vouffure, lefquelles font ornées de coquilles dorées. En face de chaque croifée eft une niche auffi ornée de coquilles, & dont la furface eft peinte de païfages par *Grimaldi Bolognefe*, mais qui font mafqués aujourd'hui par les corps de tablettes qui reçoivent les manufcrits. Le plafond de cette gallerie eft de la plus grande beauté; il fut peint à frefque, vers 1651, par *Romanelli*, qui y a repréfénté divers fujets de la fable, avec un goût de deffein exquis & une vigueur peu commune. Ces fujets coloriés font diftribués dans differens compartimens très-bien entendus, mêlés de médaillons ornés de camayeux & foûtenus par des figures & des ornemens feints de ftuc, d'une beauté, d'une entente & d'une vérité qui n'ont de rivales que le plafond du Château de Vincennes, que l'on prétend même avoir été peint par *Romanelli*. En un mot on ne peut trop

---

aufpices, M. Vaillant parcourut plufieurs fois l'Italie & la Grece, & en rapporta une infinité de médailles fingulieres. On reunit plufieurs cabinets à celui du Roi : & des Particuliers, par un facrifice dont des curieux feuls peuvent connoître l'étendue, confacrerent volontairement dans ce dépôt ce qu'ils avoient de plus prétieux en ce genre. Ces recherches ont été continuées dans la fuite avec le même zele & le même fuccès. Le cabinet du Roi a reçu des accroiffemens fucceffifs, & l'on pourroit dire à prefent qu'il eft au-deffus de tous ceux qu'on connoît en Europe, s'il ne jouiffoit depuis long-tems d'une réputation fi bien meritée.

Cette immenfe collection eft divifée en deux claffes principales : l'Antique, & la Moderne. La premiere comprend plufieurs fuites particulieres, celle des Rois, celle des Villes Grecques, celle des familles Romaines, celle des Empereurs, & quelques-unes de ces fuites fe fubdivifent en d'autres relativement à la grandeur des médailles & au métal. C'eft ainfi que des medailles des Empereurs, on a forme deux fuites de medaillons & de medailles en or; deux autres de medaillons & de médailles en argent; une cinquieme de medaillons en bronze; une fixieme de médailles de grand bronze; une feptieme de celles de moyen bronze; une huitieme enfin de medailles de petit bronze. La moderne eft diftribuee en trois claffes, l'une contient les médailles frappees dans les differens Etats de l'Europe, l'autre les monnoyes qui ont cours dans prefque tous les pays du monde, & la troifieme les jettons. Chacune de ces fuites, foit dans le moder-

ne, foit dans l'antique, eft par le nombre, la confervation & la rarete des pieces qu'elle contient, digne de la magnificence du Roi & de la curiofité des Amateurs.

Au-deffus du cabinet des medailles, on trouve celui des Antiques. C'eft-la qu'on voit le tombeau de Childeric Premier, Roi de France, découvert à Journai, l'an 1653, & deux grands boucliers d'argent deftinés a être fufpendus dans des temples. Le premier, du poids de 42 marcs, fut trouvé en 1656 dans le Rhone, & repréfente l'action mémorable de la continence du jeune Scipion. Le fecond, qui pefe un marc de plus, fut découvert en 1714 fous terre dans le Dauphine, & l'on croit avec beaucoup de probabilité qu'il appartenoit à Annibal : le cabinet des Antiques renferme encore un très-grand nombre de figures, de buftes, de vafes, d'inftrumens des facrifices, de marbres chargés d'infcriptions, & enfin tous les monumens de cette efpece qu'on a pû raffembler avec choix & avec goût.

M. le Comte de Caylus vient tout recemment d'enrichir ce cabinet de nombre d'antiquités Egyptiennes, Etrufques, Grecques & Romaines en bronze, qu'il avoit raffemblées avec beaucoup de foin, & dont il a donné au public un recueil contenant 26 planches, fans les vignettes & les culs de lampes. Ce recueil eft accompagné de differtations & de notes d'un ftile clair, développé & plein d'une très-profonde érudition. Nous n'entreprendrons point l'éloge de cet illuftre amateur, fes lumieres, fon amour pour les Arts & pour le bien public, étant au-deffus de tout ce que nous pourrions dire ici.

 inviter les Connoiſſeurs à viſiter ce chef-d'œuvre de peinture , & quoiqu'il y ait environ un ſiecle qu'il eſt exécuté , & que ſon entretien ſoit aſſez négligé , il conſerve encore toute ſa fraicheur , & nous donne la plus haute idée du peintre célébre à qui nous le devons. Cette gallerie , comme nous l'avons dit , ne contient que des manuſcrits , & n'eſt pas publique ; mais l'affabilité de M. *Melot* , qui en a particuliérement la garde , & qui en fait actuellement le Catalogue , laiſſe voir aux amateurs ce chef-d'œuvre avec une complaiſance digne de l'amour qu'il porte aux beaux Arts.

La piece L appartient à la Bourſe : on y arrive par l'eſcalier M qui n'a aucune communication avec le bâtiment que nous décrivons. Les pieces N ſervent auſſi de dépôt pour les manuſcrits , leſquels , comme nous l'avons obſervé , ſe montant à quarante mille volumes , ne peuvent tous être contenus dans la grande gallerie. Les plus grandes de ces pieces ſont voutées en maçonnerie , & ces voutes ſont ornées de peintures dans le genre de celles qu'on remarque au grand eſcalier A. Enfin celles du côté de la grande cour ſervent de paſſage pour parvenir à la gallerie , qui auroit dû naturellement avoir ſon iſſue par l'eſcalier O , & dans la grande Bibliotheque par deux portes qui auroient pû être percées vers *a b* , ſi la piece L ne faiſoit pas partie des départemens de la Bourſe.

La diſtribution des bâtimens que nous venons de décrire dans leur état actuel , prouve aſſez ce que nous avons dit au commencement de ce Chapitre , en remarquant que cet édifice n'étoit recommendable que par le local & par la nombreuſe collection qu'il renferme ; car à le conſidérer du côté des dégagemens , des iſſues & des communications , il s'en faut bien que cette diſtribution puiſſe ſervir d'autorité pour un bâtiment de l'eſpece de celui dont nous parlons ; mais certainement on ne peut diſconvenir qu'au moins , avec les préceptes de la bonne Architecture & les indications que nous avons données ici , cet édifice ne puiſſe amener à une compoſition plus heureuſement entendue.

La décoration extérieure des bâtimens dont nous venons de donner les plans , n'eſt pas traitée avec plus de ſuccès que la diſtribution. L'ordonnance de la plus grande partie des façades eſt irréguliere , elles n'ont pour la plûpart aucune analogie entre elles ; c'eſt pourquoi nous n'en donnerons que deux élévations dans ce Chapitre , encore avertirons-nous que c'eſt moins dans l'idée de préſenter aux yeux des Artiſtes une Architecture bonne à imiter , que pour donner à connoître l'étendue de ce monument , qui par ſon immenſité a dequoi étonner ceux qui ignorant les régles de l'Architecture , ſont naturellement portés à l'admiration en voyant un édifice d'une grandeur extraordinaire.

Elévation du fond de la cour , avec les coupes des deux grandes aîles de bâtiment , priſes dans le plan du rez-de-chauſſée ſur la ligne X Y. Planche III , Figure Premiere.

L'ordonnance de cette façade eſt compoſée de deux arriere-corps & d'un avant-corps ; celui-ci eſt décoré de deux Ordres de pilaſtres , l'un Ionique , l'autre Compoſé. Cet avant-corps a trop peu de rélief , ſes extrêmités ſur ſa largeur ſont trop maigres , n'ayant qu'un pilaſtre , au lieu qu'on pouvoit l'accoupler ſans relargir la dimenſion de cet avant-corps ; car n'ayant aucune ſujettion par rapport aux dedans , il pouvoit être diſpoſé plus heureuſement. D'ailleurs on peut obſerver que l'Ordre Ionique eſt trop court par rapport à celui de deſſus. Nous avons remarqué dans bien des occaſions qne les Ordres ſupérieurs devoient avoir un demi-diamétre de moins que les inférieurs , ici au contraire , l'Ordre Compoſé a un module de plus. Cette irrégularité vient ſans doute de ce que la hauteur de ces étages a été aſſujettie à d'anciens bâtimens qui n'étoient pas deſtinés extérieurement à recevoir des Ordres ;

car

car il eſt aiſé de remarquer par les murs de face de la coupe B du côté de la cour, que le rez-de-chauſſée ayant la proportion d'un ſoubaſſement, il ne devoit pas comprendre dans ſa hauteur un Ordre Ionique, qui comparé avec l'Ordre de deſſus, ne pouvoit avoir avec lui aucune analogie.

La forme des croiſées du premier étage, ornées de bandeaux & accompagnées de larges piédroits, préſente une Architecture vicieuſe. Ces piédroits diſputent de largeur avec les pilaſtres, & les formes en plein ceintre doivent être deſtinées aux portes & non aux croiſées. D'ailleurs il faut préferer en général aux ouvertures en plein ceintre les impoſtes, les chambranles, ou les bandeaux. On peut encore remarquer que la proportion de ces croiſées eſt trop ſvelte, le ſocle, ou la retraite, qui ſoûtient l'Ordre Compoſé étant trop peu élévé. Cette retraite, qui doit avoir une hauteur d'appui dans tous les cas, auroit nourri l'ordonnancè de cet étage, racourci l'Ordre que nous avons trouvé trop élévé, & procuré une meilleure proportion aux ouvertures de cet étage. Le rez-de-chauſſée de cet avant-corps, pris ſéparement, eſt mieux entendu, à l'exception des piédroits, qui ſont beaucoup trop larges comparés au diamétre des pilaſtres Ioniques.

Les arcades des arrieres-corps de ce rez-de-chauſſée, accompagnées de petits piédroits poſtiches, ne font pas non plus un bon effet. Le peu d'ouverture de ces arcades, ſéparées par des trumeaux immenſes, compoſe une Architecture péſante, qui ne va point avec la petiteſſe des Ordres de l'avant-corps. Les croiſées du premier étage des arrieres-corps ſont d'une aſſez belle proportion; mais leurs trumeaux ſemblables à ceux de deſſous rendent l'élégance de ces croiſées chetive. D'ailleurs il feroit à ſouhaiter que dans toute ordonnance on s'éloignât de la prévention des frontons, partout où ils ne paroiſſent pas néceſſaires. La friſe de l'entablement qui couronne cette façade eſt ornée de conſoles qui ſoutiennent la corniche. Cet ornement & les profils de çe couronnement ſont d'une aſſez belle exécution & analogues à la compoſition du chapiteau, qui n'étant aſſujetti à aucun Ordre régulier, demandoit un entablement peu ſévére. D'ailleurs cet entablement étoit anciennement exécuté, & il étoit d'une ſorte de néceſſité de s'y aſſujettir dans tout le pourtour de ce bâtiment.

On voit dans les coupes B, C, l'intérieur des deux aîles en retour de ce vaſte édifice. Dans ces aîles ſont compriſes, au premier étage, les galleries, dans leſquelles eſt placée la Bibliotheque. La gallerie de la coupe B eſt plafonnée en ceintre ſurbaiſſé. En 1720, lorſqu'on plaça la Banque dans cet Hôtel, *Pellegrini*, Peintre Vénitien, qui avoit beaucoup travaillé en Italie, en Allemagne, & en Angleterre, fut chargé de repréſenter dans ce plafond, par divers tableaux allégoriques, les differens ſuccès de cette Banque & de la Compagnie des Indes; mais cet ouvrage ne fut que commencé. Comme dans la ſuite cette gallerie fut deſtinée à un autre uſage, & qu'elle n'avoit que huit croiſées, on fut obligé de l'aggrandir, alors on blanchit le tout, & les Peintures allégoriques furent effacées.

La gallerie de la coupe C eſt terminée par un plafond horizontal, ainſi que toutes les autres pieces de ce premier étage. On a exprimé ici dans ces deux coupes la décoration que forment les tablettes qui recoivent les livres, le balcon dont nous avons parlé, & les conſoles qui le ſoûtiennent; quoique cette décoration ſoit aſſez bien entendue, elle ne nous a pas paru néanmoins exiger un deſſein plus en grand. A propos de ces galleries deſtinées à contenir des livres, je rappellerai ce que j'ai dit ailleurs touchant la maniere d'éclairer (*h*) ces ſortes de pieces, car, il me ſemble qu'une pareille gallerie ne devroit recevoir le jour que par en haut, dans le goût des deux cabinets qui ſe voyent au Pa-

___

(*h*) Voyez ce que nous avons dit à ce ſujet dans l'Introduction, Tome I. pag. 35, 37, &c.

 lais Royal. L'avantage qui en réfulte , eft de procurer plus de furface aux murs
qui reçoivent les livres, d'apporter plus de fimétrie dans la décoration , & de produire plus de recueillement aux perfonnes qui y viennent étudier. Je conviens que
ce genre d'ordonnance exige une décoration extérieure qui réponde à l'intérieure ; mais, comme nous l'avons déja remarqué , un édifice public doit annoncer
par fon afpect fa deftination : conféquemment la principale attention d'un Architecte eft d'imaginer des moyens de conciliation, qui en offrant une diftribution
convenable, préfentent en même tems une ordonnance, qui, fans s'écarter des préceptes de l'Art , peut néanmoins fortir des formes ordinaires , & toûjours faire un bon
effet. Les différentes études , les projets , & les recherches que j'ai faites à cet égard ,
me font avancer qu'il eft poffible de réunir ces différentes parties , & fi on paroît
content de la plûpart des obfervations que je fais dans cet ouvrage , je n'héfiterai
pas de rendre publics un jour (i) les différens moyens dont j'ai ufé pour parvenir
à donner à chaque bâtiment l'expreffion & le caractere qui leur conviennent felon
mon opinion.

   La coupe A fait voir le cabinet des globes ; fa décoration eft fimple , mais cette
fimplicité , en général , eft néceffaire dans une piece confacrée à l'étude , la richeffe & la profufion des ornemens devant être réfervées pour les appartemens de parade deftinés à la réfidence des grands Seigneurs. J'eftime que rien d'étranger ne
doit diftraire dans les lieux publics : c'eft une des parties effentielles de la convenance , de décorer les bâtimens rélativement à leurs ufages. Un édifice facré , ainfi
que ceux où l'on rend la juftice, à la vérité , peuvent être fufceptibles de décoration ; mais il faut qu'elle foit grande , noble & grave. Les galleries de peinture , à mon avis , ne doivent avoir que des tableaux , les Bibliotheques que des
livres , les cabinets d'Hiftoire naturelle que des productions de la nature. En un
mot il n'y a que les fallons, ou quelques pieces femblables chez un particulier,
qui puiffent raffembler différens genres de beautés , parce que n'étant pas affez opulens, & leur demeure n'étant pas publique, un Propriétaire connoiffeur & intelligent peut recueillir diverfes curiofités , telles que des bronzes , des porcelaines , des
tableaux , des livres , des bijoux , &c. ainfi qu'on en voit dans les cabinets de nos
amateurs , dont nous avons parlé ailleurs , & qui en petit mettent fous les yeux
des Curieux ce que nos édifices publics étalent féparement avec magnificence.
De ce nombre font , à Paris , la gallerie des Antiques , au vieux Louvre : le cabinet
d'Hiftoire naturelle , au Jardin du Roi : la Bibliotheque dont nous parlons , le cabinet des médailles & des eftampes , au même lieu : le cabinet des deffeins des
grands Maîtres , aux galleries du Louvre : les tableaux du Roi , au Luxembourg , &c.
Car il eft certain que l'étude demande de l'ordre, qu'il faut éloigner de l'efprit
tout ce qui peut le diftraire , & qu'il n'appartient qu'à un homme verfé dans
les fciences & les arts, de confidérer tout à la fois ces différens genres de productions. Une trop grande multiplicité nuit, & fe grave moins facilement dans la
mémoire. J'ai éprouvé plus d'une fois l'effet de cette diftraction dans l'efprit des
perfonnes que j'ai accompagné dans ces différens monumens. C'eft d'après l'expérience que je parle ici , & je ne doute point que la plûpart des vrais amateurs ne foient
de mon avis.

<hr>

(i) Ces nouvelles productions trouveront leur place
dans la fuite du Traité *de la Décoration des Edifices ,*
que je mis au jour en 1737 , en deux volumes, qui devoient être fuivis de deux autres volumes promis depuis
long-tems , & que mes occupations ont fufpendus jufqu'à prefent. D'ailleurs l'accueil favorable que le Public
a bien voulu faire à ce premier fruit de mes veilles , m'a
femblé une raifon puiffante pour tâcher à l'avenir de mériter le fuffrage des Connoiffeurs par une étude refléchie &
foûtenue d'une expérience de 20 années.

Elévation d'une des aîles des bâtimens de la Bibliotheque du Roi, prife fur les lignes Z &.
Planche III. Figure II.

Il eft aifé de fe rappeller, à l'afpeét de cette Planche, ce que nous avons déja dit, en obfervant que ces bâtimens n'ayant pas été faits enfemble, ni élévés par le même Architecte, il en réfultoit un défaut de fimétrie nuifible dans un édi-fice devenu dans la fuite un monument d'importance. Sans doute fi, pour réme-dier à ces défauts, à la place du piédroit B, on eut pratiqué un mur d'une cer-taine élévation, cette diverfité d'ordonnance auroit été plus fupportable, & au-roit, comme nous l'avons déja remarqué page 72, donné une meilleure forme à la proportion de la cour. (Voyez la Planche Premiere.) Il eft vrai que cet ex-pédient n'auroit fatisfait qu'imparfaitement à ce que nous défirons ici ; car il eft bon d'obferver que l'aîle oppofée à la façade marquée C n'étant pas la même, cet édifice auroit toûjours péché contre la fimétrie, puifque l'avant-corps decoré d'Ordres d'Architecture ne fe trouve pas répété dans l'aîle en face, ainfi qu'on peut le remarquer dans les plans. Au refte nous ne rélevons pas cette irrégularité pour en faire la critique : nous avons dit ailleurs les raifons de cette diverfité, & il ne paroît pas qu'il en réfulte aucun inconvenient pour la décoration intérieure, ces différentes aîles étant diftribuées & apperçûes féparement.

La L'élévation de la façade marquée C eft à peu près la même que la précéden-te. Un avant-corps de pareille dimenfion en occupe le milieu, & ne différe que dans les croifées du premier étage, dont celle de l'axe eft de même forme que celle des aîles, qui alternativement font couronnées d'une table & d'un fronton. Les arcades du rez-de-chauffée font abfolument femblables à celles dont nous avons parlé à l'occafion de la Fig. I. de la Pl. III, ce qui pourroit faire croire que ces deux façades font du même Architecte. Du moins eft-il certain que ce fut M. *Law* qui ordonna ce bâtiment, lorfque dans le tems du fyftême on y éta-blit la Banque.

Nous avons fait plufieurs recherches pour connoître les noms des differens Ar-chitectes qui ont travaillé à ces édifices, mais elles ont été inutiles. Il paroîtra fans doute étonnant que dans le même fiecle, au milieu des Sciences & des Arts, & vivant avec la plûpart des contemporains de ces Artiftes, nous n'ayons pû dé-couvrir le nom de ceux qui ont été chargés de ces bâtimens. Il eft vrai que nos recherches ont eu des limites à l'égard de cet édifice, la négligence qui fe re-marque dans l'Architecture de fes façades ne nous ayant pas éxcité à pénetrer jufques dans les archives des bâtimens du Roi; mais ce qui eft de certain, c'eft que dans les mémoires de la Bibliotheque, il n'en eft fait aucune mention, & que la plûpart des perfonnes qui y font attachées, ignorent le nom de ces Ar-chitectes, ou ce qu'ils nous en ont appris eft fi incertain, que nous avons crû ne devoir rien avancer à cet égard qui ne parût pofitif.

La coupe D fait voir la partie en retour de l'intérieur de la Bibliotheque, au premier étage ; & au rez-de-chauffée, un des atteliers deftinés aux Peintres de Sa Majefté, occupé aujourd'hui par M. *Pierre*, premier Peintre de M. le Duc d'Orléans, de l'Académie Royale de Peinture, &c.

L'élévation E donne à connoître les anciens bâtimens de l'Hôtel de Nevers. Cette élévation eft femblable à celle qui lui eft oppofée. Nous n'avons rien de bien intéreffant à remarquer fur fa décoration, la proportion des arcades étant trop courte, l'efpece de baluftrade qui eft au-deffus, poftiche, le premier étage traité avec trop de fimplicité, & l'amortiffement du cadran, fans goût & d'une exécution fort médiocre.

La coupe F fait voir le développement intérieur du corps-de-logis fitué en face de la Bibliotheque, dans lequel font placés en entrefols les cabinets des eftampes marqués A, dont nous avons parlé, & au-deffus les pieces contenant une partie des manufcrits, dont nous avons auffi fait mention plus haut.

CHAPITRE XIV.

Defcription de la Maifon de M. le Prefident de Senozan, fituée rue de Richelieu.

Maifon de
M. de Se-
nozan. CETTE maifon fut bâtie, vers 1650, fur les deffeins de *François Manfard*, pour *François de Rochechouart de Jars*, Chevalier de l'Ordre de S. Jean de Jerufalem & Commandeur de Lagny. Elle a appartenu depuis au Cardinal de *Coiflin*, Premier Aumonier du Roi, enfuite au Duc de *Coiflin*, Evêque de Metz, qui la vendit, en 1714, à M. *Olivier de Senozan*, Receveur Général du Clergé de France. Elle appartient aujourd'hui à M. fon fils, Préfident au Parlement de Paris.

Les Planches de cette maifon font tirées des Œuvres de *Marot*, & fe trouvent par conféquent dans le cas de celles dont on nous a plus d'une fois fait reproche de les avoir inférées dans ce Recueil, par la raifon qu'elles font mal gravées pour la plûpart, & qu'elles n'offrent que des maifons particulieres. Cette remarque, qui ne peut venir que de perfonnes qui ne s'intéreffent que légérement aux progrès de l'Architecture, & qui fe contentent d'une lecture fuperficielle de ce livre, ou tout au plus d'en examiner les Planches pour en faire la critique, ne nous a pas paru d'un affez grand poids pour nous empêcher de mettre fous les yeux des amateurs une des plus belles maifons de Paris pour certaines parties de la décoration des façades, la richeffe des dedans & la magnificence des ameublemens. Peut-être nous dira-t'on que dans ce cas, il falloit faire graver de nouvelles Planches ; mais indépendamment de ce que la gravure n'auroit rendu qu'imparfaitement les beautés de détail de cette maifon, c'eft que tels ont été les engagemens du Libraire avec le Public, & que les frais immenfes dans lefquels jette une pareille entreprife, n'ont pas permis de faire de nouvelles dépenfes. Pour ce qui me regarde, j'ai crû qu'il valloit mieux faire connoître une belle maifon, quoique gravée avec une forte de négligence & fort en petit, que de laiffer ignorer un de nos édifices qui portant le nom de *François Manfard*, pouvoit feul exciter l'attention des Connoiffeurs, & indiquer une nouvelle occafion d'étude pour nos jeunes Architectes.

Plan au rez-de-chauffée, & élévation du corps-de-logis donnant fur la rue de Richelieu.
Planche Premiere.

La Figure premiere donne en petit le plan de tous les bâtimens de cette maifon, au rez-de-chauffée, tel que *François Manfard* l'avoit fait exécuter. En 1738, M. Olivier de Sénozan y fit faire quelques changemens dans la diftribution. La falle à manger A a été aggrandie, elle eft éclairée par deux croifées. La falle de compagnie B eft réduite au même nombre de croifées, de maniere qu'on a pratiqué une chambre C, avec des garderobes derriere, qui dégagent par le grand efcalier. Ce dernier peut être confidéré comme une des plus belles parties de cette maifon ; il eft fpacieux, commode & décoré d'une maniere très-convenable, quoiqu'avec
peu

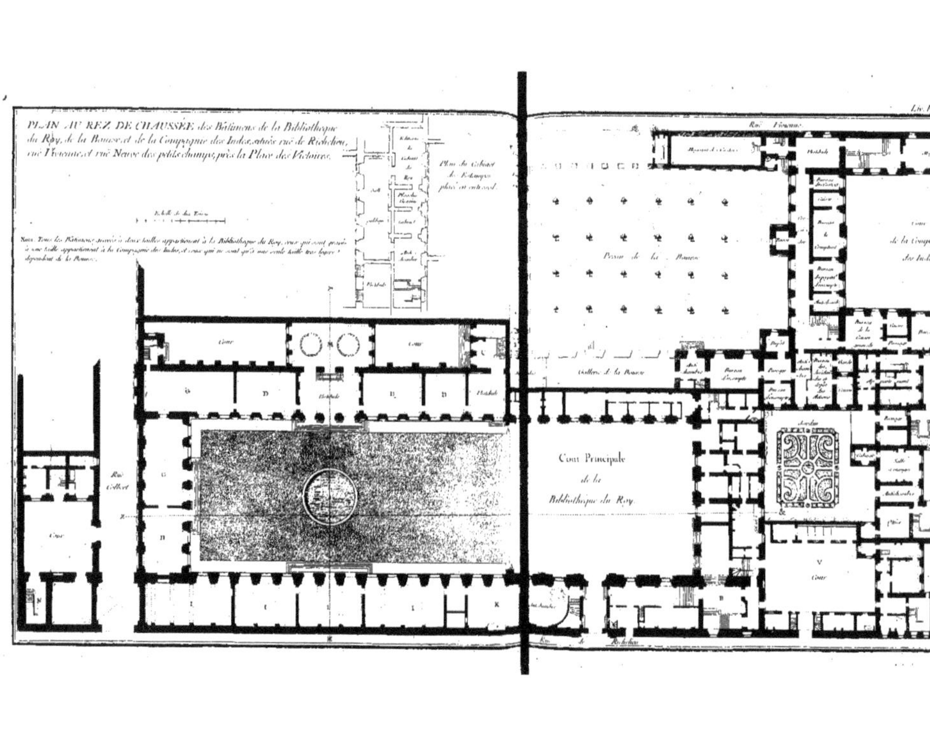

PLAN AU REZ DE CHAUSSÉE des Bâtimens de la Bibliothèque du Roy, de la Bourse et de la Compagnie des Indes, situés rue de Richelieu, rue Vivienne, et rue Neuve des petits champs, près la Place des Victoires.
Liv. V. N.
Echelle des dix Toises
Cour
Cour Principale de la Bibliothèque du Roy
Rue Colbert
Rue Vivienne
de la Compagnie des Indes

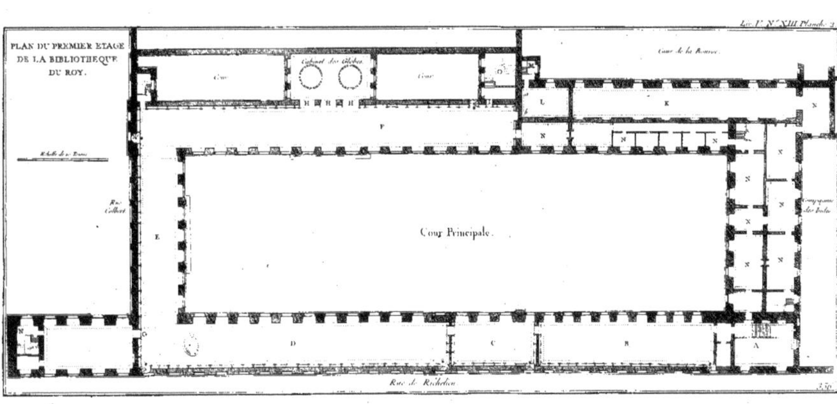

Liv. V. N.° XIII Planche 3.
PLAN DU PREMIER ETAGE
DE LA BIBLIOTHEQUE
DU ROY.
Cour de la Bourse.
Cabinet des Globes.
Cour
Cour
Echelle de 20 Toises
Rue Colbert
Cour Principale.
Rue de Richelieu

d'Architecture, mais elle est grande, elle monte de fond, & est distribuée avec noblesse. Cet escalier est terminé par une calotte formant lunette. Les pannaches de cette calotte sont soûtenues sur des pans coupés qui descendent jusqu'au rez-de-chaussée, & qui donnent une grande idée de l'esprit de convenance que Mansard sçavoit répandre dans toutes ses productions.

Maison de M. de Senozan.

La piece D est une chambre à coucher : celle E, un très-beau cabinet décoré avec goût & magnifiquement meublé. Toutes ces pieces ont des garderobes & des dégagemens ingénieusement distribués, qui concourent à former de cette maison une des plus commodes & des plus intéressantes du quartier de Richelieu.

On a supprimé les colonnes pratiquées devant les pavillons marqués F, G ; elles formoient de trop petites parties dans les déhors, & obscurcissoient l'intérieur des appartemens, & au lieu du perron H, on a fait en face de tout le bâtiment regner un grand pallier, qui conduit à cinq marches, par lesquelles on descend dans le jardin. Ce jardin a de longueur 31 toises. Il est terminé par une grande allée de maroniers qui procure du couvert. Entre cette allée & la façade est un grand parterre de broderie entouré de platebandes de fleurs, &c.

Le premier étage de ce bâtiment, que nous ne donnons point ici, est distribué dans le même goût que le rez-de-chaussée : l'un & l'autre sont fort ornés & enrichis de sculptures, de dorures & de peintures d'une assez grande beauté. Enfin cette maison, quoiqu'on n'y trouve pas une multiplicité de commodités & cette prodigalité d'ornemens si fort en regne aujourd'hui, est peut-être une de celles qui mérite le plus d'être examinée avec soin par nos Architectes, pour apprendre à décorer avec bienséance la maison des personnes consacrées au bien public, qui veulent qu'on observe dans la décoration du lieu de leur résidence cet esprit de convenance & cette retenue qu'exigent leur dignité & l'importance de leur emploi.

La Figure II. offre l'élévation du côté de la rue. Voyez les desseins de la porte beaucoup plus en grand, Planche III, & le développement de ses principaux membres d'Architecture, Planche IV.

La Figure III. présente l'élévation du côté de la cour du corps-de-logis donnant sur la rue, avec la coupe du bâtiment en aîle. Cette élévation consiste en deux petits avant-corps & dans un grand arriere-corps percé de trois arcades, dont l'une sert d'entrée à la grande cour & les deux autres de remises, au-dessus desquelles sont des entresols ; sur ces derniers sont pratiqués des greniers.

Elévation du côté de la cour, du côté du jardin, & coupe sur la longueur de tout le bâtiment.
Planche II.

La Figure premiere fait voir l'élévation du principal corps-de-logis du côté de la cour, dans lequel il n'y a point de changemens, à l'exception des combles, où l'on a fait des lucarnes plus considérables, & où l'on a supprimé les lanternes marquées A, B.

La Figure II. présente la façade du côté du jardin, dans laquelle on a supprimé, comme nous l'avons déja remarqué, les colonnades placées au rez-de-chaussée, en avant-corps, devant les deux pavillons, & au-devant desquels on a fait regner dans toute la longueur un grand perron continu. On a fait aussi de nouvelles lucarnes aux mansardes, & détruit les lanternes marquées A, B : à leur place on a pratiqué, dans toute la longueur, un faux comble. Il auroit été facile d'exprimer ici ces changemens, mais on a crû qu'il étoit mieux de laisser ce bâtiment tel que Mansard l'avoit élevé dans son origine, ayant d'ailleurs assez d'occasions dans ce Recueil de présenter les bâtimens de nos Architectes modernes, qui souvent, sans avoir égard au rang des Propriétaires, semblent les ériger tous pour la même fin.

Tome III. X

La Figure III. indique la coupe du corps-de-logis fur la rue , marquée A , l'élévation de l'aîle en retour fur la cour , marquée B , & enfin la coupe du principal corps-de-logis entre cour & jardin , marquée C. La décoration intérieure de ce corps-de-logis a été toute changée, c'eft de la nouvelle dont nous avons fait l'éloge , avec d'autant plus de raifon, qu'elle tient un jufte milieu entre la péfanteur des membres qu'on affectoit aux lambris du fiecle paffé , & la trop grande légéreté de ceux qui font en ufage aujourd'hui.

Elévation & Profils en grand de la Porte d'entrée. Planches III & IV.

L'extérieur du bâtiment dont nous venons de parler , eft décoré avec beaucoup de fageffe , les proportions des croifées font belles , & les profils excellens , enfin on y reconnoît partout la main d'un grand maître ; auffi François Manfard peut-il être regardé comme le plus habile Architecte que la France ait poffedé. Il eft aifé de remarquer cette pureté & cette févérité qui accompagnoient toutes les productions de cet homme illuftre , dans les Planches III & IV , dans lefquelles on voit en grand l'élévation de la porte du côté de la rue avec les développemens particuliers. Peu d'Artiftes à la vérité font frappés de ce genre de perfection ; n'étant point dans l'habitude d'approuver les formes naïves , ils regardent même pour la plûpart avec une forte d'indifférence ce beau fimple & ce repos fi ingénieufement mis en œuvre par nos grands Architectes , & paroiffent peu touchés en général de cette correction qui fixe notre raifon , fatisfait notre intelligence , & nous infpire une vénération raifonnable & refléchie pour tout ce qui porte le caractere du beau.

Qu'on y prenne garde : on cherche peut-être un peu trop aujourd'hui l'effet général d'un bâtiment dans des diffonances & dans des ornemens mal entendus, deforte que ce qui s'éloigne le plus de la vraifemblance , nous paroît le plus agréable. On envifage comme un effort de génie , une variété infinie dans les formes & une frivolité paffagere qu'on appelle un beau défordre. Sans doute notre vanité ne trouve pas fon compte à avouer le beau , parce qu'il eft fimple & naturel. On préfere le difficile , le fingulier , l'extraordinaire : on prétend par là fe donner un air de Sçavant. Quel abus ! L'Architecture n'eft-elle pas de tous les Arts le moins fufceptible de variété ? La folidité des bâtimens, dont le propre eft d'être durables , ne doit-elle pas préfenter dans fon ordonnance des beautés conftantes & immuables ? C'eft donc la fource du vrai beau qu'on doit chercher , & il faut fe reffouvenir que les bâtimens anciens ne fe font acquis l'immortalité que parce qu'on y a reconnu des beautés univerfelles , qui feront eftimées dans tous les âges par les perfonnes d'un vrai mérite & qui fçauront fe préferver de toute prévention.

CHAPITRE XV.

Description de l'Hôtel de Louvois, situé rue de Richelieu.

L'HOTEL dont nous allons parler est contigu avec celui du Chapitre pré- *Hôtel de*
cédent. Il fut bâti vers 1680, fur les desseins & fous la conduite du fieur *Louvois.*
Chamois, Architecte, pour *François - Michel Le Tellier*, Marquis de Louvois, Miniftre, Sur-Intendant & Ordonnateur Général des bâtimens, jardins, Art &
manufactures de France., &c. Il est occupé aujourd'hui par M. le Marquis de *Cour-*
tenvaux, Colonel des cent Suiffes, l'un des Defcendans de ce Miniftre : par Madame & M. le Comte d'*Eftrées*, Lieutenant général des Armées du Roi : par Madame de *Mancini*, & par M. le Marquis de *Montmirel.*
Cet Hôtel est peut-être un des plus confidérables de Paris par l'étendue & la
hauteur de fes batimens & par l'emplacement dans lequel il est contenu. Un jardin d'environ 40 toifes de profondeur, orné de bofquets, de parterres & de pa-
liffades, procure beaucoup d'agrément aux appartemens qui jouiffent de fa vûe.
Au refte cet Hôtel n'a rien de fort intéreffant que fon immenfité. Je m'étois formé
une toute autre idée d'un édifice élévé pour un Miniftre, qui pouvoit employer
ce qu'il y avoit de plus habile dans les Arts. La décoration des façades est fans
beauté & les diftributions font fort ordinaires, l'intérieur des appartemens est
décoré d'une maniere très-fimple, la fculpture en général est médiocre, il n'y a
pas un excellent tableau, enfin, excepté quelques emmeublemens d'un certain
prix, rien ne peut y attirer l'attention des Connoiffeurs que l'affabilité des Proprietaires.
Peut-être dira-t'on que puifque nous n'avons rien trouvé de fatisfaifant dans
cet Hôtel, il étoit inutile de l'inférer dans ce Recueil ; mais comme les Planches en ont été gravées long-tems avant qu'on eut formé le deffein de faire un
livre des principaux édifices de cette Capitale & de fes environs, & que ces
planches font dans les mains de tout le monde, ayant été débitées féparement,
nous avons crû que c'étoit une raifon fuffifante pour prendre occafion de rélever les licences répandues dans ce bâtiment, perfuadés que quelques obfervations févéres font fouvent intéreffantes pour le progrès des Arts. En effet combien
d'édifices jouiffent aujourd'hui chez le plus grand nombre d'une réputation qu'ils
n'ont jamais méritée, que parce que quelques parties hazardées y font un genre de
beauté, auquel le vulgaire applaudit, & que les gens de goût ne fe donnent
pas la peine de réléver ! Or il s'agit ici de fe rendre compte du vrai beau, par oppo-
fition au médiocre. Pour y parvenir il n'est guéres que trois moyens, la comparaifon des parties avec le tout, le parallele d'un édifice avec un autre du même
genre, & la difcuffion des préceptes. La comparaifon, il est vrai, demande beaucoup d'expérience : le parallele, une grande impartialité : la difcuffion des préceptes, une profonde théorie ; mais. quiconque veut s'inftruire, ne doit pas fe re-
buter, les principes des excellens Maîtres peuvent mener loin un homme intelligent & le conduire au moins à des preceptes généraux & à une théorie particuliere
qui lui donne l'efprit de combinaifon. Je conviens que ces connoiffances coutent
à acquérir, & qu'il est plus commode pour la plûpart d'apprecier leurs obfervations par l'effet qu'elles produifent fur eux, fans fe rendre raifon de la caufe.
Oui fans doute : par-là on est plutôt quitte de fes études, & la pareffe y trouve

 fon compte. Mais de cette négligence naît la honte qui réjaillit fur l'Architecte & fur le Propriétaire ; fur le premier pour avoir abufé de la confiance publique , fur celui-ci pour avoir dépenfé des fommes immenfes fans précaution & fans difcernement. Afin donc de remedier à ces abus, il eft à propos qu'un Recueil tel que celui-ci, contienne un petit nombre de bâtimens qui s'éloignent des préceptes de l'Art, puifque les obfervations que nous y joignons tendent à rélever les écarts où font tombés les Architectes qui les ont fait ériger, & qu'ils feront autant de leçons qui apprendront à nos jeunes Artiftes à les éviter ; je fuis même perfuadé que les perfonnes de goût me fçauront quelque gré de mon entreprife, & applaudiront à la droiture de mes intentions.

Plan du rez-de-chauffée. Planche Premiere.

Ce plan ne préfente que la plus grande partie des bâtimens de cet Hôtel. Une aîle affez confidérable, donnant fur le jardin , & faifant retour d'équerre avec le mur de face vers A, contient de fort grands appartemens. Au bout de cette aîle en retour en eft une autre de la même longueur, en face de l'arriere-corps AB. Nous ne donnons point ces aîles de bâtiment, elles font décorées avec tant de négligence & diftribuées de maniere que nous avons crû qu'il n'étoit pas intéreffant d'ajoûter ce fupplement aux anciennes Planches, qui font déja affez indifférentes d'elles-mêmes.

Le principal corps-de-logis eft fitué entre le jardin & une cour de moyenne grandeur. L'entrée des appartemens du rez-de-chauffée eft à la droite & à la gauche de cette cour. Le grand efcalier eft ce qu'il y a de plus intéreffant dans ce bâtiment. Les appartemens en général font fans commodité , d'ailleurs les proportions des pieces n'ont aucun rapport entre elles, ni avec la hauteur du plancher qui leur eft commun. Les baffe-cours font trop fubdivifées & trop petites, l'air y eft étouffé , toutes ces différentes parties femblent avoir été faites à plufieurs reprifes ; cependant depuis que cet Hôtel a été bâti, on n'y a rien ajoûté que quelques garderobes, & l'on n'a reftauré que quelques pieces dans l'intérieur. Il eft donc évident qu'on pouvoit faire un meilleur ufage de ce terrain , & fi l'on compare les Hôtels du préfident Lambert, de Matignon, de Noirmontier, &c. avec celui-ci , on s'appercevra aifément que , quoique conftruits dans un terrain moins vafte , ces Hôtels font diftribués avec plus de grandeur & de commodité ; tant il eft vrai qu'il importe beaucoup de faire choix d'un Architecte intelligent , la dépenfe étant toûjours la même , & le fuccès bien différent.

Plan du premier étage. Planche II.

Ce plan a le même défaut du précédent, il manque par les garderobes. Chez les grands Seigneurs, qui ont beaucoup d'Officiers & de domeftiques , un Architecte doit infifter fur la néceffité de pratiquer un certain nombre de pieces deftinées aux perfonnes qui font au fervice du Maître. Dût-on en facrifier une ou deux principales du côté des cours, il faut des chambres fubalternes, fans quoi le Propriétaire eft bien logé, à la vérité, mais faute des dégagemens néceffaires pour fes gens, il eft fervi avec trop de lenteur : enfin il faut fçavoir que la commodité dans un bâtiment eft la premiere loi de la diftribution.

Elévation

Elévation *du côté de la rue.* Planche III.

Cette Planche nous donne la façade de cet Hôtel, du côté de la rue de Ri- ‹Hôtel de
chelieu. C'eſt-là que ſe trouve placée la porte d'entrée ; l'ordonnance de cette ᴸouvoin
porte eſt tout à fait à rejetter. Un fronton circulaire ſoutenu par un corps d'Architecture trop délié, de petites conſoles, auſſi inutiles que de mauvaiſe forme,
enfin une ouverture à platte-bande, enfermée dans une porte en plein ceintre,
accompagnée d'un bandeau ſans proportion, compoſent la décoration de ce frontiſpice ; deſorte qu'il annonce plutôt l'entrée d'un Monaſtere, élévé dans un Bourg
à trente lieuës de Paris, que l'Hôtel d'un grand Seigneur.

Elévation *du principal corps - de - logis du côté de la cour.*
Planche IV.

Nous n'entrerons pas dans un long détail ſur la décoration de cette façade ; le peu
de proportion qu'on remarque entre ſes maſſes & ſes parties, ſon exécution négligée,
le mauvais choix de ſes profils, enfin une Architecture ſans relief, ſans goût, ſans
génie & ſans invention, eſt la ſeule choſe que nous puiſſions faire obſerver ici. En
effet un petit Ordre Ionique placé ſur un grand ſoubaſſement, & couronné d'un entablement meſquin, forment les parties eſſentielles de cette ordonnance. Que ſi-
gnifie d'ailleurs la proportion élancée de l'avant-corps qui diſpute de largeur avec
les arriere-corps, & qui étant terminé par un fronton triangulaire élévé ſur un
Attique, compoſe un tout mal entendu ? Nous conviendrons cependant que
les croiſées de l'Ordre Ionique ſont d'une aſſez belle proportion, excepté celles
de l'avant-corps, qui ſont mal imaginées, tant dans cet étage, qu'au rez-de-chauffée, auſſi-bien que dans l'Attique, & dont les grandeurs & les formes diſſem-
blables préſentent toûjours un effet contraire aux régles de l'Art.

Les pavillons des extrêmités de cette façade ſont encore moins tolérables ;
ils ont un caractere de péſanteur dans les maſſes, qui s'accorde mal avec la maigreur de leurs encoignures, principalement lorſqu'on compare ces dernieres avec les
trumeaux qui ſont d'une trop grande largeur, ſans aucune néceſſité pour la diſtribution intérieure. Ajoûtons à cela les frontons circulaires qui couronnent ces
avant-corps d'une maniere vicieuſe, & les combles extravagans qui terminent toute
la partie ſupérieure de ce corps-de-logis, & l'on ſentira ſans peine, combien il eſt
eſſentiel d'éviter un pareil déſordre dans l'Architecture, ſurtout lorſqu'il s'agit de
l'édification d'un bâtiment de quelque importance.

Elévation *du côté du jardin.* Planche V.

Cette façade differe de la précédente en ce que l'Ordre Ionique embraſſe les
deux étages ſupérieurs, ce qui contribue peut-être à rendre les trumeaux de cette élévation trop ſveltes, & ſemble mettre tout à jour ce mur de face, vû la
grande ouverture des croiſées, défaut encore moins tolérable, que d'admettre
trop de plein dans une décoration extérieure ; car, ſelon la convenance du bâtiment, les grands trumeaux expriment ſouvent une virilité eſtimable. Nous remarquerons auſſi que la proportion des pavillons eſt trop élancée, que les trumeaux du milieu ſont abſolument condamnables, & que la ſaillie de ces avant-
corps eſt trop peu reſſentie, qu'enfin les chaînes de refends des encoignures ſont
auſſi de beaucoup trop maigres, deſorte que toutes ces inadvertances nous por-

Tome III.　　　　　　　　　　　　　　　　　　　Y

 tent à croire que l'Architecte étoit peu instruit des régles de son Art, d'où nous
concluons que quiconque s'annonce pour tel, doit sçavoir que pour s'attirer le
sufirage des Connoisseurs, il faut être pourvû d'une profonde théorie & d'une
expérience qui ne s'acquiert que par une longue suite d'années.

Elévation d'une des aîles , & coupe du principal corps de logis.
Planche VI.

Après avoir trouvé si justement à rédire à la composition en général de cet Hôtel,
nous observerons néanmoins que la décoration de la porte d'entrée du côté de la
cour, est beaucoup moins vicieuse que celle du côté de la rue. Son ordonnance , ses profils & les sculptures qu'on y remarque, paroissent même être d'une
main habile. On n'en voit ici que la coupe marquée A ; mais il est certain que
si tout ce bâtiment avoit été traité de la même maniere, nous n'aurions eu qu'à
applaudir. Nous n'en pouvons dire autant de la décoration du mur B, ni du pavillon en retour du côté de la cour, marqué C. A l'égard de la coupe D, non-
seulement les décorations intérieures en sont fort négligées, mais il est aisé de
s'appercevoir du mauvais effet que produit la grandeur des combles élévés sur l'Attique , & combien ils paroissent anéantir la hauteur de cet étage, aussi-bien que toute
celle du bâtiment.

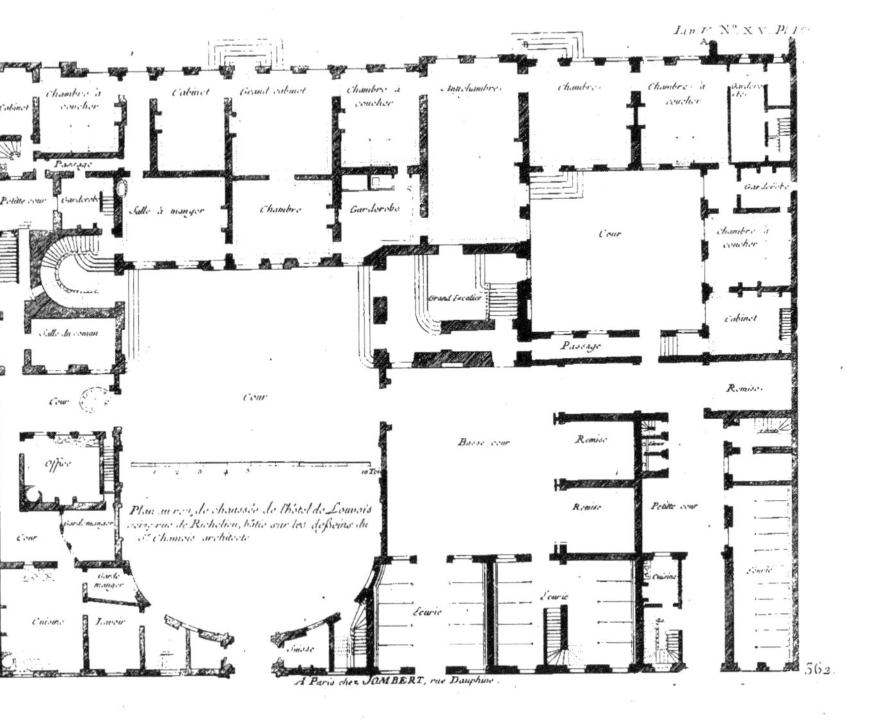

Liv. V. N.º XV. Pl.
Cabinet
Chambre à coucher
Cabinet
Grand cabinet
Chambre à coucher
Antichambre
Chambre
Chambre à coucher
Garderobe
Passage
Garderobe
Petite cour
Garderobe
Salle à manger
Chambre
Garderobe
Cour
Chambre à coucher
Cabinet
Grand Escalier
Salle du commun
Passage
Remise
Cour
Cour
Office
Basse cour
Remise
Remise
Petite cour
Garde manger
Cour
Garde manger
Ecurie
Ecurie
Cuisine
Ecurie
Cuisine
Lavoir
Plan au rez de chaussée de l'hôtel de Louvois
..y rue de Richelieu, bâti sur les desseins du
S.t Chamois Architecte
A Paris chez JOMBERT, rue Dauphine.
562.

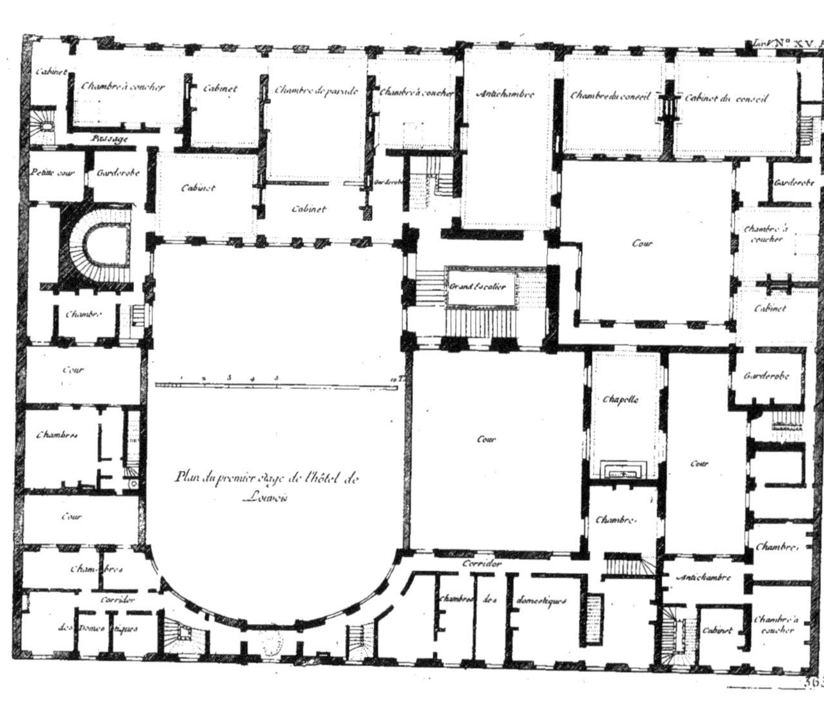

Liv.V N.º XV. Pl. 2
Cabinet
Chambre à coucher
Cabinet
Chambre de parade
Chambre à coucher
Antichambre
Chambre du conseil
Cabinet du conseil
Passage
Petite cour
Garderobe
Cabinet
Cabinet
Garderobe
Garderobe
Chambre à coucher
Cour
Chambre
Grand Escalier
Cabinet
Cour
Garderobe
Chambres
Chapelle
Cour
Plan du premier étage de l'hôtel de Louvois
Cour
Chambre
Cour
Chambre
Corridor
Chambres
Antichambre
Corridor
Chambres des domestiques
des Domestiques
Cabinet
Chambre à coucher
363

CHAPITRE XVI.

Defcription de la Maifon de M. Sonning, rue de Richelieu.

CETTE maifon fût bâtie vers 1704, fur les deffeins de M. *Dullin* (a) ; Maifon de M. Son-ning. pour M. *Sonning*, Receveur des Finances de la Généralité de Paris. M. *Rolland de Fonferriere*, Fermier Général, l'acheta en 1740, & y fit faire quelques augmentations, fur les deffeins & fous la conduite de M. *Tannevot*, dont nous parlerons dans le Chapitre XXIV de ce Volume.

Plan au rez-de-chauffée. Planche Premiere.

La diftribution de ce plan eft bien entendue. Le périftile & le veftibule font difpofés d'une maniere ingénieufe, ainfi que le grand efcalier placé au fond de la cour, & qui fait partie du principal corps-de-logis : mais nous remarquerons que pour une maifon particuliere, cet efcalier occupe trop de terrain. D'ailleurs il eft fitué à gauche, ce qui n'eft fans doute tolérable que parce qu'on a voulu procurer une expofition convenable à l'aîle droite qui donne fur le jardin, & dont M. Rolland de Fonferriere a fçu tirer parti. Précédemment l'endroit marqué A étoit un portique ouvert de toute part & fervant d'abri ; on en a fait une gallerie en bibliotheque, précédée de l'arriere cabinet qu'on a aggrandi & décoré d'un lit en niche accompagné de garderobes commodes & bien dégagées, placées vers B. Cette augmentation compofe un appartement très-logeable, bien diftribué, artiftement décoré & meublé avec affez de goût.

A la place de la chambre C, on a fait un office qui manquoit dans cette maifon. La cuifine n'a pû être aggrandie, non plus que fes dépendances ; nous avons cependant remarqué ailleurs combien il étoit important dans un bâtiment de pourvoir aux pieces deftinées au fervice des domeftiques. Faute de cette prévoyance, combien de maifons, en changeant de Maîtres, exigent des réparations confidérables ! Combien en voit-on, qui par leur peu de commodité, reftent fans locataires, la dépenfe qu'on feroit obligé de faire pour s'y loger rébutant les plus opulens ! On veut aujourd'hui des diftributions commodes, & certainement toutes les maifons en font plus ou moins fufceptibles, il en faut feulement ufer avec prudence ; par exemple, dans une maifon particuliere, il n'eft pas à propos de mettre tout fon terrain en baffe-cours, ou en pieces perdues, la convenance doit guider dans ces occafions, elle eft la bafe de l'art de bâtir ; fans elle les bienféances font négligées, les maifons bourgeoifes, les Hôtels, les Palais, les édifices publics font diftribués fans choix. On donne aux uns ce qui convient aux autres, de-là, fans contredit, l'origine du défordre & l'oubli des principes de la bonne Architecture.

A ces obfervations nous ajoûterons qu'il ne faut pas donner un trop grand diamétre aux pieces d'un petit bâtiment. Cette grandeur exige une élévation de plancher qui nuit à l'économie. Un feul fallon fuffit ordinairement, on tâche alors de le placer de maniere que fon diamétre n'exige pas que le niveau de tous les planchers des autres pieces foit commun avec lui. Des pavillons en retour qui ne montent pas de fond, le fallon fitué au premier étage, enfin d'autres moyens que fournit le terrain, procurent les expédiens néceffaires pour ne mettre qu'une feule piece fpacieufe dans une maifon particuliere, fans être obligé de donner au hafard une grandeur inconfidérée à toutes les pieces d'un appartement. Si donc on a foin

---

(a) Voyez ce que nous avons dit de cet Architecte, Tome I. Page 215. Note (b).

 d'employer les formes convenables à l'ufage de chaque piece : fi on les diftribue
de maniere que celles qui font deftinées à la réfidence du Maître l'emportent
en grandeur fur celles qui leur fervent d'entrée ; fi l'on évite de placer alternativement de petites pieces avec des grandes, dans une même enfilade, on eft sûr
de réuffir dans la diftribution d'un plan. Au contraire, pour avoir négligé la plus
grande partie de ces régles, lors de la conftruction de la maifon dont nous parlons, elle occupe beaucoup de terrain, & ne contient que fort peu de logement.

En 1740, lorfqu'on reftaura cet Hôtel, on augmenta la petite cour à fumier,
marquée D, & le logement E du Portier, ainfi que l'expriment les lignes ponctuées.
Enfin on fit auffi quelques autres légers changemens dans ce qui regarde le logement des Domeftiques, mais comme ils font peu confidérables, & qu'ils n'ont rien
qui puiffe fervir d'autorité, nous ne les rapportons point ici.

Plan du premier étage. Planche II.

Les pieces qui compofent ce premier étage font un peu trop vaftes pour une
maifon particuliere, étant encore plus grandes que dans le plan précédent. Nous
obferverons à cette occafion que les bâtimens fimples ont cela d'incommode
qu'il n'eft guéres poffible d'y menager des garderobes & des dégagemens, qui
ordinairement gâtent les murs de face, & nuifent à la forme des piéces, à caufe des efcaliers dérobés qu'on eft obligé de pratiquer pour la communication du premier étage avec le rez-de-chauffée. D'ailleurs ce moyen réuffit beaucoup plus difficilement que les corridors, les couloirs, ou les petites pieces que procurent les bâtimens femi-doubles, lorfqu'on ne veut pas faire la dépenfe d'un logis double,
ce qui demande néanmoins à être difcuté avant l'édification d'un bâtiment. En
effet les murs de face font ordinairement ce qui coûte le plus dans la maçonnerie.
Les cloifons de refend d'un femi-double coutent peu, & procurent une commodité qui doit les faire eftimer. Ce n'eft donc que dans le cas d'un terrain borné qu'on doit fe déterminer à employer les bâtimens fimples, de même qu'il n'y
a que quelques confidérations particulieres qui doivent empêcher qu'on n'éléve plufieurs étages les uns au-deffus des autres, la dépenfe des couvertures étant la même pour tous les genres d'édifices en particulier. A l'égard de la maifon dont nous
parlons, le terrain étant peu fpacieux, on a préferé avec raifon les bâtimens fimples, autrement le jardin, qui n'a que 12 toifes de profondeur, auroit été trop
diminué, ou la cour feroit devenue trop petite ; cependant, cette maifon pouvant
être confidérée comme particuliere, cette cour auroit pû être réduite à fept toifes
fur dix, & alors les baffes cours auroient été plus fpacieufes, le corps-de-logis
plus commode, & le logement des Domeftiques plus abondant.

Elévation du côté de la cour. Planche III.

La décoration extérieure des façades de cette maifon eft en général d'une richeffe affez analogue à l'efpece du bâtiment. La proportion des croifées, celle
des arcades, les profils des entablemens & les rapports des pleins avec les vuides,
prouvent l'expérience de l'Architecte qui en a donné les deffeins. Cinq arcades
en plein ceintre, dont trois font réelles, & des trumeaux chargés de refends, décorent le rez-de-chauffée du principal corps-de-logis. Ces arcades, qui regnent fur
l'aîle de la cour & fur le mur qui eft oppofé, raffemblent les parties du pourtour
de cette cour, & concourent à former une maffe totale qui fait toûjours bien,
& qui, comme nous nous l'avons dit ailleurs, eft le feul moyen de réuffir dans
un édifice de peu d'étendue.

Le pavillon qui donne fur la baffe cour, eft tenu plus fimple. Cette économie
étoit

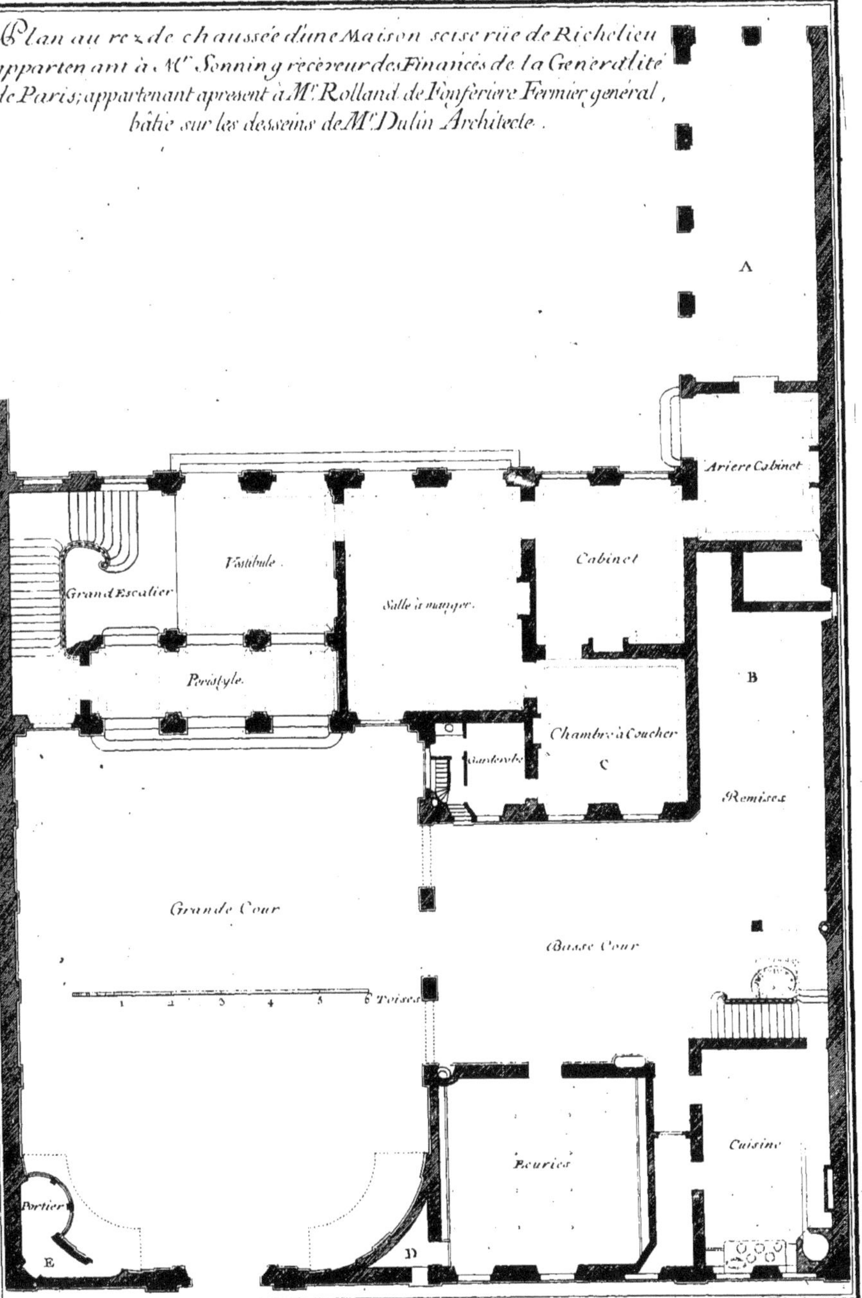
Plan au rez de chaussée d'une Maison seise rüe de Richelieu
appartenant à Mr. Senning récéveur des Finances de la Generalité
de Paris; appartenant apresent à Mr. Rolland de Fonfériere Fermier general,
bâtie sur les desseins de Mr. Dulin Architecte.
A
Ariere Cabinet
Cabinet
Vestibule
Salle a manger
Grand Escalier
Peristyle.
B
Chambre à Coucher
Garderobe
C
Remises
Grande Cour
Basse Cour
1 2 3 4 5 6 Toises
Ecuries
Cuisine
Portier
E
D

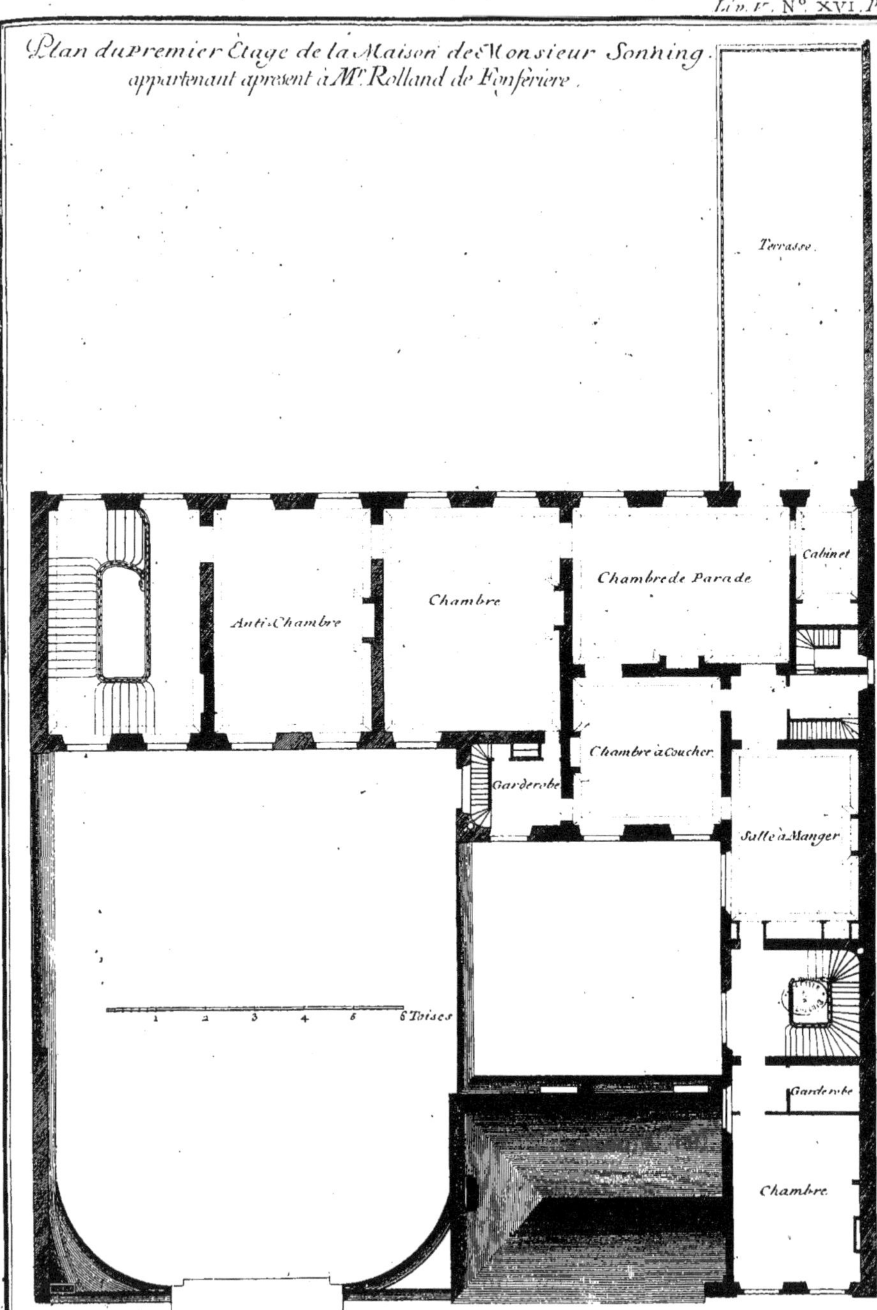
Plan du Premier Étage de la Maison de Monsieur Sonning,
appartenant apresent à M.ʳ Rolland de Fonferiere.
Terrasse.
Cabinet
Chambre de Parade
Chambre
Anti-Chambre
Chambre à Coucher.
Garderobe
Salle à Manger
Garderobe
Chambre.
1   2   3   4   5   6 Toises

Maiſon de M. Son-ning.

étoit néceſſaire, non-ſeulement pour éviter la dépenſe, mais pour donner à connoître que cette partie du bâtiment n'avoit rien de commun avec la principale façade du côté de la cour.

Elévation du côté du jardin. Planche IV.

Cette élévation eſt percée de huit ouvertures à chaque étage. Le rez-de-chauſ-fée eſt orné d'arcades en plein ceintre feintes, dans leſquelles ſont des portes, ou des croiſées, ſuivant le beſoin des diſtributions. Les quatres arcades donnant ſur le perron, auroient dû être toutes ouvertes, ce qui auroit donné une autori-té à toutes celles de ce ſoubaſſement. Les croiſées du premier étage ſont les mê-mes que celles du côté de la cour, & d'une bonne proportion. L'Attique qui les couronne eſt d'une belle ſimplicité. La décoration du pavillon au-deſſus de la terraſſe eſt beaucoup moins eſtimable; il ſemble avoir été fait après coup & par un autre Architecte. Un trumeau dans le milieu, de trop petits corps de refends, une platebande lourde & maſſive, ſont toûjours des choſes à éviter, quand on veut mettre en œuvre les loix du bon goût, & faire uſage des principes de la bonne Architecture.

Coupe & profil du principal corps-de-logis. Planche V.

Cette Planche nous fait voir le développement du principal corps-de-logis A; & les deux aîles de bâtiment placées à la droite de la cour & du jardin, mar-quées B, C. Ces deux aîles ſont ornées d'arcades en plein ceintre, & leurs pié-droits ſont chargés de refends. Ces piédroits en général ſont un peu trop ſvel-tes, mais depuis que du côté du jardin on a pratiqué, en B, une gallerie à la pla-ce des portiques qui ſe voyent ici, & depuis qu'on a rempli ces arcades par des croiſées, ils paroiſſent moins légers, & ſemblent porter avec plus de ſolidité la terraſſe qui eſt au-deſſus. Les piédroits des arcades du côté de la cour paroiſſent auſſi moins grêles qu'ils ne le ſont dans cette Planche, depuis qu'on a bouché ces arcades pour ne les faire que feintes, à l'exception de celle marquée C, qui eſt réelle, & qui ſert d'entrée à la baſſe cour.

La coupe du principal corps-de-logis A exprime avec aſſez de juſteſſe la dé-coration intérieure de ce bâtiment qui, pris en général, indique l'eſprit de con-venance qui doit préſider dans l'édification d'une maiſon particuliere, principa-lement par la retenue qu'on a obſervée dans ſes élévations. Nous remarquerons mê-me, qu'à l'exception de la grandeur de la plûpart des pieces qui compoſent ce bâ-timent, ſa diſtribution eſt fort ingénieuſe, & qu'elle peut ſervir de modele dans un édifice de quelque importance, où le terrain & la dépenſe ſont ordinairement moins limités.

CHAPITRE XVII.

Defcription de la Maifon de M. du Chatel, rue de Richelieu.

Maifon de
M. du Châ-
tel.

CETTE maifon fut bâtie en 1704, fur les deffeins de M. Cartaud (a); Architecte du Roi, pour M. *Crozat le Jeune*: elle a enfuite appartenu à feu M. le Marquis *du Châtel*, Lieutenant Général des Armées du Roi, qui y fit faire des augmentations & des embelliffemens affez confidérables, par M. *Le Carpentier* (b), Architecte. Elle eft occupée aujourd'hui par Madame *du Châtel* & par M. *de Gontaud*, fon gendre, Lieutenant Général des Armées du Roi.

Plan général des jardins, bâtimens & dépendances. Planche Premiere.

Cette Planche préfente le plan des jardins de cette maifon ; la diverfité de fes formes nous a porté à en donner les deffeins. Le jardin de propreté eft féparé du potager par le boulevard, par deffous lequel on paffe pour communiquer de l'un à l'autre, & qui étant plus élévé que le rez-de-chauffée de ce bâtiment, procure à fon premier étage un afpect d'autant plus riant, que cette promenade eft aujourd'hui très-frequentée.

Ces deux jardins contiennent environ huit arpens, terrain affez confidérable pour une maifon particuliere, furtout dans un quartier auffi habité. Le potager eft comparti par neuf triangles, compofés de planches pour les légumes & entourés de plate-bandes qui contiennent des arbres fruitiers. Au milieu d'une étoile que forment ces triangles, il y a un baffin qui fournit de l'eau à ce jardin. Les lignes ponctuées, marquées A, indiquent le chemin couvert qui paffe fous le rempart. Ce chemin donne dans une ferre B conftruite & voutée en pierre, qui tient lieu d'orangerie. Le jardin de propreté eft divifé en un très-beau boulingrin C de forme variée & placé en face du bâtiment, en un maffif de bois de haute futaye, au milieu duquel eft un bofquet de verdure D, & en deux parterres à l'Angloife de gazon découpé E, entourés de plate-bandes de fleurs. Les taluds F fervent à racheter les différentes inégalités du terrain de ce jardin. Ces inégalités font un très-bon effet par la diverfité des pentes & des points de vûes d'où cette verdure eft apperçûe. Vers G, en face de la Maifon, eft un frontifpice d'Architecture réelle qui femble annoncer l'entrée d'un fallon, mais qui eft feulement adoffé à un mur qui fépare ce jardin d'avec celui de l'Hôtel de Grammont. Le pavillon marqué H eft le logement du Jardinier, avoifiné de deux cours qui dégagent par le cul-de-fac de la Grange-Bateliere. Les bâtimens du principal corps-de-logis & fes dépendances font marqués ici par maffes, on en va voir les diftributions dans les Planches fuivantes.

(a) Voyez ce que nous avons dit de ce célébre Architecte, T. I. page 222. note (a).

(b) M. *le Carpentier* eft un des Architectes modernes qui eft le plus occupé aujourd'hui à Paris. Sa capacité lui a acquis la confiance d'une grande quantité de perfonnes de la premiere confidération. On peut dire de cet Artifte, que non-feulement il eft habile Architecte & de beaucoup d'expérience, mais qu'il entend très-bien la diftribution & la décoration des appartemens; ce qu'il a fait executer dans ce genre à l'Hôtel de *Luxembourg*, eft une preuve de ce que j'avance. Il vient de faire auffi élever un Hôtel, rue du Rogard, pour Madame la *Comteffe de Luffai*. Cet Hôtel eft très-bien entendu, & lui fait beaucoup d'honneur auprès des Connoiffeurs & des perfonnes impartiales. Il bâtit actuellement pour M. *Bouret* une maifon, dont la terraffe donne fur les jardins potagers de celle que nous décrivons ; enfin il a fait une jolie maifon de plaifance près Montmartre, pour M. *de la Boiffiere*, laquelle eft peut-être une des plus ingénieufes qui fe voyent à Paris & aux environs. Nous paffons fous filence une infinité d'autres ouvrages d'importance, tels que l'Hôtel de Ville de *Rouen*, dont il vient de faire le projet, l'Abbaye de *Clairvaux* qu'il a fait bâtir, le College de *Bourgogne* & fon Eglife, à Paris, &c.

Plan du rez-de-chauffée. Planche II.

La Figure Premiere donne le plan du rez-de-chauffée. Le corps-de-logis de ce bâtiment eſt triple ſur ſa largeur, & quadruplé ſur ſa profondeur; comme il eſt iſolé de toutes parts, cela a donné occaſion à cette diſtribution, auſſi ingénieuſe que nouvelle. Une cour quarrée de 17 pieds, au milieu du maſſif de ce bâtiment, éclaire avec ſuccès le grand eſcalier & les garderobes qui ſont compriſes dans le corps-de-logis. Cette cour, qui ailleurs ſeroit blâmable, eſt ici un coup de génie, non-ſeulement parce que les bâtimens étant fort peu élévés, elle eſt aſſez éclairée, mais parce qu'elle dégage avec beaucoup d'induſtrie les petits corridors & les eſcaliers des entreſols. Aux deux côtés du veſtibule ſont deux antichambres qui conduiſent chacune à une chambre à coucher & à deux cabinets. Ces deux pieces donnent entrée à une gallerie qui a de longueur toute la façade du bâtiment & de largeur environ le tiers de ſa longueur. De grandes glaces placées en face des croiſées y répétent le ſpectacle du jardin; ſur ſa longueur, vis-à-vis de la porte, eſt une cheminée de marbre ornée d'enfans de bronze doré d'or moulu, portant des girandoles. La voute de cette gallerie eſt peinte par *La Foſſe*: il y a repréſenté la naiſſance de Minerve ſortant du cerveau de Jupiter, &c. Cet ouvrage eſt très-eſtimé des Connoiſſeurs.

La ſalle à manger eſt ſituée du côté du jardin, dans l'aîle de bâtiment placée à la droite de la cour. Cette ſalle, depuis quelques années, a été augmentée de douze pieds, comme on le voit par les lignes ponctuées A. On entre dans cette ſalle par l'antichambre, au lieu qu'auparavant on y entroit par le tambour circulaire B qui ſe voit ici. Cette augmentation regne dans toute la hauteur du bâtiment, de maniere qu'au premier étage au-deſſus de cette ſalle, on a pratiqué un fort beau ſallon (*c*) vers l'endroit marqué A, Figure II. Ce ſallon communique au principal corps-de-logis par la porte B, même Figure. Le rez-de-chauſſée de cette aîle eſt occupé par différentes pieces pour le ſervice de la maiſon. Au-deſſus de ces piéces ſont des entreſols auxquels on monte par l'eſcalier C; on en a conſtruit un nouveau (*d*) vers D, pour monter au premier étage de cette aîle, dans laquelle ſont diſtribués des appartemens qui répondent à la magnificence du ſallon dont nous venons de parler. Dans l'enclave E on a menagé de nouvelles commodités à l'uſage des baſſes cours, mais comme ces augmentations ſont peu intéreſſantes & que ce plan a été anciennement gravé, on ne les a pas ajoutées ici.

' *Elévation des façades du côté de la cour & du côté du jardin.* Planche III.

La Figure Premiere donne la façade de ce bâtiment du côté de la cour. L'avant-corps eſt décoré au rez-de-chauſſée de pilaſtres Ioniques & d'un Ordre Attique au-deſſus, couronné d'un fronton. Nous avons remarqué ailleurs combien il étoit important de ne pas faire uſage d'Ordres d'Architecture dans un petit bâtiment, dans la crainte que la diviſion de leurs parties ne produiſit un mauvais effet: on les a cependant riſqué ici, quoiqu'il ſoit aiſé de ſe convaincre que l'élévation répréſentée par la Fig. III, fait un meilleur effet ſans cette richeſſe indiſcrete qu'on remarque dans celle dont nous parlons, la ſimplicité étant préférable à tous les membres d'Architecture qu'occaſionnent les Ordres, qui n'ont été imaginés dans leur origine que pour les grands édifices, & non pour les maiſons des particuliers.

____

(*c*) Voyez la décoration de ce ſallon dans le ſeptieme Volume de ce Recueil.

(*d*) Toutes ces nouvelles augmentations ont été faites ſur les deſſeins & ſous la conduite de M. *le Carpenier*.

L'élévation principale du côté du jardin (Figure II.) n'a point d'Ordres d'Architecture , mais elle n'en eft pas plus eftimable. Un petit fronton triangulaire en-
fermant une niche circulaire , fans autre néceffité que de recevoir une coquille , laquelle produit un ornement déplacé , termine un avant-corps fort étroit pour fa hauteur. Cet avant-corps eft flanqué de chaines de refends qui paroiffent poftiches ,
quoiqu'elles fimétrifent avec celles des extrêmités de la façade tenues trop élan-
cées, & qui n'ont aucune analogie avec la péfanteur des trumeaux, tandis que ceux-ci
par un contrafte outré font furchargés de tables à oreilles , qui ne devroient jamais
trouver place dans une décoration en pierre , ni dans les façades extérieures d'un
bâtiment.

La Figure III eft , comme nous l'avons déja remarqué , d'une ordonnance plus
réguliere & mieux entendue. Si les chaînes de refends des extrêmités des avant-
corps étoient plus nourries , les portes qui defçendent fur les perrons moins fveltes , & les trumeaux de fes pavillons moins larges, il n'y a point de doute que
cette élévation ne fut un modele à fuivre dans toutes les ordonnances des bâtimens de peu d'importance.]

Coupe du principal corps-de-logis & élévation de l'aîle fur la cour. Planche IV.

Cette coupe montre le développement intérieur du principal corps-de-logis ;
au milieu duquel fe voit la cour marquée A , dont nous avons parlé, Planche I.
Lors de la reftauration de cette maifon , pour rendre cette cour plus fpacieufe &
la préferver de toute humidité , on a fupprimé les petits corridors du rez-de-
chauffée qui la rétreciffoient ; par ce moyen elle eft très-falubre & d'une grande
commodité. Sous l'efcalier à droite , marqué B , on a pratiqué une pompe & un
réfervoir qui contribuent à la propreté de cette cour, & fourniffent de l'eau aux
garderobes qui lui font adjacentes. Le veftibule C eft revêtu de maçonnerie &
décoré d'affez bon goût. Les pieces D font des entrefols pour les garderobes ,
qui ont leur dégagement par la cour & par le grand efcalier. Enfin la piece E
eft la gallerie dont nous avons parlé avec éloge, tant en faveur de fa décoration ,
que de fa fituation avantageufe.

L'aîle de bâtiment F a été élévée d'un étage, auquel on monte par un nouvel efcalier fitué à la place marquée D , dans le plan du rez-de-chauffée , Planche
Premiere. C'eft dans ce premier étage qu'on a diftribué l'appartement & le fallon dont nous avons fait mention ; mais comme la décoration extérieure de ce
premier étage eft d'une ordonnance affez fimple & d'une exécution médiocre ,
nous ne l'avons point donnée. L'extrêmité de cette façade , marquée G , indique le
mur de la cour principale qui la fépare d'avec l'avant-cour , & dont on n'a pas
continué la décoration dans cette Planche , parce qu'elle eft peu intéreffante.

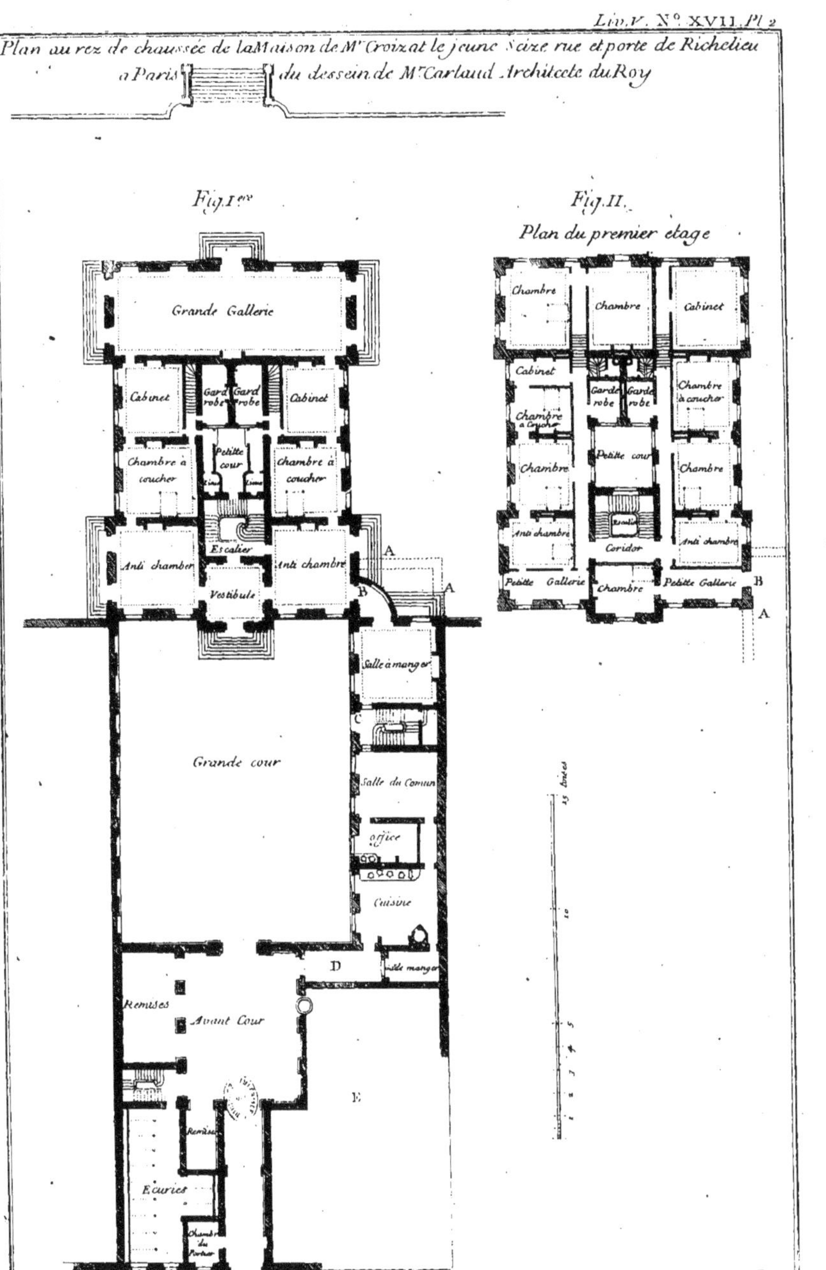

Liv.V. N°. XVII. Pl.2
Plan au rez de chaussée de la Maison de Mr Croizat le jeune Scize rue et porte de Richelieu a Paris du dessein de Mr Carlaud Architecte du Roy
Fig. Iere
Fig.II.
Plan du premier etage
Grande Gallerie
Cabinet
Gard robe
Gard robe
Cabinet
Chambre a coucher
Petitte cour
Chambre a coucher
Escalier
Anti chambre
Vestibule
Anti chambre
A
A
B
Salle a manger
C
Salle du Comun
office
Cuisine
Grande cour
D
Salle a manger
Remises
Avant Cour
Remises
E
Ecuries
Chambre du Portier
Chambre
Chambre
Cabinet
Cabinet
Garde robe
Garde robe
Chambre a coucher
Chambre a coucher
Chambre
Chambre
Anti chambre
Petitte cour
Anti chambre
Escalier
Coridor
Petitte Gallerie
Chambre
Petitte Gallerie
B
A
15 toises
524

CHAPITRE XVIII.

Description d'une Maison sise rue de Richelieu, près le Boulevard.

CETTE maison a été connue long-tems sous le nom d'Hôtel Des Chiens ; elle fut bâtie vers 1710, sur les desseins du sieur *Levé* (a), Architecte. Elle appartient aujourd'hui à M. le Marquis *de Creil*, Gouverneur de Thionville, en Flandres, qui l'a louée depuis environ neuf ans pour en faire les écuries de Madame la Dauphine. Le principal corps-de-logis au rez-de-chaussée est occupé par M. le Comte *de Mailly*, Premier Ecuyer de cette Princesse, & Lieutenant Général des Armées du Roi : au premier étage, est l'appartement de Madame la Comtesse, son Epouse.

Plan du rez-de-chaussée. Planche Premiere.

Cette Planche ne donne que le plan du principal corps-de-logis, celui de la grande cour & quelques dépendances : les basse-cours qui font à gauche ne font point exprimées ici, étant bâties affez irrégulierement ; nous dirons seulement qu'elles contiennent environ douze remises & des écuries pour 40 chevaux, y compris celles qui fe remarquent dans cette Planche.

Les appartemens du principal corps-de-logis font diftribués doubles, entre cour & jardin, & décorés avec quelque magnificence. Le grand efcalier, placé à gauche, est vafte & bien terminé dans fa partie fupérieure. Ce corps-de-logis a deux étages & une manfarde, les aîles de la cour n'en ont qu'un formant terraffe, & font décorées d'arcades couronnées d'une baluftrade d'une compofition qui n'est pas fans mérite.

On n'avoit point gravé le plan du premier étage, & comme il est diftribué fur les mêmes murs de refends que le principal corps-de-logis au rez-de-chaussée, nous n'avons pas crû devoir le donner ici, non plus que les jardins, qui d'ailleurs font fort peu de chofe & mal entretenus.

Elévations du côté de la cour & du côté du jardin. Planche II.

Les décorations des façades font fort fimples : deux étages & une manfarde en déterminent la hauteur. Les croifées pêchent contre les régles de la proportion, dont il n'est pas permis de s'écarter dans quelque efpece de bâtiment que ce foit, ainfi que nous nous l'avons déja obfervé ; d'ailleurs les tables affectées dans les trumeaux, les corps de refend trop fveltes, & les parties anguleufes des avant-corps qui terminent l'élévation du côté de l'entrée, préfentent une Archi-

---

(a) Cet Architecte est peu connu, nous le croyons éléve de M. *Dullin*. Il a bâti à Paris plufieurs maifons affez confidérables, entr'autres, vers 1707, l'Hôtel du Duc *d'Antin*, pour *François Mauricet de la Cour*, connu fous le nom de *De la Cour des Chiens*, fameux Traitant. Cet Hôtel est vafte, mais fitué de maniere qu'il a porté long-tems le nom d'*Hôtel de Travers*. En 1710, le Roi, créancier de *Mauricet*, prit cet Hôtel en payement, & en 1712, il le céda à M. le Comte de Touloufe. Ce Prince le vendit en 1713, à *Louis Antoine Pardaillan de Gondrin*, Duc d'*Antin*, qui y fit faire des augmentations confidérables. C'est aujourd'hui M. *Paris de Montmartel* qui occupe cet Hôtel. Nous n'en donnons point les deffeins dans ce Recueil, à caufe de fon irrégularité ; les jardins cependant ont des beautés qui méritent quelque attention.

 tecture peu réfléchie. Nous remarquerons cependant que les profils de ces façades paroiffent d'affez bon goût fur le lieu, ce qui fuppofe quelque théorie dans l'Architecte ; mais l'exécution de ce bâtiment en général eft fi médiocre, qu'elle annonce peu d'expérience, & fa conftruction, quoique folide, laiffe entrevoir la négligence de l'appareil.

L'élévation repréfentée par la Figure II, quoique de la même ordonnance que celle du côté de la cour, a quelque chofe de moins mefquin, par rapport à la largeur de fes trumeaux, mais fa fimplicité eft trop outrée pour une façade du côté des jardins, furtout appartenant à un bâtiment, qui dans fon origine fut érigé pour un Hôtel. En effet, quoique nous ayons plus d'une fois recommandé la fimplicité dans l'Architecture, il n'eft pas moins vrai que c'eft s'éloigner de l'efprit de convénance que de préferer une ordonnance triviale à une décoration fufceptible de quelque agrément, lorfqu'il s'agit d'ériger un édifice pour la demeure d'une perfonne au-deffus du vulgaire. Cependant comme ces Planches étoient gravées anciennement, que d'ailleurs la diftribution de cet Hôtel a quelques parties intéreffantes, & qu'enfin ce Recueil doit naturellement contenir des bâtimens de tous les genres, celui-ci, quoique trop fimple dans fes façades, fervira à prouver combien il eft effentiel d'éviter les reproches que nous nous fommes trouvé forcés de faire à l'Architecte qui en a donné les deffeins.

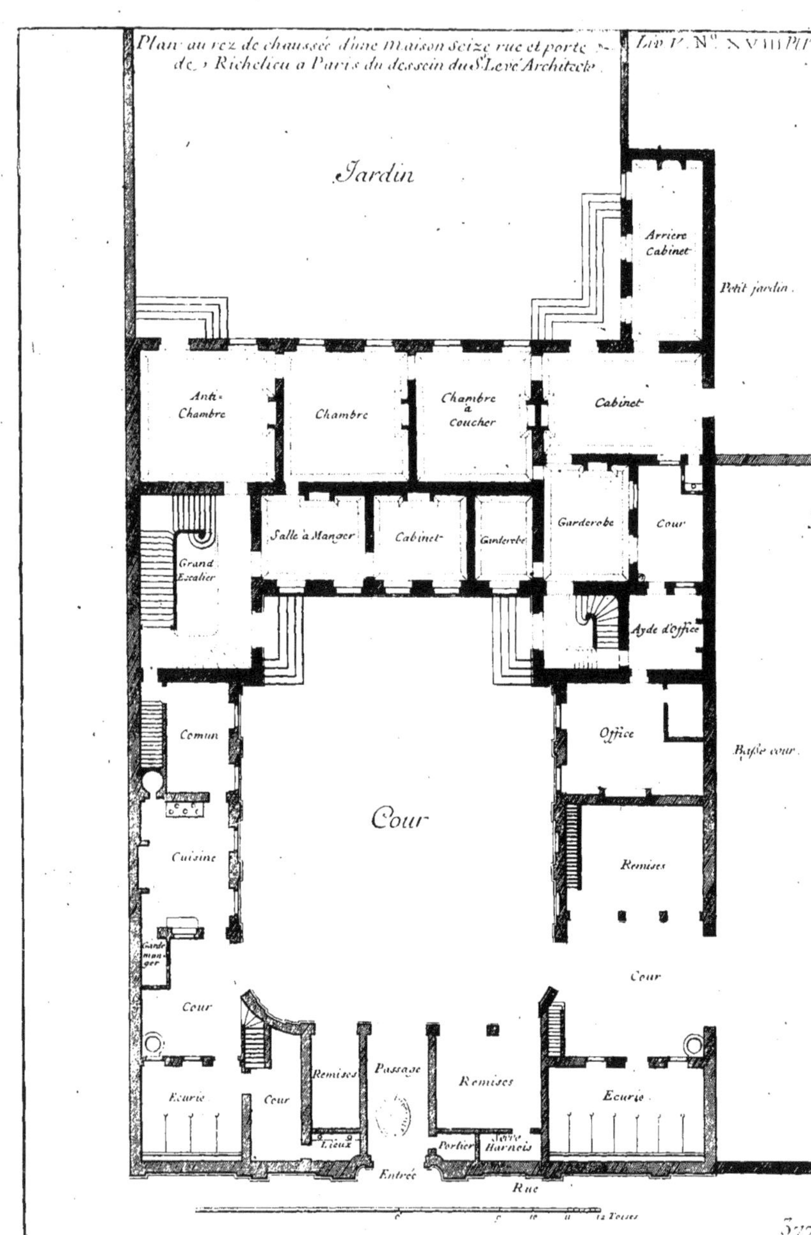

Plan au rez de chaussée d'une Maison Seize rue et porte
de Richelieu a Paris du dessein du S.t Levé Architecte
Liv V N.° XVIII Pl.
Jardin
Arriere Cabinet
Petit jardin
Anti Chambre
Chambre
Chambre a Coucher
Cabinet
Cour
Grand Escalier
Salle à Manger
Cabinet
Garderobe
Garderobe
Cour
Ayde d'Office
Comun
Office
Basse cour
Cuisine
Remises
Garde manger
Cour
Cour
Ecurie
Cour
Remises
Passage
Remises
Ecurie
Lieux
Portier
Serre Harnois
Entrée
Rue
Toises

CHAPITRE XIX.

Description de l'Hôtel Desmarets, rue S. Marc.

C ET Hôtel fut bâti en 1704, sur les desseins de M. *De Lassurance*, Archi-tecte, Controlleur des Bâtimens de Sa Majesté (*a*), pour M. *Rivié*, Sécrétaire du Roi, qui en 1711, le céda à M. *Nicolas Desmarets*, Contrôleur Général des Finances. Après sa mort, il fut vendu à M. le *Duc de Luxembourg* : il appartient aujourd'hui à M. le *Duc de Luxembourg*, son fils, Chevalier des Ordres du Roi, Capitaine de ses Gardes, Lieutenant Général de ses Armées, & Gouverneur de la Province de Normandie. En 1749, ce Seigneur y fit faire des augmentations considérables sur les desseins & sous la conduite de M. *Le Carpentier*, Archi-tecte (*b*).

Les jardins de cet Hôtel sont assez spacieux ; ils se terminent au boulevard, dont les allées semblent se réunir à celles de ce jardin, ce qui lui procure un coup d'œil fort agréable. Nous n'en donnons point ici les plans ; ce genre de beauté est peu touchant dans la plûpart des desseins, & l'aspect des lieux peut presque seul inspirer & fertiliser le génie dans cette partie de l'Architecture. Un grand parterre, de belles pallissades, des terrasses de forme variée, des boulin-grins, des bosquets, &c. veulent être examinés de près ; comme la nature fait la plus grande partie des frais du jardinage, c'est elle qu'il faut consulter, l'Art vient ensuite, & alors l'homme de génie sçait tirer avantage du terrain le plus ingrat. Cependant pour satisfaire les amateurs, nous avons inféré dans ce Recueil les jardins qui nous ont paru plus compliqués que celui dont nous parlons, & qui appartiennent d'avantage à l'Art.

Plan du rez-de-chaussée. Planche Premiere.

Sans avoir égard aux augmentations qui ont été faites à cet Hôtel, comme supple-ment, ni à quelques changemens arrivés dans ce plan, dont nous parlerons ci-après, nous observerons que sa distribution, telle que M. *De Lassurance* l'a fait exécu-ter, est assez ingénieuse. Il seroit cependant à désirer que la forme du sallon fut au moins quarrée, encore est-il mieux en général qu'il se présente sur sa pro-fondeur. On ne sçauroit être trop scrupuleux sur la proportion d'une pareille pie-ce, c'est ordinairement le lieu le plus orné du bâtiment, & l'on ne doit rien né-gliger pour lui donner le pas sur toutes les autres parties de la distribution ; aussi cette piece, dont la cage est ancienne, a-t'elle été magnifiquement décorée en 1749, sur les desseins de M. *Le Carpentier*. Comme ces desseins se trouveront dans l'*En-cyclopédie*, nous ne les donnons point dans ce Recueil.

Le grand escalier est placé à droite de l'entrée du bâtiment, & ne semble faire qu'un tout avec le vestibule, ce qui le rend spacieux, & procure une entrée magnifique à tous les appartemens.

La cour est d'une assez belle proportion ; elle auroit néanmoins acquis une meilleure forme, si les pavillons du principal corps-de-logis, marqués A, B, n'eus-sent pas été aussi saillans. Ils resserrent trop l'élévation du côté de la cour, nui-sent à la lumiere du grand escalier & de la salle à manger ; & rendent la cour difforme par des ressauts trop marqués. Voyez la Figure Premiere de la Planche Troisieme.

(*a*) Voyez ce que nous avons dit de cet Architecte ; Tome I. page 232. note *a*.

(*b*) Voyez ce que nous avons dit de cet Architecte ; Chap. XVII. de ce Volume.

Les changemens faits dans la diftribution du principal corps-de-logis confiftent principalement dans une porte qu'on a percée à la place de la cheminée ; dans la falle à manger, dont on a fait une antichambre : de la chambre à coucher, on a fait une falle d'affemblée, & d'un cabinet à gauche, une chambre à coucher pour M. le Duc de Luxembourg, avec les dégagemens & les garderobes qui conviennent à un appartement de Maître. Le grand cabinet à droite eft aujourd'hui la chambre de Madame la Ducheffe, & l'arriere-cabinet eft une toilette, derriere laquelle font des garderobes qui dégagent dans de très-grandes baffe-cours placées en C, que M. le Duc de Luxembourg, pere de celui d'aujourd'hui, fit conftruire, quand il eût acquis des héritiers de M. Defmarets cet Hôtel tel que nous le donnons.

A ces augmentations confidérables, qui font tout le mérite des dépendances de cet Hôtel, on a ajoûté en 1749, fur les deffeins de M. *Le Carpentier*, un nouveau pavillon du côté du jardin, de 12 toifes de face fur cinq de profondeur, y compris un avant-corps à pans. Ce pavillon renferme une falle à manger de forme elliptique, décorée avec beaucoup de goût & accompagnée d'un buffet, précédée d'un petit antichambre qui communique à la toilette par une porte à côté de la cheminée, vers D. Le mur latéral de ce pavillon commence en E, & faille dans cet endroit de 19 pieds fur le jardin. De l'autre côté de la falle à manger, on a pratiqué une falle des bains à deux baignoires, avec un lit en niche au milieu & des garderobes décorées & meublées avec beaucoup de goût & d'intelligence.

Le refte de ce bâtiment n'a pas fouffert de grands changemens, à l'exception des cuifines, que l'on a aggrandies & qui étoient renfermées dans un trop petit efpace.

Elévation du côté de la rue, & plan du premier étage de cet Hôtel.
Planche II.

Le premier étage (Figure I.) eft occupé par M. le Duc de Montmorenci. Le diamétre des pieces, étant affujetti aux murs de refend du plan précédent, n'a pas fouffert de grands changemens, & à l'exception de quelques portes qu'on a percées & de quelques commodités formées par des cloifons, ce plan eft refté tel que nous le donnons. Nous obferverons feulement en général que la forme des chambres à coucher n'eft pas à imiter, leur proportion n'étant pas indifférente à caufe de la place du lit, qui exige que ces fortes de pieces ayent une profondeur convenable. Voyez ce que nous avons dit à ce fujet dans notre *Introduction*, Tome I. page 34.

La Figure deuxieme donne la façade de cet Hôtel du côté de la rue. Au milieu eft la principale porte d'entrée ; cette porte eft en vouffure, & eft ornée de colonnes accouplées d'Ordre Compofite : ces colonnes font engagées dans le mur, élévées fur un focle, & couronnées d'un entablement terminé en plein ceintre. Nous avons déja blâmé ce genre de corniche circulaire ; fa péfanteur & fon diamétre anéantiffent toûjours l'Ordre qui la foutient. D'ailleurs la fuppreffion de la frife & de l'architrave, dans cette corniche en plein ceintre, compofe une Architecture vicieufe, qu'on ne doit point imiter ; l'efpece de comble à la manfarde qui couronne cette porte, produit dans cet amortiffement une obliquité qui ne fait pas un bon effet, non plus que les couvertures interrompues de cette façade ; elles compofent autant de parties féparées, qui nuifent à l'unité, fi néceffaire à obferver dans la décoration d'un édifice. Ce même défaut fe remarque dans les combles de cet Hôtel, & loin de faire un genre de décoration convenable, dans un bâtiment de quelque importance ils devroient toujours être mafqués, ou lorfque la néceffité

les

les amene naturellement, du moins faut-il les faire continus, à moins qu'il ne Hôtel Delmarch. foit de quelque utilité de faire pyramider, par un dôme quarré ou circulaire, la partie du milieu, comme on l'a obfervé au Château de Clagny, au Palais des Thuileries, &c. Enfin les arriere-corps & les pavillons de cette faça de font décorés d'une maniere mefquine, les croifées font fans proportion, & les profils très négligés.

Elévations du côté de la cour & du côté du jardin. Planche III.

La Figure Premiere donne l'élévation du côté de la cour, prife, dans le plan du rez-de-chauffée, au-devant des pavillons A, B, contre lefquels viennent fe terminer les aîles de la cour dont on voit ici les coupes. Entre ces pavillons s'élève la façade du principal corps-de-logis percée de fept ouvertures, au rez-de-chauffée, ainfi qu'au premier étage. Au milieu eft un petit avant-corps orné de colonnes Ioniques, avec un Ordre de pilaftres Corinthiens au-deffus, le tout couronné d'un fronton. Cet avant-corps eft trop étroit, les croifées du premier étage font trop élévées, celles du rez-de-chauffée trop bombées, en général l'ordonnance de cette façade eft fans grace, & ne fe reffent point de cette fermeté fi défirable & que nous avons remarquée ailleurs dans les productions de M. *De Laffurance.* Trop occupé fans doute, il s'eft déchargé de la conduite de cet édifice fur quelque Infpecteur ou Contrôleur peu verfé dans fa profeffion. De-là les défauts qui fe remarquent ici, ce qui n'eft pas fans exemple. Un Architecte habile conçoit d'abord l'idée générale de fon bâtiment, il fe réferve de revenir fur fes pas lors de l'exécution, le tems lui manque, il s'en rapporte à un tiers, qui n'étant pas fuffifamment inftruit du local, de l'efprit de l'Architecte, & des loix de la convenance, hazarde des parties vicieufes, furcharge ces mêmes parties d'ornemens mal-entendus, abufe enfin de la confiance du Propriétaire, révolte les Connoiffeurs & déshonore l'Architecte.

La Figure II. préfente la façade du côté du jardin, dont l'avant-corps eft orné d'Ordres d'Architecture, & domine fur tout le refte de l'élévation. Cette maniere de faire pyramider un bâtiment, réuffit toujours bien (d) ; mais nous ne pouvons nous difpenfer de remarquer que cet avant-corps eft peut-être la feule chofe qui mérite quelque eftime dans cette façade; encore n'en faut-il confidérer que les maffes féparément. Car non-feulement fa dimenfion anéantit tout le refte de l'étendue de ce bâtiment; mais les parties qui la compofent, tiennent du déréglement & du défordre que nous avons blâmés plus d'une fois dans nos bâtimens François. En effet l'architrave & la frife de l'entablement Corinthien interrompus par une arcade d'une hauteur extravagante, qui n'a aucune rélation avec les deux aîles de l'avant-corps, & qui nuit à la fimétrie intérieure : des pilaftres maigres, fans relief & exécutés fans art & fans correction, forment l'ordonnance de cette Architecture, qui auroit eu une expreffion plus convenable, fi l'on avoit fupprimé ces Ordres, d'autant plus qu'ils ne devroient jamais entrer pour quelque chofe dans la décoration des bâtimens particuliers, lorfqu'ils ne peuvent avoir un certain diamétre.

Les pavillons de cette façade, dont la largeur difpute avec les arrieres-corps, auroient dû être fupprimés en faveur de la dimenfion de l'avant-corps du milieu. Un bâtiment de 19 à 20 toifes de face ne doit jamais être fubdivifé dans fon étendue par trois avant-corps & deux arrieres-corps ; cette divifion compofe trop de petites parties, & détruit l'effet général, qui eft la premiere confidération qu'on doit obferver dans un bâtiment. D'ailleurs ces pavillons font fi mal compofés &

(d) M. Boffrand eft peut-être le feul Architecte qui ait rencontré le plus heureufement les formes pyramidales, ainfi que nous l'avons obfervé dans le Tome I. en décrivant les bâtimens élévés par cet habile homme.

 d'une Architecture fi médiocre, qu'il n'eft guéres poffible d'imaginer rien de fi
mefquin. L'entablement Ionique eft auffi fans correction & enrichi de moulures
fans choix, fans pureté & fans goût.

Ma fincerité me fufcitera peut-être des contradicteurs & des ennemis ; on me
fera fans doute un crime de m'éléver contre le préjugé dominant. Cependant
rafluré fur l'équité de mes obfervations, & fans avoir égard à la jaloufie des gens
du métier, je crois ne devoir pas paffer fous filence des inadvertances qui pourroient fervir d'autorité, fi elles n'étoient pas rélévées, & qui ne manqueroient
point d'être très-préjudiciables dans la fuite aux progrès de l'Architecture.

Je le répéte, je voudrois avoir autant de lumieres que de zele pour donner à
nos jeunes Artiftes un jufte mépris pour le médiocre, & pouvoir leur indiquer.
où ils doivent puifer le beau. Il eft vrai que la comparaifon fait beaucoup ;
mais j'ajoûterai qu'outre cet efprit de comparaifon, il eft néceffaire de concilier les régles avec le génie, les préceptes fervant certainement de frein au feu déréglé
d'une imagination bouillante. Mais, me dira-t-on, les régles produifent-elles des
beautés réelles ? Oui fans doute, quand elles font fondées fur la nature & dirigées par un Artifte dont le travail & l'étude fçavent embellir toutes les productions ; en un mot il faut tout voir, tout examiner, approfondir tout, fe rendre
compte de tout, après cela ne pas imiter les ouvrages défectueux, fe modeler
fur ceux qui font les plus univerfellement approuvés, ne pas prendre les écarts de
l'imagination pour l'Art même, l'Artifan pour l'Artifte, & le métier pour la fcien-
ce. Avec cette retenue, fi l'on n'arrive pas à l'excellent, on parviendra du moins
à compofer du bon, du paffable, qui ne révoltera pas les Connoiffeurs, & l'on
rencontrera moins de piéges, où fe perdent tous les jours ceux qui dans leur dé-
but prennent l'ombre pour la réalité, & produifent des compofitions monftrueufes,
qui annoncent en même tems, & leur ignorance & l'aveuglement des perfonnes
qui les mettent en œuvre.

Jardin

Liv. V. N.º XIX. Pl. I.ᵉʳᵉ

E

D

Cabinet

Chambre à Coucher

Sallon

Grand Cabinet

Ariere Cabinet

Garderobe

Garderobe

Cour

Salle à Manger

Vestibule

Grand Escalier

Garderobe

Cour

Escalier

Comun

Chambre à Coucher

A

B

C

Office

Cuisine

Remises

Cour d'entrée

Garde manger

Garde manger

Cour

Cour

Harnois

Harnois

Ecuries

Passage

Chambre du Portier

Ecuries

C

Rue St Marc

7   8   9   10   11   12 Toises

370

CHAPITRE XX.

Description du Portail de l'Eglise des Feuillans, rue S. Honoré, près la Place de Louis le Grand ; & de celui de l'Eglise des Capucines, rue Neuve des Petits-Champs, en face de la même Place.

DESCRIPTION

Du Portail de l'Eglise des Feuillans.

Planche Premiere.

LOUIS XIII donna une somme assez considérable pour la construction du Portail de cette Eglise (*a*). Il fut élévé en 1629, sur les desseins de *François Manfard* (*b*), & ce fut, dit-on, le coup d'essai de cet Architecte, qui dans la suite devint si célébre qu'il peut être regardé comme le plus habile de tous nos Architectes François. Ce Portail est composé de deux Ordres de colonnes, l'un Ionique, l'autre Corinthien. Celles de l'avant-corps du milieu font isolées, & celles des extrêmités de ce frontispice font engagées ; l'entablement de ces Ordres retourne sur chaque accouplement de colonnes, sans doute pour donner à l'ordonnance de ce Portail un caractere de légéreté ; mais l'on peut observer que ces retours trop réiterés produisent de petites parties qui nuisent à l'effet général de ce frontispice.

L'Ordre Ionique est d'une belle exécution, les chapiteaux & les ornemens du fût de ces colonnes ont même de très-grandes beautés de détail, mais ces détails paroissent trop recherchés, lorsqu'on les compare avec ceux de l'Ordre supérieur. *Manfard* a voulu imiter en cela ce que *Philibert Delorme* a fait au Palais des Thuilleries ; mais un pareil exemple ne peut servir d'autorité, non-seulement parcequ'on doit réserver la prodigalité des ornemens pour l'Ordre Corinthien, mais aussi parce que tout Ordre qui porte doit avoir dans son ordonnance un caractere plus mâle que celui qui est porté.

Cet Ordre Ionique est élévé sur un piédestal qui a de hauteur les deux septiemes de la colonne, & est couronné d'un entablement qui en a environ un quart. Cet entablement est denticulaire, & sa frise est bombée. L'Ordre supérieur est d'une proportion trop courte rélativement à celui de dessous. Ordinairement on ne lui donne qu'un module de moins de hauteur, ou autrement on prend le diamétre du fût supérieur de l'Ordre d'en bas pour constater le diamétre inférieur de l'Ordre de dessus. Ici la colonne Corinthienne a deux modules un tiers de moins, ce qui rend cet Ordre chétif & contraire à la progression qu'on doit observer entre les Ordres qu'on veut élever les uns au-dessus des autres. Nous nous réservons de parler des moyens les plus certains d'arriver à cette progression dans le huitieme Volume, en faisant la comparaison des Ordres de tous les édifices d'un même genre, & en donnant en particulier le développement de chacune de leurs parties.

Portail de
Feuillans.

(*a*) Cette Eglise fut commencée en 1601. Henri IV. en posa la premiere pierre : elle fut achevée en 1608. Marie de Médicis contribua à son embellissement, & fit faire le rétable du Maître-Autel, qui est orné d'un tableau représentant une Assomption, peint par *Jacob Bunel*, & de deux Anges en adoration peints par *Lafosse*. Dans cette Eglise on voit aussi plusieurs bons tableaux de *Vouet*, de *Michel Corneille*, &c. Dans la nef à gauche on remarque le tombeau vuide du Comte de *Harcourt*, sculpté par *Nicolas Renard*, deNanci, qui mérite quelque estime aussi-bien que les peintures sur verre du cloître de cette Eglise qui font d'une assez grande beauté ; elles font faites par *Sempi*, Flamand, sur les desseins d'*Elie*.

(*b*) Voyez ce que nous avons dit de cet Architecte, T. II. p. 62. n.(*a*).

 Le piédeftal de l'Ordre fupérieur a le tiers de l'Ordre, & l'entablement en a
le quart. Cet Ordre fupérieur eft couronné d'un fronton circulaire dont la forme
péfante eft élégie en apparence par une vouffure auffi circulaire. Sur ce fronton
font deux figures affifes d'une proportion trop forte ; défaut qui fe remarque au Palais du Luxembourg, & au Portail de S. Gervais, dont nous avons parlé dans le Volume précédent.

En général on peut obferver que les pyramides, l'amortiffement au-deffus du
fronton, les confoles renverféés, ou arcboutans, les cartels du deffus des portes,
&c. fe reffentent un peu dans leur compofition du goût Gothique & de l'ignorance
où l'on étoit au commencement du fiecle dernier à l'égard de la Sculpture. Les figures
de ce Portail font même d'une médiocre éxécution, quoique de la main de *Guillin*,
qui depuis a fait dans nos édifices François quelques ouvrages paffables.

Developement du Portail des Feuillans. Planche II.

Cette Planche donne plus en grand les principaux membres d'Architecture du
Portail de l'Eglife des Feuillans ; nous en rapporterons certains détails dans le huitieme Volume, particulierement le chapiteau Ionique, dont la compofition n'eft
pas fans mérite, & que nous comparerons avec celui du Château des Thuilleries,
lequel eft regardé par les Connoiffeurs comme un chef-d'œuvre dans fon genre.

Au bas de cette Planche fe trouve le plan du Portail que nous venons de décrire, & les échelles propres à vérifier les mefures qui fe voyent ici & que nous
avons trouvées affez exactes, quoique lévées & gravées anciennement.

*Defcription de la Porte d'entrée du Monaftere des Feuillans, en face de la Place de Louis
le Grand.* Planche III.

Ce Frontifpice, qui fut élévé en 1676, nous a paru d'une fi belle proportion, que
nous avons crû devoir lui donner place dans ce Recueil, d'autant plus qu'il n'a
jamais été gravé. On prétend que François Manfard, qui avoit reconnu lui-même
quelques défauts dans l'exécution de celui dont nous venons de parler, voulut les
éviter dans celui-ci par une ordonnance plus fimple, plus grave, & plus réguliere.
En effet, malgré fon peu d'étendue & le nombre confidérable d'édifices élévés
dans le même genre en France, cette Porte m'a toujours fait un plaifir que je
ne me fuis point laffé de faire reffentir à ceux que mon état m'a obligé de conduire à nos plus beaux monumens, pour y puifer les principes de la bonne Architecture.

Les hommes peu verfés dans l'Art auront fans doute de la peine à concevoir
qu'une porte quarrée, quatre colonnes & un fronton, (compofition en apparence
affez ordinaire) puiffent mériter l'éloge qu'on fait ici de ce frontifpice. Quelle
différence cependant entre un ouvrage d'Architecture élévé par un homme d'un
vrai mérite, & un autre du même genre érigé par certains Architectes ! Combien n'en remarque-t'on pas même entre une colonne & une autre colonne,
dont la beauté ne confifte pas toûjours, comme quelques-uns fe l'imaginent, à
obferver les dimenfions générales prefcrites par les Anciens, mais à lui donner un
air d'élégance ou de virilité, (il n'importe de quel Ordre) felon que le caractere
de l'édifice femble l'éxiger ; à l'enrichir plus ou moins d'ornemens, & enfin à
donner à fon fuft cette fléxion, ce galbe & cette grace naive, qui fixent l'attention,
attachent les regards, & procurent une vraie fatisfaction aux Artiftes du premier
Ordre. Qu'on y prenne garde & l'on verra que certainement il n'eft pas d'autre

moyen

moyen de plaire dans la décoration d'un édifice qui n'a pas une grande étendue ; j'avance même que dans cette occasion il y a peut-être plus d'art à s'écarter des régles ordinaires, sans néanmoins blesser la vraisemblance, que de les suivre exactement dans toutes ses compositions, par le seul motif d'une imitation servile. Il faut cependant convenir qu'on doit être muni d'une très-grande expérience pour oser prendre sur soi ces altérations qui ne peuvent devenir des fautes heureuses qu'entre les mains d'un homme du premier mérite.

Au reste cette digression n'a rien de commun avec l'ordonnance de la Porte dont nous parlons, qui est exactement réguliere ; elle n'a trouvé sa place ici que pour faire remarquer que très-souvent il n'y a point de comparaison à faire entre deux édifices du même genre, élévés pour la même fin & de la même dimension, lorsque l'un aura été ordonné par un grand Maître, & l'autre par un homme d'un mérite subalterne ; celui-ci sans doute doit suivre aveuglement la route qui lui est prescrite, l'autre peut à son gré ajoûter & soustraire, parce que certainement il aura pour objet dans ces innovations l'aspect de l'édifice, son immensité, son point de distance, & que guidé par les régles de son Art, toutes ses différentes productions annonceront son génie & sa capacité.

Au-dessus de cette porte à platte-bande est un bas-rélief enfermé dans une table quarrée qui fait un bon effet. Ce bas-rélief, d'une assez belle exécution, représente Henri III qui reçoit l'Abbé Dom *Jean de La Barriere* & ses compagnons, dont la vie est peinte sur verre dans le cloître, par *Sempi*, Peintre Flamand, dont nous avons parlé au commencement de ce Chapitre, Note *a*.

Dans le timpan du fronton sont les Armes de France & de Navarre, qui indiquent que cette Maison est de fondation Royale. A chaque côté de ce frontispice est une porte ; l'une & l'autre donnent entrée à des maisons particulieres appartenant aux Feuillans.

Au bas de cette Planche on a marqué le plan de cette Porte : on peut y observer que les colonnes isolées du nud du mur n'ont point de pilastres, parce que sans doute on n'a pas voulu trop embarrasser la voye publique ; moyen moins vicieux que d'avoir engagé les colonnes dans les murs de face, ou bien d'avoir employé des colonnes ovales, comme on le remarque à la Merci, à la culture Sainte Catherine, &c ; ce qui doit toûjours s'éviter dans une ordonnance réguliere, principalement lorsqu'on fait usage de l'Ordre Corinthien.

Dans l'intérieur de la Cour & en face du frontispice dont nous venons de parler, est une porte en voussure & ornée de refends d'un dessein assez élégant.

DESCRIPTION

DU PORTAIL DE L'EGLISE DES CAPUCINES,

Situé en face de la Place de Louis le Grand. Planche IV.

Comme nous ne donnons que le Portail de cette Eglise (*a*), & qu'il est en face des deux que nous venons de décrire, nous avons crû devoir comprendre cette Planche dans le même Chapitre. Ce Portail, d'un genre bien inférieur en beauté aux précédens, fut érigé en 1722, on ignore sur les desseins de quel Architecte ; car ceux à qui nos descriptions de Paris l'ont donné jusqu'ici, le désavouent. Ce qu'il y a de cer-

---

(*a*) Cette Eglise fut bâtie en 1686, sur les desseins de *François Dorbay*, Architecte du Roi ; elle est peu spacieuse, mais les chapelles qu'elle contient, sont d'une grande magnificence & ornées de tombeaux d'une belle exécution : elles sont aussi enrichies de tableaux de prix. Il y en a un, sur le Maître-Autel, qui est de *Jouvenet*, & qui est fort estimé, quoique bien endommagé.

CHAPITRE XXI.

Defcription de la Place de Louis le Grand, près la Porte Saint Honoré.

Place de
Louis le
Grand.

CETTE Place (*a*) a de diamétre 75 toifes fur 70 ; elle fut bâtie par la Ville de Paris, vers l'an 1699, fur les deffeins de *Jules Hardouin Manfard* (*b*). Quoique vafte & d'une affez belle ordonnance, elle a le défaut d'être mal percée, ainfi que la Place Royale, dont nous avons parlé dans le deuxieme Volume, Liv. IV, Chap. XIII.

Nous obferverons cependant que le principal objet qu'on doit fe propofer dans une Place publique, eft qu'elle foit munie d'iffues qui la faffent découvrir de très-loin, & qu'elle foit fituée de maniere qu'on puiffe la traverfer fréquemment pour aller d'un quartier de la Ville à l'autre. Telle eft la Place des Victoires, qui a tous ces avantages, au lieu qu'il faut venir exprès, dans celle dont nous parlons, pour l'appercevoir, ou bien paffer dans la rue S. Honoré, ou dans celle des Petits-Champs.

Le motif de reconnoiffance qui détermine ordinairement le Corps de Ville à éléver au Prince un monument de cette efpece, devroit naturellement indiquer la fituation d'une Place, qui outre l'agrément qu'elle procure, quand elle eft dans un lieu fréquenté, forme toûjours un objet de décoration fi intéreffant , qu'on ne doit rien épargner pour la mettre à la portée des Citoyens & des Etrangers. Nous avons vû nos Architectes, depuis qu'on fe propofe d'ériger à Louis XV une Place qui réponde à l'amour du Peuple pour ce Monarque, mettre tout en ufage pour trouver dans cette Capitale une fituation avantageufe. Le nombre des projets qui ont été faits à ce fujet, eft prodigieux, & l'on peut dire que la plûpart font fentir ce que peuvent les Artiftes de notre fiecle, lorfqu'il s'agit de manifefter leur zele pour les beaux Arts & pour la gloire d'un Prince fi chéri des François & fi eftimé des Nations Etrangeres.

La Planche que nous donnons ici en trois parties qui fe collent enfemble pour ne faire qu'une feule eftampe, montre toute l'étendue d'un des côtés de la Place de Louis le Grand (*c*) & la décoration des deux rues qui y aboutiffent. Un grand Ordre Corinthien élévé fur un foubaffement, qui a de hauteur les cinq huitiemes de cet Ordre, forme la décoration des façades ; au-deffus de l'entablement Corinthien font des lucarnes en pierre de forme alternativement variée.

Cette Place, de la dimenfion de laquelle nous avons parlé, eft à pans dans les angles. Ces pans coupés font compofés d'un avant-corps de trois arcades & de deux

---

(*a*) Du tems de M. de Louvois, Sur-Intendant des bâtimens & Miniftre de la guerre, vers l'an 1687, on commença au haut de la rue S. Honoré, une Place fur le terrain de l'Hôtel de Vendôme & des Capucines, dont le Couvent fut rebâti dans la rue Neuve des Petits-Champs, où il eft aujourd'hui. Cette Place devoit avoir 86 toifes fur 78, & être toute ouverte du côté de la rue S. Honoré. On avoit projetté d'y conftruire une Bibliotheque Royale, un Hôtel pour y raffembler toutes les Académies, un pour la Monnoye, & un pour les Ambaffadeurs Extraordinaires. La mort de M. de Louvois, arrivée en 1691, fit difcontinuer ce projet. On démolit les bâtimens commencés. Le Roi céda les matériaux & l'emplacement à la Ville de Paris, à condition de faire conftruire au Faubourg S. Antoine un Hôtel pour la feconde Compagnie des Moufquetaires, & au Quartier S. Honoré une Place publique, qui eft celle dont nous parlons.

(*b*) Voyez ce que nous avons dit de cet Architecte, T. II. page 141. not. *a.*

(*c*) Cette Place, nommée de Louis le Grand, à caufe des principales conquêtes de Louis XIV, repréfentées en bas-rélief fur le piédeftal qui foûtient la figure de ce Monarque, eft appellée vulgairement *Place de Vendôme*, par l'habitude qu'a eu le peuple de nommer ainfi la premiere place dont nous avons parlé, & qui fut érigée en 1687, à caufe que ces bâtimens furent élévés pour la plus grande partie fur le terrain de l'Hôtel de ce Nom.

arriere-corps qui en ont chacun une. Ces avant-corps, aussi-bien que les pans, comparés avec le diamétre de la Place, sont trop petits ; d'ailleurs les pans coupés sont un effet désagréable, & devroient toujours être exclus des grands édifices, ou du moins faudroit-il les faire précéder de corps qui formassent des angles droits ; autrement les angles obtus rentrans rendent camus les profils des entablemens & des corniches, ce qui ôte à l'Architecture ce caractere fier, toûjours désirable, & que les plus grands Maîtres ont affecté dans leurs édifices.

Au milieu de cette façade s'éleve un grand corps d'Architecture qui fait un assez bel effet. Il comprend cinq ouvertures, une de chaque côté en arriere-corps & trois en avant-corps. Celui-ci est couronné d'un fronton de même grandeur que ceux des pans coupés. Il est orné de colonnes engagées, & elles auroient dû être isolées : 1°. parce qu'on n'étoit pas gêné par l'espace du lieu ; 2°. parce qu'elles font un meilleur effet, & que c'est le propre d'une colonne d'être telle ; 3°. parce que si quelque considération particuliere ne permet pas d'isoler les colonnes, les pilastres, assez univèrsellement reçus dans l'Architecture, doivent en tenir lieu. Un défaut d'ailleurs qui n'est pas pardonnable dans la décoration dont nous parlons, est d'avoir introduit des colonnes jumelles, qui par leur pénétration & celle de leur chapiteau, présentent une idée monstrueuse, ce qu'il faut toujours éviter, malgré l'exemple que nous en avons dans la cour du Vieux Louvre, & dont nous parlerons dans son lieu.

Les combles qui couronnent ces bâtimens, & les lucarnes qui en éclairent l'intérieur, sont dans le même genre, & produisent le même défaut que nous avons remarqué en parlant de la Place des Victoires, Chapitre VIII de ce Volume, page 37, avec cette différence cependant, qu'ici il n'y a point de cheneaux, & que les lucarnes sortent de l'égoût fait d'ardoises, qui passe dessous, ce qui est d'autant plus condamnable, que l'entablement Corinthien divisé de moulures & orné de modillons, sembloit exiger pour amortissement un socle de pierre, ou du moins un cheneau de plomb.

Deux étages sont aussi compris dans la hauteur de l'Ordre, comme à la place des Victoires. Les croisées, les corniches & les ornemens (d) sont à peu près les mêmes. C'est pourquoi nous renvoyons aux observations que nous avons faites ci-devant à l'occasion de cette Place.

Au milieu de la Place dont nous donnons la description, est la statue équestre de Louis le Grand. Cette statue a 21 pieds de haut, elle a été faite par *François Girardon*, (e) célébre Sculpteur, & fondue d'un seul jet le premier Decembre 1692, sous la conduite de *Jean Balthazar Keller*, Suisse de Nation, & fort expérimenté dans les ouvrages de fonte (f).

(d) Ces ornemens ont été éxécutés & conduits par *Jean-Baptiste Poultier*, Sculpteur, de l'Académie Royale, mort en 1719.

(e) *François Girardon*, Sculpteur, nâquit à Troyes en Champagne, en 1627. Après avoir appris les premiers élémens de son Art de Laurent Magnier & de François Anguier, il fut envoyé en Italie, par ordre de S. M. avec une pension de mille écus pour s'y perfectionner dans la Sculpture. A son retour il fut extrémement occupé par les ouvrages que le Roi faisoit faire alors pour l'embellissement de ses Palais. Après la mort de M. Le Brun, arrivée en 1690, Louis XIV, qui faisoit un cas particulier des talens de ce grand homme, le nomma Inspecteur général de tous ses ouvrages de Sculpture, & il n'y eut que le célébre Puget, qui ne voulant point dépendre de lui, se retira à Marseille. En 1695, il fut choisi pour remplir la place de Chancelier de l'Académie Royale de Peinture & de Sculpture, vacante par la décès de M. Mignard. Ses ouvrages qui sont en très-grand nombre, sont admirables surtout pour la beauté de l'ordonnance & la correction du dessein. Pour s'en convaincre, il suffit d'en citer deux, sçavoir le magnifique mausolée du Cardinal de Richelieu, érigé dans l'Eglise du College de Sorbonne, dont il est parlé dans le II. Volume de cet Ouvrage, page 77, & la Statue équestre élévée dans la Place de Louis le Grand, dont il est actuellement question dans ce Chapitre. Girardon mourut à Paris, en 1715, âgé de 88 ans.

(f) Voyez dans les Œuvres de M. Boffrand, imprimés en 1742, la description des opérations de ce célébre Ouvrage.

Cette

Cette ftatue pefe environ 60 milliers; pour la faire on a fondu 83753 livres de matiere : Place de Louis le Grand.

Sçavoir, en lingots provenant de l'épreuve du fourneau, compofée
moitié de cuivre rouge & moitié de cuivre jaune .   .   .   15714 liv.

En culaffes de vieilles pieces de canon .   .   .   .   .   6189.

En lingots compofés de deux tiers de cuivre rouge & d'un tiers
de cuivre jaune .   .   .   .   4860.

En lingots, moitié cuivre rouge & moitié cuivre jaune.   :   45129.

En métal rouge .   .   .   .   :   3539.

En métal jaune.   .   .   .   .   3500.

En lingots provenans de la fonte de Sextus Marius, faite à l'Arfenal de Paris.   .   .   .   .   2820.

Et en étain fin d'Angleterre.   .   .   .   .   .   .   2002.

TOTAL.   .   .   .   .   83753.

Ce monument fut pofé le 13 Août 1699, fur un piédeftal de marbre blanc
de 30 pieds de haut (g) fur 24 de long & 13 de large. Ce piédeftal eft orné
de cartels, de bas-réliefs & de trophées de bronze doré. Sur fes faces font des
infcriptions (h) latines, de la compofition de l'Académie Royale des Infcriptions
& Belles-Lettres. Elles donnent à connoître ce que fit Louis le Grand pour l'E-
glife, pour la France, en général, & pour la Ville de Paris en particulier.

(g) Le piédeftal de la Statue pédeftre qui eft au milieu de la Place des Victoires a 21 pieds de hauteur,
y compris le focle d'en bas & l'amortiffement fupérieur,
quoiqu'il foit dit ci-devant, page 34, qu'il In'en a que 12;

c'eft une faute d'impreffion qu'il faut corriger.
(h) Voyez ces Infcriptions dans Piganiol, Tome II.
pag. 405.

CHAPITRE XXII.

Description de la Maison de feu M. le Préfident de Tunis, & de celle de M. le Baron de Thiers, Maréchal Général des Logis & Brigadier des Armées du Roi, fituées Place de Louis le Grand.

DESCRIPTION

DE LA MAISON DE FEU M. LE PRESIDENT DE TUNIS.

Maifon de M. de Tunis.

CETTE Maifon, bâtie fur les deffeins de *Bullet* (a), Architecte, eft une des premieres qui ait été élévée dans la Place de Louis le Grand : elle fut achevée en 1702, & habitée par *Antoine Crozat*. En 1724, elle fut prefque changée totalement, & a été encore augmentée & embellie confidérablement en 1747, par M. le Préfident de Tunis qui l'occupoit alors, & qui choifit M. *Contant* (b), Architecte du Roi, pour donner les deffeins de ces embelliffemens. Aujourd'hui cette maifon eft occupée par M. le *Duc de Broglie*, gendre de M. le Baron de Thiers, à qui elle appartient par la fucceffion de M. le Préfident de Tunis, fon frere.

Plan du rez-de-chauffée. Planches Premiere & deuxieme.

Cette maifon, fituée dans l'un des angles de la Place de Louis le Grand, contenoit, comme on le voit dans la Planche Premiere, un principal corps-de-logis & deux aîles, dans lefquelles étoient diftribuées des écuries & des remifes. En 1724, à leur place, on pratiqua des appartemens tels qu'ou les voit dans la Planche II. Les baffes cours furent tranfportées alors au fond du jardin, que l'on traverfe fur une chauffée de pavé pour y arriver. Les bâtimens de ces nouvelles baffes cours donnant fur la rue Neuve de Luxembourg, font du deffein de M. *Tanevot*, Architecte du Roi, qui les fit pour M. de Tunis, aux frais de M. de Caftanier, celui-ci ayant échangé avec le Proprietaire de la maifon dont nous parlons, un terrain qui étoit contigu à fa maifon, & où étoient placées les baffes cours de l'Hôtel de Tunis. M. de Caftanier par le moyen de cet échange, a fait bâtir un nouveau corps-de-logis à la place de ces anciennes baffes cours, ainfi que nous le remarquerons dans le Chapitre fuivant.

Nous ne donnons pas le plan des changemens faits en 1747, ni celui des nouvelles baffes-cours, ils nous auroient conduit à une multiplicité de Planches déja affez réiterées pour cet Hôtel, nous remarquerons feulement que dans le nombre des maifons particulieres inférées dans ce Recueil, celle-ci eft peut-être une des plus intéreffantes qui fe voyent à Paris, non-feulement en faveur de fa fituation, mais encore par la richeffe de fa décoration intérieure, l'élégance des ornemens, la magnificence des meubles, & la collection des tableaux de prix que fes appartemens renferment.

Les efcaliers de cette maifon, ainfi qu'on peut le remarquer dans les plans que nous donnons, ont toûjours été affez confidérables. Celui d'aujourd'hui, tout-à-fait différent & d'une compofition finguliere, mérite néanmoins quelque attention. Il eft du deffein de M. *Contant*, ainfi que les autres changemens des appartemens faits en 1747.

(a) Voyez ce que nous avons dit de cet Architecte, Tome II. pag. 93. Note *a*.
(b) Voyez dans ce Recueil les différens bâtimens élévés fur les deffeins de cet Architecte, dont nous avons fait mention plus d'une fois. Voyez auffi ce que nous avons dit dans le Chapitre IX. de ce Volume au fujet des travaux confidérables qu'il fait faire actuellement au Palais Royal.

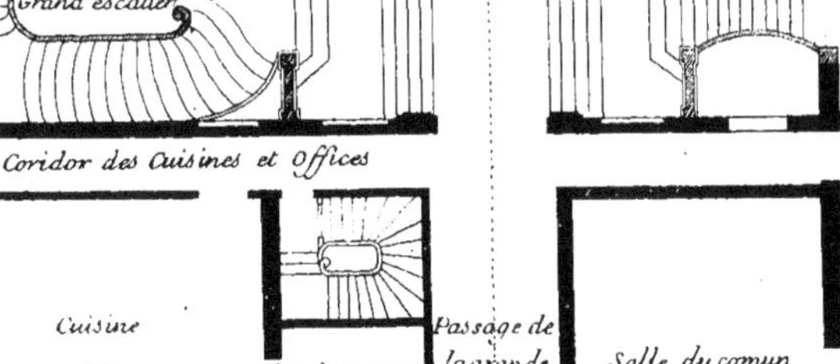

Plan au rez de chaussée de la Maison de Mr Crozat l'aisné, dans la place
de Vandosme rue St Honoré à Paris du dessein de Mr Bullet architecte du Roy
Liv V
No XXII
Pl I
Jardin
1 2 3 4 5 6 pieds
1 2 3 4 5 10 toises
Cour des fumiers
Orangerie
Remises
Remises
Remises
Grande Cour
Ecuries
Chambre
Grand escalier
le Coridor des Cuisines et Offices
Buscher
Garderobe
Cuisine
Passage de la grande porte
Salle du comun
Garde manger
Chambre du Portier
Chambre de l'officier
Place de Louis le grand
A Paris chez JOMBERT, rue Dauphine.
387

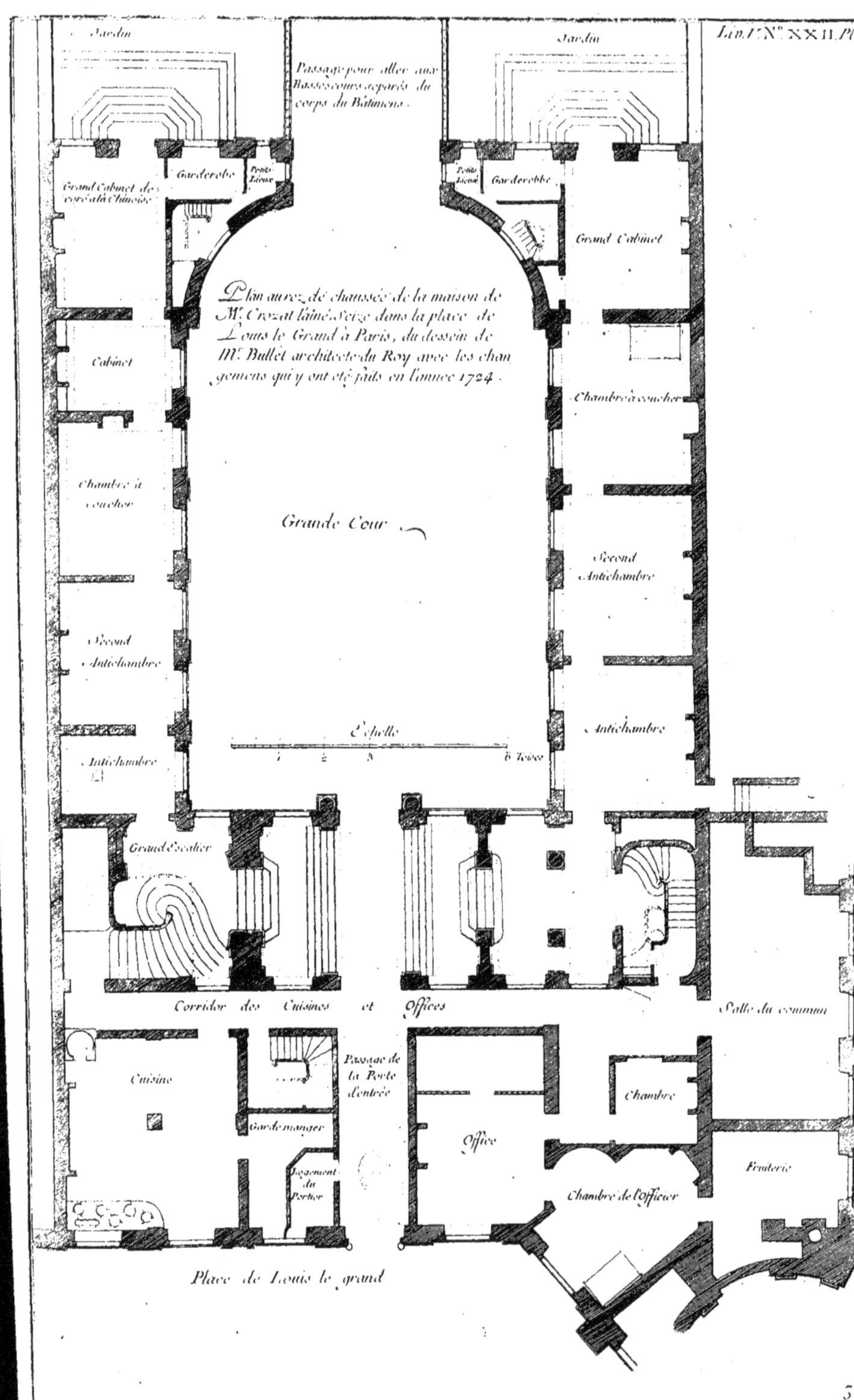

Liv. I.er N.o XXII. Pl.
Jardin
Jardin
Passage pour aller aux Basses cours séparés du corps du Bâtimens.
Grand Cabinet de coté à la Chinoise
Garderobe
Petits Lieux
Petits Lieux
Garderobe
Grand Cabinet
Cabinet
Plan au rez de chaussée de la maison de M.r Crozat l'ainé, Scize dans la place de Louis le Grand à Paris, du dessein de M.r Bullet architecte du Roy avec les changemens qui y ont été faits en l'année 1724.
Chambre à coucher
Chambre à coucher
Grande Cour
Second Antichambre
Second Antichambre
Echelle
1   2   3   6 Toises
Antichambre
Antichambre
Grand Escalier
Corridor   des   Cuisines   et   Offices
Salle du commun
Cuisine
Passage de la Porte d'entrée
Chambre
Garde manger
Office
Fruiterie
Logement du Portier
Chambre de l'officier
Place   de   Louis   le   grand

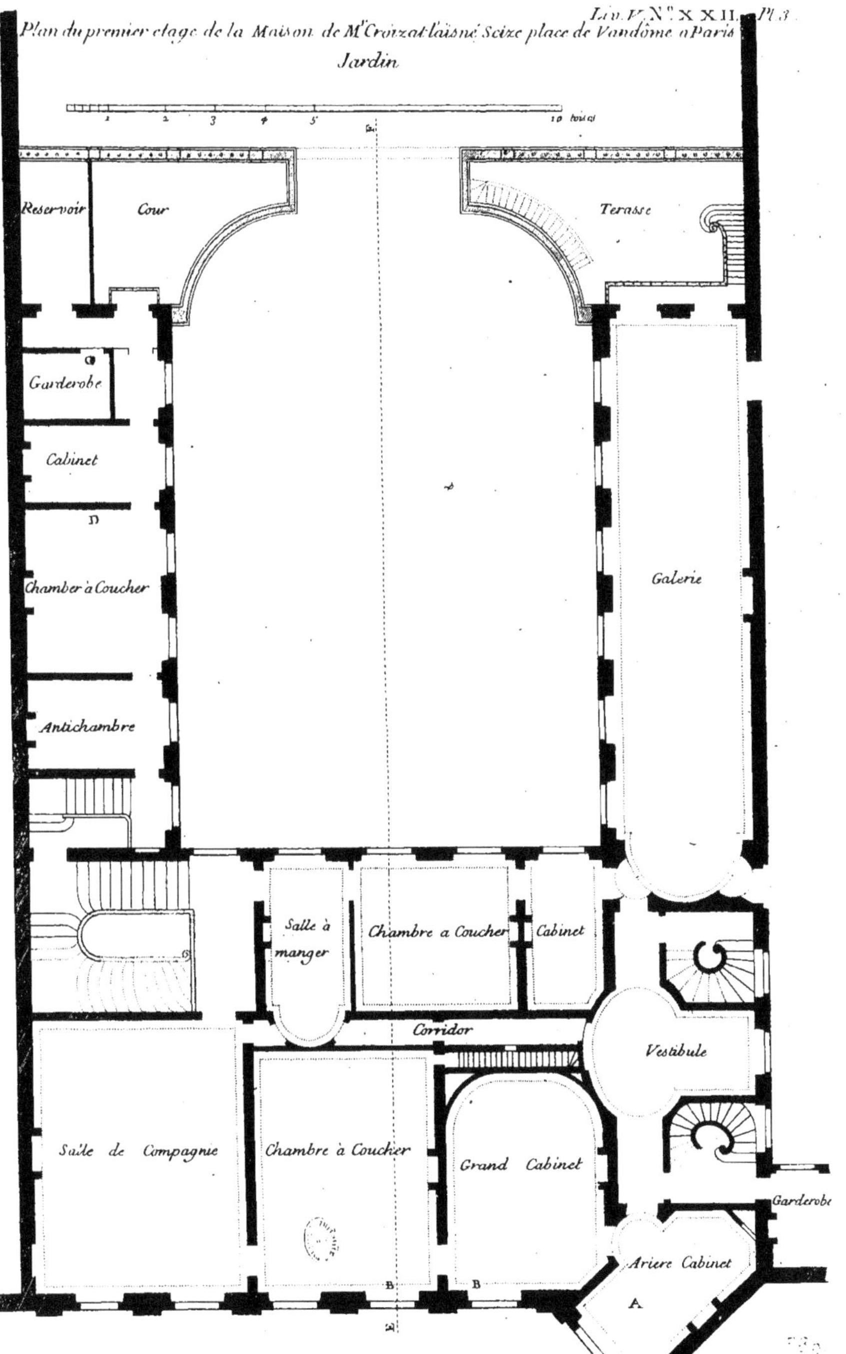
Liv. V. N°. XXII. Pl. 3.
Plan du premier etage de la Maison de M.r Croizat l'aisné Seize place de Vandôme a Paris
Jardin
1 2 3 4 5 10 toises
Reservoir
Cour
Terasse
Garderobe
Cabinet
Galerie
Chamber à Coucher
Antichambre
Salle à manger
Chambre a Coucher
Cabinet
Corridor
Vestibule
Salle de Compagnie
Chambre à Coucher
Grand Cabinet
Garderobe
Ariere Cabinet
A
B B
E

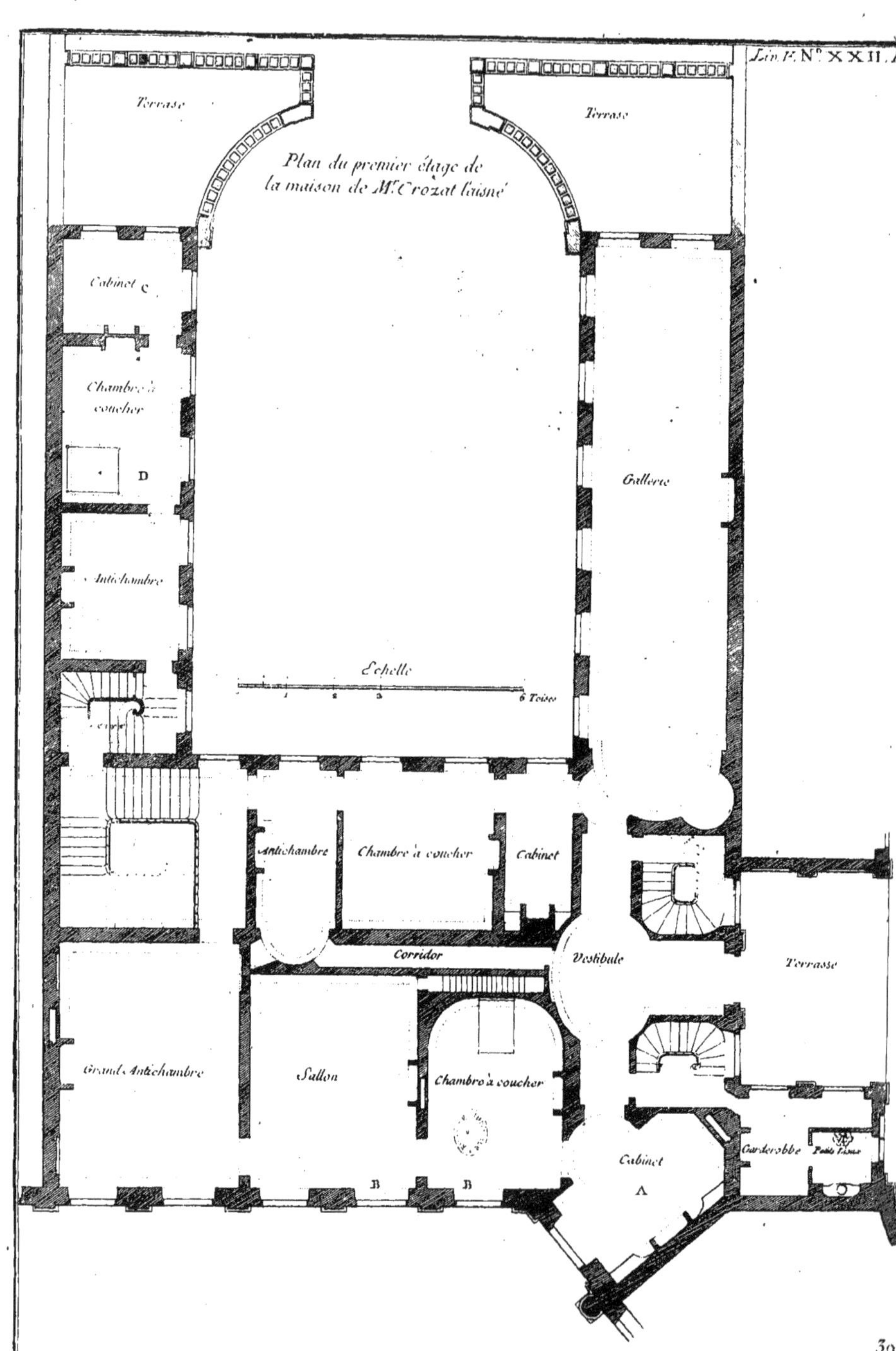

Lin. P. N.º XXII.
Terrasse
Terrasse
Plan du premier étage de
la maison de M.r Crozat l'aisné
Cabinet C
Chambre à
coucher
D
Gallerie
Antichambre
Echelle
1 2 3 6 Toises
Antichambre
Chambre à coucher
Cabinet
Corridor
Vestibule
Terrasse
Grand Antichambre
Sallon
Chambre à coucher
Cabinet
A
Garderobbe
B B
39

Plan du premier étage. Planches III & IV.

Ces deux plans font dans le cas des précédens, c'eft-à-dire que quoique diffe-rens entre eux, ils ne reffemblent prefqu'en rien à la diftribution d'aujourd'hui, à l'exception du mur de face. Maison de M. de Tunis.

La gallerie qui fe voit dans ces Planches, & qui a été peinte en 1723 par *Paul Mattei*, a été racourcie de deux croifées & convertie en bibliotheque. Toutes les autres pieces, à l'exception de celle A, font abfolument changées & décorées avec une magnificence extraordinaire, particuliérement un fallon éclairé par les croifées marquées B, & dont les angles font à pans & ornés de glaces, auffi-bien que les cheminées, les trumeaux, les portes & les croifées ; ces glaces, en répé-tant les objets, procurent plus de grandeur à ce fallon, & forment un effet fur-prenant qui mérite la plus grande admiration.

La Chapelle eft placée en C, la falle à manger en D, &c. Quoique la plus grande partie des meubles & des tableaux dont on a parlé, ne fe voyent plus dans cette maifon, la décoration des lambris de ces appartemens doit exciter la cu-riofité des Connoiffeurs, par le choix & la richeffe des ornemens que l'on y remar-que ; partie de l'Architecture que M. *Contant* entend fupérieurement.

Elévation du côté de la cour. Planche V.

Nous n'entrerons pas dans le détail de la décoration extérieure du principal corps-de-logis de cette maifon ; elle ne trouve place dans cet Ouvrage, ainfi que fes anciennes diftributions, que parce que ces Planches faifoient partie de l'Ar-chitecture Françoife, avant qu'on fe fut propofé d'en faire un livre ; autrement, comme nous l'avons dit plus haut ; nous en aurions donné les plans, tels qu'ils font exécutés aujourd'hui, avec celui des baffes cours & l'élévation de leurs bâti-mens, qui faifant partie du coup d'œil des appartemens des Maîtres, font traités avec une forte de magnificence & difpofés d'une maniere très-ingénieufe. Nous remarquerons feulement ici que l'élévation dont nous parlons, n'offre rien de fa-tisfaifant, les deux colonnes du rez-de-chauffée, ainfi que le fronton du pre-mier étage, préfentant de petites parties, qui fe trouvent anéanties dans la tota-lité de cette façade ; d'ailleurs ces deux colonnes, d'un beaucoup trop petit dia-métre, font imperceptibles du point de diftance d'où l'on doit appercevoir cette façade.

Coupe & élévation d'une des aîles. Planche VI.

Tous les dedans de cette maifon ayant été changés, cette coupe nous donne une idée affez imparfaite du développement de l'intérieur du principal corps-de-logis, pris dans les Planches I & III fur la ligne E, F ; mais comme nous nous propofons d'inférer dans le feptieme Volume quelques-unes des décorations du dedans de ce bâtiment, nous n'avons pas crû devoir les exprimer ici en petit, d'autant plus que cette coupe alors n'auroit eu aucune analogie avec les plans que nous donnons.

On voit fur la même planche l'élévation d'une des aîles du côté de la cour : la décoration de cette aîle eft affez bien entendue, cependant nous remarquerons que les arcades feintes du rez-de-chauffée font d'une proportion trop fvelte, & que le focle de deffus la corniche eft trop bas. On auroit dû élever ce focle au premier étage fans rien changer à la proportion des croifées, les bandeaux feroient venus alors fe repofer deffus, & cette élévation auroit acquis par là plus d'élégance.

DESCRIPTION

DE LA MAISON DE M. LE BARON DE THIERS.

Maison de
M. de
Thiers.

Cette maison fut commencée en 1707, & bâtie auffi fur les deffeins & fous la conduite de *Bullet*. M. *Antoine Crozat* la fit achever pour M. le Comte d'Evreux, fon gendre : enfuite cette maifon, ou plutôt cet Hôtel, fut occupée par différentes perfonnes de confidération, enfin elle eft habitée aujourd'hui par M. de *Thiers*, à qui elle appartient, & qui y a fait faire des augmentations & des embelliffemens confidérables, en 1747, fur les deffeins & fous la conduite de M. *Contant*, Architecte du Roi..

Plan du rez-de-chauffée. Planche VII.

Cette Planche offre la diftribution d'après les deffeins de *Bullet*, & telle qu'elle a fubfifté pendant quarante ans. Nous ne donnons point ici les changemens qui y ont été faits, quoiqu'affez confidérables, nous nous contenterons d'engager les perfonnes qui s'intéreffent aux beaux Arts à aller vifiter cette maifon, une des plus belles qui foit à Paris, & peut-être une de celles qui renferment, après le Palais Royal, la plus riche collection de tableaux des différentes écoles, fans compter un grand nombre de curiofités d'un très-grand prix, diftribuées & arrangées avec un goût digne du Propriétaire à qui appartiennent ces différentes merveilles.

Dans l'enclave marquée A, qui précédemment dépendoit de la maifon dont nous venons de parler, on a conftruit une nouvelle gallerie ornée de tableaux & de glaces qui répétant les chef-d'œuvres qu'elle renferme, fervent à faire paroître ce lieu beaucoup plus fpacieux. La petite piece marquée B, eft devenue un cabinet rempli de mignatures, de bronzes, de deffeins, &c. Au bout de la gallerie, vers la lettre C, eft une chambre en niche, contenant des tableaux de *Teniers*, de *Wauvermens*, &c. Vers D eft un cabinet à pans coupés, orné de tableaux & contenant une très-belle fphere felon le fyftême de *Copernic*. Enfuite eft un petit veftibule qui conduit dans le périftile donnant fur la cour & au nouvel efcalier qui a été reconftruit tout à neuf à la place de celui E. La forme de cet efcalier aujourd'hui eft une demie ellipfe : il eft à deux rampes, décoré de membres d'Architure, partie réels, partie feints, exécutés par M. *Pietre*, Peintre de réputation pour ces fortes d'ouvrages. Cet efcalier eft peu éclairé, ne recevant que de faux jours, il eft d'ailleurs d'une compofition très-ingénieufe.

Les quatre pieces qui donnent fur le jardin, contiennent la plus grande partie de la collection de tableaux dont on vient de parler, & qui proviennent pour la plûpart du cabinet de M. Crozat.

Plan des entrefols. Planche VIII.

Il n'y a d'autre changement confidérable dans ces entrefols qu'un petit appartement vers l'endroit marqué A, & qui donne fur la Place de Louis le Grand ; il a été diftribué & décoré à neuf, fur les deffeins de M. *Varrin*, Architecte. Cet appartement eft auffi rempli d'excellens tableaux & meublé avec beaucoup de goût. Au-deffous, au rez-de-chauffée, eft une petite falle des bains & une garderobe qui procure à ce petit appartement toutes les commodités défirables, ce qui, joint à fon expofition, en fait un lieu de préférence pour la retraite du Maître de la maifon.

Plan

Plan du premier étage. Planche IX.

Le principal corps-de-logis de ce bâtiment, fitué entre cour & jardin, n'a pas laiffé que de recevoir auffi quelques changemens au premier étage. Dans le veftibule en gallerie, on a pratiqué une falle à manger & un cabinet : à la place de l'ancienne falle à manger, eft une chambre à coucher, auffi-bien qu'à la place de l'antichambre du côté du jardin, avec une garderobe entre deux. On entre de cette derniere chambre, par une porte percée dans le mur mitoyen, dans la gallerie en Bibliotheque de la maifon voifine, occupée par M. le Duc de Broglie, que M. de Thiers s'eft réfervée. Les trois pieces donnant fur le jardin font reftées à peu près les mêmes, à l'exception de la tranfpofition des portes & des cheminées, & de la décoration qui a été faite à neuf fur les deffeins de M. *Contant*, & qui eft traitée avec beaucoup de nobleffe & de magnificence.

Maifon de M. de Thiers.

Elévation du côté de la cour. Planche X.

Cette élévation, prife dans le plan du rez-de-chauffée fur la ligne FG, nous fait voir la décoration extérieure du périftile en colonnade. Cette décoration, d'un affez bon goût de deffein, eft d'Ordre Dorique, couronnée d'une corniche architravée. Au-deffus s'éléve un Ordre de pilaftres Ioniques. Entre ces pilaftres font des croifées à platte-bande, qui ont pour claveaux des médaillons & des trophées. Cet Ordre eft terminé par un entablement, au-deffus duquel eft un focle orné de poftes, de mufles de lion, & couronné de vafes qui lui fervent d'amortiffement. Nous obferverons que les piédroits des croifées qui répondent fur le vuide des entrecolonnemens font des porte-à-faux qu'il faudroit toujours éviter dans l'Architecture, ce qui auroit été facile ici en fubftituant aux colonnes du rez-de-chauffée des piédroits qui, obviant à ce porte-à-faux, auroient fimétrifé avec ceux des ailes de la cour, ainfi que nous le remarquerons en parlant de la Planche fuivante.

On voit aux deux extrêmités de cette élévation la coupe des deux aîles de bâtiment, qui regnent fur la longueur de la cour. A droite eft le développement intérieur de l'ancien efcalier qui étoit éclairé en lanterne : façon d'éclairer que nous avons défiré plus d'une fois que l'on pût imiter dans ces fortes de pieces. Cependant on a fupprimé cette lanterne en conftruifant le nouvel efcalier, qui auroit eu d'autant plus befoin de ce genre de lumiere, que nous avons déja remarqué qu'il étoit obfcur, & qu'il ne recevoit que de faux jours.

A gauche eft la coupe de l'aîle oppofée, dont les décorations intérieures, auffi-bien que les diftributions, ont été changées, ainfi que nous venons de le remarquer.

Coupe du principal corps-de-logis, & élévation des aîles du côté de la cour. Planche XI.

Cette Planche fait voir la coupe du principal corps-de-logis, dans laquelle fe remarque celle du périftile au rez-de-chauffée, le veftibule en gallerie au-deffus, & la décoration des pieces du côté du jardin, avant qu'on eut fait dans ce bâtiment les changemens dont nous avons parlé. Attenant cette coupe, on voit la décoration extérieure d'une des aîles du côté de la cour, prife dans la Planche VII, fur la ligne HI. Cette aîle eft compofée au rez-de-chauffée d'arcades feintes en plein ceintre, dans lefquelles font renfermées des croifées. Ces arcades font trop élevées, & les piédroits trop foibles. D'ailleurs la hauteur de cet étage rend trop chétif l'Ordre Ionique de deffus.

Dans ce cas il falloit préferer des croifées, qui auroient produit une bien moins grande Architecture, & auroient laiffé dominer celle du premier étage; ce qui fe pouvoit d'autant mieux, que la colonnade du fond de la cour étant fans arcades, n'exigeoit aucune rélation avec le refte de fon pourtour. Sans doute l'arcade réelle du porche & celle qui donne entrée dans la baffe-cour, ont fait loi; mais alors on devoit fe retourner différemment pour éviter ce défaut d'union, ayant démontré ailleurs, comme un principe reconnu néceffaire, qu'il falloit que les maffes produififfent néceffairement de belles parties pour former un beau tout.

Elévation du côté du jardin. Planche XII.

Cette élévation eft d'une ordonnance bien plus fimple que les précédentes. Elle eft compofée d'un avant-corps, de deux arrieres-corps & d'un feul pavillon. Ce dernier, qui eft un défaut de fimétrie, doit être corrigé un jour, & l'on fe propofe de conftruire une gallerie de tableaux dans le jardin, qui occupera la largeur de ce pavillon. Les arrieres-corps font d'une inégale largeur, & l'on remarque des trumeaux partout où il faudroit des vuides; négligence impardonnable dans un édifice, tel qu'il puiffe être. Cependant l'on peut convenir en général que la décoration extérieure & la diftribution de cette maifon eft fupérieure, à bien des égards, à celle de la précédente, quoique toutes deux bâties fur les deffeins du même Architecte. En effet, l'ordonnance des façades eft mieux compofée & les dédans font bien mieux entendus; le porche entr'autres, la forme de la cour, le périftile & les pieces du principal corps-de-logis font difpofés avec beaucoup plus d'intelligence.

L'élévation de la principale entrée de ce bâtiment étant la même que celle de la Place de Louis le Grand, nous ne la donnons point ici. Voyez le Chapitre précédent, où l'on a eu foin de marquer dans le plan, par la lettre A, la porte de cette maifon qui fait partie de celles du foubaffement de cette place, comme on a marqué B celle de la maifon voifine.

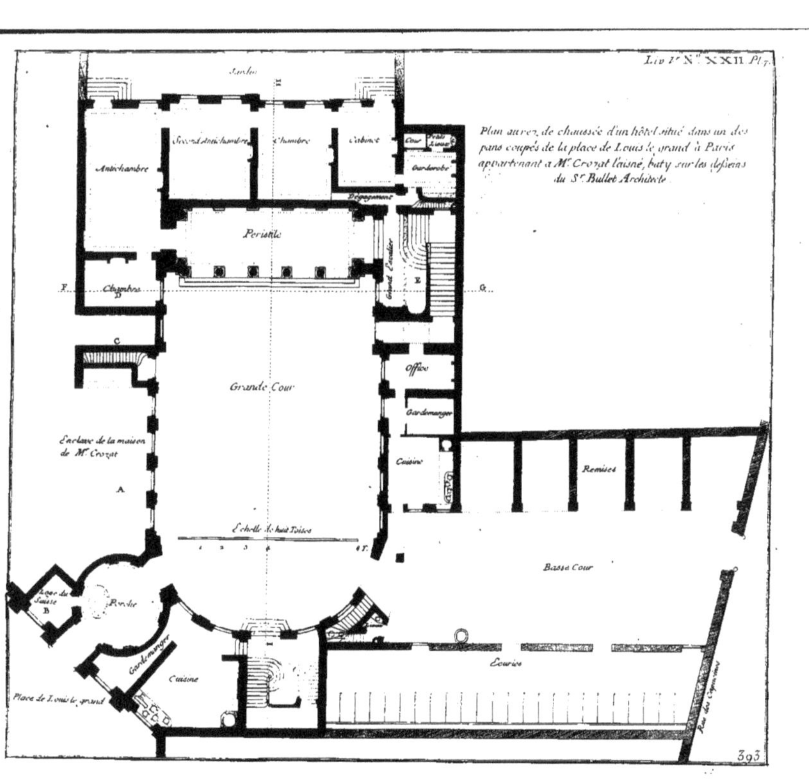
Plan au rez de chaussée d'un hôtel situé dans un des
pans coupés de la place de Louis le grand à Paris
appartenant a Mr Crozat l'aisné, baty sur les desseins
du Sr Bullet Architecte.
Jardin
Second Antichambre
Chambre
Cabinet
Antichambre
Cour
Petit Lieux
Gardrobe
Dégagement
Peristile
Grand Escalier
E
F
Chambre
D
G
C
Office
Grande Cour
Gardemanger
Enclave de la maison
de Mr Crozat
A
Cuisine
Echelle de huit Toises
Remises
Loge du
Suisse
B
Porche
Basse Cour
Gardemanger
Cuisine
Ecurie
Place de Louis le grand
Rue des Capucines

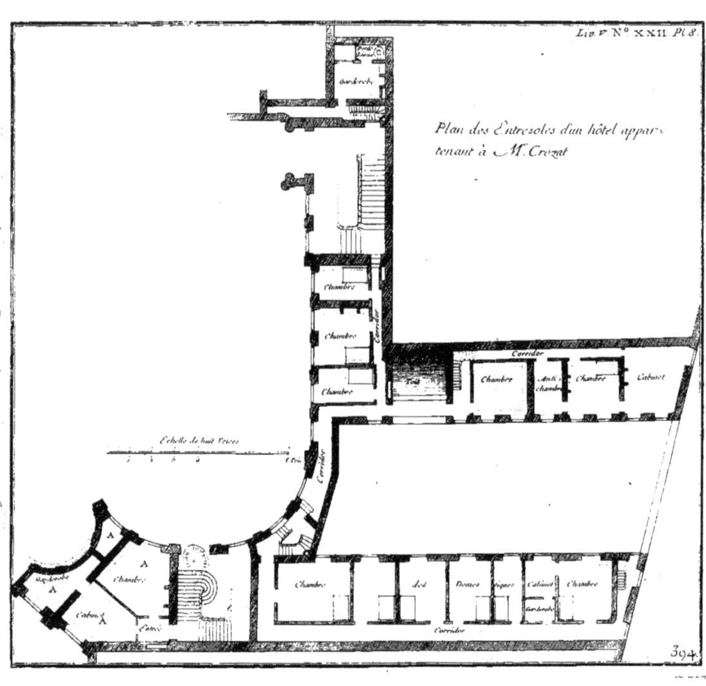

Liv. V. N.º XXII. Pl. 8.
Plan des Entresoles d'un hôtel appartenant à M.r Crozat
Garderobe
Chambre
Chambre
Chambre
Corridor
Toil.
Corridor
Chambre
Anti chambre
Chambre
Cabinet
Echelle de huit Toises
Corridor
Chambre
Cabinet
Garderobe
Chambre
Cabinet
Chambre
Lit
Domestiques
Cabinet
Chambre
Garderobe
Corridor
394

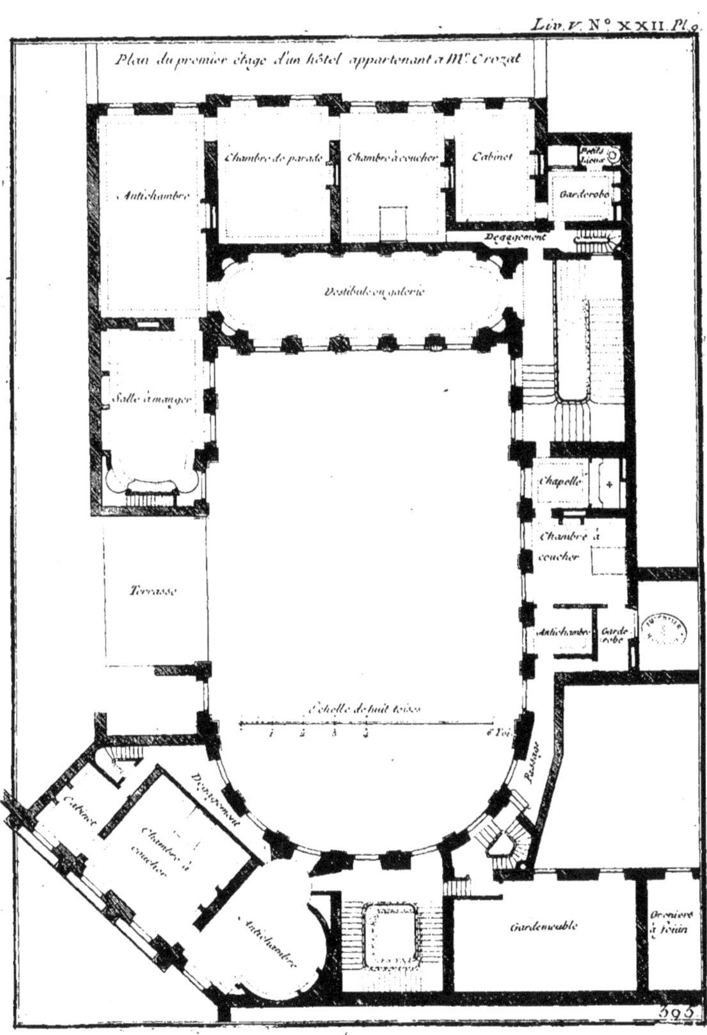
Plan du premier étage d'un hôtel appartenant a M.r Crozat
Antichambre
Chambre de parade
Chambre à coucher
Cabinet
Petits Lieux
Garderobe
Degagement
Vestibule en galerie
Salle à manger
Chapelle
Chambre à coucher
Terrasse
Antichambre
Garde robe
Echelle de huit toises
1 2 3 6 Toi.
Cabinet
Degagement
Chambre à coucher
Passage
Antichambre
Gardemeuble
Greniers à foin

CHAPITRE XXIII.

Description de deux Maisons, situées rue des Capucines, près la Place de Louis le Grand, l'une appartenant à M. Des Vieux, Fermier Général, l'autre à M. de Castanier, Directeur de la Compagnie des Indes.

MAISON DE M. DES VIEUX.

CETTE Maison, ainsi que celle de M. de *Castanier*, fut bâtie vers l'an 1726, sur les desseins de M. *Tannevot* (a), Architecte du Roi, desorte qu'on a affecté les mêmes décorations dans les déhors du côté du jardin de ces deux maisons. Celle dont nous parlons, est occupée aujourd'hui par Madame *Des Vieux*, veuve du Fermier Général de ce nom, qui l'a fait bâtir.

Maison de M. Des Vieux.

Plan au rez-de-chaussée. Planche Premiere.

Les bâtimens marqués sur ce plan sont simples : le principal corps-de-logis est entre cour & jardin, & contient un appartement à coucher, accompagné de toutes les commodités qui lui conviennent. La cour est très-peu spacieuse ; mais la nécessité de pratiquer des pieces un peu vastes dans un terrain fort borné, n'a pû permettre de la faire plus grande. D'ailleurs il faut considérer que nous parlons ici d'une maison particuliere, & qu'en pareil cas on ne doit pas, comme quelques-uns l'ont fait, donner tout aux déhors, & rendre les dedans si peu commodes, que tout le bâtiment semble ne consister que dans des murs de face. Les pans coupés qu'on remarque dans cette cour, sont autant de ressources pour éclairer d'une part les escaliers, de l'autre les dégagemens nécessaires pour le service des appartemens. Nous observerons cependant, en général, qu'il n'en faut pas faire un trop fréquent usage, qu'ils réussissent mal dans un grand édifice, & qu'ils forment de trop petites parties dans une maison peu considérable. D'ailleurs ces ouvertures dans l'angle d'un escalier l'éclairent imparfaitement, & rendent les palliers obscurs, à moins que la cage de cet escalier ne soit circulaire & ses rampes en face des croisées. Le pan coupé du côté du jardin n'est pas plus tolérable pour les déhors ; mais la salle à manger qu'il éclaire étant aussi à pans, une seule croisée semble lui suffire. Au reste il faut convenir que la nécessité de tirer parti d'une infinité de commodités dans une maison de peu d'étendue, porte souvent un Architecte habile à hazarder des licences qu'il ne se permettroit pas dans toute autre occasion, & si nous relevons celles qui se remarquent ici, c'est pour donner à connoître qu'on ne doit pas les employer indistinctement, lorsqu'on n'y est pas forcé par les mêmes considérations.

(a) M. Tannevot, Architecte du Roi, & de la premiere classe de son Académie, est un de nos Architectes qui a poussé le plus loin l'art de la distribution. Nous avons de cet habile homme une grande quantité de maisons particulieres bâties avec beaucoup de goût, & qui réunissent toutes les commodités possibles. La décoration intérieure lui doit aussi beaucoup. Son amour pour le travail, son zele infatigable, & son activité peuvent servir d'exemple à nos jeunes Architectes, & leur donner de l'émulation. Ils apprendront en le suivant dans ses différentes opérations, combien il est essentiel que le chef du bâtiment suive de près les entrepreneurs dans leurs travaux, prenne soin du détail, & se rende compte des plus petites parties pour se distinguer avec honneur dans la profession d'Architecte, & s'attirer le suffrage des Connoisseurs.

Plan du premier étage. Planche II.

Maifon de M. Des Vieux.

La diftribution de ce premier étage contient trois appartemens à coucher & plufieurs pieces de fociété, toutes d'une belle proportion, d'une hauteur de plancher convenable & décorées avec goût. Plufieurs efcaliers de dégagement donnent différentes iffues à ces appartemens, & communiquent aux manfardes & aux entrefols, dans lefquels on a pratiqué des garderobes qui procurent un fervice facile aux domeftiques, corrigent la trop grande hauteur des plus petites pieces, & fervent quelquefois de ferre-papiers aux Maîtres, de falles des bains, de chambres privées, &c.

Elévations du côté de l'entrée & du côté du jardin. Planche III.

La Figure Premiere nous fait voir la façade du côté de la rue, où eft placée la porte d'entrée, & au-deffus de laquelle fe remarque l'élévation du principal corps-de-logis dans le fond de la cour. Nous obferverons en général, qu'il n'y a pas affez de févérité dans l'ordonnance de ce bâtiment. En effet, le ceintre de la porte dont nous parlons, fa corniche circulaire foutenue par de petites confoles, le fronton au fommet de l'avant-corps de la façade du côté de la cour, dont la corniche horizontale eft interrompue, la croifée gigantefque de deffous, enfin les ornemens répandus dans cette élévation, font autant d'exemples à éviter. Ce peu de févérité vient fans doute de ce que la plûpart de nos Architectes, quoique habiles d'ailleurs, facrifient la décoration des déhors en faveur des dédans, & qu'ils regardent comme indifférent de foumettre aux régles de l'Art les façades des maifons particulieres. Mais en fuppofant qu'on fe puiffe permettre quelques libertés en pareille occafion, du moins ne doit-on pas alors faire parade d'ornemens dans ces genres de bâtiment, & il faut au contraire y affecter une grande fimplicité ; car autrement c'eft mal fe rendre compte de l'efprit de convenance qui doit fe faire fentir au premier afpect d'un édifice. Nous avons cité dans le premier Chapitre de ce Volume, page 3, une maifon bourgeoife fituée rue S. Martin, fort au-deffous en apparence de celle dont nous parlons, néanmoins tout y eft foumis aux loix du bon goût; cette autorité eft d'un poids confidérable, parcequ'on ne fçauroit concevoir combien il eft important de ne rien offrir aux yeux de nos jeunes Artiftes qui ait l'apparence du vice. Le défordre gagne infenfiblement, on s'accoutume aux licences, le chemin paroît facile, on n'a plus de retenue, aucune bienféance n'eft gardée, & enfin il eft à craindre, fi l'on continue, qu'avant trente ans on ne méconnoiffe la route du vrai beau. Le déréglement de l'imagination & l'oubli des régles fondamentales de l'Art fe remarquent jufques dans nos Sanctuaires, où des décorations triviales & des formes chimériques & bizarres tiennent déja lieu de la nobleffe, de la majefté, & du grand qui y devroient être obfervés, & dont nos anciens Architectes nous ont laiffé des exemples fi admirables.

Qu'on ne me fçache pas mauvais gré, fi l'amour du bien public m'emporte quelquefois, ce n'eft jamais fur les Architectes que portent mes obfervations. Je les eftime tous, il n'en eft pas de même de la plûpart de leurs Ouvrages. D'ailleurs je loue le vrai beau, & j'applaudis à l'excellent avec autant de chaleur que je me récrie ouvertement fur les médiocrités, & principalement fur celles qui tendent à détruire le goût, & à donner une mauvaife idée de notre Nation : autrement il eut été mieux que je ne me fuffe pas chargé de cette entreprife. Maintenant que la carriere eft ouverte, je ne puis fans manquer au Public, me fervir de modifications, qui non-feulement font contraires à ma façon de penfer, mais qui

ferviroient

ferviroient à perpétuer l'erreur. J'avoucrai que j'ai quelquefois une forte de cha-
grin de convenir de notre négligence à bien des égards, mais en bon citoyen je rou-
gis fouvent auffi d'être obligé d'offrir aux yeux de l'Europe des bâtimens qui
ne font pas à beaucoup près auffi réguliers qu'ils devroient l'être, furtout dans un
tems où il ne nous femble pas permis de faire du mefquin, après les exemples
célébres que nous a laiffé le fiecle précédent.

L'élévation du côté du jardin, repréfentée par la Fig. II, n'eft pas traitée avec plus
de fuccès. Un avant-corps élancé, terminé par un fronton corrompu, & foutenu, comme le précédent, par de petites confoles, dont le timpan eft chargé d'ornemens frivoles & fans choix, préfentent une ordonnance blamable. D'ailleurs quelle néceffité
d'avoir élévé la croifée du premier étage plus que les autres ? 1°. C'eft cette
élévation outrée qui a contraint d'interrompre l'entablement horifontal. 2°. Cette
croifée en plein ceintre & beaucoup plus élévée que celles des arrieres-corps qui
font bombées, caufe un défaut de fimétrie dans la décoration intérieure de la
chambre à coucher du premier étage ; défaut qu'il faut toûjours éviter, parce
qu'en général, on ne doit jamais fe permettre aucune licence dans les déhors
qu'elle ne produife un très-grand bien dans la diftribution des dedans, ou que
la néceffité de la folidité n'y contraigne ; encore cela ne peut-il être autorifé
que dans des occafions de peu d'importance. Ce même défaut fe remarque du côté de la cour, Figure Premiere, & nuit confidérablement à la décoration du
fallon.

Les pans coupés qui fe remarquent dans ces deux élévations, & que nous avons
déja dit que l'on doit éviter autant qu'il eft poffible, font ornés de croifées au premier
étage & de portes au rez-de-chauffée. Toutes ces ouvertures font en plein ceintre, cependant il convient de diftinguer d'une maniere fenfible l'ufage d'une porte d'avec celui d'une croifée. Cet ufage doit être annoncé diverfement, à moins
qu'une grande quantité de portes dans un bâtiment ne donne le ton à quelques
croifées pour empêcher la défunion des parties d'avec le tout. Nous remarquerons auffi
que lorfqu'on fe trouve obligé de faire des arcades en plein ceintre, il faut préférer les
impoftes & les archivoltes aux chambranles continus, parce que les impoftes féparent la rétombée de l'arc d'avec le piédroit, & empêchent le jarret prefqu'inévitable dans l'autre cas. Une des raifons effentielles qui nous porte à confeiller d'éviter
les pans coupés dans un mur de face, vient de ce que les entablemens fe profilent
toûjours camus dans la rencontre des angles ; deforte qu'à moins qu'il ne foit poffible d'accompagner ces pans coupés de reffauts formant des angles droits, il
faut s'éloigner de ce genre d'ordonnance qui exprime une Architecture effeminée,
ce qu'on doit toujours éviter lorfqu'on a fait choix d'une expreffion fimple & virile ; feul caractere dont on devroit faire ufage dans la décoration des façades d'un
bâtiment particulier.

Coupe & élévation des aîles. Planche IV.

La décoration de l'aîle marquée A, eft de beaucoup trop fimple, eû égard à
celle du principal corps-de-logis du côté de la cour : comme les pans coupés femblent les unir l'une avec l'autre, il falloit du moins un avant-corps pour autorifer cette
différence, encore ne devroit-elle avoir lieu qu'en fuppofant que ces aîles renferment des pieces fubalternes ; mais comme le premier étage eft occupé par des
pieces de Maître, il falloit faire ufage de la même richeffe, ces bâtimens, qui
ont peu d'étendue, en auroient paru plus confidérables. D'ailleurs il faut remarquer que la face oppofée à cette aîle, eft occupée au rez-de-chauffée par de grandes ouvertures fervant aux remifes, & que ces ouvertures n'ayant aucune rélation

avec la décoration de ce bâtiment, il en réfulte une confufion de parties qui n'annonce rien de régulier & de refléchi au premier afpect de ce bâtiment, & qui nuit à l'idée qu'on doit prendre de fa diftribution intérieure, qui certainement n'eft pas fans mérite.

L'aîle B du côté du jardin eft plus analogue à la façade du principal corps-de-logis, pour ce qui regarde la forme & la proportion des croifées ; mais la différence de largeur des trumeaux de cette aîle avec celle des trumeaux de la principale façade (Voyez le plan, Planche Première) eft choquante. Regardera-t-on toûjours comme indifférent de mettre fi peu de rélation entre l'ordonnance des aîles & les façades d'un bâtiment érigées fous une hauteur commune ? Suffit-il de convenir qu'on n'a pû faire autrement ? N'eft-ce pas renoncer à la profeffion d'Architecte pour n'exercer qu'un art mécanique, que de ne pas fe fervir de tous les moyens poffibles pour concilier d'une maniere louable la décoration extérieure avec les dedans, & ces deux parties avec la conftruction ? Je fuis fâché que ces refléxions tombent fur un bâtiment qui d'ailleurs a des beautés de détail, & qui a été élévé par un homme de mérite ; mais d'un autre côté, fi nos Architectes qui à la connoiffance des principes de leur Art joignent une expérience confommée, tombent dans des inadvertances auffi blâmables, que pouvons-nous exiger de nos jeunes Artiftes, furtout fi on leur met continuellement fous les yeux des exemples fi contraires au progrès des Arts ? Dira-t-on, comme quelques-uns le publient, que les bâtimens particuliers ne font pas faits pour fervir de régle, ni d'autorité ? On fe trompe : une maifon neuve, quelle qu'elle foit, attire l'attention de la multitude, fouvent même au préjudice des anciens édifices de réputation. En la voyant on fe forme involontairement une idée d'imitation, de là la fource du dérégle-ment dans l'Architecture ; fource d'autant plus dangereufe, encore une fois, qu'elle remonte à des hommes qui ont une réputation acquife, & de qui nous devrions attendre beaucoup plus de retenue & de circonfpection que des autres, parce qu'ils fervent en quelque forte de modeles, & qu'ils donnent le ton au plus grand nombre.

MAISON DE M. DE CASTANIER.

Cette maifon a été auffi bâtie par M. *Tannevot* ; les dedans fe reffentent de la perfection que cet habile homme fçait donner à toutes fes diftributions. Nous en expofons ici les plans comme la partie la plus intéreffante, & dans l'état qu'elle fut érigée en 1726, quoique M. de Caftanier y ait fait faire depuis peu des augmentations confiderables fur les deffins & fous la conduite du même Architecte ; mais comme ces additions font dans le même genre que les diftributions précédentes, nous nous contenterons d'en dire quelque chofe fans en donner les plans. On n'en trouvera point non plus les élévations, étant les mêmes que celles de la maifon de M. Des Vieux & fufceptibles des mêmes obfervations.

Plan du rez-de-chauffée. Planche V.

La cour de cette maifon eft petite pour l'étendue des bâtimens, mais comme elle eft accompagnée de deux baffes cours, l'une pour le département des écuries & des remifes, l'autre pour celui des cuifines, elle paroît fuffifante. Au refte, comme nous l'avons remarqué plus haut, il faut éviter de faire les cours trop fpacieufes dans des maifons particulieres, elles refferrent trop les bâtimens, & occupent un terrein qui fouvent pourroit être mieux employé.

Dans un grand veftibule placé à droite & au fond de la cour, eft un affez bel

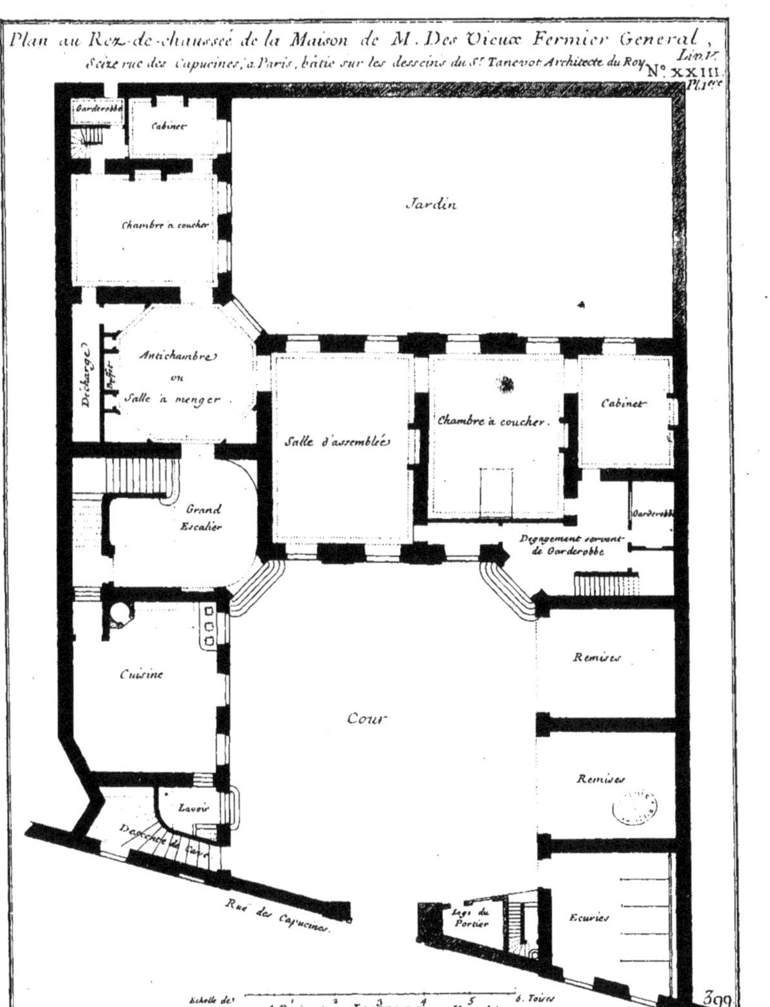

Plan au Rez-de-chaussée de la Maison de M. Des Vieux Fermier General,
Seize rue des Capucines, a Paris, bâtie sur les desseins du S.r Tanevot Architecte du Roy
Liv. V.
N.° XXIII.
Pl. 1.ere
Garderobbe
Cabinet
Jardin
Chambre a coucher
Décharge
Buffet
Antichambre
ou
Salle a menger
Salle d'assemblée
Chambre a coucher
Cabinet
Garderobbe
Grand
Escalier
Dégagement servant
de Garderobbe
Cuisine
Remises
Cour
Remises
Lavoir
Descente de Cave
Rue des Capucines
Loge du
Portier
Ecuries
Echelle de
Toises
A Paris chez JOMBERT, rue Dauphine.
399

Plan du premier étage de la Maison de M. Des Vieux

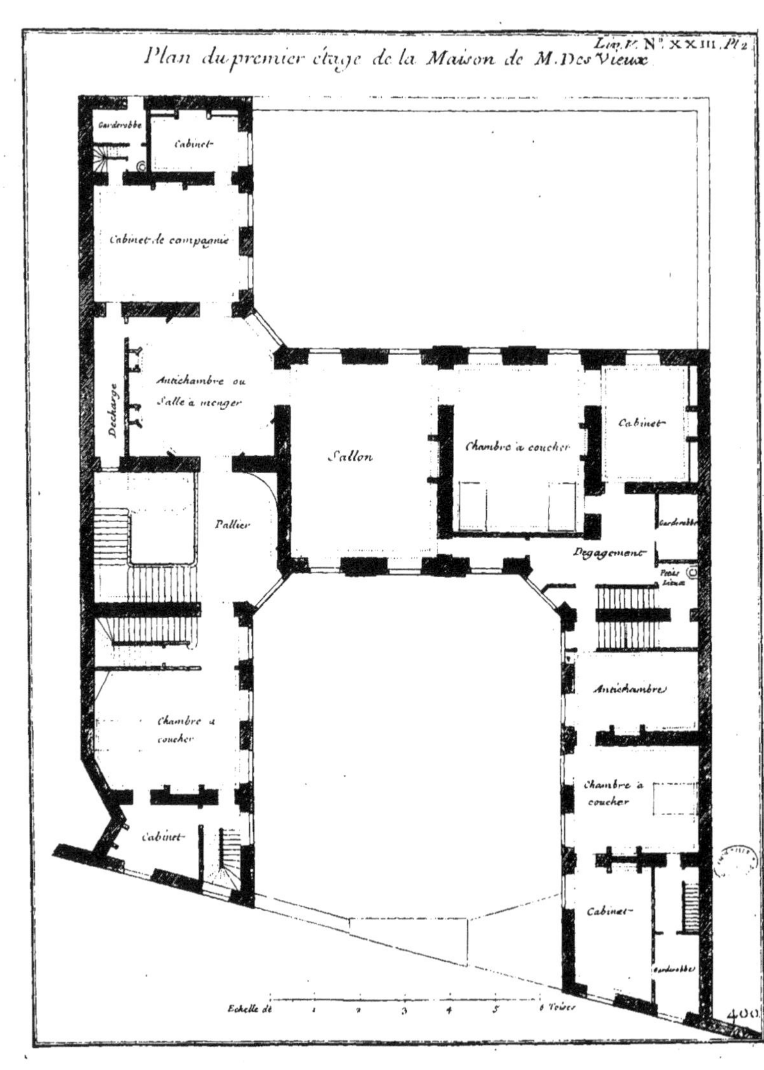

escalier qui monte au premier étage. Ce vestibule a deux principales ouvertures, l'une du côté de la cour, l'autre par le passage A, où l'on arrive à couvert: commodité essentielle dans un bâtiment, & qu'on ne devroit jamais négliger. Cette piece donne entrée à un appartement double, compris dans le principal corps-de-logis, & à un autre en aîle, donnant sur le jardin. Cette aîle est simple ici, elle vient d'être augmentée dans la partie du terrain marquée B, par un nouveau bâtiment de onze croisées de face, d'alignement au mur C, desorte que la salle à manger qui se voit ici, est à present à la place du cabinet; & au lieu de la Bibliotheque & du petit escalier qui la suit, on a pratiqué un sallon fort orné, dont le plafond est peint par M. le *Lorrain* (a). Ce sallon forme un angle droit avec la nouvelle aîle, & s'enfile avec elle par une porte vers D, le mur de face E ayant été prolongé jusqu'en F. On a pratiqué derriere cette nouvelle aîle de bâtiment une cuisine belle & spacieuse, accompagnée de toutes les commodités nécessaires, & d'une cour qui a une issue par la basse cour de ce plan & une entrée de dégagement dans la rue Neuve de Luxembourg, pour les provisions des cuisines & offices. Cette nouvelle cour, les cuisines, l'aîle de bâtiment dont nous venons de parler, & l'aggrandissement du jardin de cette maison se trouvent placés aujourd'hui dans le terrain où étoit autrefois la basse-cour de la maison de M. le Baron de Thiers, & qui a été échangé avec M. de Castanier, à condition par celui-ci de faire bâtir les basses cours dont nous avons parlé dans le Chapitre précédent.

Dans la basse-cour à gauche, du côté de la rue, sont encore pratiquées des cuisines pour les Domestiques, lorsque les Maîtres sont à la campagne. Attenant le principal corps-de-logis est un second escalier, précédé d'un vestibule. Cet escalier qui est assez spacieux, étoit nécessaire pour arriver commodement aux appartemens du premier étage. Le cabinet marqué G, est absolument trop petit pour être placé dans l'enfilade du côté du jardin. Il semble qu'on auroit pû supprimer la cour qui est derriere, son extrême petitesse ne peut que causer une humidité considérable aux pieces qui l'environnent, étant entourée de batimens d'une grande élévation. Il auroit été plus à propos de ne donner que des jours louches dans les dégagemens, les aisances & les garderobes; car il est certain que cette cour ne procure pas plus de lumiere dans ces petites pieces, que n'en auroient donnés de faux jours, pris par le dessus des portes & au travers des cloisons. Par ce moyen on auroit procuré plus d'espace au cabinet, plus de grandeur aux dégagemens & plus de salubrité en général aux pieces attenantes. Au reste les principales enfilades des appartemens sont bien observées, la proportion des pieces & leur simétrie est exacte, & l'on peut dire que leur décoration intérieure, sans être riche, est traitée avec goût & avec élégance. Dans la grande salle de compagnie l'on voit de fort bons tableaux de M^rs. *Carle Vanloo*, *Natoire* & *Boucher*. Les lambris sont vernis dans la couleur naturelle du bois, ce qui rend ces appartemens un peu ·tristes, principalement quand on les compare avec ceux qu'on a nouvellement construits en aîle au rez-de-chaussée & au premier étage, & qui sont imprimés de diverses couleurs, rechampis ou dorés, & ornés de tableaux peints par M^rs. *Vien* (b), *Challes* (c), & *Le Lorrain*, Peintres, de l'Académie Royale de Peinture & de Sculpture.

(a) *Louis Le Lorrain*, Peintre, né à Paris en 1715; apprit de M. *Dumont* les premiers élémens de son Art. Après son retour de Rome il fut agréé à l'Académie Royale de Peinture & de Sculpture, en Janvier 1752. Outre le genie & l'invention qu'on remarque dans les sujets d'Histoire de la composition de cet Artiste, il excelle aussi dans l'Architecture & les Perspectives propres aux Décorations des Théatres, Fêtes publiques, &c.

(b) *Joseph-Marie Vien*, Peintre, né à Nismes en 1718. fut éléve de M. Natoire, & agréé en 1751, à l'Académie Royale de Peinture & de Sculpture. Les tableaux de sa composition qui ont été vûs cette année (1753) au sallon, ont réuni généralement en sa faveur le suffrage des Connoisseu rs, qui tous conviennent qu'on a lieu de fonder les plus grandes espérances sur cet Artiste, soit pour la fecondité de son génie, soit pour la correction du dessein, soit enfin pour la beauté de l'éxécution.

(c) *Michel-Ange-Charles Challes*, Peintre, éléve de M. Boucher, fut reçû cette année (1753) à l'Académie Royale de Peinture. Son morceau de reception est un pla-

Plan du premier étage. Planche VI.

Maifon de M. De Caftanier. La diſtribution de cet étage eſt aſſujettie aux mêmes murs de face & de refend que le rez-de-chauſſée. C'eſt dans ce plan que l'on ſent la néceſſité d'avoir pratiqué deux grands eſcaliers dans ce bâtiment, qui procurent une entrée libre & particuliere aux deux principaux appartemens diſtribués ici, & qui ſemblent ſéparés par le petit arriere cabinet, ſans néanmoins que l'enfilade continue du côté du jardin ſoit interrompue. Ces appartemens ſont d'une belle proportion, bien percés, & chaque piece eſt aſſez régulierement diſtribuée. L'on voit trois petites cours dans ce plan, il eſt aiſé de remarquer leur peu d'utilité, & combien il auroit été facile de les ſupprimer, ſans nuire aux commodités néceſſaires aux pieces des Maîtres.

L'aîle du côté du jardin communique auſſi avec les nouveaux bâtimens. Ces derniers contiennent autant de pieces qu'au rez-de-chauſſée, & ſont même décorés avec encore plus de magnificence, ainſi qu'une bibliotheque aſſez conſidérable qu'on y prépare. Toutes ces pieces donnent ſur les jardins, qui ſont fort agréables, quoique peu ſpacieux ; ils ſont ornés de berceaux de treillage d'un goût élégant, de parterres de fleurs, de terraſſes, &c. & contribuent à rendre cette maiſon une des plus belles qui ſoit dans tout le quartier de la Place de Louis le Grand.

Nous ne parlerons point du pan coupé qui éclaire la ſeconde antichambre. Nous en avons blâmé l'uſage au commencement de ce Chapitre. Nous remarquerons ſeulement qu'il a été pratiqué pour donner du jour à cette piece, & en même tems pour ſimétriſer avec celui qui ſe trouve dans l'angle de la maiſon voiſine ; comme elle n'eſt ſéparée de celle-ci que par un mur de cloture d'une moyenne élévation, ces deux maiſons ſemblent n'en faire qu'une ſeule.

fond de forme circulaire, placé dans une des ſalles de l'Académie, & qui repréſente l'union des Arts de Peinture & de Sculpture par le génie du Deſſein. Ce tableau, qui eſt compoſé d'une maniere ſçavante & ingénieuſe, a fait une grande réputation à cet Artiſte ; il ſe diſtingue auſſi dans divers genres d'Architecture & de Perſpective, qui prouvent l'étendue de ſon génie & la fertilité de ſon imagination.

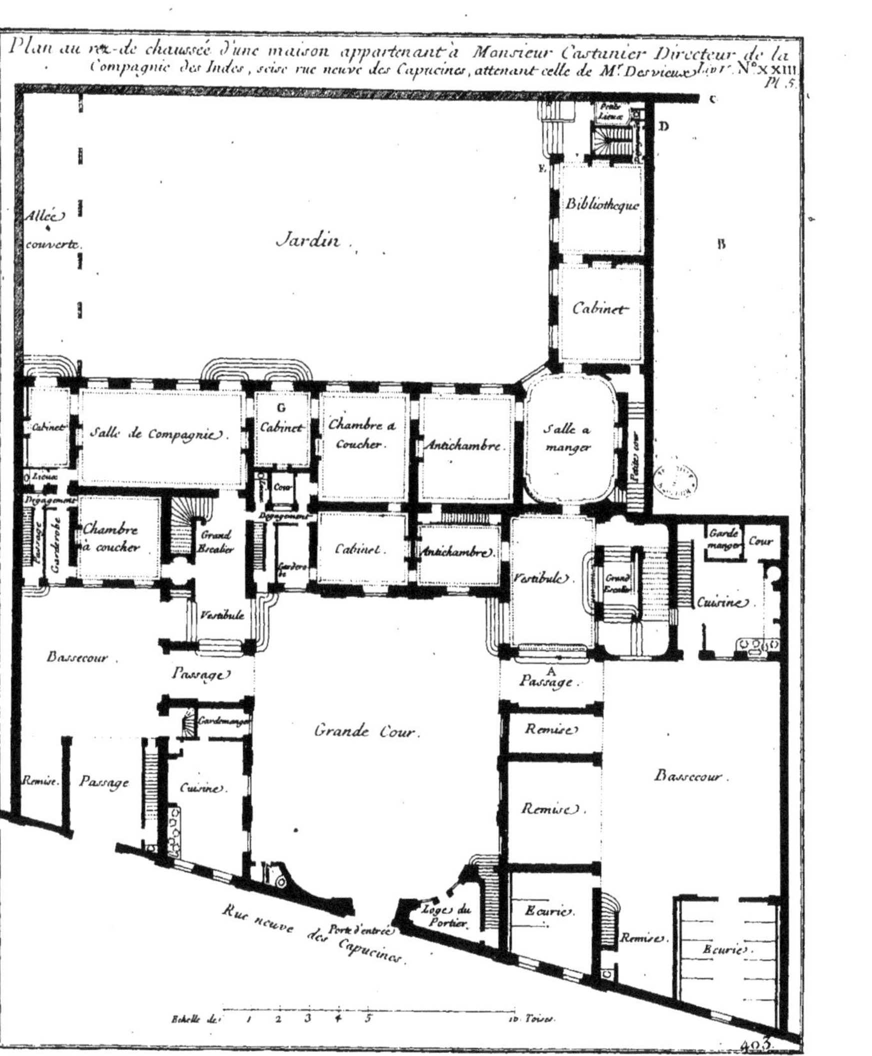

Plan au rez-de-chaussée d'une maison appartenant à Monsieur Castanier Directeur de la Compagnie des Indes, scise rue neuve des Capucines, attenant celle de Mr. Desvieux.
Liv. I. No. XXIII.
Pl. 5.
C
D
E
B
Allée couverte.
Jardin.
Bibliotheque
Cabinet
Cabinet
Salle de Compagnie.
G
Cabinet
Chambre à Coucher.
Antichambre.
Salle à manger
Lieux.
Dégagement
Garderobe
Chambre à coucher
Grand Escalier
Cour
Dégagement
Garderobe
Cabinet.
Antichambre.
Vestibule.
Garde manger
Cour
Grand Escalier
Cuisine.
Vestibule.
Bassecour.
Passage.
A
Passage.
Gardemanger
Grande Cour.
Remise.
Remise.
Passage
Cuisine.
Bassecour.
Remise.
Remise.
Rue neuve des Capucines.
Porte d'entrée
Loge du Portier.
Ecurie.
Remise.
Ecurie.
Echelle de 1 2 3 4 5 10 Toises.
403.

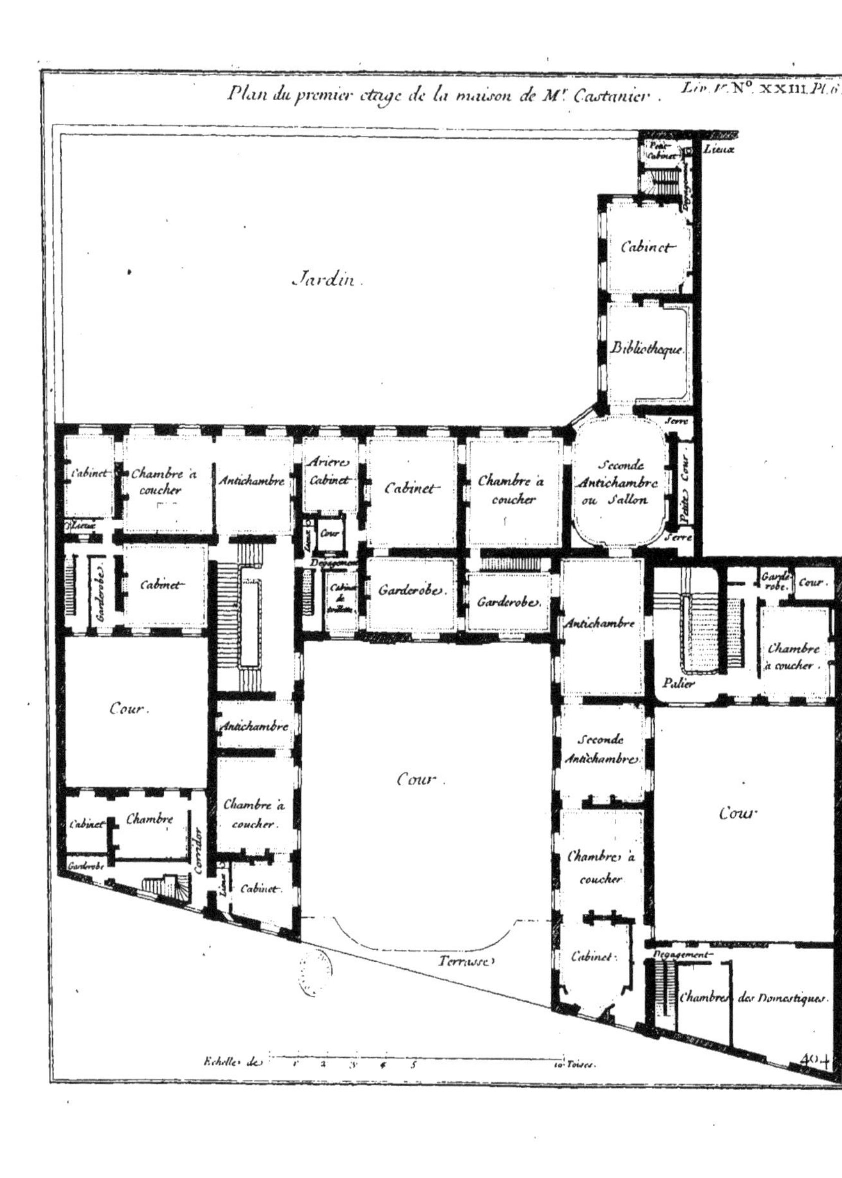
Jardin.
Lieux
Cabinet
Bibliotheque
Serre
Cabinet
Chambre à coucher
Antichambre
Ariere Cabinet
Cabinet
Chambre à coucher
Seconde Antichambre ou Sallon
Serre
Petite Cour
Lieux
Garderobe
Cabinet
Cour
Dégagement
Cabinet à toillette
Garderobe
Garderobe
Antichambre
Garderobe
Cour
Palier
Chambre à coucher
Cour
Antichambre
Seconde Antichambre
Cour
Cabinet
Chambre
Chambre à coucher
Garderobe
Corridor
Cabinet
Chambre à coucher
Cabinet
Terrasse
Cabinet
Dégagement
Chambre des Domestiques
Echelle de   1   2   3   4   5   10 Toises.

CHAPITRE XXIV.

*Defcription de la Maifon de M. Le Gendre d'Armini, rue des Capucines,
proche la Place de Louis le Grand.*

CETTE maifon fut bâtie, en 1713, fur les deffeins de M. de *Cotte* (a), pour
M. *Le Gendre d'Armini*, Ecuyer du Roi. En 1740, elle fut acquife par M. le
Marquis d'Antin, & en 1748, M. *de Meulan*, Receveur Général des Finances,
l'acheta de Madame la Comteffe de Touloufe, comme héritiere de M. le Marquis d'Antin, fon fils. C'eft toûjours M. *de Meulan* qui l'occupe aujourd'hui, &
qui, en 1749, y fit faire des augmentations confidérables, fur les deffeins & fous
la conduite de M. *Rouffet*, (b) Architecte.

Maifon de
M. Le Gen-
dre.

Plan au rez-de-chauffée. Planches I, II & III.

La diftribution que nous offrons ici, Planches Premiere & feconde, eft telle que
M. *Le Gendre d'Armini* l'a fait exécuter, fur les deffeins de M. *de Cotte*. M. *de Meulan*, lorfqu'il fit l'acquifition de cette maifon, l'augmenta fi confidérablement, comme nous venons de le remarquer, que cela nous a engagé à en donner les nouvelles diftributions, Planche III ; mais avant que de parler de celles-ci, nous allons examiner les premieres.

La Planche Premiere comprend une avant-cour, fix remifes, deux écuries,
deux cours à fumier, une cuifine, un garde-manger & différens efcaliers pour
monter aux chambres des Domeftiques placées fur ces divers bâtimens ; commodités effentielles & diftribuées d'une maniere convenable dans un terrain qui, fur
une largeur de 10 toifes 2 pieds dans œuvre, a beaucoup de profondeur. Au-bas
de cette premiere Planche, fe voit la décoration de la porte d'entrée de cette
maifon, dont l'ordonnance & la proportion font affez bien entendues. Cette porte
fe trouve renfoncée dans une tour creufe qui rachete l'obliquité de la rue, &
rend fon axe perpendiculaire avec la direction du principal corps-de-logis ; pré
caution dont on ufe ordinairement dans cette circonftance, quoiqu'elle foit con
traire à la régularité des façades des bâtimens formant la décoration des rues d'une
Capitale. On a mis en œuvre le même expédient aux Hôtels de Soubife, de Rohan,
&c ; mais il y eft plus tolérable en quelque forte qu'ici, parce que le plan de ces
tours creufes fe trouve parallele à l'alignement des rues. Cette porte a été démolie

(*a*) Voyez ce que nous avons dit de cet Architecte,
T. I. page 230. Note (*a*).

(*b*) *Pierre Noel Rouffet*, Architecte, des Académies
de Florence & de Bologne, né à Paris en 1712, eft
peut-être un des Architectes de nos jours le plus labo-
rieux & le plus rempli du génie de fa profeffion.

Indépendamment de la maifon que nous donnons ici,
Planche III, cet Architecte en a fait bâtir une autre,
rue Vivienne, pour M. *Boucher*, Secrétaire du Roi. Ce
bâtiment eft diftribué très-commodement & décoré de
fort bon goût, quoique fimple ; c'eft auffi lui qui a fait
conftruire les cuifines du Château de Livry : ouvrage
très-important par la coupe des pierres, l'ordonnance de
fa décoration & la commodité de fes diftributions. Il
travaille actuellement à la décoration intérieure de l'E-
glife de la Sainte Chapelle, à Paris, qui s'exécute fous
fes ordres ; fans parler d'une infinité d'autres projets pour
differens Particuliers, dont j'ai vû les deffeins, qui annoncent le feu & l'invention de cet Artifte. Mais ce qui

lui fait le plus d'honneur, à mon avis, ce font les projets
des Places publiques, qu'il a fait par ordre de M. le Pre-
vôt des Marchands dans les divers quartiers de cette Capitale, lorfque le Roi ordonna un concours pour fe décider fur la fituation la plus avantageufe de ce monument, & dans le nombre defquels deux pour le Carrefour
de Buffi, & deux pour la Place de Grève, ont été pré-
fentés à Sa Majefté par M. de Maurepas & par M. le
Prévôt des Marchands, & ont reçus dans leur tems les
applaudiffemens de la Cour & de la Ville, étant compofés d'une grande maniere, deffinés avec goût, & diftribués avec une convenance rélative à ce genre d'édifice. Nous aurions défiré pouvoir donner ici une légére
defcription de ces magnifiques projets ; mais la loi que
nous nous fommes prefcrite de ne parler que des édifices
qui font exécutés, ne nous permet pas de nous étendre
fur les diverfes productions de nos Architectes François.
Nous nous contentons feulement d'indiquer leurs principaux ouvrages, lorfqu'ils parviennent à notre connoiffance.

 & reconſtruite à neuf, ſuivant la direction du mur de face. Son ordonnance actuelle
eſt d'une Architecture plus ferme & d'une proportion moins ſvelte. (Voyez le plan
de cette porte, Planche III.)

La Planche ſeconde comprend la grande cour qui eſt d'une forme preſque quarrée, contre toute idée des régles de l'Art, & eſt ſuivie d'une autre cour à pans.
Cette ſeconde eſt incommode en ce que les équipages ne peuvent arriver au
pied des bâtimens, à cauſe des deux marches qui en interrompent les ſols. Le
pavillon B, qui ſe trouve ſeul au rez-de-chauſſée, fait ici un mauvais effet. Au reſte
la diſtribution du principal corps-de-logis eſt aſſez bien entendue ; mais les pieces
ſont trop ſpacieuſes, & le percé du milieu, qui eſt maſqué par la cheminée placée ſur le mur de refend qui ſépare la ſalle à manger d'avec la chambre, eſt un
défaut dans la diſpoſition d'un plan ; défaut que nous avons blamé au Palais Bourbon, à l'Hôtel de Touloufe, &c. Les petits pans coupés du côté de la cour doivent auſſi être rejettés par les raiſons dont nous avons parlé dans le Chapitre précédent.

La Planche III donne les nouvelles diſtributions de cette maiſon. Nous venons de
remarquer à l'occaſion de la Planche précédente que la grande cour étoit d'une forme
peu approuvée, ſe trouvant preſque quarrée ; celle-ci a le défaut d'être trop longue pour ſa largeur, mais du moins eſt-elle réguliere, & l'on peut arriver en voi-
ture juſqu'au pied de l'édifice. On a pris ſoin de marquer ſur cette Planche, par une
ſeule taille, toutes les nouvelles diſtributions, deſorte qu'il ſera facile de connoître ce qu'on a conſervé de l'ancien bâtiment par ce qui eſt gravé à deux tailles.
Nous n'avons point donné les plans des étages ſupérieurs, ayant voulu ſeulement
faire connoître la grandeur du terrain que cette maiſon occupe aujourd'hui, en
comparaiſon de ce qu'elle en occupoit précédemment. On rencontre aſſez ſouvent
de pareilles additions dans les bâtimens dont nous parlons, mais nous ne les donnons
que lorſque nous les croyons aſſez importantes pour mériter une place dans ce Recueil, ainſi que nous en avons averti ailleurs.

Elévations du côté de la cour & du côté du jardin. Planche IV.

La Figure Premiere donne l'ancienne élévation du côté de la cour, priſe dans
la Planche II ſur la ligne EF. On y voit la façade du principal corps-de-logis,
les pans coupés & le retour des pavillons B, C. Ce dernier eſt flanqué d'une aîle
de bâtiment, dans laquelle ſont compris les offices, & dont la hauteur maſque
le pavillon auquel elle eſt adoſſée, deſorte que celui B paroît ſeul au rez-de-
chauſſée, ce qui produit un défaut de ſimétrie dont nous avons parlé plus haut. Ce
bâtiment a deux étages terminés par une manſarde. Sa décoration en général eſt
ſimple, mais d'une proportion convenable & profilée d'aſſez bon goût.

La Figure ſeconde préſente l'ancienne élévation du côté du jardin, compoſée
d'un avant-corps couronné d'un fronton, & de deux arriere-corps qui ſe trouvent aſſez en rapport avec l'avant-corps & avec l'étendue & la hauteur du bâtiment. La ſimplicité de cette façade eſt louable, bien entendue & très-bonne à
imiter dans une maiſon du genre de celle dont nous parlons. La proportion des
croiſées, la largeur des trumeaux, la dimenſion & la forme de l'avant-corps ſe reſ-
ſentent de la capacité de l'Architecte qui en a donné les deſſeins, & qui agiſſant
à cet égard comme Mrs. Boffrand & Cartaud, n'a pas dédaigné de donner ſes ſoins
dans plus d'une occaſion pour l'édification des maiſons des particuliers ; cette
conſidération doit faire ſentir à la plûpart des Propriétaires la néceſſité d'avoir re-
cours aux hommes du premier mérite, lorſqu'il s'agit de mettre la main à l'œuvre dans quelque occaſion que ce puiſſe être.

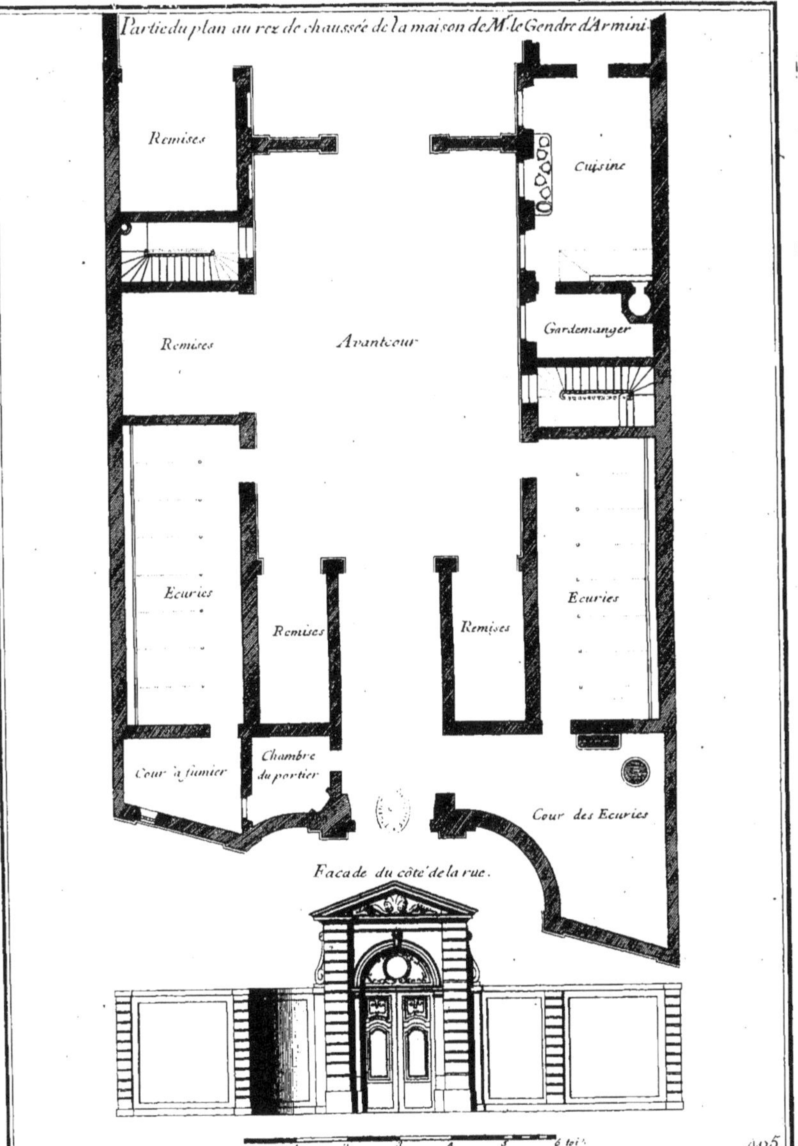

A Paris chez JOMBERT, rue Dauphine.

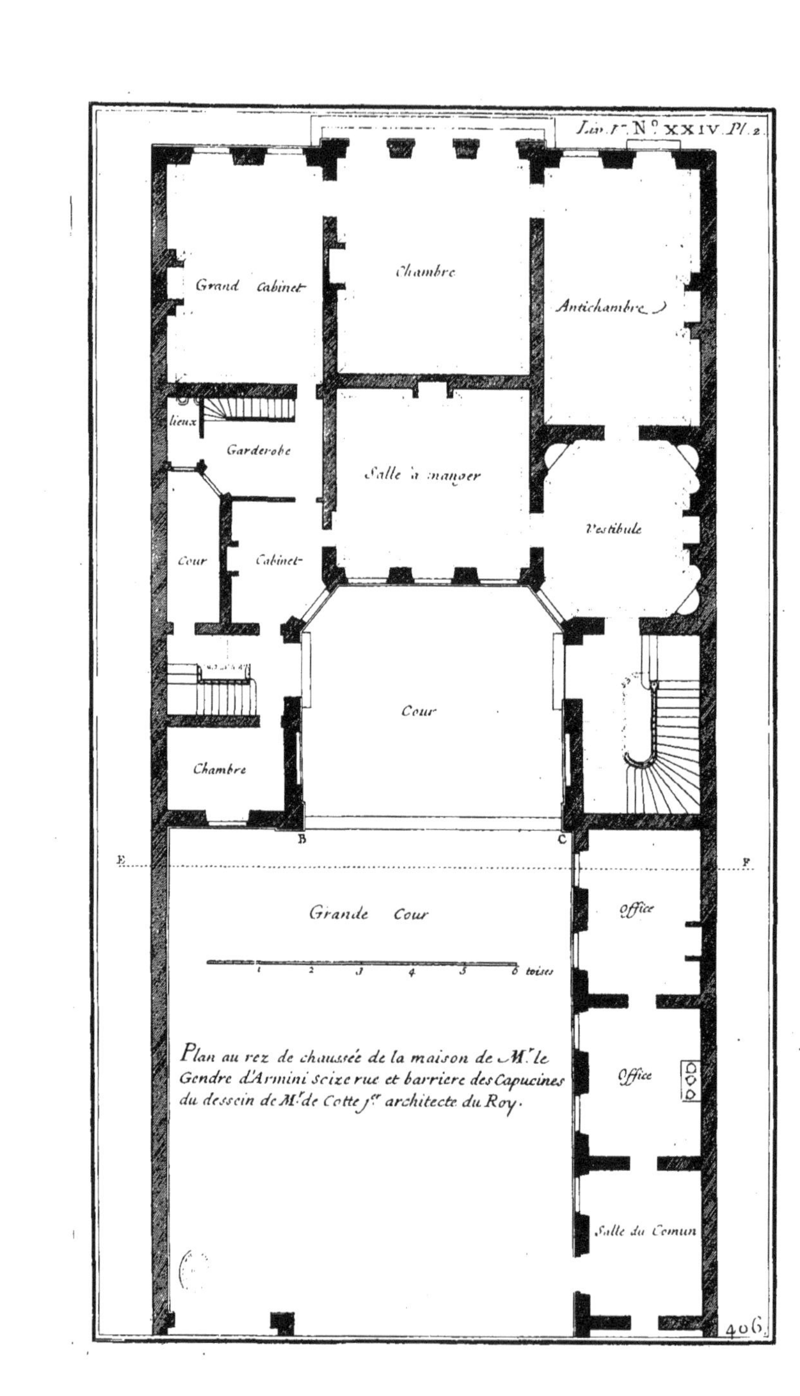

Liv.r.N.°XXIV.Pl.2.
Grand Cabinet
Chambre
Antichambre
lieux
Garderobe
Salle à manger
Vestibule
Cour
Cabinet
Cour
Chambre
B
C
E
F
Grande Cour
Office
1   2   3   4   5   6 toises
Office
Plan au rez de chaussée de la maison de M.r le
Gendre d'Armini scize rue et barriere des Capucines
du dessein de M.r de Cotte j.r architecte du Roy.
Salle du Comun
406

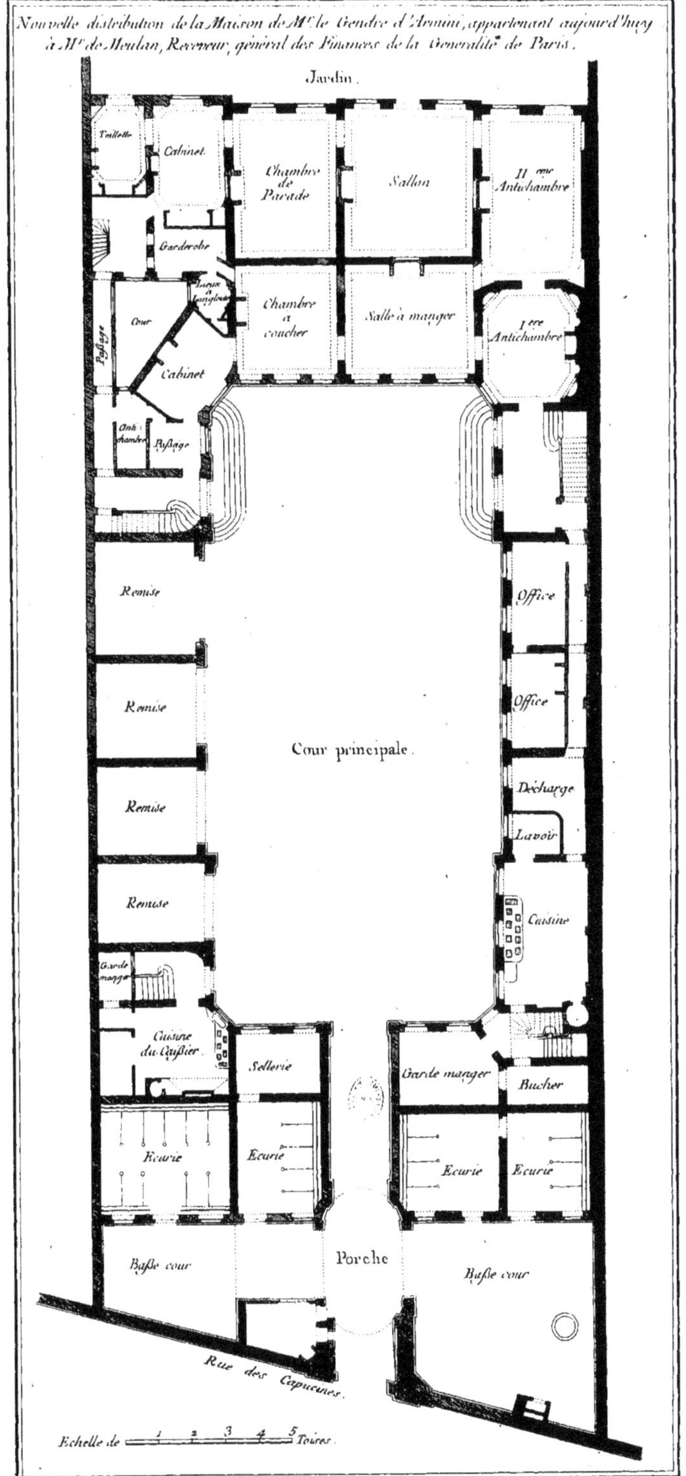
Nouvelle distribution de la Maison de M.r le Gendre d'Armini, appartenant aujourd'huy à M.r de Moulan, Receveur général des Finances de la Generalité de Paris.
Jardin.
Toilette
Cabinet.
Chambre de Parade
Sallon
II.eme Antichambre
Garderobe
Lieux à L'anglaise
Chambre à coucher
Salle à manger
I.ere Antichambre
Cour
Cabinet
Passage
Anti chambre
Passage
Remise
Office
Remise
Office
Remise
Décharge
Cour principale.
Lavoir
Remise
Cuisine
Garde manger
Cuisine du Caissier
Sellerie
Garde manger
Bucher
Ecurie
Ecurie
Ecurie
Ecurie
Basse cour
Porche
Basse cour
Rue des Capucines.
Echelle de 1 2 3 4 5 Toises.

Nous ne donnons point les additions de ces façades, ayant été continuées dans le même genre que celles que nous offrons ici, à l'exception cependant des croisées qui ont été baissées partout, afin de donner plus d'air dans l'intérieur des appartemens ; desorte qu'on a pratiqué des banquettes de fer pour servir d'appui à ces croisées, ce qui, en général, procure à ce bâtiment plus d'élégance dans sa décoration, mais peut-être moins de sévérité dans son ordonnance.

CHAPITRE XXV.

Description de l'Eglise Paroissiale de S. Roch, rue S. Honoré.

CETTE Eglise fut commencée au mois de Mars 1653, sur les desseins de Jacques Le Mercier (a), un des Architectes de son tems qui a le plus érigé d'édifices sacrés. *Louis XIV* posa la premiere pierre de cette Eglise qui a été depuis plusieurs fois discontinuée & reprise ; son portail fut construit en 1736, sur les desseins de *Robert de Cotte* (b), premier Architecte du Roi, & continué par *Jules Robert de Cotte*, son fils, aujourd'hui Intendant & Controlleur des Bâtimens de Sa Majesté.

Eglise de S. Roch.

Plan de l'Eglise de S. Roch. Planche Premiere.

Cette Eglise peut être regardée comme une des mieux distribuées & des mieux percées qui se voye à Paris. Elle est moins grande que celle (c) de S. Sulpice, (la seule de nos Eglises Paroissiales modernes avec laquelle nous puissions la comparer) mais elle l'emporte de beaucoup sur toutes les autres de Paris par son élégance, & par la maniere ingénieuse avec laquelle elle est décorée intérieurement, quoiqu'en général, nous ne puissions applaudir à la plûpart des ornemens qu'on y remarque, ainsi que nous l'observerons en son lieu.

La largeur de cette Eglise, hors œuvre, est de 17 toises, prise dans la croisée, sa longueur totale est de 53 toises & demi, la longueur de la nef, y compris le chœur, est de 35 toises dans œuvre & sa largeur de 5 toises 5 pieds, sur 9 toises 5 pieds de hauteur sous clef. Il est aisé de voir par ces mesures totales que ce vaisseau est plus petit que celui de S. Sulpice, dont nous allons répéter les mesures pour en faciliter la comparaison.

La largeur de l'Eglise de S. Sulpice hors œuvre, est de 25 toises & demi, sa longueur totale de 60 toises. La longueur de la nef, y compris le chœur, est de 41 toises & sa largeur de 7 toises, sur 15 toises de hauteur sous clef. Cependant il faut convenir que la Chapelle de la Vierge de l'Eglise dont nous donnons ici la description, est beaucoup plus grande que celle de S. Sulpice, qu'elle est entourée de bas-côtés qui se lient d'une maniere intéressante avec ceux de la nef, & qui en multipliant la surface pour les Paroissiens, communiquent très-ingénieusement avec la Chapelle de la Communion, placée derriere celle de la Vierge, & qui se présente en face de l'alignement donnant dans toute la profondeur de l'Eglise jusqu'au Portail.

Les bas-côtés de cette Eglise ont ici 16 pieds & la nef 35, contre l'usage ordinaire, qui est de leur donner la moitié, ainsi qu'on l'a observé dans la fameuse

(a) Voyez ce que nous avons dit de cet Architecte, Tome I. pag. 230. Note (a).
Tome II. Page 76. Note (b).   (c) Voyez le plan de cette Eglise, Tome II. Chapitre
(b) Voyez ce que nous avons dit de cet Architecte, V.

Cathédrale de Londres , quoiqu'à l'Eglife de S. Pierre de Rome ils foient moindres , la nef ayant 13 toifes & demi & les bas-côtés 5 toifes & demi, ainfi qu'à
Notre-Dame de Paris , dont la nef eft de 6 toifes 4 pieds , & les bas-côtés ,
de 17 pieds, mais qui à la vérité font doubles. (Voyez dans le fecond Volume, Livre
IV , la Planche Premiere du Chapitre III.) Cependant à S. Sulpice les bas-côtés
font plus larges ayant 24 pieds de largeur , & la nef 41 , ainfi que l'Eglife Cathédrale de Strasbourg, dont la nef a de largeur 40 pieds & les bas-côtés 33 ,
&c. (a).

La nef, proprement dite , eft ouverte de chaque côté par cinq arcades féparées
par des piédroits dont la largeur eft à celle des arcades , comme 2 eft à 5.
A l'extrêmité de cette nef eft la croifée de l'Eglife , dont les deux parties collatérales font arrondies par leur plan & voutées en cul de four. Ce genre de voute
fimétrife avec l'entrée de la nef & en quelque forte avec le rond-point du chœur ,
où eft placé le Maître-Autel. Cet Autel eft conftruit à la Romaine , deforte qu'au-
deffus & par l'arcade au-bas de laquelle il eft pofé, on découvre dès l'entrée du
Portail de l'Eglife les Chapelles de la Vierge & de la Communion placées derriere. Nous parlerons de la décoration de ces Chapelles en expliquant la Planche fuivante. Nous remarquerons feulement qu'elles furent bâties , en 1709 , par
le fecours d'une Lotterie que le Roi accorda à la Fabrique de cette Eglife. Nous
obferverons auffi que lorfqu'on bâtit le portail, on préféra de placer la tour qui
contient les cloches , à droite, vers le rond point de l'Eglife , parce que , felon le
fentiment de plufieurs , il n'y a que les Cathédrales qui puiffent en avoir deux (e) ,
malgré l'exemple de la Paroiffe de S. Sulpice , où une feule tour auroit nui à
la fimétrie du portail, ainfi qu'on le remarque à la plûpart de nos Eglifes Paroiffiales Gothiques , bâties à Paris.

Cette Eglife étant fituée fur un terrain d'une pente affez confidérable, on s'eft
déterminé à racheter ce talud , en élévant le fol de la nef de beaucoup au-
deffus de celui de la rue S. Honoré , afin de conferver une aire horizontale à tout
le plain-pied de l'Eglife , ce qui fait par rapport à l'ordonnance du portail un fort
bon effet , qu'il conviendroit de procurer à toutes nos Eglifes. On auroit pû cependant donner une élévation moins confidérable au fol de l'Eglife dont nous parlons , &
partager cette nouvelle hauteur en deux dans la longueur intérieure de ce monument , pour élever le fol du Sanctuaire au-deffus de celui de la nef , comme ce dernier doit l'être à l'égard de celui de la rue. En effet les inégalités du fol que nous defirons ici , pourroient caractérifer en quelque forte d'une

(d) Nous avertiffons que les mefures que nous donnons
ici de ces différentes Eglifes ne s'accordent pas toûjours
avec les échelles qui font au bas des plans. Comme la
plûpart de ces Planches ne font pas toûjours deffinées bien
fidélement , elles ne doivent pas fervir de régle. D'ailleurs
les différentes qualités des papiers , fur lefquels font tirées
les épreuves , font qu'ils s'étendent plus ou moins lors
de l'impreffion. Pour éviter ces erreurs , nous donnons la
plus grande partie de ces dimenfions d'après les cottes
des anciens livres & d'après les mefures prifes fur les lieux
qui fe font trouvés à notre portée.

(e) Nous avons confulté fur cette matiere non-feulement prefque tous les Auteurs qui ont écrit fur la forme des
Eglifes , mais encore différentes perfonnes que nous avions
crû pouvoir nous donner les lumieres néceffaires, mais malgré nos recherches , nous n'avons pû rien apprendre de
fatisfaifant fur l'ufage , où l'on femble être, de ne mettre deux tours qu'aux Eglifes Cathédrales. On prétend
en général que les deux tours marquent la fupériorité de
ces fortes d'Eglifes fur les autres. Mais S. Sulpice , dont
nous venons de parler, S. Jean en Grêve , & quelques-

autres, tant dans Paris , que dans les Provinces ; dé-
montrent affez évidemment que cette opinion a paru indifférente. Au refte fi l'ufage ne permet qu'une tour aux
Eglifes Paroiffiales , ne feroit-il pas naturel, pour éviter le
défaut de fimétrie , de placer la tour ou le clocher fur le
milieu du frontifpice ; il ferviroit alors à le faire pyramider , & tiendroit lieu des dômes qu'on introduit quelquefois dans les monumens de l'efpece de celui dont nous
parlons, & qui devroient être refervés pour les coupoles,
tels qu'à Paris au Val-de-Grace, aux Invalides, à la Sorbonne , aux Quatre Nations , &c.

Si quelqu'un eft plus inftruit que nous fur l'origine
des tours & fur la néceffité d'en admettre deux aux Eglifes Cathédrales & feulement une pour les Eglifes Paroiffiales , nous l'invitons avec quelque forte d'empref-
fement à vouloir bien nous communiquer fes lumieres fur ce fujet , notre deffein étant de nous appro-
cher , dans la compofition de nos édifices , des ufages &
de l'efprit de convenance fans lequel l'Architecture
la mieux entendue d'ailleurs , ne fçauroit s'attirer le fuffrage des Connoiffeurs.

maniere

maniere plus convenable, les divers usages & les différentes cérémonies qui doivent se passer sur chaque aire. Par exemple le sol de la rue, destiné aux affaires des Citoyens & à des actions mondaines, doit naturellement être au-dessous du Temple ; celui de la nef, destiné aux Fideles, doit tenir le milieu entre celui de la rue & celui du Sanctuaire ; ce dernier enfin doit être le plus élevé de tous. Il est vrai que ces différentes élévations du terrain s'observent assez généralement dans nos Temples, mais on le fait avec trop peu de sévérité, soit parce que l'on passe trop légérement sur ces considérations, toutes importantes qu'elles soient, soit parce que la situation de la plûpart de nos Eglises ne permet pas cette inégalité de niveau. A l'égard de la Paroisse dont nous parlons, cette idée devoit venir naturellement à l'Architecte, tant par rapport à la situation naturelle du terrain, que par la disposition des percés que nous avons déja remarqué dans sa distribution (*f*). Cette idée nous paroît si conforme à celle qu'on doit se former d'un lieu Saint, qu'il est étonnant qu'on n'ait pas cherché jusqu'à present, même dans un terrain horizontal, à faire ensorte d'observer d'une maniere plus imposante cette élévation pyramidale dans le rez-de-chaussée des monumens dont nous parlons. Nous avons un exemple de cette espece, quoiqu'en petit, dans l'Eglise des Carmelites du Fauxbourg S. Jacques, qui employé artistement dans un vaisseau spacieux, feroit un effet admirable, & donneroit lieu à faire usage d'un soubassement, comme à la Chapelle de Versailles, sur lequel s'éléveroit un grand Ordre de colonnes, au-bas duquel seroient placées des tribunes ou balustrades, dont le plain-pied égaleroit celui du Sanctuaire. J'ai vû un projet d'Eglise suivant ce sistême, il m'a paru faire très-bien, ce qui m'a déterminé à engager l'Auteur à donner au Public cette composition ingénieuse, à laquelle il travaille actuellement pour la rendre digne du suffrage des Connoisseurs.

Coupe sur la longueur de l'Eglise, prise dans le plan sur la ligne AB.
Planche II.

Cette Planche nous fait voir le développement intérieur d'un des côtés de l'Eglise de S. Roch, sur sa longueur. Un Ordre de pilastres Doriques, couronné d'un entablement denticulaire, décore le pourtour de la nef & de la croisée : cet Ordre est exécuté avec assez de pureté. Il est élevé sur un socle ou retraite de 7 pieds d'élévation ; hauteur trop considérable, qui porte à croire qu'on a déterré l'Eglise de 3 ou 4 pieds depuis son édification. Il est vrai que cette difformité n'a paru telle que depuis qu'on a supprimé les bancs qui occupoient la plus grande partie de l'aire (*g*) ; desorte que loin que ce fut une inadvertance de la part de

---

(*f*) On a marqué dans la distribution de ce plan, Planche Premiere, le nom des principales Chapelles distribuées le long des bas côtés de cette Eglise ; il en est peu dont la décoration soit intéressante, à l'exception de celles de S. André & de S. Louis. Elles sont pour la plûpart concedées à différentes Familles du premier ordre, telles que celle de *Courtenvaux*, de *Pont-Chartrain*, du Président de *Senozan*, &c. Cette Eglise renferme aussi quelques épitaphes & tombeaux d'un certain mérite, mais en très-petit nombre, quoique plusieurs grands hommes y ayent leur sépulture. De ce nombre sont les célébres Sculpteurs, *François* & *Michel Anguierre*, dont nous avons parlé, Tome II. p. 72. Not. (*e*). *Pierre Mignard*, mort premier Peintre du Roi en 1695, dont nous avons parlé, Tome II. page 70. Not. (*d*) *Pierre Corneille*, né à Rouen, mort en 1684, &c. La sacristie qui se remarque aussi dans cette Planche vient d'être changée depuis la gravure du plan. De la cour qui est à côté, l'on a fait une sacristie, ayant couvert cette cour à une certaine hauteur par une lanterne, desorte que cette nouvelle piece, avec un retranchement pris vers E, détermine la grandeur de la Sacristie pour les messes, & toute la partie F est destinée pour la sacristie des ornemens. Nous observerons ici que la Chapelle des fonds & celle des mariages marquées *a* & *l*, sont trop petites pour une Paroisse aussi considérable, & qu'il seroit mieux qu'en pareille occasion ces Chapelles fussent placées à l'entrée de l'Eglise, & eussent une principale issue par le porche extérieur, afin de ne point donner l'entrée des Temples pendant la nuit indiscretement à des personnes de l'un & de l'autre sexe.

(*g*) Ces bancs étoient un abus qui s'étoit introduit dans les siecles précédens, & qui empêchoit les Fideles qui n'en avoient point, de trouver place dans nos Temples, sans compter que ces bancs nuisoient beaucoup aux cérémonies de l'Eglise.

Eglife de S. Roch. *Le Mercier* (comme beaucoup l'ont penfé) d'avoir donné une fi grande hauteur à ces focles, il étoit prudent au contraire d'en ufer ainfi ; autrement ces parties acceffoires auroient mafqué les bafes & une partie du fût inférieur des pilaftres. Pour remedier à ce défaut actuel, il auroit fallu, lors de la réparation totale de ce monument, convertir ces focles en piédeftaux ; alors on auroit tenu camus les profils dès corniches & des bafes pour ne pas trop prendre fur la largeur de la nef, & pour fatisfaire à la largeur des piédroits qui auroient reçu le retour de ces profils.

Les arcades placées entre les pilaftres font d'une belle proportion, & décorées au-deffus des archivoltes, de trophées dans la nef & de Figures dans le chœur, le tout d'une affez belle exécution ; mais nous obferverons que cette richeffe eft trop recherchée pour la fimplicité de l'Ordre, & qu'en général il y a trop de fculpture dans cette Eglife, que d'ailleurs elle n'eft pas d'un choix affez refervé, & qu'elle tient trop de la décoration de nos bâtimens civils. On doit chercher dans les ornemens des édifices facrés des formes fimples & nobles, des fujets graves, de belles maffes & de grandes parties. Le Val-de-Grace eft fort orné, peut-être même un peu trop ; mais cette richeffe dont les allégories font rélatives au fujet, plaît & invite à la méditation. Tout y eft grand, noble, majeftueux : ici au contraire les ornemens font frivoles : nos veftibules, nos fallons, nos efcaliers en pierre font traités de la même maniere, il n'y a de différence que les fymboles, encore dans cette Eglife ont-ils befoin d'un examen refléchi pour y être remarqués. Ce font les fymboles qui doivent impofer dans un Temple, les parties de détail ne font faites que pour les Connoiffeurs, & toutes les fois qu'on négligera la majefté dans les maffes, n'efperons pas, quelque profufion dont on faffe étalage, qu'une décoration puiffe s'attirer le fuffrage des perfonnes fenfées. Nous l'avons dit plus d'une fois, les ornemens doivent être employés avec ménagement dans les Temples, il feroit même à fouhaiter qu'on rétranchât la plus grande partie des tableaux dont on décore le Sanctuaire & les nefs (h) ; l'admiration que caufent aux gens de goût ces merveilles de l'Art, nuit fouvent à la décence dûe à un lieu Saint. Ces curiofités devroient être placées dans les facrifties de nos Paroiffes, dans les cloîtres des Réligieux, &c. & la peinture devroit être réfervée pour les voutes des dômes & pour les Autels de nos Chapelles. Nous penfons de même des tombeaux : quelques bien exécutés qu'ils foient, ils devroient être mis dans les charniers de nos Eglifes Paroiffiales, parce qu'attirant naturellement la curiofité des Amateurs de toutes les Nations, nos Temples qui renferment le plus de ces chef-d'œuvres, font fréquentés avec quelque forte d'indécence, & qu'on s'éloigne par une admiration fouvent involontaire du refpect dû à la demeure du Saint des Saints. D'ailleurs il faut obferver que pour mettre dans tout leur jour ces merveilles de l'Art, l'on tombe infenfiblement dans le défaut de procurer trop de lumiere à nos Eglifes, contre l'ufage conftant des premiers fiecles, où elles étoient pour la plûpart peu éclairées. Trop d'obfcurité à la vérité eft nuifible, mais trop de lumiere dans un Tem-

---

(h) Il eft vrai que dans la primitive Eglife les Chrétiens ont fait ufage de tableaux dans leurs Temples. *Eufebe* dit qu'on y repréfentoit par des fujets coloriés l'hiftoire des Martirs qui repofoient dans chaque Eglife & celles de l'ancien & du nouveau Teftament. *Prudence* & *Afterius* confirment ce fait ; mais il faut obferver que ces peintures étoient faites pour les ignorans à qui elles tenoient lieu de livres, ainfi que le remarque *Gregoire* II. en écrivant à l'Empereur *Leon*, Auteur des Iconoclaftes. *Les hommes & les femmes*, lui dit-il, *tenant entre leurs bras les petits enfans nouveaux baptifés leur montrent du doigt les hiftoires, ou aux jeunes gens, ou aux Gentils étrangers, ainfi ils les édifient, & élévent leurs efprits & leurs cœurs à Dieu.* Mais aujourd'hui que nous fommes plus inftruits, & que l'Art de la Peinture eft devenu plus féduifant, il femble qu'on en devroit ufer avec plus de retenue, les fujets coloriés d'ailleurs faifant prefque toûjours un mauvais effet dans des monumens conftruits tout en pierre, à la place defquels on devroit employer la fculpture. On peut facilement faire la comparaifon de l'un à l'autre par les tableaux placés dans les panaches du dôme des Invalides, ou par les bas-reliefs placés dans ceux du dôme du Val-de-Grace : on ne parle point ici de l'abus qu'on a fait de la Peinture, de la menuiferie & de la dorure dans la décoration du Sanctuaire de l'Eglife de S. Jean en Grêve & ailleurs.

ple eſt condamnable. C'eſt ordinairement la ſource de la diſtraction qu'on re-
marque dans le plus grand nombre. Ce qu'il y a de certain, c'eſt que ce grand
jour nuit au recueillement. Le Val-de-Grace que je ne puis trop citer, paroît
éclairé d'une maniere convenable, à l'exemple de la plûpart des Temples d'Italie,
tels que S. Pierre de Rome, la Rotonde, S. Jean de Latran, &c. La Sorbonne, à
Paris, au contraire eſt ſombre & triſte, le dôme des Invalides eſt trop éclairé, S. Sulpice
me paroît tenir un juſte milieu, quoique percé d'un même nombre de croiſées que
l'Egliſe dont nous parlons ; mais comme le vaiſſeau eſt plus vaſte, la lumiere
ſe répandant dans un plus grand eſpace, rend cet édifice plus conforme à notre
idée ; peut-être même feroit-il encore un meilleur effet ſi la lumiere y étoit moins
conſidérable.

La lettre A indique la coupe du portail & l'aire de la nef, qui eſt élévée d'environ ſept pieds au-deſſus du ſol de la rue S. Honoré, comme nous l'avons déja
remarqué. Cette différence de niveau n'eſt pas exprimée dans cette Planche à cauſe du peu de grandeur de l'échelle, mais on l'apperçoit mieux dans la Planche
IV qui donne l'élévation du frontiſpice de cette Egliſe.

On voit en B, la décoration de la nef percée d'arcades, à travers deſquelles on
apperçoit les Chapelles (i) diſtribuées le long des bas côtés. Ces Chapelles ſont
un peu petites en général, mais on obſervera que leurs Autels ſont placés avan-
tageuſement (k) pour être apperçus de la nef, & que cette ſituation eſt plus convenable qu'au bas des vitraux, à cauſe du peu de hauteur que ces derniers laiſ-
ſent au rétable d'Autel, ce qui gêne conſidérablement pour la forme de leur compoſition, & occaſionne de petites parties qui ne conviennent jamais dans un grand
vaiſſeau, principalement lorſque ces Chapelles ſont partie de la décoration générale d'une Egliſe Paroiſſiale, telle que l'Egliſe de S. Sulpice, où on les a placées
ainſi. Cette ſituation d'Autels n'eſt tolérable que dans la Chapelle de Verſailles,
qui eſt un lieu bien moins vaſte, & dont les deſſeins d'ailleurs ſont d'un goût
exquis, en comparaiſon de la forme triviale de la plûpart des Chapelles de S. Sulpice, dont on ne ſçauroit trop blâmer la compoſition.

La lettre C fait voir la forme d'une des extrêmités de la croiſée de l'Egliſe,
dont la décoration chargée de trop d'ornemens, n'eſt pas à imiter, ainſi que nous
l'avons déja remarqué. On y voit une des portes collatérales qui dégagent à la
bute S. Roch, & qui ne ſervent que dans les jours ſolemnels, étant trop reſſer-
rées par les bâtimens voiſins. Au bas de cette porte eſt un tambour de menuiſerie
qui tient lieu de porche ; piece qu'il ſeroit toûjours néceſſaire de conſtruire aux principales entrées des Egliſes, les Anciens en ayant ſouvent pratiqué de doubles,
l'un extérieur, l'autre intérieur. Cette obſervation, que nous avons déja faite dans
les volumes précédens, nous conduit inſenſiblement à remarquer, à propos des
maiſons trop voiſines de cette Paroiſſe, qu'il ſeroit néceſſaire de ſituer nos Egliſes de maniere qu'elles ne fuſſent pas adoſſées à des bâtimens particuliers. La premiere
dépenſe à laquelle on devroit ſonger, ſeroit non-ſeulement de dégager les environs
des Temples, mais encore d'en défendre l'approche par des murs d'appui, ou par
des grilles, ainſi qu'on l'a pratiqué avec beaucoup de raiſon & de convenance à
l'Egliſe de S. Paul de Londres, & qu'on ſe propoſer de le faire à Saint Sulpice, rien n'étant plus indécent que d'enclaver le Temple du Seigneur au milieu

(i) Les Chapelles de nos Egliſes tirent leur origine des chambres ou cellules qu'on plaçoit autrefois le long des anciennes Egliſes, & qui étoient érigées pour la commo-dité des perſonnes qui vouloient méditer & prier en par-ticulier. Auſſi dans les ſiecles précédens ces chapelles étoient-elles encore fermées par des murailles ou des gril-les très-peu évuidées, & ce n'eſt gueres que depuis le commencement de celui-ci qu'on a pratiqué de très-gran-des ouvertures à ces chapelles, qui pour la plûpart ne ferment plus à preſent que par des grilles baſſes, com-me on vient de le faire à l'Egliſe de l'Oratoire & ail-leurs.

(k) Voyez la Planche Premiere de ce Chapitre.

 des maifons habitées indiftinctement par toutes fortes de perfonnes. Il feroit auffi
à propos d'éloigner les Eglife du paffage des voitures & des charois, furtout
dans une grande Ville comme Paris, où ils interrompent ordinairement le fervice divin par le bruit & l'embarras qu'ils occafionnent, & accoûtument le peuple à paffer au pied de ces monumens fans aucun refpect (*l*). Les précautions néceffaires pour remedier à un pareil abus, occuperoient fans doute beaucoup de
terrain ; mais dans une grande Ville il faut des places publiques, des carrefours
fpacieux, des dégagemens & des percés proportionnés à fon opulence. Certainement
ce feroit dans ces occafions qu'on les devroit mettre en ufage, & préferer à toute
autre circonftance l'application de ces efpaces, qui en décorant la Capitale, four-
niroient au peuple Chrétien un motif d'édification, & fatisferoient aux loix de
la convenance.

La lettre D donne la décoration du chœur qui eft percé de neuf arcades dans
fon pourtour & fermé de grilles, deforte que le fervice divin fe fait en préfen-
ce des Fideles, ce qui eft contraire à l'ancien ufage, le peuple réuniffant aujour-
d'hui fa voix à celle du Clergé. Ce Chœur eft féparé de la croifée de l'Eglife
par une grille, au bas de laquelle font pofées les ftalles qui forment un retour
d'equerre de chaque côté au pied des deux premieres arcades. Le coffre d'Autel
eft placé en E, on en voit ici la coupe (*m*). Il auroit pû être plus élévé, ainfi que nous
l'avons déja remarqué. Au deffus de cet Autel à la Romaine, eft une arcade qui
laiffe appercevoir dès l'entrée de l'Eglife les Autels des Chapelles de la Vierge
& de la Communion, marquées H, K, & qui par la même raifon auroient pû être
plus élévées, étant détachées du corps de l'Eglife.

Au-deffus de l'Ordre Dorique qui regne dans tout l'intérieur de cette Eglife ;
fe voit la coupe de la voute en plein ceintre, qui eft ornée d'arcs doubleaux entre lefquels font des croifées formant lunette. Ces arcs doubleaux font enrichis
d'ornemens & élévés fur des piédeftaux, interrompus dans l'ouverture des vitraux,
afin de laiffer plus d'efpace à ces derniers : cette interruption à la vérité donne une belle proportion aux croifées, mais elle procure peut-être une lumiere trop
confidérable à cette Eglife.

Au-deffus & au milieu de la croifée fe voit la calotte en cul de four ; les
panaches de cette partie fupérieure font ornés de bas-reliefs qui repréfentent les
quatre Evangeliftes ; enfin fur toute la longeur de l'Eglife, on voit au-deffus le développement de la charpente du comble pratiqué en croupe dans fes deux extrêmités.

La lettre F indique le retour circulaire des bas côtés qui regnent au pourtour de la
nef & du chœur, & qui dans cet endroit communique par une grande ouverture de
28 pieds dans la Chapelle de la Vierge marquée G, laquelle eft de forme elliptique,
& qui, comme nous l'avons déja dit, fut bâtie en 1709. La décoration de cette Chapelle confifte en deux Ordres de pilaftres, l'un Corinthien, l'autre Compofite, élévés l'un fur l'autre. Ce dernier, d'une proportion Attique & couronné d'une corni-

---

(*l*) Voyez ce que M. l'*Abbé Fleury* rapporte à ce fujet dans fon livre des mœurs des Chrétiens, pag. 178 : ouvrage excellent, & qu'à bien des égards on ne fçauroit
trop lire.

(*m*) Cet Autel eft placé ici deforte que le Célébrant
& le Peuple font tournés vers le Nord, contre l'ancien ufage, qui eft de le placer à l'Orient, ainfi qu'on l'a prefque toûjours obfervé dans nos Eglifes Gothiques, telles
que font S. Paul, S. Gervais, S. Jean en Grêve, S.
Euftache, les Carmelites, & S. Sauveur ; confidération
pour laquelle fans doute on a adofté le chevet de cette
derniere Eglife au principal portail de cette Paroiffe. Il
eft vrai que dans plufieurs autres Eglifes anciennes & modernes, il femble qu'on ait négligé cette fituation ; car
l'Autel de l'Eglife de S. Jacques du haut Pas eft expofé
au couchant, celui des Invalides & des grands Jéfuites
au midi, les Minimes au Nord, comme l'Eglife dont
nous parlons, &c. quoique les rits des Anciens ayent
prononcé d'une maniere conftante à cet égard. La difpofition des rues peut avoir contribué à cette négligence ;
mais, ainfi que nous venons de le remarquer, comme il
feroit à défirer que nos Eglifes fuffent environnées de places qui laiffaffent un libre efpace autour d'elles, ce moyen
fi néceffaire & fi utile par les raifons que nous avons rapportées, fourniroit l'occafion de fituer convenablement les
rétables d'Autel.

che

che architravée, reçoit une grande voute conſtruite en charpente, recouverte de plâtre, que l'on décore aujourd'hui de peintures (n). Le rétable d'Autel de cette Chapelle va être reconſtruit à neuf : pluſieurs habiles Sculpteurs en ont fait des modeles, & il paroît que l'on va choiſir celui qui aura le plus d'analogie avec le ſujet que peint M. *Pierre* dans le plafond, & qui repréſente l'Aſſomption de la Vierge.

La lettre I fait voir la décoration intérieure de la Chapelle de la Communion qui eſt d'un plan preſque ſphérique. On y arrive par les bas côtés circulaires pratiqués autour de la Chapelle de la Vierge & qui ont leur iſſue par ceux qui regnent autour de la nef & du chœur. (Voyez le Plan, Planche Premiere de ce Chapitre.) Cette Chapelle eſt décorée de quatre pilaſtres d'Ordre Compoſite, entre leſquels ſont placés trois vitraux, qui lui procurent un très-grand jour, quoique, rélativement à ſon uſage particulier, elle eût dû être moins éclairée. Au-deſſus des pilaſtres regne une corniche Compoſée & ornée de modillons : au-deſſus de cette corniche eſt un plafond en calotte très-ſurbaiſſée. Ce plafond doit être auſſi peint, lorſque celui de la Chapelle de la Vierge ſera achevé.

Coupe de l'Egliſe de Saint Roch, priſe dans le plan ſur la ligne CD.
Planche III.

Cette coupe eſt de la même ordonnance que la Planche précédente. Elle offre néanmoins la décoration du rond-point de l'Egliſe, où eſt placé le Maître-Autel, & au-deſſus duquel eſt pratiquée l'arcade ouverte, qui laiſſe voir le vitrail de la Chapelle de la Communion placée à l'extrêmité de cette Egliſe ; c'eſt pour cette raiſon que nous avons déſiré plus haut qu'on eut élévé pyramidalement non-ſeulement le coffre d'Autel de cette Chapelle, mais auſſi celui de la Chapelle de la Vierge, ſitué entre le rétable du Maître-Autel & celui du S. Sacrement, afin que dès l'entré du portail, on eut apperçû d'un ſeul coup d'œil ces trois Autels, ce qui auroit produit un effet bien plus capable d'inſpirer de la contemplation aux Fideles, & d'exciter en eux le déſir d'aller viſiter ces monumens divers, qui, faute d'être apperçus, ſont ignorés par la plûpart.

Au-devant des piédroits qui ſoûtiennent les panaches de la voute de la croiſée de l'Egliſe, & aux deux côtés de la grille qui donne entrée au chœur, ſont de petites Chapelles qu'on va ériger à neuf, & pour leſquelles on a déja fait pluſieurs modeles qui ſont actuellement expoſés en place. Au reſte, en ſuppoſant qu'on faſſe choix des meilleurs, il eſt à craindre, quelque bien qu'on faſſe ces Chapelles, qu'elles ne forment de trop petites parties, qu'elles ne nuiſent à l'effet total, & qu'elles ne maſquent une des parties inférieures de l'Ordre Dorique, appliqué contre les piédroits qui portent le dôme. Bien loin de multiplier ces Chapelles, comme on les a marquées dans le plan, Planche Premiere, il ſeroit à déſirer au contraire qu'on les y ſupprimât. On doit s'appercevoir de leur peu de ſuccès dans preſque toutes nos Egliſes de Paris : Notre-Dame, S. Germain l'Auxerrois, S. Euſ-

---

(n) Ce grand morceau s'éxécute actuellement par M. *Pierre*, de l'Académie Royale, & premier Peintre de M. *le Duc d'Orléans*, qui en a déja fait une eſquiſſe en petit & des études de la grandeur de l'éxécution, leſquelles ſe ſont attirées le ſuffrage des hommes du premier mérite. Néanmoins la modeſtie de ce célébre Artiſte l'a fait s'oppoſer à l'envie que nous avions de parler avec éloge, non-ſeulement de cet ouvrage important, mais encore de ſes autres ſçavantes productions ; deſorte que nous nous trouvons forcés, par égard pour lui, d'attendre à une autre occaſion pour nous étendre ſur le ſujet & ſur les beautés de détail des Peintures de cette voute. Nous ne pouvons cependant nous empêcher d'aſſurer que lorſque ce grand ouvrage ſera achevé, à en juger par ce qu'il y en a déja de fait, il ne cédera en rien à ce qui ſe trouve d'exécuté dans ce genre par nos plus habiles Peintres François.

tache, &c. font autant de preuves de ce que j'avance. Il n'y a guéres que S. Sulpice où l'on n'ait pas fuivi ce mauvais exemple : il eſt vrai que le Maître-Autel
de cette Paroiſſe eſt à l'entrée du chœur, & qu'il n'auroit pas été convenable de
placer de petites Chapelles ſi près du principal Autel, mais en général je perſiſte
à croire que dans quelque occaſion que ce puiſſe être, il ne faut pas embarraſſer
l'entrée du Sanctuaire, & que les Chapelles rangées le long des bas côtés d'une
Eglife, fuffiſent; encore faudroit-il prendre foin de pratiquer des corridors particuliers ou des couloirs, comme on l'a obfervé dans l'Eglife des Prêtres de l'Oratoire, pour le dégagement des Chapelles & la communication des perfonnes à qui
elles appartiennent. (Voyez ce que nous avons dit à ce fujet au Chapitre X. de
ce Volume, page 55.)

Portail principal de l'Eglife de Saint Roch du côté de la rue Saint Honoré.
Planche IV.

Ce Portail eſt élévé de quatorze marches au-deſſus du fol de la rue Saint
Honoré : ce feroit un avantage confidérable pour ce frontifpice, s'il avoit un
point de diftance plus éloigné. Les Connoiſſeurs font partagés fur l'ordonnance
de fa décoration & fur l'eſtime qu'ils en doivent faire. Les uns, à la faveur du
mouvement qu'on remarque dans fon plan, le regardent comme un des beaux
ouvrages modernes qui foient à Paris dans ce genre. Les autres le rangent au
nombre de ces productions qui font trop peu févéres pour le frontifpice d'un édifice facré, & trouvent qu'il eſt d'ailleurs chargé d'ornemens aſſez mal entendus.

Nous allons, rélativement aux obfervations qui accompagnent les monumens dont
ce Recueil eſt compofé, expofer auſſi notre fentiment, fans prétendre cependant,
comme nous l'avons dit ailleurs, qu'il faſſe loi, & fans aucune intention d'affoi-
blir la réputation de l'Architecte, n'ayant pour but, dans les obfervations que nous
allons faire, que d'infpirer un véritable amour pour les beautés répandues dans
ce Portail, & d'avertir en même tems des licences qu'on doit éviter dans la compofition de l'ordonnance d'un pareil édifice.

Il eſt certain que l'Ordre Dorique eſt employé avec convenance dans ce
frontifpice. Sa virilité eſt du reſſort des édifices facrés, & il eſt toujours bon de
l'annoncer dans l'ordonnance de la décoration extérieure d'un monument tel que
celui dont nous parlons ; car il eſt à remarquer qu'il ne fuffit pas de lui donner une
folidité réelle, mais il faut encore qu'elle foit viſible & apparénte. La forme en plein
ceintre de la porte principale au rez-de-chauſſée eſt auſſi préferable aux portes
quarrées ou bombées qu'on voit dans la plûpart de nos Eglifes, tant anciennes que
modernes. Nous ajoûterons que les pilaſtres placés à l'entrée de ce Portail, font
imités des anciens Temples, & qu'ils peuvent réuſſir dans bien des occaſions. Nous
nous réfervons cependant de difcuter dans fon lieu, leur application & la maniere de les mettre en œuvre : enfin nous obferverons que le fronton triangulaire de
l'extrêmité de ce frontifpice eſt placé convenablement, & que, comme nous l'a-
vons remarqué ailleurs, on ne devroit jamais les multiplier dans un même Portail
d'Eglife.

Après avoir fait l'éloge de toutes les parties qui conſtituent les beautés de ce
frontifpice, examinons préfentement quelles font les licences qu'il auroit fallu y
éviter. Ce fronton, dont nous venons de louer la fituation, a le défaut d'être ce
qu'on appelle à reſſaut : il n'y a que le larmier & la cimaife de fes corniches ram-
pantes, qui foient directes, l'entablement horizontal faifant retour fur l'entre-
colonnement du milieu, deforte que d'en bas la faillie du fommet de
ce fronton paroît énorme, le point de diftance étant très - peu confidérable.

Eglise de S. Roch.

Cette grande faillie ne doit fe hazarder que dans le cas où l'on peut appercevoir de fort loin la partie fupérieure d'un frontifpice; encore eft-il contre l'origine des frontons & la févérité des regles de l'Art de découper un couronnement
de cette efpece par fon plan, malgré l'exemple de plufieurs anciens édifices &
le fentiment de quelques modernes qui les ont imités. (Voyez ce que nous avons
dit à propos des frontons dans notre *Introduction*, Tome I. page 104.) D'ailleurs
les armes que le timpan de ce fronton renferme, font maffives à l'excès, & fervent à rendre tous les autres ornemens de ce Portail d'une petiteffe extrême, étant
en outre mal imaginés, poftiches & fans beauté. Nous avons déja remarqué dans
le premier Volume, page 292, qu'il ne faut faire parade qu'avec beaucoup de
circonfpection des armoiries dans le frontifpice d'un édifice facré, parce qu'on
ne doit allier que le moins qu'il eft poffible les attributs de la vanité humaine
avec les fymboles du Chriftianifme. Nous ajoûterons ici que fur les corniches ram-
pantes de ce fronton font placées des figures affifes, qui malgré l'exemple de la
plûpart de nos bâtimens François, n'en font pas moins contraires aux régles de
la convenance. Ces ftatues devroient être placées debout, ainfi qu'on le remarque dans prefque tous les monumens antiques; d'ailleurs des figures pofées fur
des bafes inclinées, produifent toûjours une fituation contraire à la vraifemblance, quoiqu'on les ait fuppofées ici des Anges: fiction qui paroît peu févére &
contraire à la majefté qu'on doit obferver dans les parties acceffoires d'un édifice
facré.

Ce fronton, ainfi que fon entablement horizontal, eft foutenu par des colonnes Corinthiennes ifolées. Cet Ordre, qui eft ici d'une affez belle exécution, paroît oppofé à la progreffion qu'on doit obferver, lorfqu'on éléve plufieurs Ordres
les uns au-deffus des autres; c'eft-à-dire qu'y ayant un Ordre Dorique au-deffous,
il auroit fallu mettre un Ordre Ionique à la place du Corinthien, les proportions
extrêmes du folide au délicat étant contraires à l'ordonnance de la bonne Architecture & aux loix du bon goût, quoiqu'on en ait ufé ainfi depuis au Portail des
Prêtres de l'Oratoire. Quelquefois au lieu de l'Ionique, & pour éviter l'élégance
du Corinthien, on employe le Compofite, qui eft ordinairement plus mâle & plus
nourri, ainfi qu'on le remarque au Portail des Minimes, au Château de Clagny,
&c. D'ailleurs nous obferverons que les axes des colonnes de l'Ordre Corinthien
dont nous parlons, portent en retraite fur celles de deffous, principalement celles
des extrêmités qui font arriere-corps, deforte que lorfqu'on regarde ce Portail
fur fon profil, ce défaut d'à plomb fait un effet défagréable. Il eft moins vicieux
à la vérité que fi elles euffent porté à faux, mais c'eft toûjours une licence plus
ou moins condamnable en Architecture, que de ne pas conferver une direction
intime entre les parties fupérieures & les inférieures.

Le focle qui foutient ces colonnes eft trop peu élévé. Il auroit dû avoir la
hauteur d'une baluftrade, non-feulement à caufe que la faillie de la corniche de
l'Ordre Dorique eft affez confidérable, mais auffi parce que l'ouverture placée dans
l'entre-colonnement Corinthien a la forme d'une porte & non d'une croifée, qui pour
cette raifon fembloit exiger un appui évuidé en forme de baluftrade.

Les confoles renverfées qui tiennent lieu d'arcboutans à cette partie fupérieure
du Portail font d'un goût mefquin, & s'allient on ne peut pas plus mal avec
les piédeftaux des angles qui foûtiennent les deux groupes, repréfentant les quatre Peres de l'Eglife. Ces Groupes, ainfi que les figures du fronton, font fculptés de la main de *Claude Francin*, de l'Académie Royale de Peinture & de Sculpture. D'ailleurs la hauteur de ces piédeftaux fert à anéantir celle du focle qui
foutient les colonnes, & forme un mauvais effet dans les retours collateraux de
ce frontifpice.

A l'égard de l'Ordre Dorique, le mouvement du plan que nous avons dit être applaudi par plusieurs, apporte ici une irrégularité dans la distribution des mutules & des métopes, dont la simétrie néanmoins fait un des principaux mérites de l'entablement de cet Ordre. C'est pour cette raison que les Anciens, observateurs scrupuleux des régles de l'Art, n'employoient cet Ordre que dans des plans de forme rectangle, ayant toûjours tâché d'éviter les retours angulaires rentrans, à cause des difficultés presque insurmontables qui empêchent d'ajuster d'une maniere précise les intervalles des cassettes & des mutules, d'où dépend absolument la beauté de l'Ordre Dorique, & sans laquelle, comme nous l'avons remarqué ailleurs, cette ordonnance n'a aucun mérite. En effet les espaces inégaux des intervalles mutulaires ne peuvent donner qu'une fausse idée de la construction, & présentent un désordre directement opposé au mot d'Ordre, qui certainement doit offrir un assemblage régulier de plusieurs parties, lesquelles réunies ensemble soient capables de composer un tout simétrique, noble, majestueux & imposant.

Cet Ordre, dans ce frontispice, présente bien d'autres licences que nous ne pouvons rapporter ici sans quelques figures particulieres ; nous n'aurions pas négligé sans doute de les donner dans ce Chapitre, si, comme nous l'avons déja annoncé, nous ne nous étions reservés de traiter à fond des Ordres dans le huitieme Volume de cet Ouvrage, où nous renvoyons. Nous y rappellerons la négligence avec laquelle cet Ordre est exécuté, non-seulement dans ce frontispice, mais dans presque tous nos édifices d'ordonnance Dorique.

La porte en plein ceintre du milieu de ce monument au rez-de-chaussée est trop svelte pour le caractere viril de l'Ordre Dorique qui y regne. Le claveau, au contraire, est trop massif, & l'espace qu'il contient, est mal rempli par les deux petits Génies tenant lieu d'agraffes. Les arcades feintes qui renferment dans une portion elliptique les portes collatérales, & qui sont de la même dimension que celle du milieu, sont tout-à-fait mal imaginées, aussi-bien que la Sculpture placée sur les impostes, qui non-seulement sont composées de trop petites parties pour occuper un aussi grand espace, mais qui sont postiches, mal amenées, & qui ne se sentent point du tout de ce caractere noble qui doit annoncer le frontispice d'un Temple. Les trophées des petits entrecolonemens de l'Ordre supérieur & de l'inférieur sont dans le même cas, aussi-bien que le couronnement de l'arcade Corinthienne, les candelabres, les fleurons, les consoles renversées, &c, tous ces ornemens, quoique d'une assez passable éxécution & sculptés par *Louis de Monteau*, Sculpteur de l'Académie de Saint Luc, étant placés sans choix sans prudence & sans aucun rapport avec l'Architecture.

Les pilastres Doriques des extrêmités de ce Portail, & qui, comme nous l'avons remarqué, sont placés dans le goût des Anciens, différent cependant des exemples qu'ils nous en ont donnés, en ce qu'il n'admettoient ces pilastres qu'aux parties angulaires de la muraille qui fermoit l'intérieur du Temple, qu'ils appelloient *Cella*, & qui pour l'ordinaire étoit entourée de plusieurs colonnes isolées, formant des aîles ou galleries. (Voyez Vitruve & les Temples différens qu'il décrit, page 60, jusqu'à la 72, *seconde Edition.*) D'ailleurs comme ici ce pilastre est extérieur, & qu'il se trouve seul à chaque extrêmité & accouplé d'une colonne, quoique naturellement les pilastres semblent mieux porter l'entablement dans son retour, il convient de mettre toûjours deux pilastres ensemble, ou enfin deux colonnes accouplées, lorsque dans toute une ordonnance on en a fait choix de préférence. En effet les colonnes réussissent mieux que les pilastres, ces derniers composent une Architecture moins avantageuse que les colonnes, à en juger par la façade du Louvre du côté de la riviere, comparée avec le péristile du même bâtiment du côté de S. Germain l'Auxerrois. C'est donc avec justice que plusieurs blâment

l'accouplement

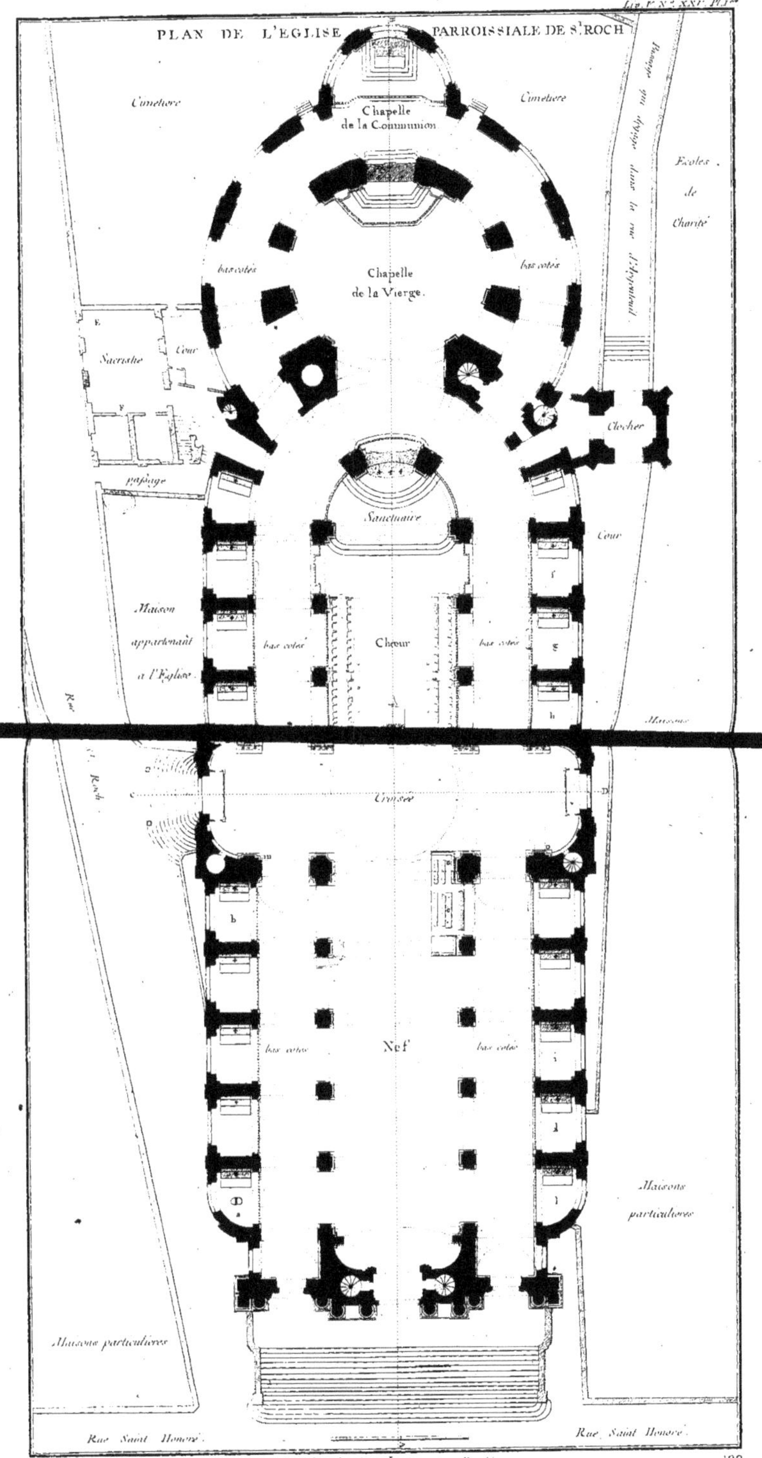

PLAN DE L'EGLISE PARROISSIALE DE St ROCH
Liv. V. N.° XXI. Pl. I.re
Cimetiere
Cimetiere
Ecoles de Charité
Chapelle de la Communion
Chapelle de la Vierge
bas cotés
bas cotés
Sacristie
Cour
Clocher
passage
Sanctuaire
Cour
Maison appartenant à l'Eglise
bas cotés
Chœur
bas cotés
Maisons
Croisée
bas cotés
Nef
bas cotés
Maisons particulieres
Maisons particulieres
Rue Saint Honoré
Rue Saint Honoré
A Paris chez JOMBERT, rue Dauphine.
409

l'accouplement du pilaftre avec la colonne qu'on voit ici ; cette derniere étant en-
gagée, & autorifant par là le retour de l'entablement, qui annonçant un corps
féparé, devoit être abfolument compofé de deux pilaftres ou de deux colonnes,
mais plutôt de deux pilaftres dans ce frontifpice, parce que par là on auroit laiffé
dominer l'avant-corps, & l'on auroit évité le reffaut de l'entablement des extrêmités de ce Portail. Il s'enfuivroit peut-être de cette obfervation qu'on auroit dû
fupprimer les colonnes placées à chaque côté de l'avant-corps ; mais comme elles
regnent dans toute la hauteur de l'édifice, & qu'elles fervent à nourrir cette partie dominante du Portail, qui fans elle feroit devenu trop haut pour fa largeur,
il convenoit de les y laiffer, mais de fouftraire feulement celles des angles, malgré la fimétrie qu'elles procurent aux portes collatérales, qui par ce moyen font
accompagnées de chaque côté par une colonne. Cependant comme ces pilaftres
propofés dans les angles forment, pour ainfi dire, des corps féparés, pour éviter
ces retours d'entablement & l'accouplement d'une colonne avec un pilaftre, il
auroit été préférable qu'ils euffent formé un arriere-corps, qui auroit procuré plus
de repos à toute cette ordonnance ; trop de mouvement dans l'Architecture n'étant
pas en général du reffort d'un frontifpice du genre de celui dont nous parlons.

Nous finirons en obfervant qu'à propos de ce mouvement, il eut été auffi plus
convenable de fupprimer le renfoncement du milieu de l'entablement Dorique ;
une platebande fans renfoncement eût été plus fiere & plus conforme à la virilité de l'Ordre, & auroit empêché l'étranglement que forment les deux retours de
fa corniche. D'ailleurs par ce moyen cet arriere-corps n'auroit pas monté de fond
jufqu'au-deffous des cimaifes angulaires du fronton, qui par là paroît trop étroit,
& qui auroit réuffi beaucoup mieux s'il eut feulement pris naiffance fûr l'entablement Dorique, n'approuvant les reffauts que dans l'entablement Corinthien,
parce qu'ils lui appartiennent comme à un Ordre délicat, ou dans un Ordre Compofite que nous avons défiré plus haut que l'on fubftituât au Corinthien.

Nous ne donnons point dans ce Chapitre les élévations des Portails collatéraux
de cette Eglife. Il n'y a guéres que celui du côté de la rue neuve S. Roch qui
mérite quelque attention, celui du côté du clocher, prefque enclavé dans les maifons
particulieres qui font près de cette Eglife, eft très-peu de chofe, & n'eft pas
même fini. Un grand foubaffement couronné d'un plinthe, forme tout le rez-de-
chauffée de ce frontifpice. Au-deffus s'éléve un Ordre de pilaftres Corinthiens,
dont les chapiteaux ne font pas encore fculptés. Cet Ordre eft couronné d'un entablement d'un profil affez médiocre ; au-deffus eft un chéneau de plomb, &c.

A l'égard de celui du côté de la rue neuve S. Roch, il eft compofé de deux
Ordres d'Architecture, l'un Dorique, l'autre Ionique. Les chapiteaux de celui-
ci font d'une compofition plus finguliere que belle & imitent trop la menuiferie. Au-deffus regne une corniche architravée d'un affez beau profil & couronnée d'un fronton triangulaire ; l'Ordre Dorique eft diftribué avec beaucoup
d'exactitude, auffi a-t-on évité les accouplemens. D'ailleurs fa corniche eft fans mutules, ni denticules, & eft profilée très-camus. La frife eft néanmoins enrichie de
triglifes & de métopes bien fimétriques. Enfin cet Ordre, quoique peu févére,
n'eft pas fans mérite, & nous n'héfiterons pas d'avancer qu'à certains égards, il nous
paroît préférable, malgré fa fimplicité, à toute la richeffe du frontifpice principal de
cette Eglife.

CHAPITRE XXVI.

Description de l'Hôtel de Noailles, rue S. Honoré.

Hôtel de
Noailles. CET Hôtel fut bâti, sur les desseins de M. *De Lassurance* (a), pour *Henri Pussort*, Conseiller d'Etat, Oncle du célébre M. *Colbert*. A sa mort, en 1697, ce fut *Pierre Vincent Bertin*, Receveur général des parties casuelles, qui l'acheta. Après le decès de ce dernier, arrivé en 1711, ses héritiers le vendirent à *Adrien Maurice*, *Duc de Noailles*, Maréchal de France, qui l'occupe aujourd'hui, & qui y a fait faire quelques changemens dans les bâtimens, & replanter à neuf le jardin, sur les desseins de M. *Charpentier*, Architecte (b).

Plan du rez-de-chaussée. Planche Premiere.

Cet Hôtel est peut-être un des plus grands bâtimens que nous ayons à Paris dans ce genre, sans excepter l'Hôtel de Touloufe, celui de Soubise, & même celui de Louvois, dont nous avons parlé précédemment. De grandes pieces magnifiquement décorées, ornées de tableaux & richement meublées, composent les principaux appartemens du rez-de-chaussée, diftribués dans un corps-de-logis semi-double entre cour & jardin. Du côté de la rue sont disposées les dépendances de ce vafte Hôtel, aussi-bien qu'aux deux côtés de la grande cour. Sur la droite eft un bâtiment particulier, nommé le petit Hôtel de Noailles, dans lequel, au rez-de-chaussée, se trouve un appartement privé qui communique au grand Hôtel. Quelques obfervations que nous allons faire, donneront à connoître les parties qui peuvent être admises dans la diftribution en général, & celles qu'il faut éviter dans la difposition du plan d'un Hôtel de l'importance de celui dont nous parlons.

La cour principale, de dix toifes & demi fur douze toifes cinq pieds, paroît trop petite pour une auffi grande maifon. Cet efpace, qui dans toute autre occafion feroit fuffifant, ne l'eft pas ici, non-feulement à caufe de la trop grande élévation du bâtiment, mais à caufe de la forme variée de fon plan qui ne doit jamais être imitée, un grand bâtiment devant s'annoncer par des déhors réguliers, vaftes, aërés & d'une heureufe difposition. Il étoit aifé cependant d'éviter ce défaut, ou en donnant moins de profondeur au porche A, ou en avançant le principal corps-de-logis de quelques toifes fur le jardin qui eft affez fpacieux; il eft d'ailleurs diftribué ingénieufement, & orné de bofquets, baffins, treillages, parterres ainfi que de quelques belles ftatues de M. *Falconnet*, un des habiles Sculpteurs modernes de l'Académie Royale.

A l'égard de la forme variée de la cour, nous obferverons que les tours ron-

---

(a) Voyez ce que nous avons dit de cet Architecte, T. I. pag. 232. Not. *a*.

(b) *Jean Charpentier* naquit en Brie, en 17..... Indépendamment de l'Hôtel de Noailles dont nous parlons, & où il a fait, depuis 1740, des augmentations affez confidérables, telles que les jardins qui ont été plantés à neuf, la Chapelle au rez-de-chauffée, le cabinet qui la précéde, &c, cet Architecte a fait éléver, en 1750, un bâtiment, rue neuve S. Roch, dont la premiere pierre fut pofée le 19 Octobre de la même année, & qui fut entiérement fini en 1752; fans compter plufieurs excellens projets pour cette Paroiffe, qui s'exécuteront dans la fuite; une autre maifon particuliere dans la rue S. Honoré, vis-à-vis l'Oratoire, &c. Cet Architecte a prouvé auffi fon expérience & fa capacité dans les mécaniques par un moulin à bled d'une conftruction finguliere, qu'il a fait exécuter pour M. le Maréchal de Noailles, à fa terre de *Maintenon*, avec tout le fuccès imaginable. Il a de même donné des preuves de fon bon goût pour la décoration intérieure dans les revêtiffemens de feize appartemens de Maître, qu'il a fait conftruire à neuf pour M. le *Duc de La Valliere*, dans fon Château de Champ, dont nous parlerons dans le fixieme Volume de ce Recueil.

des & la tour creuſe qui s'y remarquent, & que quelques Architectes regardent Hôtel de Noailles.
comme une marque de génie, ne doivent néanmoins jamais être préférées aux
formes totalement quadrangulaires ou rectangles. Le Château de Vincennes, le
Luxembourg, à Paris, les Invalides, l'Hôtel de Carnavalet, &c. ſont des autorités louables, la ſimplicité dans les formes & la proportion en général ayant ſeules
droit de plaire en Architecture ; & ſi quelquefois on ſe permet des formes circulaires dans les cours, ce ne doit être que dans les côtés oppoſés au principal corps-
de-logis, ainſi qu'on l'a pratiqué par une forte de néceſſité aux Hôtels de Sou-
biſe, de Rohan, de Matignon, de Noirmontier, de Roquelaure, ou par d'autres
conſidérations particulieres, comme aux Hôtels de Lambert, de Beauvais, de Bi-
feuil, &c. (Voyez ces bâtimens dans les Volumes précédens.)

Au fond de cette cour eſt un périſtile ouvert par cinq entre-colonnemens. Ce périſtile donne entrée à droite à un grand eſcalier, à gauche dans une antichambre,
& par le milieu dans une ſalle des gardes, ſervant, à proprement parler, de premiere antichambre : défaut que produiſent ordinairement les bâtimens ſimples, ainſi
que ceux qui ne ſont que ſemi-doubles. Je dis défaut, car il eſt certain, comme
nous l'avons remarqué ailleurs, que les antichambres, les ſalles des gardes, les
ſalles à manger & les autres pieces de cette eſpece ne doivent jamais faire partie
des enfilades principales d'un bâtiment, parce que celles des maîtres ſe trouvent alors interrompues dans leur alignement. Cet inconvenient peut ſe remarquer ici dans l'enfilade BC, qui eſt indiſtinctement traverſée par une chambre
à coucher, des antichambres, des cabinets & une Bibliotheque. A propos de
cette derniere, nous remarquerons qu'il auroit été à déſirer que cette enfilade eut
paſſé par le milieu de la Bibliotheque, ce qui étoit poſſible en donnant à
cette piece (qui n'a qu'un étage & qui a été bâtie après coup) moins de ſaillie
ſur le jardin, & faiſant la petite gallerie, placée derriere, moins profonde. En effet, il n'y a point de doute que lorſqu'il s'agit de la diſpoſition des pieces d'un
appartement, la premiere attention d'un Architecte, ſoit qu'il le compoſe à neuf,
ſoit qu'il y faſſe ſeulement des additions, doit être d'obſerver les loix générales de la
diſtribution. Or certainement la premiere loi de la diſtribution conſiſte non-ſeulement dans les enfilades principales, mais auſſi dans la direction réguliere de ces
mêmes enfilades ; donc il auroit été eſſentiel que la ligne BC eut paſſé par le
milieu de la bibliotheque, & que la cheminée, au lieu d'être en face des croiſées, fût à l'extrêmité de l'enfilade. Il eſt vrai que ces ſortes de pieces ne doivent
pas eſſentiellement faire partie de l'enfilade d'un appartement ; mais comme il ſe
pourroit, ainſi qu'on l'a obſervé ici, quoiqu'aſſez imparfaitement, que cette bibliotheque dans une autre occaſion ſervît de gallerie de tableaux, &c. il étoit alors important de la diſpoſer de maniere que dans tous les cas ſon axe répondît à l'enfilade générale.

Toutes les pieces du côté du jardin, ainſi que nous l'avons déja remarqué,
ſont grandes, ſpacieuſes, décorées avec magnificence, & contiennent des tableaux des plus excellens maîtres ; mais comme ce corps-de-logis eſt ſemi-dou-
ble, & que la dignité du Propriétaire exige une ſuite d'appartemens conſidérable, on n'a placé aucune chambre à coucher de ce côté, on en a pratiqué
ſeulement de privées, l'une du côté du petit jardin, marquée D, l'autre dans
le petit Hôtel donnant ſur le jardin E. Cette derniere eſt accompagnée de pieces de commodités, & dégage dans le grand appartement par la petite gallerie
dans l'enfilade de laquelle, vers F, on a pratiqué une nouvelle Chapelle dans une
partie de la petite cour ; deſorte qu'à la place de la croiſée G, on a ouvert une
porte qui fait voir l'Autel dans toute la profondeur de cet appartement. Cette

 Chapelle & le cabinet font éclairés par des jours de coûtume fur le mur mitoyen. Le tableau de deſſus l'Autel eſt de *Champagne*, le plafond eſt peint par *Brunetti*, & les figures en grifaille font de *Parocel*, le Neveu, le tout fous la conduite de M. *Charpentier*, Architecte. Derriere ce petit appartement eſt placé un eſcalier, où l'on entre par la cour du petit Hôtel de Noailles, qui contient au premier étage le logement de M. *Le Maître*, Treforier des fortifications, & au rez-de-chauſſée du côté de la rue, une écurie, des remifes, une cuifine, &c.

Du côté du petit jardin D, & en face de la chambre en niche, eſt pratiquée une falle des bains, que l'on a augmentée d'une garderobe aux dépens de la petite cour H. Cette piece communique à la chambre en niche, ou à découvert par le petit jardin, ou à couvert par la falle à manger des Officiers, fervant d'antichambre. On n'a point exprimé ici cette nouvelle garderobe, ni les cloifons de la chambre en niche, ces additions étant peu importantes, & le plan que nous donnons étant fort anciennement gravé.

Nous avons trouvé dans ce plan la cour principale trop petite ; les baſſe-cours font dans le même cas. Il en réfulte un défaut de falubrité dans tout cet Hôtel, principalement dans les logemens des Officiers de cette Maiſon. Sans doute que par là on a mis à profit plus de terrain, mais cette confidération n'eſt pas fuffifante, un grand Hôtel devant fuppofer un grand emplacement, fans quoi l'on s'écarte des loix de la bienféance, les dépendances d'un grand édifice devant annoncer l'importance du Propriétaire.

Nous n'entrerons point ici dans le détail des diſtributions des bâtimens des cuifines, ni des écuries : les noms écrits dans ce plan les indiquent aſſez. Nous rappellerons feulement ce que nous avons dit plus d'une fois, touchant la néceſfité de pratiquer des baſſe-cours particulieres pour les différens départemens d'une maifon confidérable, en faifant enforte qu'elles ayent des forties dans les déhors. On n'a point obfervé cette régle dans la diſtribution de cet Hôtel à l'égard des cuifines & offices, ce qui nuit confidérablement à la propreté de la grande cour & au coup d'œil des Maîtres, à caufe du paſſage continuel des gens fubalternes qui vont & viennent de la cour principale dans les cuifines.

Plan du premier étage. Planche II.

Le principal corps-de-logis au rez-de-chauſſée étant compofé, pour la plus grande partie, d'appartemens deſtinés aux audiences publiques & à la fociété, on en a pratiqué dans celui-ci de propres à l'habitation, & d'autres de parade. On y arrive par un aſſez bel efcalier, quant à la décoration, car nous ne pouvons nous difpenfer d'obferver qu'il eſt un peu roide, les marches ayant peu de giron & trop de hauteur. D'ailleurs fa cage eſt petite, & fes quartiers tournans produifént des collets qu'il faut fçavoir éviter dans un efcalier principal. A l'égard de fa décoration, un Ordre de pilaſtres Corinthiens, difpofé fimétriquement, fait fon principal ornement. Cet Ordre eſt couronné d'un entablement régulier, dont les moulures font ornées de Sculpture d'un travail d'aſſez bon goût, auſſi-bien que les trophées & les agrafes qui font diſtribués au premier étage dans le pourtour de fa cage. Cependant comme cet efcalier en général eſt peu éclairé, la beauté de fon exécution ne laiſſe pas que d'y perdre beaucoup ; de forte qu'à l'exception de fa fituation avantageufe, étant placé à droite, & de fa décoration dont la richeſſe eſt analogue à l'importance du bâtiment, on ne peut applaudir à fon peu d'efpace, ni à fa forme, qui auroit été mieux rectangle. Cette figure plus réguliere auroit auſſi produit plus de grandeur & plus de dégagement à l'efcalier, & procuré à la cour une décoration extérieure beaucoup plus grave, en

évitant

évitant les tours rondes, que nous avons déja remarqué apporter dans ce plan un contrafte qui n'eft jamais tolérable dans un grand édifice, où les corps rectilignes doivent être abfolument préferés.

Cet efcalier, par un grand palier, communique d'un côté à une terraffe pratiquée fur le périftile du rez-de-chauffée, & de l'autre dans une grande antichambre qui conduit à une falle du dais, de là dans une chambre de parade, fuccedée d'un grand cabinet, nommé cabinet des glaces, cette pièce étant ornée avec une grande magnificence, auffi-bien que celles de tout cet étage. Nous obferverons cependant que la plûpart pêchent contre la proportion qui leur convient. 1°. La grande antichambre eft trop fpacieufe pour la grandeur de l'efcalier & pour celle de la falle du dais : on auroit pû la partager en deux, & l'appartement de parade en auroit paru plus vafte. 2°. La forme oblongue de la falle du dais, a obligé de pofer le dais au-deffus de la cheminée fur un des murs de refend, ce qui paroît contraire à la bienféance, malgré l'exemple de l'Hôtel de Soubife, où l'on remarque la même inadvertance. 3°. La chambre de parade, nommée ainfi parce que le lit eft enfermé dans une baluftrade, eft d'une forme contraire à la proportion de ces fortes de pieces, qui doivent toûjours être plus profondes que larges & jamais quarrées. (Voyez ce que nous avons dit dans l'*Introduction*, Tome I. concernant la dimenfion des différentes pieces d'un appartement.) A l'égard du grand cabinet, fa forme eft plus indifférente, mais nous remarquerons que faute d'avoir une antichambre qui donne entrée d'une maniere convenable à la chambre à coucher placée dans l'angle de ce bâtiment, on eft obligé de paffer par cette belle piece pour y arriver; défaut qu'on ne peut éviter que dans les bâtimens doubles, triples, &c.

Derriere la chambre à coucher dont nous parlons, eft une chambre en niche femblable à celle du rez-de-chauffée. Ces pieces font d'autant plus néceffaires à menager proche un appartement décoré avec quelque magnificence, que ce double appartement fert de retraite, & eft fouvent habité de préférence, parce qu'il eft plus chaud en hyver, & qu'il conferve le grand appartement dans un état de propreté. On arrive à cet appartement double par un efcalier particulier qui monte de fond en comble & qui communique au grand efcalier de l'antichambre A, par la terraffe du côté de la cour. Près de la grande antichambre dont nous avons parlé, eft pratiquée une Chapelle, & fur les bâtimens des baffe-cours font diftribués des logemens pour les Officiers & pour les Domeftiques, auffi-bien que dans les entrefols, mais dont la plûpart font affez fombres, ayant déja remarqué que les baffe-cours font trop petites pour procurer un air falubre à tous ces différens logemens. Pour éviter un défaut auffi effentiel dans une grande maifon, il auroit fallu fupprimer ici le petit Hôtel, qui compofe un petit bâtiment particulier, & dont le terrain auroit été mieux employé dans une toute autre diftribution.

Elévation du côté de la rue. Planche III.

Nous ne remarquerons dans cette élévation que la porte principale qui donne entrée au grand Hôtel, le refte de cette façade étant d'une Architecture affez médiocre, ce qui arrive ordinairement dans nos plus belles maifons à Paris, depuis qu'on a pris le parti d'élever les principaux corps-de-logis entre cour & jardin, afin d'éloigner le Propriétaire du bruit tumultueux que produifent ordinairement les grandes Villes. Cette confidération, en faifant le bien des Particuliers, nuit effentiellement à la décoration extérieure, & produit un effet contraire à une forte de fimétrie qu'il feroit bon d'obferver au moins dans les rues principales & dans les quartiers les plus fréquentés d'une Capitale.

Tome III.   L l

L'ordonnance de cette porte, qu'on dit être du deſſein de *Jean Richer* (c), eſt compoſée d'un Ordre Ionique, ſurmonté d'un Attique & couronné d'un fronton. Cette porte, dont le ſommet eſt bombé, eſt accompagnée de chaque côté d'une colonne formant avant-corps, avec un pilaſtre qui lui ſert d'accouplement. L'architrave de deſſus eſt continuée d'une colonne à l'autre, ce qui donne à cette ordonnance un caractere de fermeté que *Jean Richer* a obſervé dans quelques-unes de ſes productions, ainſi qu'on peut le remarquer dans deux maiſons décrites dans les Chapitres I & V de ce Volume. La friſe dans l'éxécution eſt droite & non bombée comme elle ſe voit ici, & contient l'inſcription ſuivante :

HOTEL DE NOAILLES.

La corniche a des modillons, & eſt profilée très-correctement ; on remarque rarement cette correction dans les autres façades de cet Hôtel, ce qui nous perſuade en quelque ſorte que cette porte eſt d'un autre Architecte que le reſte du bâtiment. L'Attique de deſſus paroît un peu élévé: ſans doute ce qui a déterminé à cette hauteur, eſt le grand intervalle des pilaſtres Ioniques de deſſous ; d'ailleurs le fronton ſans cette élévation auroit paru trop écraſé, de maniere que ce qui dans toute autre occaſion auroit été une licence condamnable, eſt devenu ici une néceſſité preſqu'abſolue. On doit conclurre de là, que lorſqu'on examine un bâtiment, il eſt bon de l'enviſager ſous différens points de vûe, & de penſer en même tems, qu'un Architecte eſt ſouvent forcé de ſe prêter aux différentes circonſtances qu'exige ſon ordonnance en général, principalement lorſqu'il lui en revient un bien réel pour la dimenſion des maſſes de ſon édifice, & qu'aucune des parties n'en paroît alterée ſenſiblement. Nous obſerverons même que cet Attique ainſi élévé, autoriſe en quelque ſorte le fronton qui le couronne ; autrement ce genre d'amortiſſement ne peut aller avec un Attique, que nous avons reconnu dans notre *Introduction* être un Ordre fort irrégulier.

Les croiſées du rez-de-chauſſée, à côté de cette porte, ſont d'une bonne proportion & d'une aſſez belle ordonnance. Il étoit ſeulement plus convenable que leurs ſommiers fuſſent de niveau à celui de la porte principale ; cette inégalité de hauteur étant toûjours un vice plus ou moins condamnable dans une Architecture réguliere. Cette licence ne ſe rencontre ici ſans doute que parce que l'appui de ces croiſées, qui éclairent des pieces ſubalternes, devoit être élévé un peu au-deſſus du ſol de la rue, afin que la vûe des dedans fût défendue aux dehors ; mais cette conſidération n'eſt que particuliere, & une raiſon de cette eſpece ne doit jamais contribuer en rien au déſordre des façades. En pareil cas il vaut mieux ſe déterminer à changer toute ſon ordonnance, le grand art dans l'Architecture conſiſtant à arranger d'une maniere convenable la néceſſité intérieure avec la décoration extérieure, ſans oublier les loix de la ſolidité, ſoit réelle, ſoit apparente. Nous finirons en remarquant que ce que nous trouvons de moins tolérable dans cette élévation, c'eſt la maigreur des corps de refends, l'exceſſive hauteur de la baluſtrade qui couronne l'Attique, & au contraire le trop peu d'élévation du ſocle ou retraite qui le ſoûtient.

(c) **Voyez** ce que nous avons dit de cet Architecte au commencement de ce Volume, pages 3 & 17. Quelques-uns prétendent que cette porte eſt du deſſein de *Jean Marot*, Architecte, qui avoit, dit-on, donné originairement les deſſeins de tout cet Hôtel. Ce qui eſt de certain, c'eſt qu'on trouve dans *Les Delices de Paris*, Planche 122, une élévation de l'Hôtel de Puſſort, portant le nom de *Jean Marot* ; mais il ſe pourroit bien que ce fut un projet qui n'a jamais été exécuté, ainſi qu'une infinité d'autres bâtimens qui compoſent ſes œuvres, & qui ſont ſeulement de ſon invention, ſans avoir jamais été érigés.

Elévation du côté de la cour , oppofée au principal corps-de-logis.
Planche IV.

Sans avoir égard aux façades des baffe - cours qui fe remarquent fur cette Hôtel de Noailles. Planche, ni à celles du petit Hôtel, nous ne parlerons que de l'élévation qui fait face au principal corps-de-logis , & qui a la même ordonnance que les aîles du bâtiment , fituées aux deux côtés de la grande cour, celle des baffe - cours étant d'une Architecture trop indifférente & même d'une décoration trop négligée pour en faire mention ici. Il eft vrai que ces baffe - cours n'étant pas vûes de la principale entrée , il étoit peu important d'affecter de l'uniformité dans leurs fa- çades, cependant cette raifon ne devroit jamais faire qu'un Architecte fe neglige dans fes compofitions : tout ce qu'il produit devant fe reffentir des régles du bon goût , même dans les parties les moins apperçûes en apparence de fon bâtiment ; mais revenons à la partie qui nous intéreffe. Nous ne pouvons nous difpenfer de remarquer que rélativement au peu d'efpace de la cour , cette façade eft trop élé- vée. Il eft important de ne jamais faire les murs ou les bâtimens en face des prin- cipaux corps-de-logis d'une certaine hauteur, autrement les appartémens font trif- tes , lorfqu'on y eft totalement privé de la vûe des dehors ; en un mot il faut qu'une maifon, deftinée à la réfidence d'un grand Seigneur, ait des cours fpa- cieufes ou des bâtimens peu élévés, pour que l'air que l'on y refpire foit pur ; d'ailleurs cette grandeur que nous defirons, annonce d'une maniere plus pofitive la magnificence d'un Proprietaire. Ce qui contribue ici à rendre encore cette cour fort refferrée, c'eft la néceffité dans laquelle on s'eft fans doute trouvé d'éle- ver le mur A de toute la hauteur du bâtiment , à caufe de fa fimétrie avec l'aîle B : circonftance affez embarraffante, & qui a dû coûter beaucoup, mais qui étoit indifpenfable , vû la difpofition totale du bâtiment.

A l'égard de l'ordonnance de cette élévation , elle n'eft pas fans beauté, étant profilée d'une affez grande maniere, mais en général , on peut remarquer que l'avant- corps C & les pavillons D, D font d'une proportion trop fvelte, pendant au con- traire que celles des arcades du rez-de-chauffée font trop maffives. Nous obfer- verons auffi que les piédroits de ces arcades font ornés de refends, genre de dé- coration qui ne va point avec l'impofte qui les couronne , ni avec les archivoltes qui retournent horifontalement fur ces derniers , & dont les intervalles ornés de tables rentrantes, forment un contrafte qui ne peut être admis dans la bonne Ar- chitecture. Cependant il faut convenir qu'il regne un affez beau fimple dans toute cette façade & un certain caractere viril , dont on jugera beaucoup mieux dans la Planche fixieme , parce qu'étant de même ordonnance & vûe de face, il fera plus aifé d'en comparer les rapports généraux & la fubdivifion des parties.

Elévation du principal corps - de - logis du côté de la cour.
Planche V.

Nous avons déja blâmé la trop grande hauteur des bâtimens précédens , eu égard à la grandeur de la cour. Celle de cette façade eft cependant encore plus confidérable , ayant non-feulement un étage Attique de plus, mais un comble d'une élévation outrée , de forte que ce dernier paroît anéantir par fa capacité toute l'Architecture de deffous , qui d'ailleurs fe trouvant compofée de beau- coup de petites parties, ne femble avoir aucun rapport avec les maffes de cet édifice.

Ce n'eſt pas qu'on ne puiſſe remarquer quelques beautés de détail dans cette façade., mais comme le premier plaiſir que doit faire un bâtiment conſiſte dans l'enſemble général & dans le rapport du tout aux parties & des parties au tout, il eſt certain que c'eſt manquer eſſentiellement aux principes de l'art, que de négliger dans un édifice cette analogie intime dans la ſimilitude des membres d'Architecture qui le compoſent, & qui ſeule a droit de former cet uniſſon, cet accord & cette harmonie, qu'un Architecte habile doit ſçavoir raſſembler dans toutes ſes productions.

A propos de quelques beautés de détail, nous obſerverons que l'Ordre Dorique qu'on voit ici eſt exécuté avec aſſez de pureté, & que ſon entablement compoſé eſt ingenieux & d'un aſſez bon profil, mais les colonnes qui le ſoûtiennent, ſont d'un trop petit diametre pour la hauteur du bâtiment ; on en peut dire autant de l'Ionique, de l'Attique, &c. D'ailleurs les colonnes Doriques qui forment le périſtile (eſpece d'ordonnance qui réüſſit toûjours bien) ſe trouvant enclavées entre deux corps d'Architecture d'un genre abſolument different, ne peuvent plaire à l'examen : de maniere qu'on peut dire en général, que malgré le ſuccès des colonnades, il faut ſçavoir quelquefois ſe priver de cette décoration, lorſque le reſte de l'édifice, par économie ou autrement, ne peut répondre à cette ordonnance.

L'Ordre Ionique, comme nous venons de le remarquer, eſt non-ſeulement trop petit, mais la terraſſe qui eſt au-devant maſque la plus grande partie de ſa hauteur, ce qui le fait paroître égal à l'Attique de deſſus, & compoſe une décoration irreguliere qui bien loin d'annoncer une Architecture noble & majeſtueuſe, telle que doit l'être celle des façades d'un grand Hôtel, n'eſt pas même ſtolérable dans les façades d'une maiſon particuliere. L'entablement de cet Ordre eſt modillonaire, mais il eſt profilé d'un goût meſquin & camus. Enfin l'ordonnance de cette élévation a quelque choſe de ſec qui ne prévient pas, & qui, joint à ſa hauteur prodigieuſe, détourne le ſpectateur de l'idée qu'il devroit ſe former de l'importance de ce bâtiment.

Les pavillons A, B, qui flanquent cette façade, ſont d'une décoration trop étrangere à ſon ordonnance. Leurs amortiſſemens C, C, ſont mal diſpoſés & chétifs. Ils n'annoncent point l'étude, rien n'indique ici l'étendue de l'imagination de l'Architecte. Il falloit des croiſées, on a percé les murs de face ; des corniches, on a fait des profils. La diſpoſition du plan a déterminé les formes extérieures, on s'y eſt aſſujetti, ſans prévoir ce qui en réſulteroit : cela arrive tous les jours. Je n'ai pû faire autrement, dit-on ; le Propriétaire, les dedans m'ont gêné : enfin quelques conſidérations particulieres ſervent d'autorité. On s'excuſe, on donne des raiſons, le bâtiment s'éléve, & ce n'eſt que lorſqu'il eſt entiérement fini qu'on s'apperçoit, parce que tout le monde le publie, qu'il n'eſt bâti ni ſuivant les régles de la convenance, ni ſuivant les principes du goût.

Cette digreſſion ſans doute ne fait pas l'éloge de nos bâtimens François, mais il eſt cependant certain qu'elle convient à beaucoup de ces derniers, principalement au bâtiment dont nous parlons, qui exigeoit que l'Architecture fut réguliere, refléchie, & que l'Architecte y fit de ſon côté ce qu'il devoit, pour répondre par ſa capacité à la confiance du Seigneur qui le mettoit en œuvre.

Nous ne parlerons point des bâtimens qui accompagnent cette principale façade, ils ſont d'une Architecture trop négligée, &, comme nous l'avons remarqué plus haut, n'étant point apperçus de la grande cour, ils ſont en général aſſez indifferens.

Coupe

Coupe fur la longueur du bâtiment. Planche VI.

Cette Planche nous donne à connoître le développement extérieur d'un des Hôtel de Noailles. côtés de la grande cour, l'intérieur du corps-de-logis fur la rue, & celui du côté du jardin. Nous obferverons, à l'égard des dehors, que les différens corps d'Architecture qui compofent le pourtour de cette cour, exigeoient, à caufe de fon peu d'étendue, beaucoup plus d'uniformité dans leur décoration, au lieu qu'ici l'aîle A, le pavillon B & l'avant-corps C forment autant de morceaux d'Architecture variée, faite pour aller d'autant moins enfemble que plus la cour eft petite, moins il falloit s'écarter d'une forte de fimétrie. On a pris foin, à la vérité, d'annoncer ces différentes parties par des corps plus ou moins élévés, qui, en quelque forte, donnent un air pyramidal à l'édifice; mais comme il n'y a pas une diftance fuffifante dans la cour pour remarquer ce genre de beautés, ce qui feroit un mérite effentiel dans toute autre circonftance, ne fert ici qu'à apporter de la confufion dans l'efprit du Spectateur; tant il eft vrai que ce qui réuffit bien dans une occafion, fait un effet contraire dans toute autre : raifon pour laquelle il faut qu'un Architecte foit muni d'une expérience confommée pour appliquer les regles de fon Art, felon la diverfité des bâtimens qui font confiés à fes talens.

Nous ne rappellerons point ici la forme des arcades de l'aîle A, nous en avons parlé, page 135. Nous ne dirons rien non plus de la décoration intérieure des appartemens de ce grand Hôtel, les compartimens des lambris n'étant point exprimés dans cette Planche, mais l'on fe fouviendra qu'en décrivant les plans du rez-de-chauffée & du premier étage, nous avons annoncé qu'ils étoient d'une très-grande magnificence, ornés de fculpture, de tableaux, de glaces, de bronzes, de meubles de prix, &c.

Façade du côté du jardin. Planche VII.

La proportion des Ordres de cette façade eft la même que celle de la Planche cinquieme, d'où il eft aifé de conclure qu'ils paroiffent encore plus chétifs que du côté de la cour, le jardin étant beaucoup plus vafte & plus aëré, de forte que cette partie effentielle de l'Architecture ne fe manifefte en rien ici. C'eft pour cette raifon que nous avons plus d'une fois recommandé la fuppreffion des colonnes & des pilaftres dans un édifice de moienne grandeur, ne produifant pour la plûpart que de petites parties, & qui par cette confidération ne devroient être employés raifonnablement que dans les maifons Royales, les monumens facrés, les édifices publics, &c.

Nous remarquerons auffi que la largeur de l'avant-corps eft de beaucoup trop confidérable pour les arriere-corps, qu'il auroit été mieux de fe contenter feulement de celui qui foûtient le fronton. Par-là on auroit donné plus d'étendue aux derniers & le comble feroit devenu moins large & moins élévé. On auroit pû auffi fupprimer les manfardes, genre d'ordonnance peu convenable à la décoration de l'efpece du bâtiment dont nous parlons, malgré l'ufage qu'on en vient de faire au Palais Royal (ainfi que nous l'avons remarqué dans ce Volume, page 46.) Par ces différentes fuppreffions, les Ordres dont il eft queftion auroient paru moins petits, la grandeur réelle des parties fe jugeant ordinairement par la comparaifon de celle des maffes, quoiqu'en général, comme nous venons de le remarquer, ce foit un abus plus ou moins condamnable que de faire ufage des Ordres dans un bâtiment de peu d'étendue, principalement lorfqu'on ne les rend pas

 continus dans toute fa longueur, quelque raifon qu'on prétende avoir d'ailleurs
de vouloir marquer l'avant-corps par quelque richeffe particuliere.

Nous ne pouvons regarder d'un meilleur œil la forme des portes du rez-de-
chauffée de l'avant-corps, qui auroient dû être en plein ceintre & difpofées dans
de plus grands entre-colonnemens. D'ailleurs ces portes font trop fveltes pour l'Ordre Dorique, & n'ont aucune analogie avec la proportion des arcades du rez-
de-chauffée des arrieres-corps, qui n'étant que feintes, auroient dû être de même forme & de même grandeur que celle du milieu. Il eft encore aifé de remarquer le défaut d'analogie qu'ont enfemble les croifées & les portes de cette façades, lefquelles étant toutes diffemblables, forment un contrafte nuifible à l'unité
de ce bâtiment.

Les profils de cette élévation font beaucoup plus négligés que dans toutes les
autres parties du bâtiment ; les ornemens y font d'ailleurs poftiches, placés fans
choix , & bien loin enfin de pouvoir être propofés comme une autorité, ils doivent au contraire être cités comme autant d'exemples à éviter.

La façade de la Bibliotheque marquée A, quoique moins effentielle (étant
entiérement féparée de celle dont nous venons de parler par une charmille de
douze à quatorze pieds de hauteur,) n'eft pas non plus à imiter. Des croifées
courtes , des tables chantournées, des buftes, &c. forment en général une ordonnance qui n'eft pas recevable , & qui annonce, à plus d'un titre, le défaut de jugement , de principes & de goût de l'Architecte qui l'a fait élever.

Plan au Rez de chaussée de l'Hostel de Noailles scize rue St Honoré à Paris
du dessein de Monsieur Lassurance

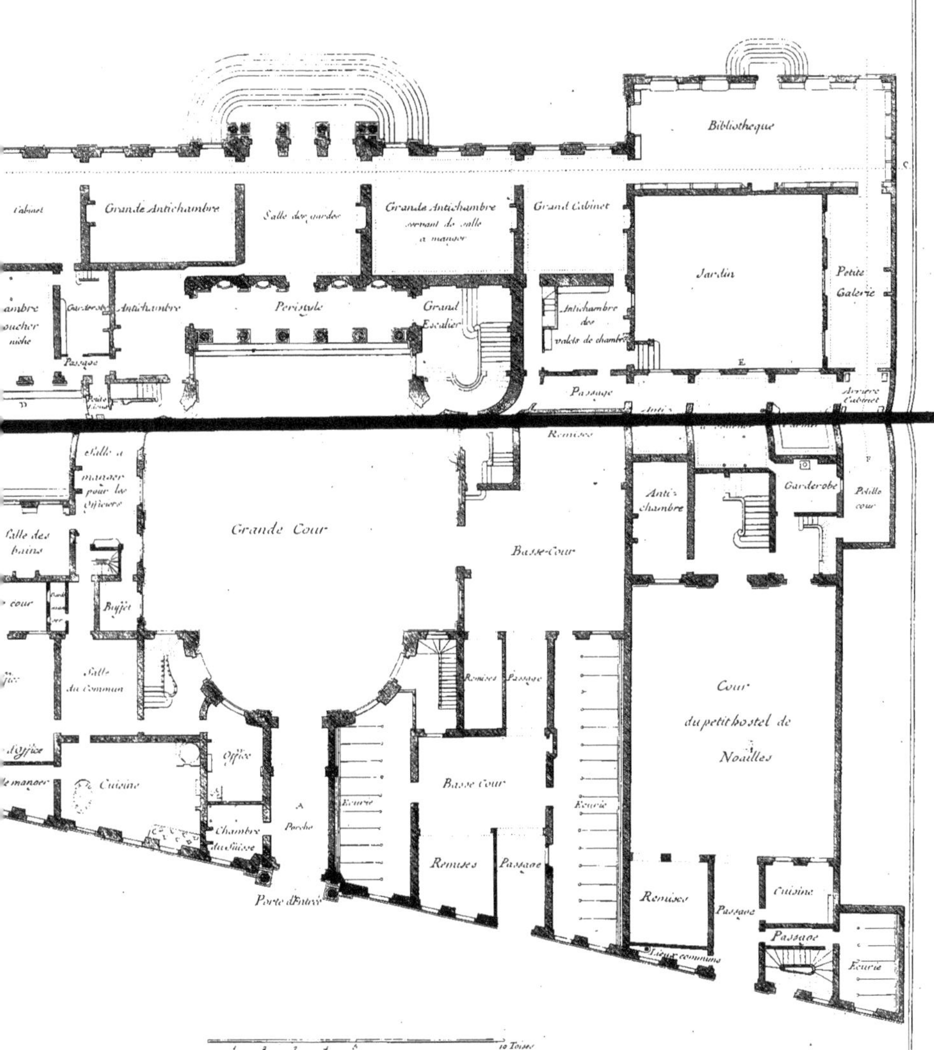

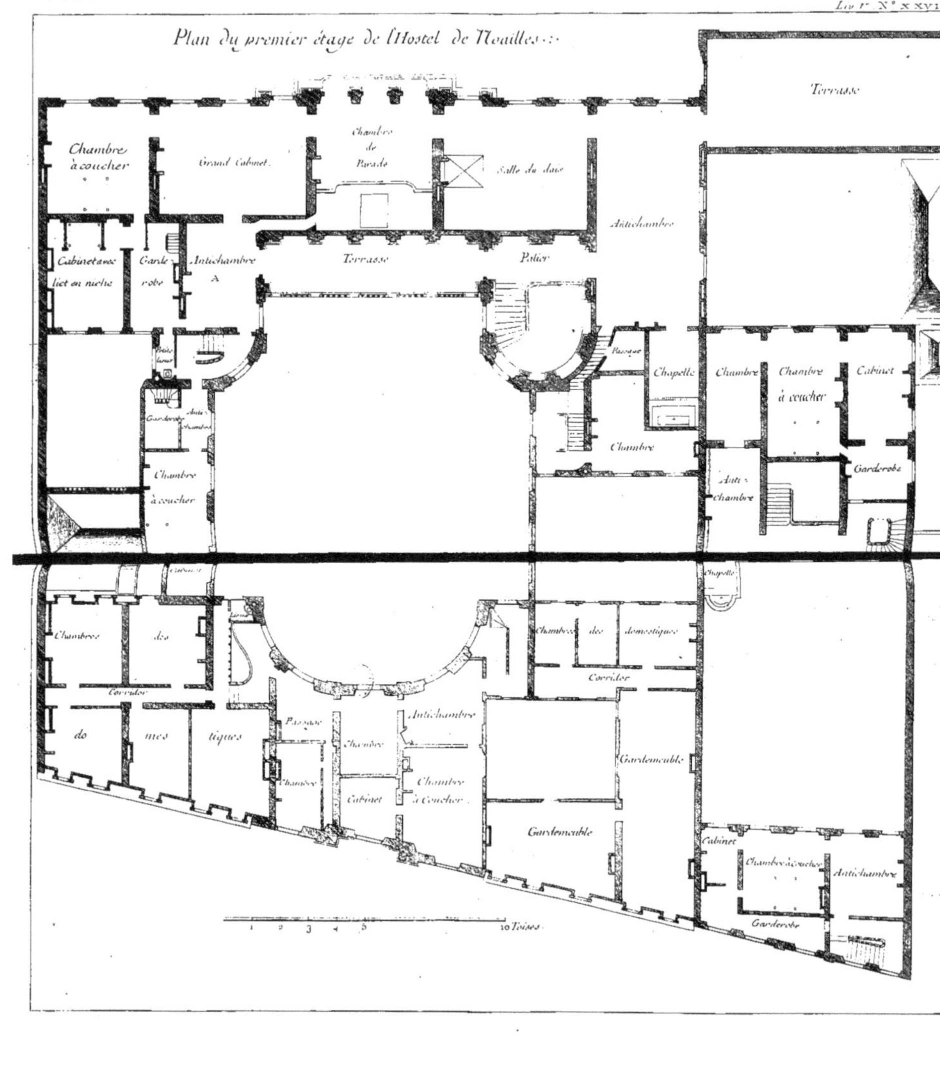
Plan du premier etage de l'Hostel de Noailles.
Terrasse
Chambre à coucher
Grand Cabinet.
Chambre de Parade
Salle du dais
Antichambre
Cabinet avec liet en niche
Garde robe
Antichambre
Terrasse
Palier
Passage
Chapelle
Chambre
Chambre à coucher
Cabinet
Garderobe
Anti chambre
Chambre
Chambre à coucher
Antichambre
Garderobe
Anti chambre
Chambre
Chapelle
Chambres des domestiques
Corrider
Chambres des domestiques
Corrider
Passage
Antichambre
Gardemeuble
Chambre
Chambre
Cabinet
Chambre à coucher
Gardemeuble
Cabinet
Chambre à coucher
Antichambre
Gardemeuble
Garderobe
1 2 3 4 5   10 Toises

CHAPITRE XXVII.

Description de l'Eglise des Filles de l'Assomption, rue Saint Honoré.

CE Couvent, de la Régle de S. Augustin, fut fondé en 1622, par l'union que fit *le Cardinal de la Rochefoucault* des biens de l'Hôpital des Audriettes à cette Maison. Pendant environ 48 ans, ces Filles n'eurent qu'une petite Chapelle dans l'endroit où est située l'Eglise dont nous allons parler. La premiere pierre de cette Eglise fut posée au mois d'Août 1670, & elle fut achevée en 1676, sur les desseins de *Charles Errard* (a). Nous ne dirons rien ici des bâtimens de l'intérieur de ce Couvent, notre objet est seulement de donner la description de l'Eglise, dont l'entrée est libre aux Connoisseurs, & dont l'Architecture & differens ouvrages de peinture qu'elle renferme, méritent quelque attention.

Eglise de l'Assomp-tion.

Plan de l'Eglise. Planche Premiere.

Cette Eglise consiste dans un dôme circulaire de 10 toises, 2 pieds & un quart de diamétre, dans œuvre, sur 17 toises, 4 pieds de hauteur, sous clef, précédé d'un porche du côté de la cour. Ce monument peut être comparé à celui de la *Visitation*, rue S. Antoine, dont nous avons parlé dans le second Volume, page 131, avec cette différence néanmoins que ce dernier a été bâti sur les desseins de *François Mansard*, dont le nom seul fait l'éloge, & qu'il est beaucoup plus régulier, d'une Architecture plus grave, & d'une proportion en général beaucoup plus satisfaisante, quoique d'une grandeur moindre que celui dont nous parlons, n'ayant que 7 toises, un pied de diamétre, sur 13 toises, 2 pieds d'élévation. Cependant, malgré la différence qui se trouve entre ces deux édifices, nous remarquerons les beautés qui se rencontrent dans celui-ci, en en faisant observer les médiocrités, sans partialité & sans autre motif que la perfection de l'Architecture, à laquelle on ne peut arriver absolument que par l'esprit de comparaison.

Il eut été sans doute plus intéressant, pour parvenir à ce but, que les édifices du même genre se fussent trouvés dans le même volume de cet Ouvrage, mais nous avons rendu compte ailleurs des raisons qui nous ont forcé d'en user autrement. C'est pourquoi nous renvoyons le Lecteur aux autres Tomes pour les bâtimens que nous citons, dans le dessein de ne pas renverser l'ordre des quartiers de cette Capitale, & pour donner par là occasion de parcourir ce Recueil avec plus de fruit & avec une attention moins servile.

(a) *Charles Errard*, Peintre & Architecte, nâquit à Nantes, en 1606. On ignore les particularités de la vie de cet Artiste : tout ce qu'on en sçait de positif, c'est qu'il a peint le dix-septieme *May* qui fut donné à l'Eglise Cathédrale de Paris, en 1645. Ce tableau représente S. Paul guéri de son aveuglement, & baptisé par Ananie. M. Errard étoit un des douze Anciens qui se réunirent, en 1648, pour former l'Académie de Peinture & de Sculpture, que le Roi honora ensuite de sa protection en lui accordant un Reglement & des Lettres Patentes pour son établissement. Quelque tems après, en 1666, Sa Majesté ayant établi une autre Académie de Peinture, à Rome, pour perfectionner les jeunes Artistes qui ont gagné le premier prix de Peinture, de Sculpture, ou d'Architecture, dans celles de Paris, M. Errard, qui étoit alors Recteur de l'Académie, fut choisi pour être le Directeur de cette nouvelle Académie, à Rome, & il y passa le reste de sa vie, à l'exception d'un voyage de deux ans qu'il fit à Paris en 1673. Ce fut pendant ce long séjour en Italie, que cet illustre Artiste fit mesurer & dessiner sur les lieux les plus beaux morceaux d'Architecture des Maîtres modernes de son tems, pour en former une espece de suite au *Parallele d'Architecture de M. de Chambray*; mais la mort le surprit avant qu'il pût faire aucun usage des materiaux qu'il avoit amassés pour cette continuation. Nous donnerons dans le huitieme & dernier Volume de cet Ouvrage, une grande partie de ces Ordres d'Architecture, ainsi que nous l'avons promis dans notre *Prospectus*, publié en 1750. M. Errard mourut Directeur de l'Académie de Rome, en 1689, âgé de 83 ans.

Nous avons fait fentir ailleurs la néceffité des porches à l'entrée des Temples. L'ufage qu'en ont fait les Anciens, ainfi que l'exemple que nous en fourniffent la Sorbonne & S. Sulpice, à Paris, nous ont fervi d'autorité. Ainfi quand on ne trouveroit que cette partie effentielle dans le monument dont nous parlons, il mériteroit de la confidération. Ce porche au refte eft bien difpofé, d'une affez belle ordonnance & d'une proportion qui n'a rien de chetif. A l'égard de l'intérieur de l'Eglife, elle eft vafte, fimple, noble & ornée avec la retenue qui convient : enfin la difpofition extérieure de cette Eglife ne laiffe rien à défirer qu'une cour moins petite & une fituation plus avantageufe, afin que l'entrée de l'Eglife pût fe trouver en face de celle de la cour. Mais, nous l'avons obfervé plus d'une fois, tous nos édifices de quelque importance péchent par la fituation (b). Les grandes Villes font fujettes à ces inconveniens. Une infinité de confidérations particulieres arrêtent, déterminent & font paffer par deffus cette premiere loi de l'Architecture. Nous remarquerons même que dans l'état prefent où fe trouve cet édifice, la cour, toute mal difpofée qu'elle nous paroît, eft encore plus irréguliere, les murs A, B, qui fe trouvent ici paralleles & ornés avec fimétrie n'étant qu'une fuite du premier projet qui n'a pas encore été exécuté, & dont on peut juger l'ordonnance de la décoration dans une vûe perfpeétive faifant partie de l'Œuvre de *Marot*, dont les Planches que nous donnons ici ont été tirées ; on en voit auffi un partie, marquée A, dans l'élevation géométrale repréfentée fur la Planche troifieme de ce Chapitre.

Dans cette Planche Iᵉ. eft exprimée une partie du chœur des Religieufes, qui a de longueur 60 pieds, & dont le plafond a été peint par *Charles de la Foffe*. On y voit auffi les Sacrifties intérieure & extérieure, & une tribune au rez-de-chauffée, appartenante à Mademoifelle *Alexandrine*, Fille de Madame *la Marquife de Pompadour*, qui y eft actuellement penfionnaire, auffi-bien qu'un parloir particulier pour cette Demoifelle.

Elévation extérieure du côté de la principale entrée de l'Eglife. Planche II.

Si nous avons trouvé matiere à applaudir dans la diftribution intérieure de ce monument, il nous fera moins aifé de faire l'éloge de fon ordonnance extérieure, ne pouvant diffimuler que la partie fupérieure de cet édifice eft tout à fait hors de proportion, étant lourde, péfante & d'une forme auffi materielle que peu ingénieufe. Cela provient fans doute du grand diamétre qu'on a donné à ce dôme, mais en ce cas fa hauteur auroit dû être mieux proportionnée pour fatisfaire aux regles de l'Art & aux principes du goût. En effet toute cette maffe générale anéantit le porche pratiqué au rez-de-chauffée, & rend les colonnes qui le compofent petites & grefles, quoique de deux pieds & demi de diamétre. Il eft vrai que le point de diftance d'où l'on apperçoit ce monument, eft fi proche que l'on ne peut gueres voir de dedans la cour que ce feul porche. Néanmoins lorfqu'on confidére cet édifice en examinateur éclairé, il n'en eft pas moins évident qu'on ne remarque aucune analogie entre la bafe & le fommet du Dôme, & que même de loin fa hauteur, quoique d'environ 150 pieds au-deffus du fol, paroît trop peu confidérable eû égard à fon diamétre ; ce défaut de proportion eft fi facile à appercevoir, qu'il n'échappe pas même aux perfonnes les moins verfées dans l'Architecture. Nous obferverons donc que la hauteur du dôme, qui eft à fon diamétre comme un eft à deux, non compris fon amortiffement, eft de beaucoup trop écrafée, que la multiplicité des yeux de bœuf y eft défagréable, .

(b) Voyez ce que nous avons dit à ce fujet dans le XIII. Chap. de ce Volume, en parlant de la Bibliotheque du Roi, page 69.

que la péſanteur des côtes de plomb qui le décorent, fait un mauvais effet, & qu'enfin ſon couronnement eſt ſans goût, ſans grace & d'une forme qui n'annonce rien de ſatisfaiſant. Le corps d'Architecture qui ſoûtient ce dôme eſt traité avec beaucoup de ſimplicité, d'une aſſez grande maniere & d'une proportion convenable ; mais comme ce ſont autant de beautés de détail, dont l'enſemble général ne ſe reſſent point, de là vient l'impreſſion déſagréable dont on ſe previent au premier aſpect de ce monument. Ce corps d'Architecture eſt couronné par un entablement compoſé, enrichi de conſoles & d'ornemens qui font aſſez bien, mais ſon profil eſt ſans choix & ſa hauteur trop petite, eû égard au corps d'Architecture qu'il couronne & à la maſſe du dôme qu'il ſoûtient. Ce défaut d'analogie eſt condamnable dans la compoſition d'un édifice tel qu'il ſoit, à plus forte raiſon lorſqu'il s'agit d'un monument ſacré. Ce corps d'Architecture eſt exhauſſé ſur une eſpece de ſoubaſſement ou de ſtilobate continu, couronné d'une corniche avec gorgerin & aſtragales, au-deſſous duquel ſont ſuſpendues des têtes de Chérubins & des guirlandes, genre d'ornement qui auroit pû être placé plus convenablement partout ailleurs.

L'Ordre Corinthien du portail qui eſt au pied de ce monument, eſt, comme nous l'avons déja remarqué, d'une aſſez belle proportion, mais ce qui n'eſt pas concevable ici, c'eſt que ſon entablement eſt dépouillé de tous les ornemens qui lui conviennent, ſa corniche n'ayant ni modillons (c), ni denticules, & que ſa hauteur eſt un peu moins du cinquieme de la colonne, d'ailleurs il eſt profilé très-camus contre tous les exemples univerſellement reçus, & contre l'origine de ces membres d'Architecture, qui en ſervant de couronnement aux Ordres, doivent en même tems préſerver le pied de l'édifice des pluyes du Ciel. Le fronton qui couronne ce périſtile eſt trop peu élevé, ayant démontré ailleurs la néceſſité de proportionner la hauteur des frontons à la largeur des avant-corps. Le timpan de celui dont nous parlons, eſt orné d'une *Aſſomption de la Vierge* en bas rélief, & non d'un médaillon avec des guirlandes, comme on le voit dans cette Planche. Cette Aſſomption eſt d'une exécution peu intéreſſante, auſſi-bien que les figures de rondeboſſe qui ſont placées dans les niches au-deſſus, & qui différent ſeulement de celles qui ſont exprimées ici, en ce qu'elles ſont élévées ſur un pié-douche qui rend leur proportion moins gigantesque.

Aux deux côtés de ce périſtile ſont des portes collatérales d'une Architecture aſſez correcte, diſtribuées entre des pilaſtres auſſi d'un Ordre Corinthien, & qui devoient figurer avec ceux qu'on avoit projetté de placer ſur le revêtiſſement des murs intérieurs de la cour. Au-deſſus de ces portes collatérales & ſur l'entablement de cet Ordre, s'éléve une baluſtrade, non-ſeulement d'un profil meſquin, & ſans goût, mais dont les travées ſont ridiculement diſpoſées ſur les pilaſtres, ne reſſemblant point du tout au deſſein que nous donnons, ce qui provient ſans doute de l'ignorance de ceux qui ont pris la conduite de ce monument, étant vraiſemblable (comme nous venons de le remarquer) que *Charles Errard* n'a donné que les deſſeins de cet édifice, & qu'il n'a pas été chargé de l'exécution, ſa principale profeſſion étant la peinture. (Voyez ce que nous avons dit de cet Ar-

---

(c) On voit cependant ſur cette Planche des modillons dans la corniche de l'entablement Corinthien, mais il n'y en a point dans l'exécution. Sans doute les gravures que nous donnons ici, & que nous avons déja dit avoir été tirées de l'Œuvre de Marot, ont été faites ſur les premiers projets envoyés de Rome par l'Auteur, qui n'a pû veiller par lui même à l'exécution de cet édifice, ayant été nommé Directeur de l'Academie de Peinture, à Rome, en 1666. Nous avons été obligé d'effacer les profils en grand qui étoient ſur cette Planche, n'ayant aucune rélation avec l'édifice. On en avertit dans cette note, afin que les perſonnes dans les mains deſquelles ſe trouvent les Œuvres de Marot, ne prennent aucune confiance en ces meſures pour juger d'une maniere préciſe des différentes parties de ce monument.

 tifte, au commencement de ce Chapître, note *a*.) La coupe du bâtiment A eft une aîle projettée, celle qui fe voit aujourd'hui fur le lieu, étant fuivant l'ancienne difpofition du terrain fur lequel ce monument a été érigé.

Coupe intérieure de l'Eglife, prife dans le plan fur la ligne CD. Planche III.

Cette coupe nous fait voir la décoration des dedans de cette Eglife, dont l'or-donnance, en général, grave & impofante, offre à l'imagination l'impreffion qu'on doit reffentir à l'afpect de l'intérieur d'un Temple, étant bon d'obferver que les guir-landes, les figures & les aftragales des entre-pilaftres qui fe voyent ici, font fup-primées, auffi-bien que la richeffe indifcrete qu'on s'étoit propofé de mettre dans la voute du dôme, à la place de laquelle, dans l'exécution, font feulement dif-tribuées des caffettes octogonales de couleur d'or, enrichies de rofaffes, & au-deffus defquelles, dans la partie fupérieure de la voute, eft un grand ouvrage de Peinture à frefque, par *Charles de la Foffe*, qui y a repréfenté *l'Affomption de la Vier-ge*. Cette voute eft élévée fur un entablement dont les moulures font taillées d'ornemens diftribués avec choix, & au-deffous duquel font alternativement pla-cées huit croifées & huit grands tableaux repréfentant des fujets pris de *la vie de la Vierge*, peints à l'huile par *Bon Boulogne*, par *Stella* & par *Antoine Coypel*. Sur le fol du pavé de l'Eglife s'éléve un grand Ordre de pilaftres Corinthiens accouplés & de trois pieds & demi de diamétre. Cet Ordre eft exécuté avec pureté, les futs des pilaftres font canelés, les chapiteaux d'un travail recherché, & l'entablement profilé avec une élégance rélative à la légéreté de l'Ordre ; mais ce qui fait beau-coup de tort à cette ordonnance, c'eft la diftribution vicieufe des modillons, dont les axes ne répondent point à plomb de ceux des pilaftres, ni des arcades qui dé-corent cette rotonde. On remarque encore ici un autre défaut qui n'eft pas moins condamnable, c'eft la différence qui fe trouve entre l'axe des trumeaux de l'étage fupérieur & celui de l'accouplement des pilaftres de deffous ; de maniere qu'il n'eft pas concevable comment cette inadvertance peut fe rencontrer dans une compo-fition qui d'ailleurs annonce une connoiffance fuffifante des régles de la bonne Architecture.

L'arcade marquée B, fermée d'une grille, fait voir l'ouverture du chœur des Religieufes, en face duquel, dans une autre arcade, eft placé le Maître-Au-tel (voyez le plan, Planche Premiere) lequel eft de menuiferie, feinte de marbre de couleur variée, & orné d'un tableau repréfentant la Nativité, peint par *Houaffe*. Vis-à-vis de la porte du porche, eft une arcade feinte dans laquelle on voit un tableau affez eftimé de *Noel Coypel*, repréfentant *un Crucifix & la Vierge à fes pieds*, placé au lieu de la colonne marquée C. Enfin au-deffus de la porte d'entrée, enfermée dans une quatrieme arcade feinte, fe voit, vers D, un morceau de pein-ture à frefque, par *Antoine Coypel*, d'une exécution fort intéreffante.

Dans l'entre-pilaftre E eft placée une Chapelle dont le tableau de l'Autel eft peint par *La Foffe*, & dans celui F eft la tribune au rèz-de-chauffée, dont nous avons parlé, page 140 de ce Chapitre. Au-deffus font placées des tribunes au-devant defquel-les font des baluftrades, & dont l'Architecture, qui eft affez reguliere, ainfi que la diftribution des pilaftres, nous a donné occafion d'applaudir à la plus grande par-tie de l'intérieur de ce monument.

La coupe G donne le developpement du porche dont nous avons parlé, & l'élé-vation A la décoration qu'on s'étoit propofé d'ériger au pourtour de la cour qui donne entrée à ce monument.

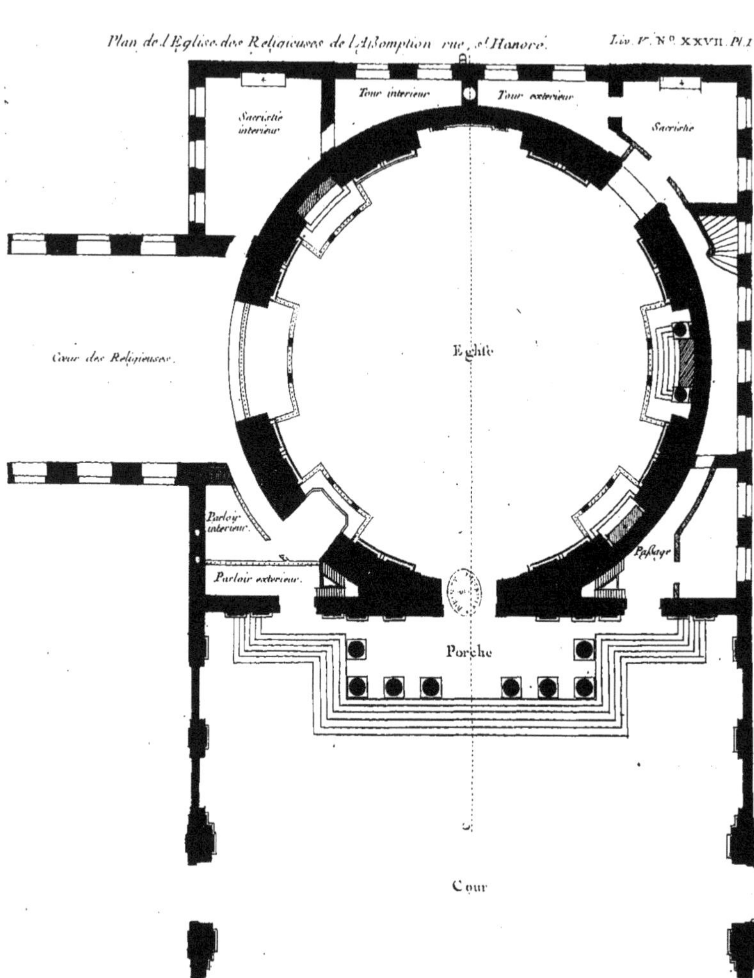

A Paris chez JOMBERT, rue Dauphine.

420

CHAPITRE XXVIII.

Defcription de l'ancien Hôtel de Monbafon, aujourd'hui la Maifon de M.
Richard, Receveur Général des Finances.

CET Hôtel fut bâti, vers 1718, fur les deffeins de M. *de Laffurance* (*a*), pour Maifon de
Dame *Louife-Julie de La Tour d'Auvergne*, Veuve de *François-Armand de Rohan*, M. Ri-
Prince de Monbafon. Après la mort de cette Dame, fes héritiers le vendirent, chard.
en 1751, à M. *Richard*, Receveur Général des Finances, qui y a fait faire depuis quelques embelliffemens, fur les deffeins de M. *Tannevot* (*b*), Architecte.

Plan du rez-de-chauffée. Planche Premiere.

De tous les bâtimens particuliers dont nous avons parlé ʼjufqu'à prefent dans
ce Recueil, celui-ci eft le moins confidérable, n'ayant qu'un feul étage au rez-
de-chauffée & une manfarde au-deffus. Le principal corps-de-logis eft double, &
eft fitué entre cour & jardin. Sa diftribution eft affez bien entendue, pour être
comprife dans un terrain de 12 toifes 4 pieds dans œuvre, & compofe un bel appartement de parade, une falle à manger, une chambre particuliere & des garderobes, au-deffus defquelles font des entrefols, ayant leur degagement par l'efcalier qui monte aux manfardes, & contenant des logemens d'une affez grande
étendue. La plûpart de ces garderobes font éclairées par une petite cour qui n'eft
tolérable ici que par le peu d'élévation du bâtiment & par la néceffité d'éviter
les faux jours de ces fortes de pieces, lorfqu'on peut leur en donner de plus convenables & leur procurer un air plus falubre. Nous avons difcuté précédemment s'il étoit
à propos de fuivre l'opinion dans laquelle font la plûpart de nos Architectes de
faire ufage de ces cours, ou s'il valoit mieux les fupprimer. (Voyez ce que nous
avons dit à ce fujet Tome Premier, page 222, & dans celui-ci en parlant de
l'Hôtel de Louvois, de la maifon de M. Crozat, &c.)

Vers l'endroit marqué A, on a pratiqué nouvellement, hors œuvre, une Chapelle qui manquoit à cette maifon; mais cette commodité intérieure nuit à la
décoration des déhors, & paroît auffi ridiculement placée que contraire à la bienféance.

Le corps-de-logis fur la rue contient les cuifines, les remifes & les écuries.
Pour augmenter ces dernieres, à la place de l'Office & de la falle du Commun,
qui fe voyent ici, on a pratiqué une écurie pour huit chevaux, & on a placé les Offices en entrefols au-deffus de la cuifine. (Voyez les élévations de ces bâtimens
du côté de la rue, Figure II de la Planche IV.)

La forme de la cour, en général, feroit un mauvais exemple à imiter. La portion circulaire du côté de l'entrée eft défagréable, fans grace & de beaucoup trop
faillante; de forte que la partie rectiligne de cette cour, qui eft barlongue au lieu
d'être oblongue, préfente un effet contraire à celui qu'on doit attendre de la proportion de ces fortes de parties extérieures. Il étoit plus convenable ou de rendre
les portions circulaires plus courtes, ou d'avancer le principal corps-de-logis fur
le jardin, qui ne laiffe pas que d'être profond; par ce moyen on auroit procuré
une entrée plus convenable à cette maifon. Nous obferverons néanmoins que ce
qui a peut-être empêché de prendre ce dernier parti, c'eft que la plus grande
partie des Hôtels du Fauxbourg Saint Honoré de ce côté a été bâtie fur le
même alignement & prefque dans la même année; de forte que l'on ne pouvoit

---

(*a*) Voyez ce que nous avons dit de cet Architecte,   (*b*) Voyez ce que nous avons dit de cet Architecte au
T. I. page 232. Note (*a*).   commencement de ce Volume, page 22.

guéres remedier à la forme vicieufe de la cour qu'en racourciffant les portions circulaires, comme nous venons de le remarquer, mais alors les logemens fubalternes feroient devenus trop peu confidérables. Il paroît donc qu'il étoit de toute néceffité pour conferver l'alignement des façades du côté des jardins des Hôtels de ce
quartier, & pour donner une proportion fatisfaifante à la cour dont nous parlons,
de pratiquer une aîle de bâtiment dans l'un de fes côtés, qui en lui ayant donné
moins de diametre, l'auroit rendu d'une proportion plus convenable, auroit formé des logemens en plus grande quantité & procuré la commodité d'une cour à
fumier, ainfi qu'on peut le remarquer dans le plan au rez-de-chauffée de la maifon qui fait l'objet du Chapitre fuivant.

Elévation du côté de la cour. Planche II.

La décoration extérieure de ce bâtiment eft de l'efpece de celles dont il feroît
à défirer qu'on ignorât le nom de l'Architecte, fon ordonnance étant abfolument
contraire aux loix du bon goût & aux principes de la bonne Architecture. En effet tout eft vicieux dans cette façade, la hauteur de l'étage eft trop confidérable, il eft mal terminé par une manfarde, l'avant-corps du milieu paroît ici pratiqué fans aucune néceffité que celle de divifer l'étendue de ce bâtiment & de
compofer de petites parties toûjours condamnables dans un édifice. Le milieu des pavillons eft mafqué par un trumeau, les croifées font fans proportion, les ornemens
fans choix. Enfin les pilaftres Attiques d'une grandeur coloffale, qui fe voyent ici
contre toutes les régles de l'Art, ainfi que l'entablement interrompu, préfentent
ce que l'Architecture a de plus condamnable, & annoncent vifiblement le déreglement de l'imagination de ceux qui ont été chargés de l'exécution de ce bâtiment : car certainement il n'eft pas poffible qu'un Architecte, dont nous avons
vû précédemment des édifices qui n'étoient pas fans mérite, ait préfidé à la conduite
de celui dont nous parlons, & c'eft la fource involontaire de la plûpart des défagré-
mens de notre profeffion. On eft follicité par des perfonnes de confidération de
donner des deffeins & de faire des projets pour un édifice : on fe rend à des
inftances réitérées ; occupé d'ailleurs, on abandonne fouvent le foin de fa gloire à des Entrepreneurs & à des ouvriers mal inftruits, qui ne connoiffant ni les
régles de l'Art, ni les principes de la convenance, défigurent des productions
bien conçûes à la vérité, mais qui avoient befoin néanmoins d'être dirigées dans
la fuite par l'Architecte. De-là vient fans doute la caufe principale des inadvertances que nous fommes obligés de relever fouvent dans nos obfervations, fans autre intention, ainfi que nous nous en fommes expliqué plus d'une fois, que de
combattre les erreurs fans attaquer les Artiftes.

Qu'on nous permette donc d'entrer dans quelque détail pour faire appercevoir
les licences qu'on remarque ici, & qu'il eft toûjours important d'éviter dans quelque occafion que ce puiffe être. De cette efpece eft l'arcade feinte du milieu, qui
a amené néceffairement l'avant-corps, occafionné les pilaftres, & qui, par une
fuite ridicule, a fait imaginer au-deffus de l'archivolte un bas rélief qui, occupant un grand efpace, a obligé de fupprimer l'architrave & la frife de l'entablement, contre tout principe de vraifemblance. Pour éviter ce défordre, il eut été
mieux de continuer les mêmes croifées & de n'admettre qu'une feule ouverture à
chaque pavillon, par l'un defquels on auroit entré dans la premiere antichambre, l'autre auroit conduit au petit efcalier, étant préferable dans ce plan, pour
donner plus d'efpace au milieu du bâtiment, d'entrer par les extrêmités des pavillons, afin de profiter d'une plus grand furface pour la diftribution des appartemens.

Nous

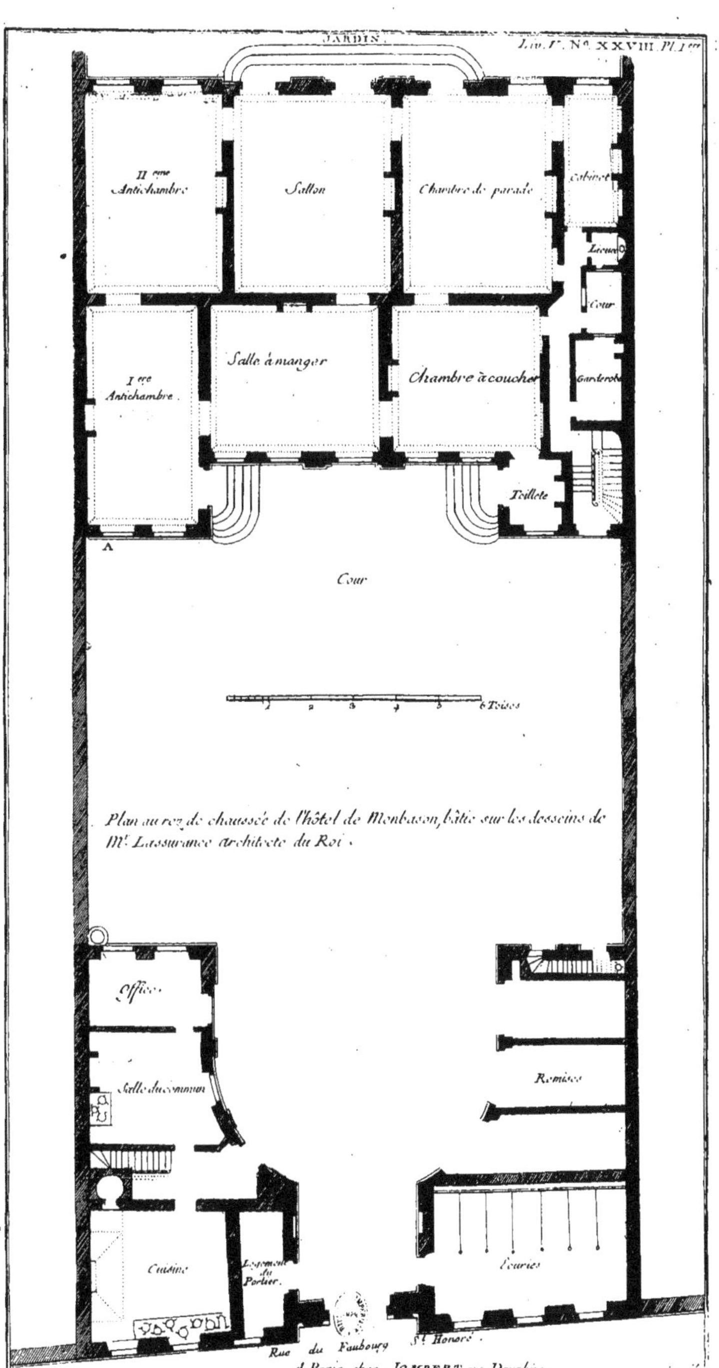

JARDIN
Liv. I.r N.o XXVIII Pl.1.er
II.eme Antichambre
Sallon
Chambre de parade
Cabinet
Lieux
Cour
I.ere Antichambre
Salle à manger
Chambre à coucher
Gardrobe
Toilette
A
Cour
6 Toises
Plan au rez de chaussée de l'hôtel de Monbason, bâtie sur les desseins de
M.r Lassurance architecte du Roi.
Offices
Salle du commun
Remises
Cuisine
Logement du Portier
Ecuries
Rue du Faubourg St Honoré
A Paris chez JOMBERT rue Dauphine.

Nous avons déja remarqué que les croifées étoient d'une proportion trop fvel-
te ; mais nous obferverons que le ceintre qui les termine eft tout à fait condam-
nable, étant de beaucoup trop reffenti pour être bombé. Cet excès offre plutôt
un jarret qu'une forme agréable, c'eft pour cette raifon que nous avons donné ail-
leurs la m mniere de décrire ces fortes d'arcs. (Voyez l'*Introduction*, premier
Volume, page 110.) A l'égard des tables placées au-deffus des croifées & dans
les trumeaux, non-feulement elles découpent l'Architecture, & imitent la me-
nuiferie, mais elles divifent inconfidérement la largeur de ces mêmes trumeaux,
qui n'ayant que les deux tiers des vuides, exigeoient qu'on les laiffât liffes. En-
fin la feule chofe ici qui foit exécutée avec une forte de fuccès, c'eft l'enta-
blement qui couronne ce bâtiment ; il eft profilé avec affez de goût & d'une
proportion convenable, ayant entre le quart & le cinquieme de la hauteur de l'éta-
ge, non compris les retraites.

A l'égard de la partie fupérieure de cette façade, nous remarquerons qu'au
lieu de la manfarde, il falloit une baluftrade, ainfi qu'on en ufe ordinairement
dans les bâtimens à un feul étage, comme on peut le remarquer au Palais Bour-
bon, aux Hôtels de Laffai, de Pompadour, &c. On pouvoit fe dédommager du
logement que procurent ces manfardes, en conftruifant l'aîle que nous avons pro-
pofée dans l'un des côtés de la cour, pour donner plus de grace aux élévations
& tirer un meilleur parti du terrain fur lequel cet Hôtel eft élévé.

Elévation du côté du jardin. Planche III.

Cette élévation, de la même ordonnance que la précédente, differe cependant
en ce qu'elle a moins d'ouvertures, que les trumeaux font plus larges, & que
l'arcade du milieu eft plus naturellement amenée, fans pour cela que la déco-
ration qui l'environne, foit plus tolérable, ni les combles en manfarde plus re-
cevables. On peut même remarquer que la virilité que procure à cette façade
la plus grande largeur des trumeaux, eft contraire en quelque forte à l'idée qu'on
doit fe former d'un bâtiment vû du côté des jardins, à qui un air d'élégance
eft toujours convenable. Cette confidération doit déterminer un Architecte à ne
rien produire au hazard, & à raffembler dans la compofition de fon bâtiment
tout ce qui peut contribuer à fa réputation & à la fatisfaction des perfonnes qui
le mettent en œuvre.

Coupe & profils fur la largeur de tout le bâtiment. Planche IV.

La Figure premiere donne à connoître d'une part la décoration intérieure du
principal corps-de-logis, la hauteur de fes planchers & le logement qu'occu-
pent les manfardes ; de l'autre le revêtiffement d'un des murs mitoyens qui dé-
core la cour, & enfin l'un des bâtimens qui contient la cuifine, les nouvelles
écuries, &c.
La Figure deuxieme offre la façade du côté de la rue, au milieu de laquelle
eft placée la principale porte d'entrée de cet Hôtel. Cette porte eft de forme
bombée, ainfi que la corniche qui la couronne, laquelle eft foûtenue dans fes
parties horizontales par des confoles, & couronnée par les armes accolées de la
Maifon *de Rohan* & de la Maifon *de La Tour d'Auvergne*, avec leurs fupports,
mais dont le blazon eft effacé, depuis que cet Hôtel a été vendu à M. Richard à
qui il appartient aujourd'hui.

Maifon de M. Richard.

CHAPITRE XXIX

Defcription de la Maifon de M. Blouin, appartenant préfentement à M. Michel, Directeur de la Compagnie des Indes, rue du Faux-bourg S. Honoré.

Maifon de
M. Blouin.

CETTE Maifon fut bâtie, en 1718, fur les deffeins de M. *Gabriel* (a), pour *Louis Blouin*, Gouverneur de Verfailles. Elle a enfuite appartenu à Madame la Comteffe *de Feuquieres*. Après fa mort, fes héritiers la vendirent à M. *Saint-Amarante*, Receveur Général des Finances ; celui-ci l'a depuis vendue à M. *Michel*, Directeur de la Compagnie des Indes, qui la fait embellir aujourd'hui, fur les deffeins de M. *Contant* (b), Architecte du Roi.

Plan au rez-de-chauffée. Planche Premiere.

Le plan de cette maifon eft compofé d'un petit corps-de-logis fur la rue, d'une baffe-cour, d'une cour principale, d'une aîle à gauche, enfin d'un bâtiment double entre cour & jardin, de 13 toifes 2 pieds de face, hors œuvre, fur neuf toifes un pied & demi de profondeur. Cette diftribution eft beaucoup plus commode que celle de la maifon précédente, & cependant elle n'a pas plus de largeur, ni plus de profondeur, fans compter que la forme de la cour eft beaucoup plus agréable, & qu'il y a le double de logement dans celle dont nous parlons, plus que dans l'autre. Tant il vrai qu'il n'eft pas toûjours néceffaire d'avoir un grand terrain pour y éléver un bâtiment affez confidérable, quand l'Architecte eft un homme d'expérience & qu'il fçait faire mouvoir les refforts de fon imagination. Nous conviendrons néanmoins qu'on a pratiqué ici deux étages dans le principal corps-de-logis, non compris la manfarde, pour multiplier les logemens, ce qui ne fe trouve point dans la maifon précédente, mais ces étages ainfi multipliés, femblent autorifés dans un bâtiment particulier, principalement lorfque le terrain eft borné, & que la perfonne pour qui on l'éléve, veut y loger la plus grande partie de fa famille. Ce font ces différentes confidérations qui fourniffent à un Architecte divers moyens de fe retourner dans la compofition de fes projets, & il doit fçavoir s'y plier, fans pour cela s'écarter des régles de la convenance, ni des principes de fon Art. Le point effentiel eft de pouvoir concilier les principales intentions de celui qui le met en œuvre avec les preceptes fondamentaux de la bonne Architecture, autrement la moindre circonftance arrête. D'une part le Proprietaire exige des chofes contraires aux loix du bon goût, de l'autre l'Architecte fe laiffe entraîner, & s'y prête par complaifance : le bâtiment s'éléve, & cette Capitale, le centre des beaux Arts, fe trouve remplie d'édifices qui, pour la plûpart indifférens en apparence, ne laiffent pas que de faire nombre. Cette négligence gagne infenfiblement jufqu'aux Palais des Rois, elle fe remarque dans nos édifices publics, & même très-fouvent nos Temples n'en font pas exempts.

Nous avons déja dit que la comparaifon, en fait de bâtimens, étoit le plus fûr moyen d'éviter ces abus ; or il eft certain que fi l'on veut confidérer les différentes maifons particulieres qui font dans ce Recueil, telles que celle dont nous venons de

(a) Voyez ce que nous avons dit de cet Architecte ; Tome I. Page 241. Note (a).

(b) Voyez ce que nous avons dit de cet Architecte ; Tome I. pag. 238. Note (b).

parler dans le Chapitre précédent, celles de M. d'Argenfon, de M. de Janvri, de M. de Moras, l'Hôtel de Vauvrai, la Maifon de M. du Noyer, celle de M. Manfard, celle de Madame de Varangeville, l'Hôtel du Ludes, de Villeroi, l'Hôtel Lambert, Fauxbourg S. Germain, celui de Choifeuil, &c. tous bâtimens compris dans les Volumes précédens & dans celui-ci & confiderés comme particuliers (c), il fera facile, aidé des obfervations qui les précédent, de prendre d'après ces differens exemples, une route fûre qui portera peut-être à imiter ce que nous y avons approuvé & à rejetter ce que nous y avons remarqué de vicieux. Je le répéte, cette comparaifon eft indifpenfable & plus inftructive que ne le pourroient être les differtations les plus détaillées, & dans lefquelles il n'eft pas poffible d'éviter des répetitions fouvent ennuyeufes au Lecteur, parce que nous avons prefque toûjours les mêmes licences à relever ou les mêmes beautés à applaudir. C'eft pour cette raifon que nous nous fommes difpenfés d'entrer ici dans une analyfe trop étendue du plan de cette maifon. Nous remarquerons feulement qu'il auroit été à fouhaiter que le veftibule eut communiqué avec le fallon, au lieu de la niche qu'on y a pratiquée, que l'efcalier eut été placé à droite, & qu'on fe fût arrangé de maniere qu'on eut pû fe priver de la petite cour, qui rélativement à la hauteur du bâtiment, devient trop fombre, & occafionne de l'humidité aux pieces adjacentes.

Après avoir obfervé ce qui feroit à défirer dans ce plan, nous remarquerons l'heureufe proportion de la cour, la correction de fa tour creufe, la maniere ingénieufe du porche, la commodité de la baffe-cour, & enfin l'agrément effentiel de pouvoir fervir à couvert des cuifines dans les appartemens. Aucun de ces avantages ne fe rencontre dans l'Hôtel précédent, quoiqu'il ait été bâti originairement pour une perfonne de la première confidération.

Nous avons dit plus haut que l'on travailloit à l'embelliffement des appartemens de cette maifon, nous remarquerons, à propos de ces embelliffemens, que l'on y a fait quelques changemens dans la diftribution, mais comme nous les avons rectifiés pour la plus grande partie dans ce plan, on n'en peut faire la comparaifon que dans les premieres éditions des Planches gravées de ce Recueil, que M. Mariette avoit commencé il y a près de 20 années.

Nous ne donnons point ici le plan du premier étage, qui précédemment étoit peu de chofe, & qui devient aujourd'hui beaucoup plus intéreffant par la décoration des lambris & par la richeffe des meubles qu'on prépare pour ces nouveaux appartemens ; mais comme fa diftribution eft à peu près la même que celle du rez-de-chauffée, & que la grandeur de la coupe, *Planche Troifieme*, n'exprimeroit qu'imparfaitement les détails des ornemens de ces lambris, nous nous contentons de les annoncer, fans en donner les développemens.

Elévations du côté de la cour & du côté du jardin. Planche II.

La Figure Premiere donne l'élévation du côté de la cour avec la coupe de l'aîle qui regne contre un de fes murs mitoyens. Dans le milieu de cette élévation, au rez-de-chauffée, fe voit un avant-corps, décoré de colonnes & de pilaftres, qui procure une grande ouverture au veftibule. Nous remarquerons que ce genre de décoration entraîne après foi deux défauts effentiels, l'un que l'Architecture de

---

(c) Il faut confulter la Table des Chapitres, placée à la tête de chaque Volume, pour trouver facilement ces differens bâtimens répandus dans le corps de l'Ouvrage. Il en faut ufer de même pour comparer tous les édifices érigés à l'ufage *de la Société Civile*, pour *l'utilité*, pour la *fureté* & la *néceffité*, & enfin ceux qui font conftruits pour *la magnificence*, fuivant les divifions que nous avons indiquées dans le nouveau programme qui annonça cet Ouvrage au Public, lorfque nous nous chargeames des differtations & de la conduite de cette vafte entreprife.

deffus porte à faux fur le grand entrecolonnement, l'autre que cet entrecolonnement produit l'hyver un froid confidérable dans les appartemens au rez-de-
chauffée. Cet inconvenient, fans doute, a fait boucher après coup la communication du veftibule au fallon, pour empêcher la pénétration de l'air extérieur dans
les dedans. C'eft pourquoi ces grands entrecolonnemens & même les portiques
qui n'ont point de fermeture, doivent être réfervés pour les Temples, ou pour les
maifons de plaifance, qu'on n'habite que dans la belle faifon, & non pour celles
qui font élévées dans les Capitales, ainfi qu'on en ufe inconfidérement dans une
infinité de bâtimens à Paris, qui font autant d'exemples à éviter à cet égard. Tels
font l'Hôtel de Clermont, le Palais Bourbon, l'Hôtel d'Humieres, l'Hôtel de
Torcy, l'Hôtel du Préfident Lambert, dans l'Ifle, l'Hôtel de Soubife, la Maifon
de M. Sonning, celle de M. de Thiers, l'Hôtel de Noailles, la Maifon du Préfident Chevalier, l'Hôtel d'Evreux, &c. où ce défaut fe rencontre avec plus ou
moins d'incommodité, felon que les appartemens de Maître font plus ou moins
proches de ces veftibules.

Les colonnes & les pilaftres de cet avant-corps font Doriques & couronnés d'un
entablement architravé; genre de licence que nous avons blâmé plus d'une fois,
& qui à peine eft tolérable dans une maifon particuliere, & même les colonnes
ne devroient jamais entrer pour quelque chofe dans leur décoration, prace
qu'étant alors obligé de leur donner un trop petit diametre, elles annoncent
une Architecture trop chétive. Au-deffus de cet entre-colonnement s'éléve un corps d'Architecture qui monte de fond, & qui par ce moyen enclave d'une
maniere affez ingenieufe les colonnes & les pilaftres du rez-de-chauffée. Cependant,
comme nous l'avons remarqué, le maffif que produifent les piédroits de la croifée du premier étage fur le vuide de deffous, eft toûjours un vice très-condamna-
ble qui devroit déterminer à fupprimer totalement les périftiles, lorfqu'on ne
pratique pas derriere les colonnes un mur de face au rez-de-chauffée qui paroiffe
foutenir celui du premier étage, ainfi qu'on l'a obfervé dans la plûpart de nos bâtimens les plus généralement approuvés. La partie fupérieure de cet avant-corps
eft terminée par un fronton, fous la corniche horizontale duquel font placées,
affez mal à propos, des confoles qui femblent avoir mis l'Architecte dans la néceffité de fupprimer l'aftragale, ce qui diminue trop fenfiblement la hauteur de la
corniche déja affoiblie par la fuppreffion inévitable de fa fimaife fupérieure, & qui
pour cela avoit befoin d'etre fortifiée & nourrie par ce membre d'Architecture
dont la difcontinuité d'ailleurs eft toûjours un défaut contre les régles du goût
& les principes de l'Art.

Les autres parties de la décoration de cette façade font d'une affez bonne Architecture; fa fimplicité eft louable & du reffort de la convenance d'une maifon
particuliere, & fi l'on eut donné plus de largeur au corps de refend qui termine
les extrêmités des avant-corps, il n'y a point de doute que cette ordonnance
feroit très-bonne à mettre en pratique dans une infinité d'occafions.

L'élévation, marquée Figure II. conferve la même fimplicité des arriere-corps de
la façade precedente, mais l'avant-corps du milieu non-feulement eft trop large par
rapport à fa hauteur & rélativement à la longueur du bâtiment, mais auffi eft
tenu trop fimple comparé avec celui de la cour. Nous l'avons déja remarqué, les
élévations du côté des jardins doivent avoir quelque chofe de plus élégant; pour
cette raifon il auroit fallu faire ufage des colonnes de la façade du côté de la cour
pour porter le balcon qui fe voit ici, & qui paroît mal foûtenu par des confoles,
dont on ne fçauroit trop blâmer l'abus. Nous obferverons cependant que, comme
nous ne pouvons en général approuver les Ordres dans un petit bâtiment, au

lieu

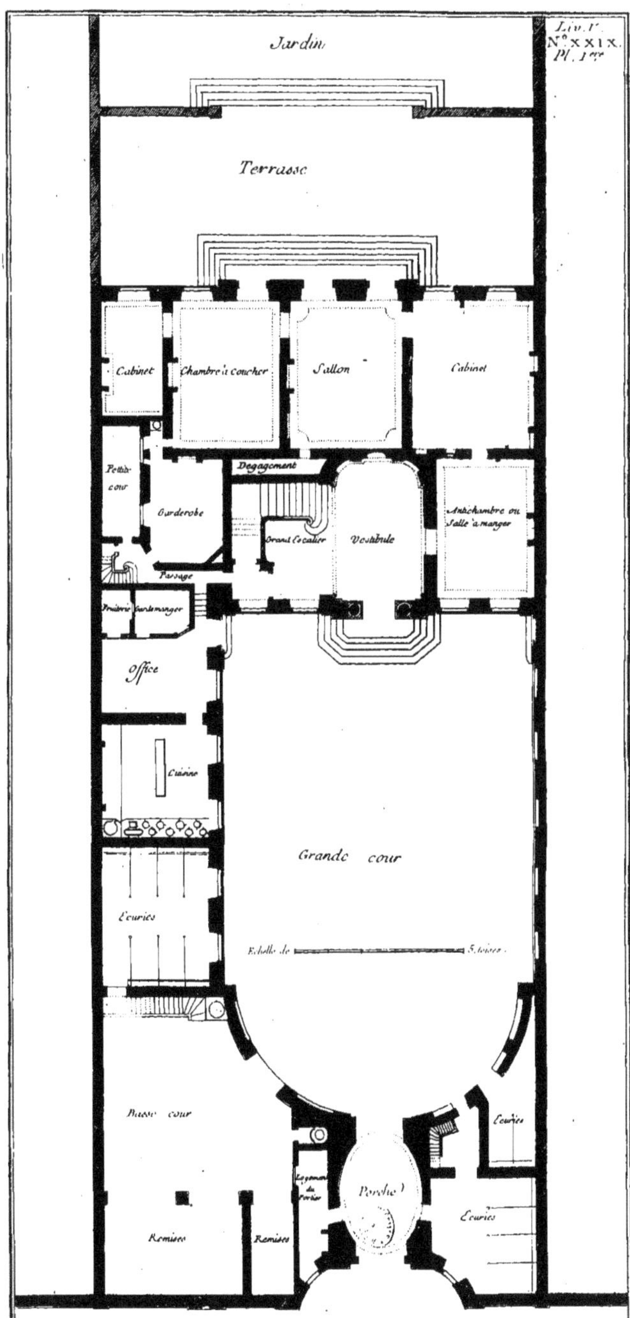

Plan au rez de chaussée de la Maison de M.ᵣ Blouin Gouverneur de Versailles située rue du fraux = bourg S.t Honoré à Paris, bâtie sur le desseins de M.ᵣ Gabriel Intendant des bâtimens du Roi

A Paris chez JOMBERT, rue Dauphine.

427.

lieu d'employer des colonnes qui annoncent une décoration faſtueuſe, ou de ſe Maiſon de M. Blouin.
ſervir de conſoles dont la richeſſe indiſcrette devroit être réſervée pour l'intérieur des appartemens, il étoit plus naturel de former au rez-de-chauſſée un avant-
corps dont la hauteur ſe feroit arrêtée ſous le balcon, ce qui auroit procuré dans le
plan de cette façade un mouvement qui réuſſit toujours bien en pareille occaſion.

Les deux chaînes de refend qui regnent au premier étage dans le milieu de
l'avant-corps, ſont tout à fait hors de place & ſemblent avoir déterminé la ſuppreſſion des bandeaux des croiſées qui ſe voyent aux extrêmités de cet avant-corps.
Le timpan du fronton eſt orné ſur le lieu d'un bas-relief repréſentant *Flore*, ce
qui n'eſt point exprimé ici, non plus que deux conſoles poſtiches placées aux
deux côtés de la partie ſupérieure de la croiſée du milieu, & qui y ſont tout-à-
fait mal. Malgré ces licences, nous ſommes obligés de convenir que l'ordonnance
de ce bâtiment eſt préférable à celle de l'Hôtel que nous avons décrit dans le
Chapitre précédent, ce qui nous porte à croire que dès le commencement de ce
ſiecle, la décoration des déhors a été ſacrifiée aux commodités des dedans, puiſque
les deux bâtimens dont nous parlons, qui ont été élévés par deux Architectes d'une
aſſez grande réputation, ne nous préſentent rien de ſatisfaiſant, ni qui puiſſe ſervir
d'autorité à l'avenir pour arriver à la perfection de bâtir.

Coupe du principal corps-de-logis. Planche III.

Cette Planche donne le développement intérieur du principal corps-de-logis
dont la décoration ſe change actuellement, ſous la conduite de M. Contant, ainſi
que nous l'avons déja obſervé, mais dont nous ne pouvons donner ici les deſſeins,
cet Ouvrage n'étant pas encore fini. On n'a point non plus ajoûté à cette coupe
les bâtimens de la cour, ni ceux de la rue, cette Planche étant anciennement gravée & leur décoration d'ailleurs étant peu intéreſſante ici, quoique nous obſer-
vions que rien n'eſt à négliger dans la compoſition d'un bâtiment, principalement
lorſque ſes dépendances font partie du coup d'œil des Maîtres.

CHAPITRE XXX.

Description de deux Maisons particulieres, bâties rue du Fauxbourg S. Honoré.

Maison de M. le Comte de Stignac, &c.

CES deux Maisons furent bâties, en 1718, pour M. *Chevalier de Montigny*, Fermier Général, sous le nom de M. son frere, Président au Parlement de Paris, sur les desseins du sieur *Grandhomme*, Architecte & Entrepreneur. Celle qui est à droite a passé par succession à M. *le Comte de Stignac*, qui a épousé la fille de M. de Montigny ; l'autre à gauche, sous le nom de Madame *Le Vieux*, Sœur du Fermier Général & du Président, à qui elle appartenoit, fut donnée à M. *Le Gendre*, Fermier Général qui épousa sa fille, & qui depuis cinq à six ans, l'a vendue à M. *Perinet*, aussi Fermier Général, qui l'occupe aujourd'hui, & qui y a fait faire des changemens dont nous parlerons en son lieu, sur les desseins de M. *Chevotet* (a), Architecte du Roi.

Plan au rez-de-chaussée. Planche Premiere.

Cette Planche donne le plan général de la distribution des bâtimens des deux Maisons dont nous venons de parler, séparées seulement par un mur de cloture de neuf pieds de hauteur, en sorte que le grand espace qu'occupent les deux cours, procure aux appartemens un air très-salubre & une lumiere suffisante, ainsi que nous l'avons déja remarqué dans le Chapitre XXXI du Premier Volume, page 294. La maison, cottée A, de même dimension que celle B, est composée d'un bâtiment simple sur la rue, d'une aîle double dans le retour, & d'un corps-de-logis simple entre cour & jardin. Elle n'a point souffert de changement considérable depuis son édification, au contraire de celle B, dans laquelle M. Perinet, depuis l'acquisition qu'il en a faite, a changé le grand escalier qui se voit ici pour le mettre à la place de la salle à manger, afin d'avoir une antichambre qui précéde les appartemens du côté du jardin, telle qu'on la remarque du côté A. Sans cette commodité, ce corps-de-logis étant simple, on seroit obligé d'avoir des antichambres dans la principale enfilade, comme on l'a pratiqué en B, ce qu'il faut éviter absolument. Voyez aussi, dans la Planche V. de ce Chapitre, l'ancienne élévation en aîle du côté de la cour, qui comparée avec la Planche IV, fait voir que non-seulement il en résulte un bien réel pour la distribution, mais aussi que la décoration extérieure, en général, fait un meilleur effet, ces deux façades étant aujourd'hui assez semblables & placées vis-à-vis l'une de l'autre.

La grandeur de l'échelle de ces plans, l'indication des pieces & la simplicité de leur distribution nous dispenseront d'entrer dans un plus long détail. Nous remarquerons seulement ici que les pieces de Maîtres sont d'une proportion assez heureuse, que les départemens des Domestiques sont commmodes, & que s'il reste quelque chose à désirer dans ces deux maisons, c'est d'avoir des basse-cours

---

(a) M. Chevotet, de la premiere Classe de l'Académie Royale d'Architecture, est un de nos célébres Architectes. Non-seulement il s'est acquis une grande experience dans l'art de bâtir, mais il possede les parties les plus nécessaires à un Architecte, telles que la décoration des déhors & celle des dedans, la distribution des appartemens, celle des jardins, &c. Ces connoissances diverses, jointes à la probité la plus exacte, lui ont attiré la confiance d'une infinité de personnes du premier Ordre. Nous n'entrerons point ici dans le détail des bâtimens que cet Architecte a fait élever, sa modestie nous empêche d'en faire l'éloge ; nous reservons cet aveu public lorsque nous trouverons occasion dans ce Recueil de présenter à nos Lecteurs quelques-uns des ouvrages de cet excellent Artiste.

plus ſpacieuſes, plus aërées, & qui ayent des dégagemens ſur la rue ; précaution que nous avons déja recommandée plus d'une fois. Nous obſerverons cependant pour la juſtification des bâtimens dont nous parlons, 1°. que l'on a voulu mettre le terrain à profit en pratiquant beaucoup de pieces. 2°. Que, comme maiſon particuliere, l'étendue de ces baſſe-cours demandoit une forte d'économie, & qu'à l'égard de l'iſſue extérieure, cette même économie engage ſouvent le Maître du logis à vouloir être témoin de ce qui ſe paſſe dans les différens départemens de ſa maiſon, dont il n'eſt jamais plus certain, que lorſque le ſervice des Domeſtiques ſe paſſe ſous ſes yeux, & qu'ils n'ont qu'une iſſue commune. On voit par-là qu'il ſe rencontre une ſi grande quantité de conſidérations particulieres dans l'art de bâtir, qu'on eſt ſouvent obligé de s'écarter des régles générales pour ſe conformer aux loix de la convenance, ce qui donne toûjours à un Architecte de nouveaux moyens d'exercer ſon ſçavoir & de mettre en œuvre les différentes reſſources qu'une longue expérience lui ſuggere.

Plan du premier étage. Planche II.

La diſtribution de ce plan eſt abſolument aſſujettie au mur de refend de celui de deſſous, à l'exception de quelques cloiſonnages qui ſont de peu d'importance, & qui ſont ſujets à varier dans un bâtiment, pour peu qu'il ſoit occupé dans la ſuite des tems par différens Propriétaires. Ainſi nous ne dirons rien de particulier ſur cette Planche, dont les diſtributions ſont très-bien entendues, n'ayant d'autre inconvenient que d'être contenues entre deux murs de face : diſpoſition qui ne peut aller à tous les genres de pieces, étant éclairées pour la plûpart de deux côtés, autrement il faut feindre des croiſées dans les dehors du bâtiment, ce qui occaſionne non-ſeulement une dépenſe aſſez conſidérable, mais encore un défaut de ſimétrie pour la décoration extérieure.

Elévations du côté de la cour & du côté du jardin. Planche III.

Cette Planche, comme les précédentes, raſſemble les deux maiſons, leſquelles étant aſſujetties à la même hauteur d'étage & à la même ordonnance, ne different que dans la décoration des avant-corps des façades du côté des jardins, les élévations du côté de la cour étant abſolument ſimétriques. Voyez les Figures I & II.

Nous obſerverons en général que les diſtributions de ces bâtimens ſont préférables à la décoration extérieure. Celle-ci eſt trop monotone, & quoique ces édifices puiſſent être conſidérés comme des maiſons particulieres, comme elles étoient deſtinées à la réſidence de perſonnes de conſidération, il auroit été convenable de les compoſer d'une maniere plus élégante, ſoit en donnant plus de richeſſe à leur Architecture, ſoit en procurant plus de mouvement aux plans des arriere-corps & des avant-corps. Par ce moyen on auroit un peu interrompu l'unité trop réguliere de la longueur de ce bâtiment, qui n'eſt bonne à obſerver que dans les façades élévées dans les rues de certains quartiers, où la voie publique fait loi, mais qui ne réuſſit jamais bien ailleurs, ſi ce n'eſt dans les hôpitaux, les ſeminaires, les infirmeries, les cazernes, &c.

Coupe sur la profondeur de la cour & des bâtimens marqués A, dans la Planche Premiere.
Planche IV.

Cette planche fait voir la coupe du principal corps-de-logis du côté du jardin, l'élévation en aîle, la porte de la baffe-cour & la coupe du bâtiment fur la rue.

Nous ne remarquerons ici que l'avant-corps pratiqué dans l'aîle au rez-de-chauffée, dont le grand entre-colonnement eft d'une proportion vicieufe, d'une ordonnance peu correcte, affez mal profilée & produifant un porte à faux confidérable à l'étage de deffus, dont nous avons déja blâmé l'ufage dans le Chaptire précédent.

A l'égard de l'ordonnance des autres parties de cette façade, elle eft la même que les autres élévations de ce bâtiment dont nous avons déja parlé.

Coupe sur la profondeur de la cour & des bâtimens marqués B, dans la Planche Premiere.
Planche V.

Cette coupe préfente l'ancienne décoration, avant que M. Perinet eut fait tranf-porter le grand efcalier, comme nous l'avons remarqué à l'occafion de la Planche Premiere, de forte que l'entre-colonnement que l'on voit ici eft femblable à celui de la Planche précédente ; mais ayant été refait depuis fur les deffeins de M. Chevotet, fon ordonnance dans l'exécution eft beaucoup plus conforme aux régles de l'Art & d'un deffein plus correct. En effet on n'y voit point de colonnes engagées, il eft amené par un avant-corps, en un mot il fe reffent de la févérité de la bonne Architecture, quoiqu'en général on puiffe dire qu'il eut peut-être mieux valu préferer ici des portiques aux colonnes, n'y en ayant aucune dans tout ce bâtiment, dont la décoration d'ailleurs eft chétive. Du moins nous remarquerons qu'il eut été plus convenable de placer ce périftile dans le milieu de la longueur de l'aîle pour rendre fa dimenfion plus réguliere, & d'affujettir cette façade à une même ordonnance. Non-feulement ce périftile étoit poffible dans un auffi grand terrain, mais encore par-là on auroit évité la défunion trop fenfible qu'on remarque entre les parties & le tout. Il eft vrai que ce n'eft pas toûjours un défaut de donner un air d'infériorité aux aîles pour laiffer dominer le principal corps-de-logis, mais du moins faut-il que cette infériorité foit amenée d'une maniere avantageufe, & que cela ne fe rencontre pas dans un bâtiment fans aucune raifon de bienféance & aux dépens fouvent de l'accord général de l'édifice.

CHAPITRE

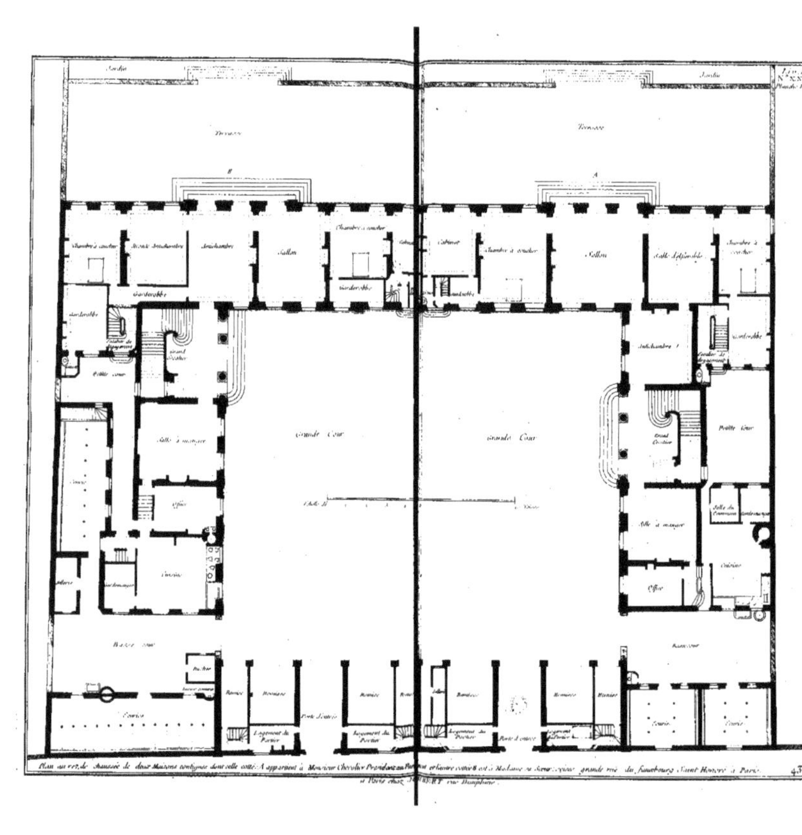

Plan au rez de Chaussée de deux Maisons contigues dont celle cotté A appartient à Monsieur Chevalier Président au Parlement et l'autre cotté B est à Madame sa Sœur, rue grande rue du fauxbourg Saint Honoré à Paris.

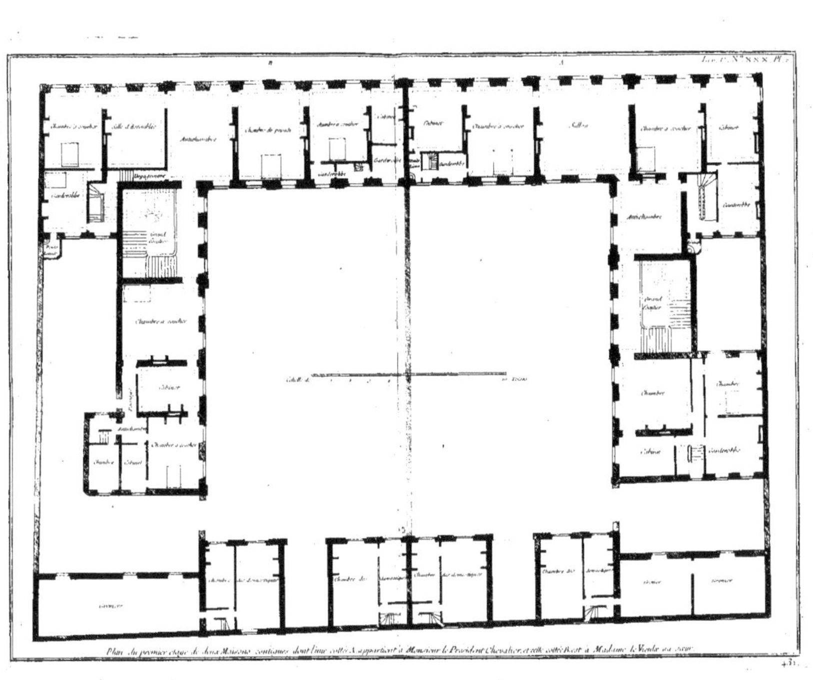

Liv. I.er N.o XXX Pl.2
Plan du premier étage de deux Maisons contiguës dont l'une cotté A appartient à Monsieur le President Chevalier, et cette cotté B est à Madame la Vieule sa sœur.

CHAPITRE XXXI.

Defcription de l'Hôtel de Duras, rue du Fauxbourg Saint
Honoré.

CETTE maifon fut bâtie originairement fur un terrain que M. Boffrand (*a*), Hôtel de Architecte du Roi, acquit vers 1718. Après qu'il eut fait éléver les bâti- Duras. mens dont nous allons parler, cet Architecte les vendit, en 1722, à *Meffire Jean Durfort*, *Duc de Duras*, Maréchal de France, qui l'occupe aujourd'hui.

Plan général des bâtimens, jardins & dépendances de cet Hôtel.
Planche Premiere.

Le principal corps-de-logis de cet Hôtel eft triple & ifolé de toutes parts. Nous donnerons fa diftribution intérieure au rez-de-chauffée, en expliquant la Figure Premiere de la Planche II, nous parlerons feulement ici de la forme de fa cour principale qui eft d'une proportion affez agréable ; elle eft fermée de murs de onze pieds de hauteur & percée de portes, qui d'un côté conduifent aux baffe-cours, & de l'autre au jardin potager. La baffe-cour, d'une forme réguliere, eft environnée de bâtimens qui contiennent les écuries, les remifes, les cuifines, offices &c, & dont les hauteurs font inférieures à celle du principal corps-de-logis, ce qui laiffe dominer ce dernier fur tout le refte, & lui donne cet air de fuperiorité que M. Boffrand a fçu mettre en ufage dans toutes fes productions. Les jardins de cet Hôtel font peu étendus, & leur diftribution, en général, eft affez mal difpofée, défaut à la vérité, qui fe remarque plus dans le deffein que dans l'exécution ; c'eft ce qui nous a fait obferver plus d'une fois que l'on ne pouvoit juger que très-imparfaitement de la beauté d'un jardin par fon plan, la nature ayant toûjours de quoi plaire, pour peu qu'elle foit fecondée par les foins & l'entretien d'un jardinier intelligent. Ces jardins ont une iffue particuliere par la rue. Il auroit été à fouhaiter qu'on en eut pratiqué une autre pour dégager les baffe-cours dans les dehors ; mais, comme nous l'avons remarqué dans le Chapitre précédent, ce dégagement eft moins néceffaire dans une maifon particuliere, telle que l'étoit celle-ci dans fon origine, où l'on a toute liberté d'ailleurs d'en pratiquer un lorfqu'on le jugera à propos, la diftribution actuelle permettant ce dégagement fans nuire en rien à la difpofition générale des bâtimens des baffe-cours.

(*a*) Voyez ce que nous avons dit de ce célébre Architecte dans le premier Volume de cet Ouvrage, page 242, &c. Nous avertiffons que, par inadvertance, (dans ce même Volume, note *a*, page 236.)nous avons avancé que c'étoit M. *De La Maire* qui avoit été l'Architecte de ce bâtiment, par la raifon que les Planches que nous donnons ici, & qui viennent du fonds de M. *Mariette*, nous l'avoient annoncé ici ; mais dans nos recherches, nous avons appris de M. *Boffrand* lui-même que cet édifice fut bâti primitivement pour lui & fur fes deffeins, quoiqu'il n'en ait pas fait mention dans fon livre d'Architecture dont nous avons déja parlé.

Nous prenons occafion de cette erreur, pour réiterer nos inftances aux Architectes & aux autres Artiftes, à qui involontairement nous pourrions avoir donné les ouvrages des autres, ou qui feroient en droit d'en reclamer quelques-uns, de vouloir bien nous adreffer leurs obfervations, afin qu'en leur rendant la juftice qui leur eft dûe, cet Ouvrage en devienne en même tems plus exact ; une collection de cette nature devant intéreffer tous les hommes à talens, en général. A propos de ceci nous conviendrons d'une inattention de cette efpece qui nous eft arrivée concernant le grand Autel des Chartreux de Lyon que nous avons attribué (Tom. II. page 37, note *a*) à M. *Servandoni*, & qui eft du deffein de M. *Soufflot*, Architecte du Roi, dont nous parlerons dans fon lieu. Il eft vrai que M. *Servandoni* a fait un deffein pour cet Autel, mais il n'a pas été exécuté : la note que cet Artifte nous donna par écrit lors de l'impreffion du fecond Volume nous jetta dans cette erreur. Nous ne pouvons être garans de pareilles méprifes ; c'eft pourquoi, pour nous juftifier à l'avenir de telles inadvertances, nous prenons foin de garder les mémoires qu'on nous envoye, & qui ferviront dans la fuite à prouver la droiture de nos intentions.

Plan du rez-de-chauſſée & du premier étage. Planche II.

Hôtel de
Duras.

La Figure Premiere donne la diſtribution intérieure du principal corps-de-lo-gis au rez-de-chauſſée. Les chambres à coucher n'ayant pas eu originairement de garderobes, il paroît qu'on en a ajoûté dans la ſuite à la faveur du nouveau mur de face AB pris ſur le jardin, duquel on auroit dû profiter pour procurer à ces garderobes un dégagement extérieur. Faute de ce dégagement, on eſt obligé de traverſer tout le corps-de-logis pour y arriver, ou du moins de paſſer par la ſalle à manger, ce qui produit un déſagrement conſidérable dans le ſervice intérieur de la maiſon & nuit à la commodité perſonnelle des Maîtres. Au reſte les pieces qui compoſent ce plan ſont d'une forme convenable, bien diſpoſées, décorées avec goût & d'une hauteur aſſez rélative à leur diamétre, l'eſcalier ſe préſente bien, il eſt heureuſement ſitué, doux, commode & néanmoins ſa cage occupe peu d'eſpace.

La Figure deuxieme, qui offre la diſtribution du premier étage, eſt aſſujettie aux mêmes murs de refend que le plan précédent. Les logemens des Domeſtiques ſont pratiqués dans les combles, & l'on y monte par les eſcaliers dérobés que l'on re-marque ici. On voit auſſi dans ce plan le nouveau mur de face AB, dont nous venons de parler plus haut, & qui procure à cet étage les garderobes néceſſai-res aux pieces de Maîtres qui y ſont diſtribuées. Ce nouveau mur de face, qui n'eſt aſſujetti à aucune ſimétrie, nuit fort peu à la décoration extérieure, cette derniere façade étant flanquée d'un boſquet, entouré de maſſifs de bois qui maſ-quent ſon ordonnance. (Voyez le plan général, Planche Premiere.)

Elévations du côté de la cour & du côté du jardin. Planche III,

Cette Planche contient les deux élévations les plus intéreſſantes du principal corps-de-logis, l'une du côté de la cour, l'autre du côté du parterre. En général la décoration de ce bâtiment eſt aſſez ſimple ; mais il faut convenir que la ſubdi-viſion des parties eſt rélative au tout & que les profils ſont d'un très-bon choix & analogues à l'un & à l'autre. Cet accord ne ſe rencontre dans un édifice que lorſ-qu'il eſt élévé par un homme d'expérience qui ſçait tirer avantage de tout, même dans les bâtimens les moins ſuſceptibles en apparence d'élégance, de goût & d'in-vention. Il eſt même bon d'obſerver que la ſimplicité dont nous parlons ici étoit néceſſaire, puiſque dans ſon origine cet Hôtel avoit été bâti comme maiſon par-ticuliere, laquelle, en cette conſidération, ne devoit pas ſe reſſentir de l'étalage des ornemens, ni de l'appareil des Ordres d'Architecture, qui doivent àbſolument être réſervés pour les Palais des Rois, les édifices ſacrés, les Places publiques, &c. C'eſt même un abus, ainſi que nous l'avons remarqué ailleurs, de faire uſa-ge des Ordres dans les bâtimens de peu d'importance, parce qu'ils ne produiſent le plus ſouvent que de petites parties, contraires à l'eſprit de convenance qu'un Architecte doit obſerver avec ſoin dans toutes ſes productions.

La Figure Premiere donne l'élévation du côté de la cour, qui eſt décorée d'un avant-corps peut-être un peu trop ſvelte, mais dont la ſimplicité a de quoi plaire. Les croiſées des arriere-corps ſont d'une bonne proportion, leur forme grave & réguliere fait un bon effet, & devroit toûjours être imitée dans les bâtimens de l'eſpece de celui dont nous parlons.

La Figure deuxieme offre l'élévation du côté du parterre ; ſon expoſition l'a fait traiter avec un peu moins de ſimplicité, l'avant-corps du milieu étant couron-né d'un fronton & orné d'un bas-relief dans ſon timpan. Cet avant-corps eſt moins ſvelte que celui du côté de la cour, & par-là il acquiert une dimenſion plus convena-

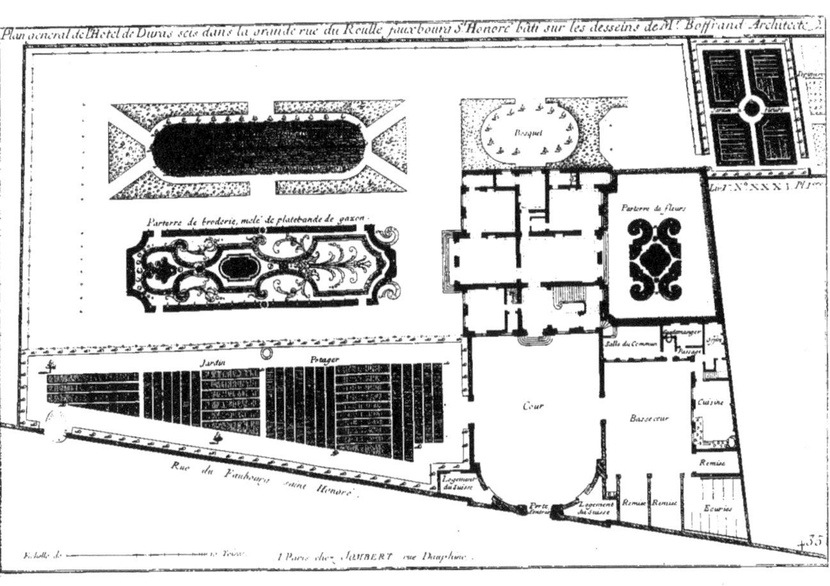

Plan general de l'Hotel de Duras sceis dans la grande rue du Reulle faux-bourg S.t Honoré bâti sur les desseins de M.r Boffrand Architecte.
Bosquet
Jardin fleuri
Liv. 1.er N.o XXXV Pl.
Parterre de fleurs
Parterre de broderie, mêlé de platebande de gazon.
Jardin Potager
Salle du Commun
garde manger
séjour
Passage
Cuisine
Cour
Basse cour
Remise
Rue du Faubourg saint Honoré.
Logement du suisse
Porte cochere
Logement du suisse
Remise Remise
Ecuries
Echelle de
1.re Toise.
A Paris chez JAMBERT rue Dauphine.
455

Plan du premier étage de l'hôtel de Duras.

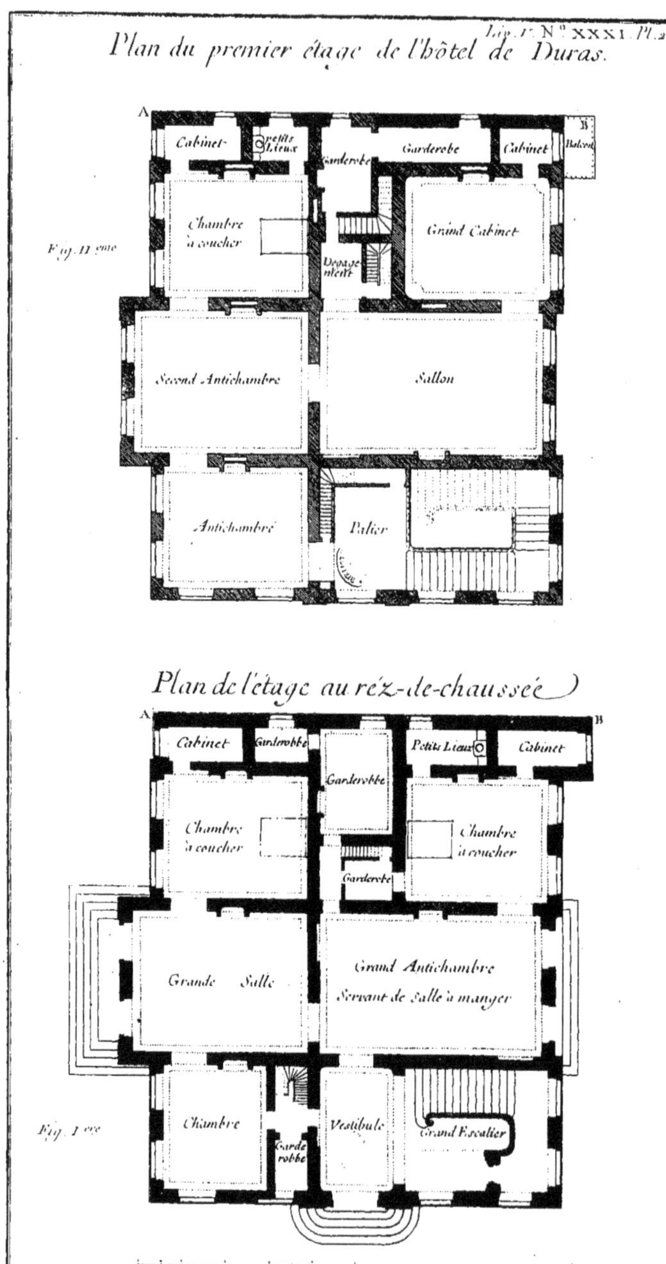

ble ; mais comme l'étendue du bâtiment n'a pas permis de le percer de trois ouvertures dans fa largeur, il en réfulte un trumeau dans le milieu. Une pareille licence ne feroit pas tolérable dans un bâtiment plus confidérable, ni fi elle eut
été mife en œuvre par un Architecte moins habile. Il n'appartient qu'aux hommes du premier mérite de hazarder des fautes heureufes dans quelques parties de
leurs édifices, parce qu'ils fçavent reparer les licences qu'ils employent, par la dimenfion des maffes & par certaines beautés de détail capables de dédommager le
Spectateur des inadvertances qui leur devenoient comme néceffaires dans l'ordonnance de leurs façades. Cependant comme ces inadvertances ne doivent pas faire
loi, ni être indiftinctement imitées par de médiocres Artiftes, nous nous fommes
déterminés à traiter dans l'*Introduction* qui fe trouve à la tête du premier Volume, page 75, des licences, en général dont on fe trouve quelquefois obligé de faire
ufage dans l'Architecture.

Coupe & profils fur la profondeur du bâtiment. Planche IV.

Cette Planche donne à connoître la décoration intérieure du principal corps-
de-logis, le développement des différentes pieces qu'il contient dans fa profondeur, la coupe de la charpente, les entrefols, l'élévation du grand efcalier, &c.

Par la difpofition de la charpente il eft aifé de s'appercevoir que le mur de face
A dont nous avons parlé, a été reculé après coup, puifque l'une des parties ram-
pantes du comble femble porter à faux dans cette coupe, mais, lors de la conftruction de ce mur, elle a été retenue par des entraits qui lient le tout enfemble
avec affez d'induftrie. Les détails des lambris font exprimés ici avec une forte de
précifion ; d'ailleurs ils font affez peu intéreffans pour ne pas exiger une defcription plus étendue. C'eft pourquoi nous finirons ce Chapitre en remarquant que
quoique nous n'ayons donné que deux élévations de ce bâtiment, celle du côté
du jardin fleurifte (voyez le plan général, Planche Premiere) mérite quelque attention, étant de la même ordonnance que celle dont nous avons parlé, & ne diffé-
rant que parce qu'au lieu d'un avant-corps, ce font deux pavillons qui forment
les extrêmités de cette façade, d'où il réfulte deux défauts affez effentiels à éviter :
l'un que le milieu de cette façade fait arriere-corps, l'autre que par le nombre pair
des croifées un trumeau marque le milieu de l'arriere-corps & des pavillons de cette élévation.

CHAPITRE XXXII.

Defcription de l'Hôtel d'Evreux, rue du Fauxbourg S. Honoré.

Hôtel
d'Evreux. CET Hôtel fut bâti en 1718 , fur les deffeins & fous la conduite de M. Mollet , Architecte & Controlleur des bâtimens du Roi (*a*) , pour *Henri-Louis de la Tour d'Auvergne , Comte d'Evreux.* Après fa mort , arrivée en 1752 , cet Hôtel fut acheté par Madame la *Marquife de Pompadour* , qui y fait faire actuellement quelques changemens fur les deffeins de M. *de Laffurance* , Architecte & Controlleur des bâtimens du Roi (*b*).

Plan au rez-de-chauffée. Planche Premiere.

Le plan de cet Hôtel eft peut-être un des mieux difpofés & des plus réguliers que nous ayons décrit jufqu'à préfent dans ce Recueil. Une grande & magnifique cour (*c*) de 18 toifes de largeur fur 27 de profondeur annonce un principal corps-de-logis double de 26 toifes & demi de face , compofé d'un rez-de-chauffée ; d'un premier étage & d'une manfarde. Aux deux côtés de cette cour principale font diftribuées fur fa longueur deux baffe-cours pour le département des écuries & des cuifines & une troifieme fur la rue , à droite , pour les remifes. Cette derniere cour dégage dans les dehors ; commodité que nous avons defirée plus d'une fois dans les bâtimens précédens , & dont on peut ici reconnoître tous les avantages. On fe propofe néanmoins de faire des augmentations confidérables dans ces baffe-cours , telles que d'élever de nouvelles écuries pour environ 50 chevaux ; de multiplier les remifes , d'aggrandir les cuifines & de pratiquer enfin quelque logement plus confidérable pour les Officiers & les Domeftiques de cet Hôtel. Nous venons de remarquer que le principal corps-de-logis étoit double fur fa profondeur , nous obferverons ici qu'il eft ifolé entre cour & jardin , de maniere que fes faces latérales ont vûe fur ce dernier. Ce jardin eft vafte , bien entretenu , & l'on y jouit du fpectacle agréable des Champs Elifées qui femblent lui fervir de parc. Sa longueur eft actuellement de 92 toifes , à compter du mur de face du bâtiment ; mais on doit le prolonger d'environ 20 toifes pour gagner les premiers arbres des Champs Elifées , & l'on a intention d'y pratiquer une grande allée de traverfe en face de l'alignement AB. Au moyen de ce nouveau percé , du principal corps-de-logis on pourra découvrir non-feulement la riviere , mais encore les bâtimens qui font de l'autre côté.

On fe propofe auffi d'acquérir , attenant le mur de cloture CD , un marais pour faire un potager , à l'extrêmité duquel fera une iffue , afin que des Champs Elifées on puiffe avoir une entrée dans les jardins de cet Hôtel.

A gauche du principal corps-de-logis eft pratiqué un jardin particulier pour des fleurs , donnant entrée à un bofquet avec portiques & treillages , mêlé de verdure , & qui contient une voliere , une grotte avec nappes d'eau , &c. Au pied

---

(*a*) Le même qui a bâti l'Hôtel d'Humieres , le Château de Stain , &c.

(*b*) Voyez ce que nous avons dit de cet Architecte dans le premier Volume , page 232. note *a*.

(*c*) A l'exception de celle de l'Hôtel de Soubife qui a de largeur 22 toifes fur 30 de profondeur , on ne voit point à Paris d'Hôtel qui foit précédé d'une auffi belle cour. Les Hôtels de Touloufe , de Louvois , de Matignon , de Noailles , de Lambert . &c. tous grands & vaftes en bâtimens , ont des cours fort inférieures à celle dont parlons , & qui paroît d'autant plus fpacieufe ici , que fes murs collatéraux font peu élevés , n'ayant aucun bâtiment qui leur foit adoffé. Ce peu d'élévation des murs , en épargnant une dépenfe affez confidérable , procure au principal corps-de-logis un air falubre qui eft toujours défirable dans un édifice élévé dans la Capitale.

du

du bâtiment, du côté du grand jardin eſt une terraſſe que l'on ſe propoſe d'élé-ver de 18 pouces, afin de pouvoir découvrir avec plus de facilité, de deſſus cette éminence, l'étendue des dehors qui environnent cet Hôtel. En effet il ſe trouve ſitué de maniere que, quoique bâti à l'entrée de cette Capitale, il a tous les avantages d'une des plus belles maiſons de plaiſance des environs de Paris.

Les diſtributions du principal corps-de-logis au rez-de-chauſſée ont déja ſouffert quelques changemens depuis la nouvelle acquiſition de cet Hôtel; mais comme ils ſont peu conſidérables, nous en ferons ſeulement mention, ſans marquer ces additions ſur cette Planche, nous reſervant d'en donner par la ſuite un nouveau plan, lorſque les augmentations y auront été faites, tant dans les bâtimens que dans les jardins. Ces changemens conſiſtent aujourd'hui dans la ſuppreſſion de l'eſcalier E, à la place duquel & de la piece F, on a fait une antichambre qui précéde l'appartement en aîle; à qui on a auſſi ajoûté des garderobes & de petites pieces de commodité, diſtribuées avec beaucoup d'art & de goût. A la place de la garderobe G, on a conſtruit un nouvel eſcalier qui conduit aux entreſols & qui ſervira de dégagement au premier étage, lorſqu'on aura pratiqué, comme on le projette (d), un grand eſcalier dans la ſalle H, qui placé à droite, s'annoncera du veſtibule, le mur de refend I devant être tenu ouvert dans ſa plus grande partie. Le reſte de cette piece ſervira de premiere antichambre, & toutes celles du côté du jardin compoſeront un appartement de parade, étant déja revêtues de menuiſerie ornée de ſculpture, de glaces, de dorure & de peintures d'une aſſez grande beauté (e), de maniere que, lorſqu'elles ſeront entierement meublées, tout concourera à faire de cet Hôtel une maiſon des plus importantes.

Revenons à la ſuite des changemens faits dans ce corps de logis. On a ſupprimé dans l'antichambre la cloiſon K, pour aggrandir cette piece, à deſſein ſans doute d'en faire une ſalle à manger qui dégage dans le nouvel eſcalier placé en G. Cependant il eſt à croire que dans la ſuite on imaginera un moyen de pratiquer un dégagement qui puiſſe des cuiſines faire ſervir à couvert dans cette ſalle à manger, ſoit qu'on la laiſſe où nous diſons, ſoit qu'on préfere de la placer à l'extrêmité de la grande ſalle H du côté de la face latérale, ne convenant pas, ſelon ce que nous avons dit ailleurs, de placer ces ſortes de pieces dans les enfilades du côté du jardin, à moins d'une fête extraordinaire; & même en ce cas, la piece du milieu, telle que ſe voit ici le ſallon, peut ſervir de ſalle de feſtin & les pieces adjacentes, d'appartement de ſociété. La piece marquée L, eſt deſtinée aujourd'hui pour une chapelle. Enfin des portes de dégagement, des cheminées, des entreſols ſupprimés & reconſtruits à neuf dans ce côté du bâtiment, complettent les changemens dont nous avons voulu parler, leſquels, comme nous en avons averti, ne ſont point exprimés ici, parce qu'ils ſeront compris dans un nouveau plan que l'on fera de cet Hôtel, lorſqu'il ſera entiérement achevé. Nous en uſerons de même à l'égard du plan du premier étage du principal corps-de-logis, dont on voit les anciennes diſtributions, Figure Premiere, Planche II. Du tems de M. le Comte d'Evreux, ce premier étage n'a jamais été fini, ni habité, mais on ſe propoſe d'y travailler l'année prochaine. Alors on conſtruira le grand

(d) Nous annonçons ces additions & celles dont nous avons parlé d'après ce que nous en avons appris ſur le lieu, en viſitant cet Hôtel, le 3 Septembre 1753, pour parvenir à ſa deſcription. Il ſe pourroit bien qu'on changeât d'avis à leur égard, mais ces additions nous ont paru ſi convenables & ſi néceſſaires que nous avons crû devoir ajoûter foi à ce qu'on nous en a dit d'après les projets de M. *De Laſſurance*, dont les ſentimens ſemblent autant d'autorités en matiere d'Architecture.

(e) On trouvera dans le ſixieme Volume une partie des lambris de l'intérieur de ce bâtiment gravés anciennement. On donnera dans la ſuite de nouvelles planches qui comprendront ce qui aura été fait ici de nouveau, & que l'on aura ſoin de deſſiner & de faire graver correctement & avec goût, afin de dédommager le Public du peu d'art qu'on remarque dans les anciennes

 escalier dont nous avons parlé, ceux qui sont exprimés dans ces plans ne s'annonçant pas avec une sorte de distinction & ne pouvant servir que d'escaliers de dégagement, pour répondre à la magnificence d'une aussi belle maison.

Elévations du côté de la rue, du côté de la cour, & d'une des faces latérales.
Planche II.

La Figure I. donne la distribution du plan du premier étage dont nous venons
de parler, & ne différe de l'exécution que dans la suppression de l'escalier A, transporté en B, & dans le mur de refend C, à la place duquel on a pratiqué une forte cloison de charpente, l'ancien mur portant à faux sur le plancher soûtenu
par les colonnes de la chambre de parade du rez-de-chauffée. Le reste est absolument le même, mais, comme nous l'avons déja remarqué, il n'a jamais été habité, n'ayant été jusqu'ici ni carrelé, ni parqueté.

La Figure deuxieme présente l'élévation de la porte d'entrée de cet Hôtel,
dont le plan est retourné d'équerre à l'axe du bâtiment, malgré l'obliquité de la
rue où elle est située. (Voyez le plan de cette porte, Planche Premiere.) Sa décoration consiste dans un Ordre de colonnes Ioniques, isolées & accouplées, élevées sur un socle & portant un entablement partie horisontal & partie en plein
ceintre. La porte est bombée & ornée d'un bandeau, lequel est couronné d'un
plinthe recevant les armes de feu M. *le Comte d'Evreux* avec leurs supports, à la
place desquelles seront incessamment substituées celles de Madame la Marquise
de Pompadour, qui ne different guéres que dans une partie du blason. Nous ne dirons rien de l'ordonnance de cette porte, nous avons remarqué ailleurs l'effet que
produisent les corniches circulaires dans l'Architecture. (Voyez ce que nous avons
dit concernant les frontons de ce genre dans l'*Introduction*, page 104, Figure
douzieme.)

La Figure troisieme fait voir l'élévation du principal corps-de-logis du côté
de la cour. Il comprend, comme nous l'avons déja remarqué, un rez de-chauffée,
un premier étage & une mansarde. Cette élévation est flanquée à ses extrêmités
par deux pavillons & décorée dans son milieu par un avant-corps dont le sol
est orné de quatre colonnes d'Ordre Dorique sans aucune sujettion, l'entablement
qui les couronne n'ayant ni triglifes, ni mutules. Au-dessus s'élévent quatre pilastres d'Ordre Corinthien qui soûtiennent un entablement terminé par un fronton triangulaire. (Voyez ce que nous avons dit dans le Chapitre XXIX de ce
Volume, concernant les murs de face élevés sur des entre-colonnemens.)

Les arriere-corps de cette élévation sont percés chacun de quatre croisées à
chaque étage : celles du rez-de-chauffée sont bombées, celles de dessus, à plate-
bande, & dans les mansardes sont autant de lucarnes terminées en ceintre surbaissé
& peut-être un peu trop ornées pour la simplicité des arriere-corps. Les croisées
supérieures des pavillons sont en plein ceintre, sans doute pour leur conserver
quelque analogie avec celles de l'avant-corps du milieu de cette façade. En général, on peut observer que les profils de ce bâtiment sont assez peu analogues à
l'expression des Ordres, & qu'ils sont incorrects & sans fermeté ; caractere qui
leur auroit été cependant nécessaire, la cour & les jardins qui l'environnent étant
spacieux & fort aërés.

La Figure quatrieme offre une des faces latérales de ce bâtiment donnant sur
le jardin fleuriste, & dans laquelle est exprimé le retour de l'aîle A, donnant sur
un bosquet, & qui dégage l'appartement du rez-de-chauffée dont nous avons parlé en expliquant la Planche I. Toutes les croisées de cette façade sont en plein
ceintre & entourées de bandeaux, les lucarnes sont à plate-bande ; au-dessus de

l'aîle A, on voit le retour d'un des pavillons dont nous avons auffi parlé à l'oc- Hôtel
d'Evreux. cafion de la Planche précédente.

Elévation du côté des jardins & Coupe fur la longueur du bâtiment.
Planche III.

La Figure Premiere fait voir la coupe du principal corps-de-logis, un des murs collateraux de la cour, & la coupe de la principale porte d'entrée, prifes dans la Planche Premiere fur la ligne AB. La coupe marquée A, offre en petit la décoration intérieure des appartemens du rez-de-chauffée, la hauteur de fes Planchers, celle du premier étage & celle des manfardes. On voit ici des lambris dans le premier étage, mais ce n'eft qu'un projet, ayant remarqué précédemment que cette partie intérieure du bâtiment n'étoit pas achevée. A l'égard de ceux qui fe remarquent dans le fallon du rez-de-chauffée, donnant fur le jardin & dans le veftibule fur la cour, ils font exécutés, mais annoncés affez imparfaitement dans cette Planche, principalement ceux du fallon, qui fur le lieu a toujours paffé pour une piece décorée magnifiquement, mais que la petiteffe de l'échelle & la négligence du Graveur a exprimée d'une maniere fort indécife. La décoration du veftibule eft mieux rendue, étant plus fimple ; mais, comme nous l'avons déja obfervé, ce côté fera fupprimé dans la fuite pour laiffer voir le grand efcalier qu'on fe propofe de conftruire à neuf, ainfi que nous en avons déja averti. Aux deux murs de face de cette coupe on voit, du côté du jardin, les colonnes Corinthiennes élévées fur des pilaftres Ioniques, & du côté de la cour l'Ordre de pilaftres Corinthiens au-deffus des colonnes Doriques dont nous avons parlé. On peut voir dans ce dernier le porte à faux que procurent les murs de face du premier étage fur l'entre-colonnement de deffous; genre de décoration affez contraire à la folidité réelle & apparente, une des parties effentielles de l'Art de bâtir.

On voit en B le retour d'un des deux pavillons du côté de la cour, dans l'intérieur defquels avoient été pratiqués jufqu'à prefent les deux efcaliers de cet Hôtel. La façade marquée C, eft une décoration qui revètit l'un des murs qui déterminent la largeur de la cour. (Voyez le plan, Planche Premiere.) Elle eft toute ici pour la magnificence, n'ayant dans fa longueur qu'une porte réelle qui fimétrife avec celle qui lui eft oppofée. L'une & l'autre donnent entrée aux baffe-cours. Cette décoration confifte dans des arcades feintes en plein ceintre dont les piédroits & les claveaux font ornés de refends, couronnés d'un plinthe, & terminés par une baluftrade qui donne à cette cour un air de magnificence qui réuffit très-bien. Ces ornemens, joints à fa grandeur, annoncent d'une maniere noble & impofante la réfidence d'une perfonne de la premiere confidération.

La Lettre D fait voir la coupe & le profil de la principale porte d'entrée de cet Hôtel, dans l'épaiffeur de laquelle on a pratiqué d'un côté le logement du Suiffe & de l'autre celui du Concierge. La lettre E exprime le retour à angle droit du côté de la rue, que l'on a préferé ici aux tours creufes dont on fait ufage ordinairement dans la plûpart de nos grands édifices. Cette premiere maniere nous paroît plus réguliere, principalement lorfque le mur de clôture n'eft pas perpendiculaire au bâtiment. (Voyez le plan, Planche Premiere.)

La Figure deuxieme repréfente enfin la façade du côté du jardin. Elle eft compofée d'un avant-corps, de deux arriere-corps, de deux pavillons, de deux arriere-pavillons & de deux aîles, faifant en total quarante toifes un pied de longueur, & qui donnant fur de beaux jardins & ayant pour fpectacle le coup d'œil des

Champs Elifées , forment une des plus belles maifons qui foient à Paris. C'eft pour cette confidération que nous aurions défiré plus de févérité dans la repartition des membres d'Architecture de cette façade , de plus grandes maffes & des beautés de détail plus conformes à l'étendue de cet édifice & à l'efpace qui l'environne. Nous n'entrerons point dans le détail des chofes qu'on peut trouver à reprendre dans fa décoration extérieure, nous avons difcuté plus d'une fois , dans les bâtimens que nous avons décrit précédemment, la néceffité d'éviter les déreglemens trop ordinaires dans l'ordonnance de la plûpart des édifices qui fe font. élévés depuis le commencement de ce fiecle , & nous y renvoyons le Lecteur. D'ailleurs la diftribution de cet Hôtel, en général, a des beautés fi fatisfaifantes que nous croyons ne pouvoir mieux terminer ce Volume qu'en le citant pour exemple, fans vouloir relever les inadvertances fans nombre qu'on remarque dans fes façades.

Fin du Troifieme Volume.

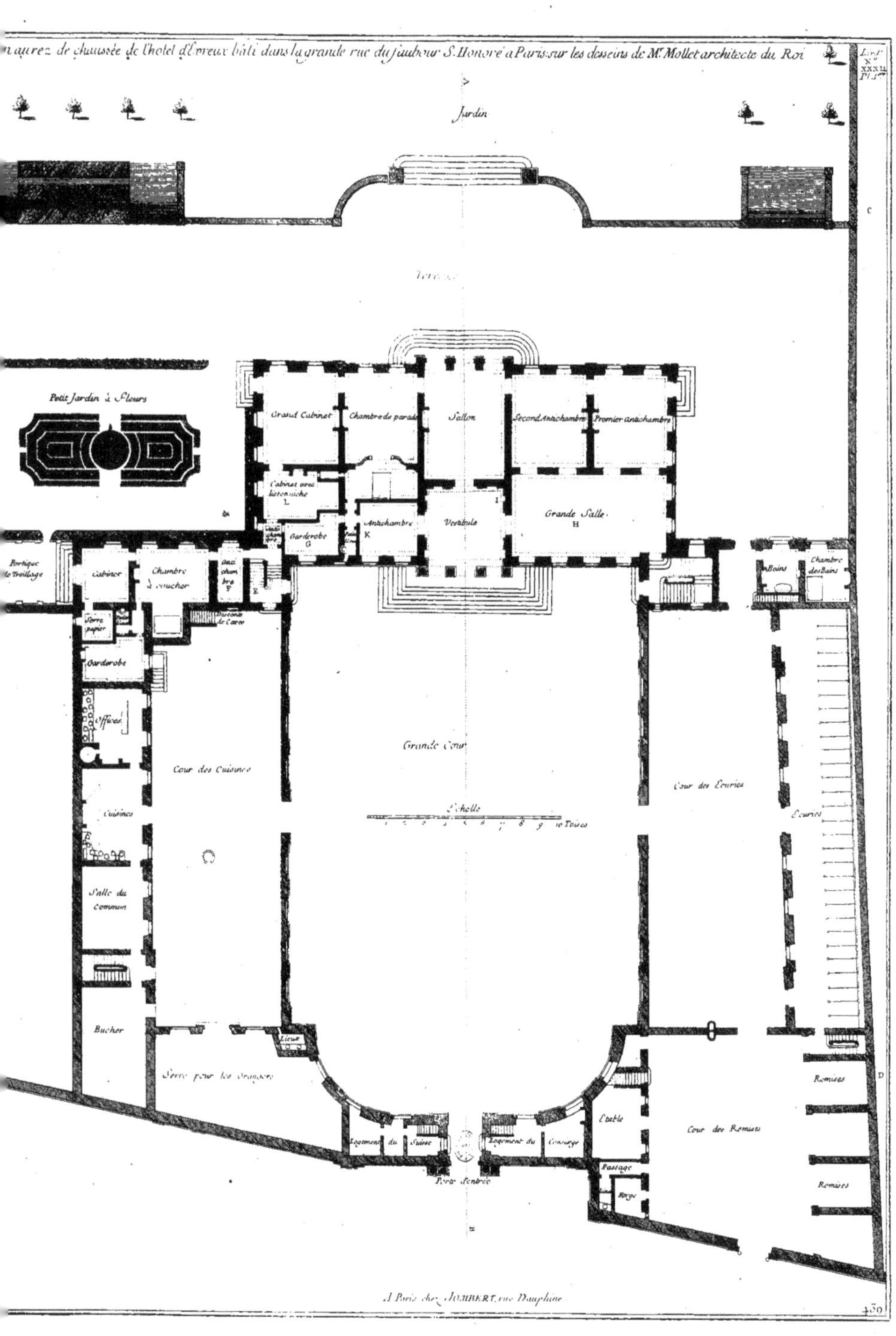

…au rez de chaussée de l'hotel d'Evreux bâti dans la grande rue du fauxbourg S.t Honoré a Paris sur les desseins de M.r Mollet architecte du Roi
Liv. X.
XXXII.
Pl. 1.re
Jardin
Terrasse
Petit Jardin à Fleurs
Grand Cabinet
Chambre de parade
Sallon
Second Antichambre
Premier antichambre
Cabinet avec sa tonniche
L
Grande Salle
H
Antichambre
Vestibule
I
Garderobe
G
K
Portique de Treillage
Cabinet
Chambre à coucher
Anti chambre
Serre papier
Descente de Caves
E
Garderobe
Offices
Cour des Cuisines
Grande Cour
Cour des Ecuries
Cuisines
Echelle
1 2 3 4 5 6 7 8 9 10 Toises
Ecuries
Salle du commun
Bucher
Lieux
Serre pour les orangers
Remises
D
Etable
Cour des Remises
Logement du Suisse
Logement du Concierge
Passage
Forge
Porte d'entrée
Remises
A Paris chez JOMBERT, rue Dauphine
C
450